# NAD

Edição anual, Vol. 10

Nosso Andar Diário

De: ______________________

Para: ______________________



PUBLICAÇÕES RBC

ESCRITORES:
Poh Fang Chia, Winn Collier, Tom Felten, Regina Franklin, Kevin Gregory, Tim Gustafson, Alyson Kieda, Dean Ohlman, Jeff Olson, Roxanne Robbins, Jennifer Benson Schuldt, K. T. Sim, Sheridan Voysey, Marvin Williams, Mike Wittmer

TRADUTORES:
Elisa T. Castro, Eduardo Cordeiro, Dayse M. V. Fontoura, Elizabeth Hecke, Haroldo Janzen

EDITORES:
Tom Felten, Clair Hess, Cindy Kasper, Alyson Kieda, Rita Rosário

REVISORES EDITORIAIS:
Bill Crowder, Kevin Gregory, K. T. Sim

PROJETO GRÁFICO:
Audrey Novac Ribeiro

DIAGRAMAÇÃO:
Priscila Santos

FOTO DA CAPA:
*Família*, Thaís Soler © Ministérios RBC
*Pedalando no deserto*, Alex Soh © Ministérios RBC

CRÉDITOS:
Exceto se indicado o contrário, as citações bíblicas são extraídas daNova Tradução na Linguagem de Hoje © 2000 Sociedade Bíblica do Brasil.

**Publicações RBC**
Rua Nicarágua, 2128, Bacacheri, 82515-260, Curitiba/PR, Brasil
E-mail: vendas_brasil@rbc.org
Internet: www.publicacoesrbc.com.br • www.ministeriosrbc.org
Telefone: (41) 3257-4028

Internacional: UU223 • ISBN: 978-1-60485-848-8
Família: PJ008 • ISBN: 978-1-60485-846-4

*Impresso na China* • *Printed in China*

1º edição: 2014 • 1º impressão: 2014

**Estamos felizes por você unir-se a nós nesta jornada para obter um relacionamento mais profundo com Jesus Cristo!**

Esta edição anual de *Nosso Andar Diário* — Volume 10 traz um olhar inspirativo da Palavra de Deus para cada dia do ano. Leia as instruções sobre como aproveitar melhor a leitura deste devocional.

Invista o seu precioso tempo na leitura bíblica selecionada para cada dia, **examine** as Escrituras e **considere** de que maneira Deus pode agir em seu dia a dia. **Leia** com atenção o artigo devocional diário, nos quais nossos escritores abordam questões da vida real tais como: dificuldades de relacionamento, instrução de filhos, encorajamento, busca da santidade neste mundo ímpio —à luz de uma perspectiva bíblica.

Suas perguntas e seus comentários serão sempre bem-vindos. Contate-nos.

Caixa Postal 4190, 82501-970, Curitiba/PR
brasil@rbc.org • Tel./Fax: (41) 3257-4028

Que Deus o abençoe nessa caminhada.

—Os editores do *Nosso Andar Diário*

## Como usar e obter o melhor resultado da leitura do devocional ***Nosso Andar Diário***:

1. **Escolha um momento e local.** Escolha um momento e um local específico para ler o *Nosso Andar Diário.*

2. **Leia os versículos da Bíblia.** Inicie o seu momento com Deus lendo a passagem da Bíblia impressa abaixo da seção **leia>**. A Palavra de Deus é a parte mais importante da sua leitura diária.

3. **Medite sobre o versículo-chave.** Ele destaca um tema e indica um bom ponto de partida para a leitura do artigo.

4. **Leia o artigo e reflita.** Ao ler, procure aprender mais sobre Deus, seu relacionamento com Ele, e como o Senhor deseja que você viva.

5. **Dedique um momento à seção examine>.** Ela contém passagens adicionais para você considerar e meditar.

6. **Reflita sobre a seção considere>.** As perguntas levarão a mensagem do devocional ao seu coração. Esforce-se para responder cada pergunta com total honestidade e transparência diante de Deus.

7. **Dedique um momento à oração.** Após ler todos as seções de cada página, converse com Deus sobre o que você acabou de aprender. Compartilhe sua reação com o Senhor.

8. **Compartilhe-a com outros também.** Busque oportunidades de compartilhar o que você aprendeu. Ajude outros a conhecer melhor a Palavra de Deus lendo o *Nosso Andar Diário* todos os dias.

# Questões de autoridade

*por Mart DeHaan*

Na década de 1960, uma geração de jovens cresceu com o slogan: "Pense por si mesmo. Questione a autoridade."

Antes disso, o renomado físico Albert Einstein havia observado: "O respeito irracional à autoridade é o maior inimigo da verdade."

Ninguém, contudo, nos deu mais razão para pensar duas vezes sobre autoridade do que Jesus. Na noite anterior à Sua crucificação, Ele disse aos Seus discípulos que, mesmo que os reis de outras nações dominassem sobre seus súditos e fossem honrados por isso, não seria assim em Seu reino. Em vez disso, Ele disse: "...o mais importante deve ser como o menos importante; e o que manda deve ser como o que é mandado" (Lucas 22:26).

Ao cearem juntos, Jesus levantou-se da mesa e, como um criado comum, insistiu em lavar os pés dos discípulos (João 13:3-5). Após voltar à mesa com eles, perguntou: "Quem é o mais importante? É o que está sentado à mesa para comer ou é o que está servindo? Claro que é o que está sentado à mesa. Mas entre vocês eu sou como aquele que serve" (Lucas 22:27).

Se pararmos neste ponto, poderá parecer que, com poucas palavras, Jesus nos disse simplesmente tudo o que precisamos saber sobre o uso correto do poder.

Mas não podemos deixar de lado a questão da autoridade, antes de concordarmos com as declarações feitas, posteriormente, por Seu apóstolo, Paulo. Nas cartas que Paulo escreveu às igrejas do primeiro século, seus conselhos diferiam dos ensinamentos de Jesus sobre a autoridade.

Paulo não se limitou a dizer aos filhos para obedecerem aos seus pais, e aos cidadãos para temerem o uso legítimo do poder governamental. Ele também disse às mulheres que se submetessem aos maridos; os escravos, aos seus senhores; e às pessoas da igreja, aos que os lideravam.

Novamente, se parássemos aqui, poderíamos concluir que Paulo incentivava o respeito irracional à autoridade. Mas, se o acusarmos de simplesmente ser um tradicionalista, falharemos em ver a sabedoria que ele usou ao mover seus leitores de onde estavam para onde Jesus os estava conduzindo.

Em outras ocasiões, Paulo incitou seus leitores a trazer o coração e a mente de Cristo à ordem social da época. Em sua carta aos filipenses, por exemplo, ele os relembrou de que, embora Jesus fosse o Rei dos reis, Ele viveu entre nós como o Servo dos servos (2:7-8).

Ao invés de defender mudanças sociais que teriam encontrado grande resistência, Paulo instigou seus leitores a permitirem que Cristo mudasse as atitudes dos seus próprios corações.

**Ao invés de defender mudanças sociais que teriam encontrado grande resistência, Paulo instigou seus leitores a permitirem que Cristo mudasse as atitudes dos seus próprios corações.**

Sem pedir pelo fim da prática da escravidão, da tradição do patriarcado ou dos excessos dos governos pagãos, Paulo refletiu o espírito de Cristo ao defender uma vida de amor que não violava a tradição, a lei ou a ordem de ninguém.

Como a estratégia de Paulo era ensinar o povo de Deus a viver como cidadãos do céu dentro da ordem social do mundo em que viviam, ele, repetidamente, pediu que os seguidores de Cristo tivessem atitudes de servos. Essa foi sua abordagem a tudo, não importando se alguém estivesse na extremidade como doador ou receptor de poder social e autoridade.

O resultado é uma boa notícia para qualquer um de nós que enfrentou problemas com o mau uso de poder. Onde quer que estejamos na "cadeia de comando" ou "hierarquia" da vida, Cristo nos oferece uma nova maneira de perceber a autoridade. Como fonte e possuidor da autoridade máxima, Ele nos mostra que qualquer poder que tenhamos não é um direito para sermos servidos, mas uma responsabilidade para servir.

De acordo com o Novo Testamento, toda autoridade e poder legítimos pertencem a Deus e têm sua origem nele. Mais especificamente, Jesus disse aos Seus discípulos que Seu Pai confiara todo poder e autoridade a Ele.

Assim como o Pai autorizou Jesus a falar em Seu nome, agora o Filho dá aos Seus seguidores o direito e o poder de falar e agir em Seu nome.

Em Seu reino há mais autoridade em Sua verdade, sabedoria e amor do que existe em recorrer à autoridade de um mandato, cargo, insígnia ou título.

Pelos mesmos motivos que atribuímos autoridade a algumas pessoas em sua profissão ou área de conhecimento, também podemos compreender a autoridade daqueles que, de todas as camadas sociais, podem nos mostrar como é o viver no exemplo, no espírito e no amor do Rei dos reis — que é, também, o Servo dos servos.

*Pai celestial. Será possível? Fizemos novamente?*
*Usamos as forças e atribuições que nos deste para controlar e*
*dominarmos uns aos outros? Por favor, perdoa-nos por agirmos*
*como se Teu Filho não nos tivesse dito que, no reino dos céus, o mais*
*velho precisa ser como o mais jovem; o maior, como o menor;*
*e aqueles que governam — como aqueles que servem.*

---

Adaptado do artigo: *Questões de autoridade*,
do livro *Pensando sobre* © 2012 Ministérios RBC.

# fim do mundo?

**leia›**
**Lucas 21:5-19; 25:36**
...Por serem meus seguidores, vocês serão levados aos governadores e reis para serem julgados e falarão a eles sobre o evangelho. Pois, antes de chegar o fim, o evangelho precisa ser anunciado a todos os povos (Marcos 13:9,10).

**examine›**
Como devemos viver à luz da iminente volta de Jesus? (Romanos 13:11-14; 1 Tessalonicenses 5:1-10; 2 Pedro 3:3-15).

**considere›**
Jesus lembra de que os "últimos dias" dão oportunidades para falarmos dele aos outros (Lucas 21:13). Como compartilhar o evangelho durante a semana?

A premissa do filme *2012: O ano da profecia* era de que o mundo acabaria em 21 de dezembro daquele ano. Nesse dia o antigo calendário Maia acabava oficialmente. Sim, *Faz de conta...*

Os cristãos de todas as gerações sempre creram que Jesus viria em seu tempo, pois viam os "sinais" em seus dias (Lucas 21:7): guerras e revoluções, grandes terremotos e *tsunamis*, fome e pragas, além de desastres terríveis nunca antes vistos (vv.9-11). Os que creem em Jesus também têm sido fortemente perseguidos em todas as épocas (v.12).

Com os eventos mundiais que estão acontecendo hoje, pode parecer que a frequência e a intensidade desses "sinais" são maiores do que nunca. Você pode até pensar: *Com certeza, essas são as provas de que o fim está próximo.*

Em vez de revelar aos discípulos uma data específica, Jesus alertou: "Tomem cuidado para que ninguém engane vocês [...] dizendo:' [...] Já chegou o tempo" (v.8). "...Pois é preciso que essas coisas aconteçam primeiro. Mas isso não quer dizer que o fim esteja perto" (v.9). Fomos instruídos a não deixar que aquele dia "nos pegue de surpresa" (v.34), mas a "vigiar" (v.36).

Jesus vai voltar (v.35). Quando? Não há como sabermos. Só o Pai sabe (Marcos 13:32,33). Falta pouco? Sim, hoje está mais perto do que ontem (Romanos 13:11,12). Iminente? A volta de Jesus vai ser de forma inesperada, como um ladrão na noite (Lucas 21:34,35; 1 Tessalonicenses 5:2-4). Cedo? *Talvez hoje.*

E então? Jesus ordena que usemos essa oportunidade que vem com o crescimento do interesse sobre o fim do mundo. O Mestre lembra-nos: "E isto dará oportunidade a vocês para anunciarem o evangelho" (Lucas 21:13). Pois, antes de chegar o fim, o evangelho precisa ser anunciado a todos os povos (Marcos 13:10; Mateus 24:14). —K. T. Sim

# viva la vida

**leia>**
**Lamentações 1:1-22**
...a rainha entre as nações hoje não passa de uma escrava (v.1).

**examine>**
Qual é o contexto da canção que Isaías anseia que seu povo cante? (42:8-13). Por que o Senhor estava com ciúmes? (v.8).

**considere>**
De que maneira você descreveria a canção da sua vida? Como essa música pode ajudá-lo a ser honesto diante do seu Criador?

Com a progressão exuberante dos acordes de uma orquestra e uma melodia contagiante, a música *Viva La Vida*, da banda *Coldplay*, ganhou o Grammy de música do ano em 2009. Esse título transmite uma amarga ironia. O protagonista descrito na letra tinha tido imenso poder, mas agora lidava com uma mudança de sorte. "Eu dominava o mundo", afirma a letra, mas agora "varro as ruas que eram minhas."

Lamentações é uma música amargurada sobre a mudança de sorte de Jerusalém — "...a rainha entre as nações hoje não passa de uma escrava" (1:1). Dominadas e abatidas pelos brutais exércitos babilônios e pelas terríveis e desesperadoras circunstâncias da cidade, as mães foram obrigadas a praticar canibalismo com seus filhos (2:20; 4:10). A devastação de Jerusalém era o claro julgamento divino dos pecados do povo. Aos pesarosos olhos do poeta, a salvação parecia quase inatingível. *Quase.*

O livro é concluído com uma mistura curiosa e um tanto amarga de esperança e pesar, dúvida e fé. "Mas tu, ó SENHOR, reinas para sempre [...]. Faze com que voltemos a ti, ó SENHOR..." (5:19-21). Mesmo assim, termina com uma questão assustadoramente hesitante: "Por que te enfurecerias sobremaneira contra nós outros?" (v.22).

Felizmente, a lamentação sobre os julgamentos não é a única música da Palavra de Deus. "A ti, ó Deus, eu cantarei uma nova canção...", disse o salmista (Salmo 144:9). E o Novo Testamento inspira nossa nova canção com essa declaração triunfante: "Agora já não existe nenhuma condenação para as pessoas que estão unidas com Cristo Jesus" (Romanos 8:1). "Pois a lei do Espírito de Deus, que nos trouxe vida por estarmos unidos com Cristo Jesus, livrou você da lei do pecado e da morte" (v.2).

A música que cantamos hoje é, muitas vezes, dissonante. No entanto, na eternidade será indescritivelmente exuberante, pura, revigorante e alegre. *Viva la vida.* —Tim Gustafson

# face a face

**leia>**
**Salmo 27:1-14**
Tu disseste: "Venha me adorar." Eu respondo: "Eu irei te adorar, ó SENHOR Deus" (v.8).

**examine>**
Leia Salmo 27:4, Isaías 56:7, Mateus 21:13 e 1 Coríntios 6:19 para ver como nosso conceito de oração está relacionado com o fato de nossas vidas serem o lugar onde o Espírito Santo habita.

**considere>**
O que acontece com os nossos relacionamentos naturais se as nossas interações são sempre superficiais? O que significa estar face a face com Deus?

Meu marido e eu enviamos torpedos um para o outro o dia todo. Alguns são pedidos por informações ou lembretes do que temos a fazer. Muitas vezes, no entanto, uma breve mensagem transmitindo nosso amor faz maravilhas para aumentar nossa proximidade num dia ocupado. Entretanto, um texto breve só consegue acentuar aquilo que já foi formado num contexto maior de tempo e energia investidos em nosso relacionamento. Esperar que nosso casamento sobrevivesse dessas mensagens não seria apenas uma tolice, mas também deixaria claro o valor que damos à intimidade.

A oração é o nosso meio de comunicação com Jesus — aquele que nos amou de tal maneira que sofreu a nossa punição na cruz. Se for vista como uma obrigação, algo fora do contexto do amor, poderá facilmente se tornar uma série de palavras arraigadas em obras. Da mesma forma como um casamento fracassa quando a comunicação se torna obrigatória, também nosso relacionamento com Jesus pode se tornar estranho e artificial se não entendermos o verdadeiro sentido da oração.

Deus é o nosso refúgio (Salmo 27:1-3) mais consistente do que qualquer outro ser humano poderia ser (v.10). Orar é muito mais do que dizermos a Deus o que queremos. Quando queremos que Ele ouça nosso clamor e depois respondemos com uma "mensagem de texto" à Sua obra, nosso conceito de oração se torna pequeno e egoísta. As orações rápidas têm o seu lugar, mas só quando o alicerce do tempo e intimidade já tiver sido lançado.

Orar é uma disciplina — uma habilidade que desenvolvemos com o tempo. Até mesmo os discípulos — após verem Jesus pregar às multidões, curar enfermos e emudecer os fariseus — viam a oração como uma área em que precisavam crescer em entendimento (Lucas 11:1). Nós a vemos da mesma forma? —Regina Franklin

# desobediência estéril

**leia>**
**Gênesis 3:1-7**
...Aí [Eva] apanhou uma fruta e comeu... (v.6).

**examine>**
Gênesis 8; 11:1-9.
O que motivou a desobediência humana? O que as pessoas daquele tempo estavam tentando ganhar?

**considere>**
Em que áreas da sua vida você sente o desejo de ser desobediente a Deus? Você percebe a improdutividade resultante de sua desobediência?

O nosso filho Seth é bastante travesso. Recentemente, logo depois de ir para a cama, ouvimos sons de algo suspeito no andar de cima. Chamei-o com um tom firme, perguntado o que fazia já que deveria estar dormindo. *Silêncio.* Sua mente estava buscando alguma desculpa plausível para oferecer-me. No final, disse: "ah pai, me ponha de castigo."

O livro de Gênesis nos oferece uma descrição da inexplicável e injustificável desobediência do homem — a história da nossa tolice:

- Já no começo, numa atitude de causar perplexidade, Eva e Adão menosprezaram o Senhor, comeram o fruto proibido e perderam seu lugar no Éden (3:1-7).
- Os primeiros filhos, consequentemente os primeiros irmãos, fizeram o primeiro ato de violência — assassinato (4:19).
- Com o tempo, Deus reconheceu "...que as pessoas eram muito más e que sempre estavam pensando em fazer coisas erradas" (6:5).

Finalmente, numa tentativa de competir com Deus, o homem constrói uma torre [Babel] para alcançar os céus, afirmando sua vontade contra a do Senhor (11:1-4).

Seguindo esta lista amarga de rebelião humana, o capítulo 11 do livro de Gênesis termina com uma recapitulação da genealogia de Sem a Abrão, que encerra com as tristes palavras: "Sarai [esposa de Abrão] era estéril." E para assegurar que entendamos, é acrescentado: "não tinha filhos" (v.30). A humanidade era estéril, vazia. A humanidade rejeitou Deus e seguiu a vida em seus próprios caminhos. O mundo que o Senhor pretendia que florescesse era agora seco e debilitado.

A história pedia um resgate para que a nova vida voltasse a existir. Em tempo, no entanto, Deus permitiu à mulher já idosa, Sarai, que engravidasse; e mais tarde enviou Seu próprio Filho para nos infundir nova vida. Nossos esforços nos levaram à esterilidade, mas seguir a Deus nos conduz à vida. —Winn Collier

# a bússola moral

**leia>**
**Hebreus 5:11-14**
Porém a comida dos adultos é sólida, pois eles pela prática sabem a diferença entre o que é bom e o que é mau (v.14).

**examine>**
Leia 2 Timóteo 3:16,17 para ver como a Palavra de Deus nos prepara para tratarmos as questões morais da vida.

**considere>**
Por que algumas pessoas acham que não precisam de uma bússola moral? Qual área de sua vida precisa da instrução moral de Deus hoje?

Se você gosta de fazer caminhadas e depende de uma bússola confiável para se localizar na vastidão, pode ser hora de investir num GPS. Por quê? O campo magnético da terra está mudando. Segundo cientistas, os polos magnéticos estão "deslizando 54 km por ano em direção à Sibéria numa velocidade que acelerou 36% nos últimos 10 anos." Uma bússola que se apoia no norte magnético não pode mais ser confiável. A boa notícia é que tais oscilações ocorreram durante toda a história.

Há um "deslize" sério na forma como a moralidade é vista e poderíamos usar uma bússola moral fixa em um norte verdadeiro. Foi o que o escritor do livro de Hebreus apresentou aos seus leitores no capítulo 5.

Aqueles cristãos inconstantes, provavelmente das igrejas caseiras de Roma, eram espiritualmente "tolos" e precisavam ser ensinados novamente nas "...primeiras lições dos ensinamentos de Deus..." (vv.11,12). O autor queria que eles avançassem na absorção do que é "sólido" nas Escrituras para que pudessem saber "...a diferença entre o que é bom e o que é mau" (v.14).

A Palavra de Deus oferece a instrução imutável que precisamos. É nossa bússola moral para navegar pela vida para glorificarmos a Deus. Separe um tempo e leia algumas das claras direções bíblicas:

- Êxodo 20:1-17: os mandamentos de Deus.
- Marcos 7:20-23: uma lista feita por Jesus sobre as imoralidades que devemos evitar.
- Efésios 4:17-5:21: o apóstolo Paulo contrasta o comportamento moralmente certo e errado.

Se não separarmos tempo para nos alimentar e aplicar conscientemente as verdades divinas a nossas vidas, iremos permanecer espiritualmente tolos. O ponto fixo de nossa bússola se moverá com as massas. Adquira o GPS de Deus para encontrar seu caminho pela vastidão. Use a Sua Palavra para encontrar a verdadeira direção moral. —Tom Felten.

# bom fruto

**leia›**
**Gálatas 6:1-10**
Não nos cansemos de fazer o bem. Pois, se não desanimarmos, chegará o tempo certo em que faremos a colheita (v.9).

**examine›**
O livro de Provérbios é cheio de ditos sábios que ilustram a lei da colheita. Leia Provérbios 22:1-16 para aprender quais sementes você deve plantar hoje e quais deve evitar.

**considere›**
Quais ervas daninhas você deve tirar da sua vida? Quais são as boas sementes que, com a ajuda de Deus, você deve plantar no lugar delas?

A professora do meu filho de 12 anos perguntou a sua turma qual idade gostariam de ter. A maioria respondeu preferir a liberdade que se tem quando se é mais velho, mas meu filho disse que queria ter 9, pois naquela idade os colegas eram mais gentis e xingavam menos. Fiquei abalado com sua inocência e ponderei sobre as inevitáveis mudanças que cada pessoa deve enfrentar.

Todos começam a vida corrompidos pelo pecado, com caráter moral parecido. Não há diferença entre os bebês de pais piedosos e os de famílias disfuncionais. Com exceção dos mais indisciplinados, a maioria das crianças é uma mistura de seres engraçadinhos e briguentos. Porém as sementes que são lançadas nessa idade germinam lentamente até irromperem na adolescência e florescerem em homens e mulheres completamente formados.

O apóstolo Paulo nos assegura de que a lei da colheita nunca é quebrada. Os que semeiam as sementes da luxúria e orgulho colherão a tendência mortal ao egoísmo, pois "...O que uma pessoa plantar, é isso mesmo que colherá" (Gálatas 6:7). As crianças que nunca são disciplinadas, crescerão e podem ser socialmente mal ajustadas. As que assistem aos filmes adultos lutarão com visões distorcidas de violência e sexo.

Felizmente, a lei da colheita também funciona em outra direção. Paulo explica que quem "...plantar no terreno do Espírito de Deus, desse terreno colherá a vida eterna" (v.8). Assim como pode demorar um pouco para a semente do pecado mostrar seu fruto, devemos esperar pacientemente para que as nossas boas escolhas floresçam para que todos vejam.

Alguns podem não notar a mudança em seguida, mas dê tempo. Sua decisão de viver por Jesus hoje determinará quem você será amanhã. As pessoas perceberão. Como o livro de Jó 4:8 declara: "...os que aram campos de maldade e plantam sementes de desgraça só colhem maldade e desgraça". —Mike Wittmer

# passagem segura

**leia›**
**Esdras 8:15-21**
...e lhe pedir que nos dirigisse na nossa viagem e nos protegesse, os nossos filhos e tudo o que era nosso (v.21).

**examine›**
Leia o Salmo 70:1-4 para ver qual é a resposta apropriada à proteção divina. Leia 2 Tessalonicenses 3:1-2 para aprender como interceder pela segurança de outra pessoa.

**considere›**
Qual a sua reação ao sentir que você ou alguém que ama está ameaçado? Por que é importante pedir proteção a Deus?

Fiquei chocada ao saber que um reconhecido agressor sexual mora em nossa vizinhança. De acordo com o processo público, ele foi condenado por pornografia infantil. Embora nunca o tenha encontrado, espero que tenha mudado de comportamento e não seja mais uma ameaça para as crianças. Mesmo assim, sinto-me no dever de vigiar meus filhos permanentemente.

O mundo está cheio de criminalidade, desastres naturais e outros perigos. Assim, mesmo que eu queira dar aos meus filhos uma passagem segura da infância à idade adulta, não há garantias. E me questiono se há algo mais que eu deveria estar fazendo.

Esdras precisava de um caminho seguro para ele e para milhares de judeus exilados enquanto andavam os 1.300 a 1.500 metros entre Babilônia e Jerusalém. A caravana deles carregaria milhões de reais em ouro, prata e bronze através de uma área cheia de foras da lei. Passariam quatro meses na estrada e Esdras tinha que encontrar uma maneira de chegarem em segurança à Cidade Santa.

Ele teve receio de pedir seguranças ao rei persa, pois havia lhe dito anteriormente "...o nosso Deus protege todos os que confiam nele..." (Esdras 8:22). Havia crido publicamente no Senhor para defender os israelitas e sabia que a verdadeira segurança se encontrava somente nele. Então o líder de Israel ordenou ao povo que jejuasse e se humilhasse diante de Deus. Oraram para que Deus os protegesse, que protegesse seus filhos e bens enquanto viajavam (v.21). E o Senhor os ouviu! A "boa mão" de Deus salvou Seu povo dos "inimigos" (v.31).

A fé do servo Esdras na proteção divina me inspira a orar pela segurança de meus filhos. Após tomar todas as precauções, escolho confiar que a forte mão de Deus que me ampara irá também ampará-los (Salmo 63:8).

—Jennifer Benson Schuldt

# palavras oportunas

**leia›**
**Provérbios 15:1-4,23**
Saber dar uma resposta é uma alegria; como é boa a palavra certa na hora certa! (v.23).

**examine›**
Perceba a ênfase entre tempo e palavras no livro de Provérbios 25:11.

**considere›**
De que maneira as suas palavras podem ter animado ou desanimado alguém ultimamente? Como as palavras de Jesus o ajudam a se enxergar da forma correta?

No livro *Encouragement: The Key to Caring*, (Encorajamento: a chave para cuidar) Larry Crabb descreve como foi estressante a primeira vez em que se ofereceu para orar em voz alta durante um culto. Ele relembra: "achei que minha teologia estava se tornando tão confusa quanto uma heresia. Lembro de agradecer ao Pai por ter sido pendurado na cruz e louvar a Cristo por ter trazido o Espírito do túmulo triunfantemente. Gaguejando muito, finalmente cheguei à palavra *Amém*. Disse-a e me sentei. Recordo-me de ficar olhando para o chão, muito envergonhado para levantar os olhos, e jurando solenemente nunca mais orar ou falar à frente de um grupo." O autor continua contando como um senhor mais velho o procurou depois do culto e disse-lhe: "Larry, quero que saiba de uma coisa. Seja o que for que fizer para o Senhor, estarei lhe apoiando 1000%."

Ali estava um homem que entendia o poder da palavra no momento oportuno! (Provérbios 15:23). Talvez ele visse o Larry como um adolescente promissor que estava envergonhado e agitado. Talvez tivesse experimentado algo semelhante quando jovem e tinha provado o mesmo sentimento de vergonha de Larry. Seja o que for que o compeliu a falar, suas palavras foram um exemplo do provérbio que diz: "As palavras bondosas são como o mel: doces para o paladar e boas para a saúde" (16:24).

Com palavras de incentivo (15:4), determinar o tempo certo é tudo. É por isso que o livro de Provérbios também enfatiza que até palavras alegres ditas no tempo errado podem ser ruim "...Cantar para quem está triste é como esfregar sal numa ferida (25:20).

Coisas boas podem vir das palavras certas ditas no momento certo. Use hoje palavras que o ajudarão a curar os corações feridos e dará às pessoas a verdadeira visão de quem elas são em Jesus. —Jeff Olson

# a disciplina da discrição

**leia›**
**Mateus 6:1-18**
Isso deve ficar em segredo; e o seu Pai, que vê o que você faz em segredo, lhe dará a recompensa (v.4).

**examine›**
Leia Marcos 7:24 para ver como as boas obras de Jesus o seguiam. Leia Provérbios 27:2 para ter orientação sobre a autopromoção.

**considere›**
De quem e para o que você espera reconhecimento público? Que boa obra você pode fazer hoje que será conhecida somente por Deus?

"Sou um exibicionista!", disse o artista surrealista Salvador Dalí. "A vida é muito curta para ficarmos despercebidos." A atriz Marlene Dietrich certa vez lançou um disco com os aplausos gravados em seus cabarés — onde tocava para seus amigos.

O desejo por reconhecimento nunca está muito longe de nós. Queremos receber aplausos por nossas qualidades e conquistas. Podemos ficar profundamente decepcionados quando os outros não percebem o bem que lhes fizemos.

A busca por aplauso é pior quando está ligada à religiosidade. No tempo de Jesus, as orações, jejuns e boas obras eram (e ainda são) o centro da caridade judaica. Mas o Mestre percebeu como elas podem ser usadas erroneamente por motivações pessoais, e disse: "Tenham o cuidado de não praticarem os seus deveres religiosos em público a fim de serem vistos pelos outros..." (Mateus 6:1). Também: "Quando vocês orarem, não sejam como os hipócritas. Eles gostam de orar de pé [...] nas esquinas das ruas..." (v.5). E acrescentou: "Quando vocês jejuarem, não façam uma cara triste..." (v.16). As razões de Jesus eram claras: quando a espiritualidade é praticada para nos fazer parecer bons, os aplausos recebidos serão nossa única recompensa. Aquele cujo reconhecimento é o que realmente importa vai fazer vistas grossas (vv.1,5,16).

O Senhor disse que os verdadeiros atos de fé são difíceis de esconder. Uma cidade sobre o monte não pode ser ocultada (5:14). Nossas obras *devem* ser vistas por todos (v.16). No entanto, essas obras fluem de um coração focado no próximo; coração que ora e jejua só para alegrar a Deus. Deveria ser assim: sermos discretos sobre nossas obras, deixarmos que nossas vidas falem por si e permitirmos que Deus decida quando e se elas serão conhecidas.

Vamos fazer boas obras sem ostentá-las, sabendo que "...o seu Pai, que vê o que você faz em segredo, lhe dará a recompensa" (vv.4,6,18).

—Sheridan Voysey

# bem temperadas

**leia›**
**Colossenses 4:2-6**
Que as suas conversas sejam sempre agradáveis e de bom gosto, e que vocês saibam também como responder a cada pessoa! (v.6).

**examine›**
O livro de Lucas 4:22 diz que palavras de graça vêm dos lábios de Jesus. Observe como Jesus demonstrou graça ao tratar com a mulher samaritana (João 4) e com a mulher que foi pega em adultério (8:3-11).

**considere›**
Em que momento e para quem você sente vontade de falar palavras indelicadas e desagradáveis? Como agir diferente, por reconhecer que Jesus está em você?

Durante uma entrevista coletiva na cidade de Nova Iorque para o filme *Além da Vida*, de Clint Eastwood, os jornalistas estavam nitidamente impressionados com ele. Quando um repórter brasileiro se desculpou por seu mau domínio do inglês e pela "pergunta boba", *Eastwood* se inclinou para frente em sua cadeira e lhe disse: "Nenhuma pergunta é boba."

Depois do evento, outro jornalista relatou: "Temos a impressão de que Eastwood sempre respeita o que os outros pensam e sentem."

E nós? O que os outros pensam da maneira como nos comportamos? Na epístola de Paulo à igreja em Colosso, ele os relembrou de que Jesus vivia neles (Colossenses 1:27). Essa realidade pedia uma mudança na forma como viviam.

Assim, nos capítulos 3 e 4 ele os ensinou a viver essa vida em Cristo. Uma das suas instruções foi de que falassem adequadamente uns com os outros. Lemos: "Que as suas conversas sejam sempre agradáveis..." (4:6).

Palavras agradáveis são saudáveis, apropriadas, bondosas, amorosas, ponderadas e sensíveis. Não são palavras amargas, ásperas, corrosivas, prepotentes ou vingativas.

Que as nossas palavras reflitam a graça sempre — em situações estressantes, quando somos ofendidos, quando discordamos de nosso cônjuge ou filhos e em conversas casuais com nossos vizinhos. Que nosso discurso seja cheio de graça, em qualquer situação.

Além disso, que nossas palavras sejam "agradáveis" ou "temperadas com sal". Nosso objetivo não deve ser bajular os outros, mas — assim como o sal — falar a verdade em amor para trazer cura e prevenir a corrupção.

Deveríamos nos assegurar de que as conversas sejam temperadas com ideias atrativas para que os ouvintes se sintam estimulados e que sua curiosidade brote.

A sua conversa reflete Jesus, que vive em você? —Poh Fang Chia

# obediência

**leia›**
**Lucas 2:21-24, 39**
Quando terminaram de fazer tudo o que a Lei do Senhor manda, José e Maria voltaram para a Galileia, para a casa deles na cidade de Nazaré (v.39).

**examine›**
O que o livro de Deuteronômio 4:5-9 e de Provérbios 22:6 nos ensinam sobre pais e filhos?

**considere›**
José e Maria: "cumpriram tudo segundo a lei". Há alguma ordem de Deus que você tenha escolhido rejeitar ou desobedecer? Como você testemunha sobre Jesus às pessoas — jovens e adultas?

O Natal já veio e já foi. A decoração que adornava os shoppings e as igrejas já foi retirada. E a árvore de Natal de sua sala provavelmente já foi recolhida. As festividades e celebrações podem ter acabado para nós, mas depois do nascimento de Jesus, seus pais cumpriram três cerimônias em obediência à lei de Deus (Lucas 2:21-24,39).

Quando tinha oito dias de vida, Jesus foi circuncidado em submissão ao mandamento divino (Gênesis 17:10-12; Levítico 12:3). Nessa altura foi-lhe dado o nome Jesus, "Pois o anjo tinha dado esse nome ao menino antes de ele nascer" (Lucas 2:21; Mateus 1:21; Lucas 1:31).

O Mestre também participou de outra cerimônia quando tinha 40 dias. Maria tinha ido ao templo para sua purificação cerimonial, como mandava a lei (Lucas 2:22; Levítico 12:2-5). Nessa ocasião, Jesus foi consagrado ao Senhor por ser o primogênito (Lucas 2:7; 22,23). Todo o primogênito — quer humano ou animal — pertencia a Deus (Êxodo 13:2; Números 3:13), pois o Senhor havia poupado o primogênito de todos os judeus e seus animais na noite da primeira Páscoa (Êxodo 11:4-7; 12:12-13). As primeiras crias de todos os animais puros — boi, ovelha, cabra — deviam ser mortas e sacrificadas como oferta a Deus. No entanto, como Deus proibia qualquer sacrifício de crianças, Ele mandou que os pais remissem seus primeiros filhos homens (Êxodo 13:13; Números 18:15-17). Lucas relata que os pais de Jesus haviam cumprido todos os requisitos da lei do Senhor antes de retornarem a Nazaré (2:39).

Jesus foi criado em um lar que se caracterizava pela obediência a Deus. Assim como Ele aprendeu a obediência com Seus pais (Hebreus 5:8), as crianças em nossa família irão aprender a obedecer ou a desobedecer baseados no exemplo que lhes dermos. Cuide com o que faz. Os mais jovens o observam. —K. T. Sim

# perguntas

**leia>**

**Mateus 21:23-46**

Jesus chegou ao Templo, e, quando já estava ensinando, alguns chefes dos sacerdotes e alguns líderes judeus chegaram perto dele e perguntaram: - Com que autoridade você faz essas coisas? Quem lhe deu essa autoridade? (v.23).

**examine>**

Leia o livro de Gênesis 3:1-6 para ver como a serpente usou uma pergunta para afastar Adão e Eva de Deus.

**considere>**

Como você usa as perguntas? Para confundir? Para esclarecer? Para colher informações? Por que precisamos fazer perguntas que glorifiquem a Deus e revelem Sua verdade?

Uma entrevista na televisão capturou minha atenção. O autor de um livro controverso respondia às perguntas dizendo: "Essa é uma boa pergunta." E depois ficava girando em torno daquela "boa pergunta" sem jamais chegar a uma resposta.

Com certeza Jesus frustrou os "entrevistadores" que vieram vê-lo (Mateus 21). "Com que autoridade você faz essas coisas...?", exigiam saber (v.23). O Senhor prometeu responder-lhes se pudessem primeiramente responder à Sua pergunta: "...quem deu autoridade a João para batizar? Foi Deus ou foram pessoas?... (v.25).

Jesus não estava se escondendo atrás de uma torrente lamacenta de palavras. Queria mostrar aos líderes religiosos o quanto estavam perdidos espiritualmente. Assim, contou-lhes parábolas e fazia mais perguntas para ajudá-los a reconhecer a sua condição (vv.28-44). Mas eles escolheram odiar Jesus e ainda mais. Posteriormente, naquela mesma semana, eles o crucificariam.

A Bíblia nos mostra um contraste marcante entre as perguntas de Jesus e aquelas que Seu inimigo propunha. No livro de Gênesis 3, a serpente sutilmente plantou a semente da dúvida na mente de Eva: "...É verdade que Deus mandou que vocês não comessem as frutas de nenhuma árvore do jardim?" (v.1). A questão não foi formulada para esclarecer, mas para anuviar o assunto. A resposta de Adão e Eva introduziu a maldição da morte em nosso mundo agora decaído.

O fato de vivermos em um mundo mortal nos traz a questão: Como seremos reconciliados com Deus? Estamos com os "cobradores de impostos e prostitutas" que se arrependeram? (Mateus 21:32). Ou estamos com os líderes religiosos que se recusaram a crer em Jesus e o crucificaram? Nossa resposta faz toda a diferença para o mundo. —Tim Gustafson

# vale a pena

**leia›**
**1 Timóteo 4:6-5:2**
É por isso que lutamos e trabalhamos muito, pois temos posto a nossa esperança no Deus vivo, que é o Salvador de todos, especialmente dos que creem (4:10).

**examine›**
Leia 2 Timóteo 1:1-7 para ver como Deus usa vários recursos para trazer uma doutrina sólida e um firme fundamento para o nosso relacionamento com Jesus.

**considere›**
Quando você entra pelas portas da sua igreja, qual é o primeiro pensamento que lhe vem à mente? Por que o nosso crescimento pessoal deve ser prioridade?

Corro pela praia, no meu campo de jogo enquanto a lua toca a água e me lanço sobre a pessoa vindo em minha direção. Tenho uma pilha de trabalhos para corrigir, uma casa que precisa da minha atenção e um prazo final para completar em menos de 48 horas, e aqui estou correndo pela areia e tentando proteger a base da minha equipe daqueles que querem pegar a nossa bandeira. Sinto cada um dos meus quase 38 anos, mas o que pode parecer ser só um jogo de pique bandeira, para mim é um investimento na igreja viva.

Se verdadeiramente entendemos a Palavra de Deus, compreendemos que nenhum cristão vive para si mesmo. Somos pedras vivas assentadas sobre a Pedra Angular (1 Pedro 2:4,5). Não se preocupar com as vidas dos que me rodeiam — colocar o meu crescimento espiritual no topo da minha experiência cristã — é perder a essência de Deus.

O ministério não sou só eu. Esse é um conceito difícil de captar quando chegamos à igreja esperando que nossas necessidades sejam atendidas — procurando o que melhor atenda nossos interesses.

Escolhi abrir mão de um final de semana, uma inconveniência naquele momento, para que a próxima geração soubesse que Jesus a chamou para a grandeza no reino. Viver esse preceito está longe do romântico. Investir nos outros — quer sejam crianças, adolescentes ou adultos — pode demandar tempo, ser complicado e desgastante. A mensagem clara de Paulo na advertência ministerial a Timóteo, no entanto, não é se, mas *como* ele deveria investir nos outros (1 Timóteo 4:11–5:2).

A doutrina cristã não se trata apenas de conhecimento. Ela nos mostra uma vida transformadora (4:12,16). E na essência dessa doutrina está o chamado ao relacionamento (5:1,2) — primeiro com Jesus e depois com o próximo (Marcos 12:30-33). Valorizamos esse investimento? —Regina Franklin

# a vida na videira

**leia›**
**João 15:1-17**
Eu sou a videira, e vocês são os ramos... (v.5).

**examine›**
Leia João 15:1-17 novamente. O que Deus vai fazer? O que nós devemos fazer?

**considere›**
Você se sente propenso a pensar que é a sua própria fonte de força e vida? O que é preciso para que você simplesmente descanse em Deus?

Muitos dizem que me pareço com meu pai. Quando estava na terceira ou quarta série, uma menina olhou para meu pai e para mim e exclamou: "Olhem, gêmeos!". Como a maioria dos meninos, eu queria ser alto e ganhar músculos. Queria *crescer e ser como meu pai*. Entretanto, não havia muita coisa que eu pudesse fazer para que isso acontecesse. Eu desejava aquilo e fiz meu melhor comendo todos os legumes; mas na maior parte do tempo, só tinha que esperar.

Imerso numa cultura que conhecia vinhedos, Jesus usou a imagem de uvas crescendo em parreiras para explicar como aqueles que o seguem recebem vida e desenvolvem plena maturidade. Os personagens no vinhedo são estabelecidos. Jesus é a "videira verdadeira", o "Pai é o lavrador" e "[nós] somos os ramos" (João 15:1,5). Os papéis são claros, porém muitos problemas acontecem quando os confundimos.

A vida flui para os galhos através da vinha. Esta provê regular e gratuitamente todos os ingredientes que os ramos necessitam para que o fruto venha. Os galhos simplesmente os absorvem, ficam aninhados em lugar seguro e permitem que o fruto seja produzido. Jesus é bastante claro: "...assim como o ramo só dá uvas quando está unido com a planta, assim também vocês só podem dar fruto se ficarem unidos comigo" (v.4).

*Permanecer* é ficar, descansar, habitar (ou viver). Em outras palavras, nosso trabalho é viver obedientemente em Jesus e então ver a vida de Deus fluindo por intermédio de nós, fazendo surgir belos e deliciosos frutos. Em nós mesmos, só vamos murchar e morrer. Sem Deus seremos inúteis porque fica assim: sem Jesus nada podemos fazer (v.5).

Você quer a verdadeira vida que produz frutos duradouros e glorifica a Deus? Permaneça em Jesus. —Winn Collier

# só uma sombra

**leia›**
**1 Pedro 1:3-9**
Vocês o amam, mesmo sem o terem visto, e creem nele, mesmo que não o estejam vendo agora. Assim vocês se alegram com uma alegria tão grande e gloriosa, que as palavras não podem descrever (v.8).

**examine›**
No livro de 1 Coríntios 13:12, Paulo descreve o desafio que enfrentamos na luta para viver pela fé nesta vida. Note no final do versículo como Deus nos conhece.

**considere›**
Como tem sido experimentar só uma sombra do que Jesus é? De que maneira você pretende andar por Seu poder e presença hoje?

No filme *A Origem*, a tecnologia permite às pessoas tocarem nas mentes das outras pela invasão de sonhos. Dom Cobb, o herói nada perfeito do filme, perde sua esposa Mal quando esta comete suicídio devido aos efeitos ilusórios da invasão da sua memória dentro do sonho. No entanto, Mal continua aparecendo nitidamente a Dom em seus sonhos. No final, vendo a necessidade de deixar que sua pseudo-esposa partisse, Dom lhe diz: "Não consigo imaginá-la em toda a sua complexidade, toda a sua perfeição e imperfeição [...] *você é só uma sombra da minha mulher verdadeira* [...] Desculpe-me, você não é boa o suficiente."

Às vezes, o Jesus que temos em mente é apenas a uma sombra do que Jesus é na verdade. Em vez de experimentarmos o poder de Sua presença em nós (1 Pedro 1:5; Colossenses 1:27), nos agarramos a Ele somente quando estamos com medo ou necessitados. Em vez de viver com "uma viva esperança" (1 Pedro 1:3) de estar com Ele para sempre, vivenciamos um pavor sombrio e persistente à medida que encontramos as imperfeições da vida.

Pedro nos diz algumas palavras para tirar-nos de nosso estado de torpor e nos ajudar a cair na realidade da vida em Jesus: "Vocês o amam, mesmo sem o terem visto e creem nele, mesmo que não o estejam vendo agora..." (v.8). Por nossa *fé* (v.5) vivemos a *alegria* de cada momento (v.8) que provém de conhecer a Jesus e andar com Ele. Não estamos sozinhos quando enfrentamos provações (v.6). O Senhor nos permite sermos testados pelo fogo das dificuldades para que a nossa fé nele seja purificada e aperfeiçoada (v.7). E um dia, nossa recompensa por confiar nele será a salvação das nossas almas (v.9).

Não viva na *sombra* de Jesus. Experimente, pela fé, estar na presença dele ainda hoje. —Tom Felten

# inimigos

**leia›**
**Mateus 5:38-47**
Felizes as pessoas que trabalham pela paz, pois Deus as tratará como seus filhos (v.9).

**examine›**
Leia o livro de 1 Samuel 24 para ver o relato fascinante sobre como Davi lidou com a tentativa do rei Saul de caçar e matá-lo.

**considere›**
O seu próximo passo num relacionamento difícil não deveria ser um pedido de desculpas? O que fazer se as pessoas reagirem com ódio ao tentar amá-las?

"Sou forçado a pregar mesmo não me sentindo bem esta manhã," disse o Dr. Martin Luther King num dia de novembro de 1957. Seu médico o havia instruído a ficar na cama, mas King insistiu em falar.

Parafraseando as palavras de Jesus, ele declarou à congregação da Igreja Batista na Avenida Dexter in MonTim Gustafsonomery, Alabama: "Vocês ouviram o que foi dito: "Ame os seus amigos e odeie os seus inimigos. Mas eu lhes digo: amem os seus inimigos e orem pelos que perseguem vocês, para que vocês se tornem filhos do Pai de vocês..." (Mateus 5:43-45).

Como um afro-americano que vivia no sul dos Estados Unidos, onde havia a mancha do pecado do racismo, o Dr. King pregou sob condições tão desvantajosas, que suas palavras tiveram ainda mais validade. "De que maneira vocês amam os seus inimigos?", perguntou. "Comecem com vocês mesmos. Deve haver algo dentro de vocês que gere a trágica resposta de ódio em outro indivíduo [...]. Quando se apresentar a oportunidade para você derrotar o inimigo, esse será o momento de não derrotá-lo."

Enquanto pensamos sobre os nossos inimigos e a animosidade que abrigamos por eles, seria sábio nos lembrarmos de que antes éramos inimigos de Deus! (Romanos 5:10). Mas agora que cremos nele, Jesus nos reconciliou com Deus (v.11). Daqui para frente temos o ministério da reconciliação (2 Coríntios 5:18). É por isso que Deus diz para não nos vingarmos, mas ao invés disso deixar para Ele, que diz: "...Eu me vingarei, eu acertarei contas com eles, diz o Senhor..." (Romanos 12:19).

A maneira para derrotarmos os nossos inimigos é demonstrando-lhes o surpreendente amor de Deus cheio do Espírito. —Tim Gustafson

# providência

**leia›**
**Salmo 104**
Todos esses animais dependem de ti, esperando que lhes dês alimento no tempo certo. Tu dás a comida, e eles comem e ficam satisfeitos (vv.27,28).

**examine›**
Leia o livro de Mateus 6:25-34 para saber o que fazer quando sua vida não estiver indo bem.

**considere›**
Você se sente incomodado ou consolado pela soberania de Deus? Por que é importante lembrar que Ele está no controle quando as coisas não acontecem como queremos?

Minha família passou uma semana assistindo com nervosismo o avanço de uma tempestade prevista para atingir a nossa região na época em que planejávamos as férias. A tempestade chegou dois dias antes da data da viagem, impedindo os voos e relocando os passageiros em aviões lotados. Na manhã da nossa partida, a companhia aérea nos ligou e ofereceu cinco passagens de ida e volta para qualquer lugar se permitíssemos que nos colocassem para o dia seguinte. Aceitamos rapidamente a oferta, consolando nossos filhos que estavam desapontados com a promessa: "Agora podemos ir para as Bahamas no ano que vem!"

Enquanto refletia sobre a nossa sorte, ocorreu-me que a mesma tempestade que temíamos havia se tornado uma bênção de Deus para nós. Alguns podem atribuir nossa felicidade ao destino (como Salomão, em uma crise de ceticismo) — "...Tudo depende da sorte e da ocasião" (Eclesiastes 9:11). Entendo que é mais fácil escrever isto agora do que se nossa família tivesse ficado de plantão na pista de decolagem, sem nenhuma recompensa pelo atraso. A mesma tempestade que me abençoou foi uma notícia ruim para os outros.

É verdade. Mas não importa o que acontecer, somos recebedores do cuidado gracioso de Deus. Paulo declarou que tudo vem dele "por meio dele" que faz todas as coisas conforme o conselho da sua vontade (Romanos 11:36; Efésios 1:11). Podemos jamais saber por que *este* ou *aquele* infortúnio nos sobreveio, mas podemos confiar de que seja o que for que acontecer, nosso caminho passa primeiro pelas mãos do nosso Pai amoroso. Ele nunca para de prover para Seus filhos e usa até as tempestades da vida para o nosso bem.

Quer suas experiências hoje sejam boas ou ruins, você pode descansar no Deus que planejou a sua vida quando nenhum dos dias "havia ainda" (Salmo 139:16). —Mike Wittmer

# forte tentação

**leia>**
**Lucas 4:1-13**
Ali [Jesus] foi tentado pelo Diabo durante quarenta dias... (v.2).

**examine>**
Leia o livro de Gênesis 3:7-19 para saber os resultados originais de ceder à tentação. Leia 1 Coríntios 10:12,13 e veja como Deus pode nos ajudar a resistir.

**considere>**
Por que a tentação muitas vezes é mais forte quando estamos sozinhos? Por que às vezes cedemos mesmo que tenhamos a certeza do que é certo ou errado?

Eu dirigia por uma rua bem movimentada quando um cone de sorvete de 2,5m se aproximou vindo de frente em minha direção e passou. Pisquei e conferi pelo retrovisor. Era a propaganda de um restaurante, algo como uma homenagem a um sorvete de menta com gotas de chocolate, definitivamente uma tentação para esta formiguinha!

Jesus não era imune à tentação e desafiou Seus seguidores a ficarem alertas e orar para que não cedessem (Mateus 26:41). Também lhes lembrou de que embora seja "...fácil querer resistir à tentação; o difícil mesmo é conseguir".

O Senhor conhecia a fraqueza de nossos corpos depois de ter passado por solidão e jejum no deserto (Lucas 4:2). Depois de 40 dias de fome, foi desafiado por Satanás a transformar uma pedra em pão. Mas usou as Escrituras para resistir à tática satânica (v.4).

Satanás tentou outra tática: *mentir*. Depois de mostrar a Jesus todos os reinos do mundo disse: "Dar-te-ei toda esta autoridade e a glória destes reinos; porque ela me foi entregue" (v.6). Hã? *Acho que não*. Jesus é e era o responsável pelo mundo (Colossenses 1:16). Pense no que Ele disse sobre Satanás e a sua mania de mentir (João 8:44).

Mesmo assim, Satanás exagerou sobre seu poder para tentar coagir Jesus a adorá-lo. O Filho de Deus resistiu dizendo: "...Adore o Senhor, seu Deus..." (Lucas 4:8). Depois de outra tentativa falha, o Diabo "...foi embora por algum tempo". (v.13).

Satanás está sempre procurando pela próxima chance de nos tentar também (1 Pedro 5:8). É por isso que precisamos nos proteger da fraqueza e do isolamento por meio da prestação de conta aos amigos cristãos. Também podemos memorizar as Escrituras que irão nos ajudar a enfrentar e a derrotar a tentação. Assim, estaremos equipados para resistir ao Diabo e fazê-lo fugir de nós (Tiago 4:7). —Jennifer Benson Schuldt

# acredita em milagres?

**leia›**
**Daniel 4**
Para ele, os seres humanos não têm nenhum valor; ele governa todos os anjos do céu e todos os moradores da terra. Não há ninguém que possa impedi-lo de fazer o que quer; não há ninguém que possa obrigá-lo a explicar o que faz (v.35).

**examine›**
Leia o livro de Gênesis 50:20 e veja o que Deus revelou a José sobre o propósito na dor.

**considere›**
Como você pode identificar melhor a ação de Deus evidente em sua vida? O que Ele fez em sua vida na semana que passou?

Durante as Olimpíadas de Inverno de 1980, Al Michaels cobriu as competições de hóquei para a uma importante rede de TV. Essa rede poderia ter usado outros narradores, mas ele foi o aprovado por ser o único da equipe que tinha experiência na modalidade. Ele havia narrado *um* jogo oito anos antes.

Assim, em 22 de fevereiro de 1980, ele narrou o jogo da disputa de medalha entre os Estados Unidos e a União Soviética, jogo que ficou conhecido como *Milagre sobre o Gelo.* Nos segundos finais da improvável vitória americana, Michaels disse com entusiasmo aquela que se tornou uma frase memorável: "Você acredita em milagres? Sim!"

Anos mais tarde, Michaels descreveu este "ponto alto" de sua carreira como "pura sorte". E acrescentou: "Se eu não tivesse narrado aquele jogo, teria terminado cobrindo o biatlo. E não houve milagres nessa modalidade naquele ano." Mesmo que a sua humildade seja admirável, há outra explicação. Quando a vida se move de forma notável, tem mais a ver com a soberania divina do que com destino.

Daniel registra os acontecimentos incríveis da vida do rei Nabucodonosor. Depois de ascender ao trono da Babilônia e se tornar completamente cheio de si, seu reino foi despedaçado por Deus, que ainda o fez perder completamente a noção da realidade (Daniel 4:28-33). Demoraram sete anos para que o rei humilhado reconhecesse a soberania divina, e assim sua sanidade e o reino lhe foram restaurados (vv.34-37).

Nabucodonosor não considerou essa surpreendente mudança nos acontecimentos como aleatória. A experiência o ensinou que os resultados da vida estão nas mãos de Deus. Nada acontece fora do controle decisivo daquele que faz que "...todas as coisas trabalham juntas para o bem daqueles que amam a Deus, daqueles a quem ele chamou de acordo com o seu plano" (Romanos 8:28). —Jeff Olson

# estou faminto

**leia>**
**Lamentações 2:18-20**
...Derrame o coração na presença dele e peça pela vida dos seus filhos, que morrem de fome nas esquinas das ruas (v.19).

**examine>**
O que Deus prometeu, no livro de Isaías 49:10, que faria por aqueles que tivessem fome e sede?

**considere>**
Você pode aliviar o sofrimento de alguém que experimenta a fome extrema? Como o suprimento das necessidades físicas pode ajudar a tratar da sede espiritual?

Em um artigo anterior, escrevi sobre os quatro irmãos subnutridos que eu alimento todos os dias. As crianças — Josué, Mirika, Ashaba, Katseme — têm uma aparência muito diferente agora que recebem o alimento nutritivo regularmente. Seus estômagos não estão mais inchados e sua pele não está mais coberta de feridas. Seus cabelos também não caem mais aos montes.

Muitas vezes, recordo a maneira incomum como vim a conhecê-los. O mais velho, Josué, foi pego roubando comida em minha casa. Quando lhe perguntei por que havia escolhido roubar em vez de me pedir, ele respondeu: "Porque eu *estava com fome*." O livro de Lamentações 4:9 diz: "Mais felizes foram as vítimas das espadas do que as vítimas da *fome*..." Se morrer esfaqueado é melhor que morrer faminto, não surpreende que a fome tenha levado Josué a roubar.

A fome intensa esgota as forças da pessoa (Jó 18:12). Faz crianças desmaiarem (Jó 17:5; Lamentações 2:19), e os mais humildes da sociedade buscarem comida em lugares desolados (Jó 30:3).

De acordo com a Organização das Nações Unidas para Agricultura e Alimentação. "A nova estimativa do número de pessoas que sofrem de fome crônica [em 2011] é de 925 milhões." O nosso Deus é um Deus que certamente deseja que estas estatísticas de fome diminuam. Da mesma forma como Ele satisfez a fome dos israelitas dando-lhes carne e maná no deserto (Salmo 105:40), também quer abrir Sua mão e satisfazer "...a todos os seres vivos" (145:16) ainda hoje.

Vamos nos unir a Ele orando intensamente pelos milhões de famintos ao redor do mundo e procurar formas tangíveis de ajudar a "satisfazer a fome" dos Seus "pequeninos" (Salmo 17:14). —Roxane Robbins

# servindo a graça

**leia›**
**Romanos 12:9-21**
Não paguem a ninguém o mal com o mal. Procurem agir de tal maneira que vocês recebam a aprovação dos outros (v.17).

**examine›**
Leia o livro de 2 Reis 6:21,22 para ver o profeta Elias praticando o versículo de Provérbios 25:21 ao enfrentar um exército inimigo.

**considere›**
Você recebe duras críticas neste momento em sua vida? Como demonstrar bondade ao invés de vingança?

A bem-sucedida chefe de cozinha e apresentadora de TV, Rachael Ray, não faz parte da elite. "Ela não cozinha como eu," disse sua rival Martha Stewart. "E não tem a mesma habilidade que eu." Ainda assim, Rachael conquistou o coração dos espectadores — por sua abordagem gentil aos que a criticam.

O escritor e chefe Anthony Bourdain provou desta bondade. "Sabemos que ela não sabe cozinhar," criticou-a. "E então, o que nos vende? A certeza de que a mediocridade é suficiente." E como Rachel respondeu essas e outras palavras ríspidas de Bourdain? Ela afirmou publicamente que amava o trabalho dele, que o respeitava e contratou a banda preferida dele para o festival que ela organizava.

"Este episódio me deixou bastante confuso", admitiu Bourdain mais tarde. "Não sei se saio e atiro em um cachorrinho ou se envio a ela um cesto de frutas." Rachael enviou um cesto de frutas à casa de Bourdain com um bilhete pedindo que não atirasse em qualquer bichinho!

"Peçam que Deus abençoe os que perseguem vocês...", disse o apóstolo Paulo (Romanos 12:14). "Não paguem a ninguém o mal com o mal...", acrescenta (v.17). Usando palavras que seriam apropriadas para chefes de cozinha em disputa, Paulo cita um provérbio: "Se o que te aborrece tiver fome, dá-lhe de comer; se tiver sede dá-lhe água para beber" (Provérbios 25:21). Por quê? "Porque assim você o fará queimar de remorso e vergonha, e o SENHOR Deus recompensará você" (v.22). Quando abençoamos quem nos amaldiçoa, a bondade expõe o mal em contrastes nítidos. Esta bondade pode levar alguns inimigos ao arrependimento à medida que veem o próprio comportamento exposto (Infelizmente, para outros, essa boa obra irá acrescentar evidências contra eles no dia do julgamento).

Rachael Ray foi tratada com dureza, mas retribuiu com graça. Façamos o mesmo. —Sheridan Voysey

# Ele responderá

**leia›**
**Salmo 91**
Quando eles me chamarem, eu responderei e estarei com eles nas horas de aflição. Eu os livrarei e farei com que sejam respeitados (v.15).

**examine›**
Deus responde as orações. Leia o livro de Lucas 11:5-12 e veja o que Jesus disse sobre essa realidade.

**considere›**
Como está o seu tempo de oração na presença de Deus? A apresentação que o Salmo 91 faz de Deus influencia a sua maneira de orar?

Recentemente, entrei na página do *Twitter* de uma atriz coreana que aprecio muito. Decidi, então, deixar um comentário para dizer-lhe o quanto sua peça recente me inspirara.

Desde então, espero em suspense para ver se ela responderá à minha mensagem. Sei que é improvável, porque uma estrela tão popular recebe centenas de mensagens todos os dias. E mais, sou só um fã. Ela não me conhece. Ainda assim, espero que me deixe um recadinho.

No livro de Salmo 91:15, lemos que Deus nos *responde*. Veja essas palavras: "Quando eles me chamarem, eu responderei...". *Uau*! Essa é uma promessa maravilhosa.

Quem é esse Deus que nos responderá? O salmista nos diz que Ele é o "Altíssimo," o "Todo-Poderoso" (v.1). Ambos os termos enfatizam Sua posição e poder sem limites. E no versículo 2, lemos que Ele é *Yahweh* (hebraico), o grande "Eu sou" que é o nosso Senhor.

O Salmo nos convida a nos escondermos no Senhor. Assegura-nos de que Deus nos protegerá do perigo (vv.1-13). Nos versículos 3 e 4, são trabalhadas as metáforas de uma ave-mãe e de uma armadura de metal para detalhar a inteireza do Seu poder e da Sua presença.

Comentando sobre estes versos, um professor escola bíblica escreveu certa vez: "a ave-mãe pode abrigar seus filhotes sob suas asas. Lá estão seguros. Há um toque muito terno aqui, enfatizando o calor do amor e cuidado divino. Não há somente a ternura no cuidado de Deus, também há firmeza, como demonstra a imagem da armadura de metal."

O próprio Deus promete manter em segurança aqueles que o amam (vv.14-16). Ele nos *responde* e cuida de nós! —Poh Fang Chia

# perdido e achado

**leia›**
**Lucas 15:1-24**
Porque o Filho do Homem veio buscar e salvar quem está perdido (19:10).

**examine›**
O que os livros de Mateus 9:9-13 e Lucas 5:27-32 dizem sobre o que Jesus veio fazer e quem Ele veio buscar?

**considere ›**
Por que os publicanos e pecadores eram atraídos para Jesus? As pessoas "pecadoras" se sentiriam à vontade com você? Por quê?

Todos já passaram pela temida experiência de perder algo. Os celulares, chaves, carteiras e dinheiro são bons exemplos. A existência de um departamento de Perdidos e Achados nos *shoppings* nos diz que perder coisas é uma experiência comum. Coisas são perdidas e achadas. Ficamos muito felizes e aliviados quando o que perdemos nos é devolvido!

Por que você procura com persistência por R$ 1.000 que estavam fora do lugar, mas não se importa com centavos perdidos? *Perder coisas de valor significativo nos fará despender grandes esforços para recuperá-las.* Jesus usou essa verdade para abrir os corações e os olhos dos fariseus.

Sentindo-se ofendidos pelas pessoas com quem Jesus investia o Seu tempo, os fariseus e os mestres religiosos reclamaram que "Este homem se mistura com gente de má fama e toma refeições com eles" (Lucas 15:2). Embora com isso eles pretendessem atacar o caráter de Jesus, no final acabaram afirmando a obra que Ele viera fazer: salvar aqueles que sabiam que eram pecadores perdidos (Mateus 9:13; Lucas 19:10).

Em resposta às suas atitudes de autojustificação, Jesus lhes contou três parábolas diferentes — uma ovelha perdida (15:3-7), uma moeda perdida (vv.8-10) e um filho perdido (vv.11-24). Os objetos nessa parábolas aumentam em proporção e importância: ovelha perdida (1 em 100), moeda perdida (1 em 10), filho perdido (1 em 2).

O livro de Lucas 15 é o departamento de Achados e Perdidos da Bíblia. Todas as três parábolas podem ser resumidas em quatro palavras: *perdido, procurado, achado, alegria.* Todas nos ilustram um quadro inconfundível sobre quem Deus é. Ele é o pastor que procura, a mulher que procura e o pai que espera.

E há uma razão simples para a Sua busca incansável (vv.4,8) e subsequente alegria (vv.6,9,24): *Você* tem grande valor para Ele! (vv.7,10,32). —K. T. Sim

# personalidade ou preceito?

**leia>**
**1 Coríntios 3:1-23**
Ninguém deve se orgulhar daquilo que as pessoas podem fazer. Tudo isso pertence a vocês, [...] e vocês pertencem a Cristo, e Cristo pertence a Deus" (vv.21,23).

**examine>**
Leia o livro de Atos 17:10-12 para ver em o que há em comum entre os ensinamentos dos outros e o nosso próprio estudo.

**considere>**
Você passa mais tempo lendo outros livros do que a Bíblia? Como equilibrar a percepção que ganhamos de outras leituras com o nosso próprio estudo da Palavra?

*Twitter. Facebook. Podcasts.* Em poucos segundos, podemos receber verdades bíblicas de todo o mundo. Podemos louvar com as nossas bandas preferidas. Os pregadores e escritores mais atuais podem nos dar discernimento dos problemas mais duros. A Palavra jamais foi tão acessível. Apesar desta informação oferecer oportunidades de crescimento espiritual, nossa esperança não está na tecnologia ou nas palavras dos homens, mas na Palavra viva.

Eu entendo a aparente hipocrisia em minhas palavras. Não quero diminuir o poder do compartilhamento de nossas lutas, pensamentos ou vitórias em toda a nossa caminhada cristã. Além disso, a tecnologia pode ser uma ferramenta poderosa nesse processo. No entanto, como igreja, precisamos desafiar-nos mutuamente para nos assegurarmos de que os nossos olhos estejam na Fonte e não nos mensageiros.

Ao exortar a igreja em Corinto, o apóstolo Paulo destacou as áreas onde devemos estar focados em aprender com aqueles que nos cercam: nossa maturidade não deve ser determinada pelas pessoas que conhecemos ou professamos seguir, mas pela evidência da Palavra se tornando ativa em nossas vidas (1 Coríntios 3:2,3); Deus é o autor e consumador da nossa fé; nós somos vasos através dos quais Ele opera (vv.6-9). Deus, e não o homem, define o que é eterno e digno de preservação. Assim, os nossos esforços deveriam ser para a Sua glória e não para a nossa (vv.11-15).

A forma como vivemos estas verdades não é nos isolando das ideias dos outros (Provérbios 18:1,2). A Palavra de Deus nos diz para seguirmos os exemplos positivos de outros cristãos em nossa busca por Cristo (1 Coríntios 4:15,16). Mas, mais do que tudo, precisamos nos lembrar de que "...Cristo está em vocês, [...] a firme esperança de que vocês tomarão parte na glória de Deus" (Colossenses 1:27) é a luz que o mundo precisa desesperadamente. —Regina Franklin

# quando Deus fala

**leia**›
**Gênesis 12:1-4**
Os seus descendentes vão formar uma grande nação... (v.2).

**examine**›
Leia o livro de Marcos 5:35-43. Como a maioria das pessoas reagia às palavras de Jesus? Como a filha de Jairo reagiu à palavra de Jesus?

**considere**›
Qual é a área estéril em sua vida neste momento? O que você percebe que Deus está falando nesta área?

Eu não sou jardineiro. A forma mais certa de matar suas flores ou legumes é me pedir para cuidar deles. Então, admiro aqueles que têm o dom de trabalhar com todas as coisas que são verdes e crescem. Alguns jardineiros têm uma prática (se é superstição ou não, não sei) de falar com suas plantas. Eles se debruçam sobre suas azaleias, seus narcisos ou brotinhos e sussurram, conversam... até cantam. Insistem que suas palavras estimulam o crescimento.

A Bíblia apresenta Deus como aquele cujas palavras trazem vida. No livro de Gênesis, a história inicial da humanidade é feia. Repetidas rebeliões humanas levam à desoladora admissão de que Abrão e Sarai não têm filhos. Ela é estéril. As tentativas humanas são infrutíferas, vazias.

Como disse Walter Brueggemann: "Esta família (e com ela toda a família de Gênesis 1–11) desperdiçou seu futuro e não tem mais para onde ir. A esterilidade é o caminho da história humana. É uma metáfora eficaz de desesperança. Não há futuro à vista. Não há poder humano para inventar um futuro."

Em seguida, a história se modifica com estas simples palavras: "...o SENHOR Deus disse..." (12:1). Deus falou em meio à esterilidade e ao caos. Foi como se dissesse: *"Vocês fizeram seu melhor, e é aqui que vieram parar — agora se afastem."*

Ainda no início na história do Gênesis, estas palavras nos lembram de outro tempo em que Deus falou à escuridão e ao caos. Antes de Deus começar a criar, "a terra [...] estava sem forma e vazia, e havia trevas sobre a face do abismo". Dentro do nada, "Disse Deus...".

Deus falou e houve a luz, a vegetação floresceu e os humanos surgiram. Isso *ainda* acontece quando Deus fala. —Winn Collier

# as coisas pequenas

**leia›**
**Êxodo 35:4-29**
Todos os israelitas trouxeram de muita boa vontade as suas ofertas a Deus, o SENHOR, para o trabalho que ele, por meio de Moisés, havia ordenado que fosse feito (v.29).

**examine›**
Segundo a profecia de Ageu, por que o povo de Deus não estava prosperando? (1:1-11).

**considere›**
Você tende a menosprezar as coisas pequenas? Que pequena ação você pode tomar hoje para fazer algo em nome de Jesus?

Alguém perguntou ao líder de uma organização sem fins lucrativos: "Como o seu ministério prospera nesses tempos econômicos difíceis?" "São as pequenas ofertas," ele respondeu sem hesitar. "As grandes ofertas somem quando as coisas ficam difíceis. Mas nós temos muitas pessoas que fazem pequenas doações, e elas são fiéis em compartilhar o que têm."

As coisas grandes e espalhafatosas impressionam o mundo. Os ricos emprestam seus nomes e montanhas de dinheiro para prédios e patrimônios, e nós somos beneficiados. A generosidade dos ricos é boa, independentemente de sua motivação. Mas Deus não se impressiona com a riqueza.

Logo depois da fuga dramática do povo de Israel do Egito, Deus deu instruções para Moisés construir o tabernáculo. Moisés disse: "...façam uma oferta ao SENHOR. Quem quiser fazer isso deverá trazer uma oferta de ouro, prata ou bronze", e listou as necessidades (Êxodo 35:5). Também disse: "Todos os homens habilidosos deverão vir..." (v.10). E as pessoas vieram. Todos os que tinham o coração disposto podiam ajudar. Na verdade, foram tão generosos que no final Moisés teve que dizer que "...ninguém mais trouxesse ofertas para a Tenda Sagrada" (36:6).

Quando olhamos para todos os problemas e necessidades que enfrentamos, o desespero pode parecer uma opção tentadora. Deus, no entanto, usa coisas pequenas e pessoas anônimas para dissolver os problemas impossíveis. Nosso desespero é o nosso "motivo" para nos apoiarmos totalmente nele.

"O pouco é muito quando Deus está presente," escreveu a compositora Kittie Louise Suffield. Quando fazemos o que podemos, com oração e generosidade, para atender às necessidades que Deus põe em nosso caminho, Ele cuidará do restante.

Não despreze os pequenos presentes. Eles podem levá-lo a coisas grandes, pela graciosa mão de Deus. —Tim Gustafson

# promessas e louvor

**leia›**
**2 Crônicas 6:1-11**
E agora o SENHOR cumpriu a sua promessa. Eu fiquei no lugar do meu pai como rei de Israel e construí o Templo para a adoração do SENHOR, o Deus de Israel (v.10).

**examine›**
Leia o livro de Números 23:19 e pondere sobre a fidelidade de Deus em cumprir Suas promessas (diferente de nós).

**considere›**
Por quais promessas de Deus você vai louvá-lo hoje? E como você o louvará diante dos outros?

Você já fez alguma promessa que não cumpriu? Eu também. Estremeço ao pensar nas promessas que já quebrei ao longo dos anos. A vergonha vem da percepção de que eu tinha dado minha palavra para fazer algo por alguém e recuei depois de repensar o que meu voto exigiria de mim. *Ai, ai.*

Somos culpados de sermos o tipo de pessoas que fazem promessas em cima de promessas. Mas, podemos confiar em Deus porque Ele cumpre as Suas promessas. Quando Ele promete, Ele cumpre. Pergunte a Salomão. Ele louvou a Deus por Sua fidelidade em cumprir Suas promessas de ver o templo construído em Jerusalém e para que Davi, o pai de Salomão, se assentasse no trono (2 Crônicas 6:6). As duas coisas se tornaram realidade — Davi se assentou no trono em Jerusalém e foi sucedido por Salomão, e o templo foi construído "...como prometera o SENHOR..." (v.10).

Salomão reagiu adequadamente por Deus ter cumprido Suas promessas — ele o *louvou*. O rei declarou a todo o povo: "Bendito seja o SENHOR, o Deus de Israel! Pois pelo seu poder ele cumpriu a promessa..." (v.4). Deus é digno de nosso louvor, pois tem feito grandes coisas. À medida que lemos em Sua Palavra sobre as Suas obras maravilhosas e todas as promessas que Ele cumpriu, nossos corações e mentes deveriam se encher de admiração e louvor!

A quem Salomão declarou os louvores a Deus? *A toda a comunidade de Israel* (2 Crônicas 6:3). Quando louvamos a Deus para os outros, revelando o que Ele fez, eles também podem experimentar a existência real do nosso grande Cumpridor de Promessas.

Hoje, considere as promessas que o Senhor cumpriu no passado e as que Ele cumprirá no futuro. Decida-se a vivenciar estas palavras: "Eu sempre darei graças a Deus, o SENHOR; o seu louvor estará nos meus lábios o dia inteiro" (Salmo 34:1). —Tom Felten

# o canário

**leia›**
**Romanos 1:18-32**
E, como não querem saber do verdadeiro conhecimento a respeito de Deus, ele entregou os seres humanos aos seus maus pensamentos, de modo que eles fazem o que não devem (v.28).

**examine›**
Leia o livro de Efésios 4:17-32 para descobrir o papel central que a imoralidade sexual pode ter em nossa queda no pecado, e como os filhos de Deus devem viver de forma diferente dos outros.

**considere›**
Que passos você pode tomar para evitar cair em pecado sexual? Por que quem é pego em imoralidade sexual tende a culpar os outros por seu pecado?

Um amigo meu abandonou sua mulher e três filhos, apesar de conhecer a verdade, pois era um professor de seminário. Ele mente para sua família e está em processo de divórcio. Outra amiga abusa de sua família, gastando o dinheiro da comida no que ela quer comprar para ela, e xinga gritando quando a conta bancária está vazia. Ambos estão agindo irracionalmente, talvez porque sejam culpados de adultério persistente, sem demonstrar arrependimento.

Há algo no pecado sexual que arruína as mentes de pessoas antes saudáveis. Paulo explica no livro de Romanos 1:18-32 que, à medida que a pessoa persiste no pecado, as coisas podem se degenerar em uma lista de "...perversidade, maldade, ganância, vícios, ciúmes, crimes de morte, brigas, mentiras e malícia." Tais pessoas "...Caluniam e falam mal uns dos outros. Têm ódio de Deus e são atrevidos, orgulhosos e vaidosos..." (vv.29-30).

Como todos os pecados, a pessoa que se envolve em imoralidade sexual está abrindo a porta para outras decisões sombrias. Todos sabem que a imoralidade sexual é errada. Todos sabem que é errado romper os votos do casamento ou cobiçar outra pessoa — tornando-a seu objeto de autogratificação. Até as pessoas que afirmam não ter problemas com o sexo extraconjugal descrevem suas escapadas como "ser travesso".

O pecado sexual, sem dúvida, abusa do outro para tirar vantagem pessoal. Sabemos que é ruim desumanizá-las, mas nosso desejo egoísta é tão forte que não nos importamos. E uma vez que tenhamos cometido tal ato egoísta, o que não faremos a mais? Outros pecados podem vir facilmente para os que já se renderam à luxúria.

A luxúria é um canário morto numa mina de carvão, o primeiro sinal de que há algo confuso em nossa caminhada com Jesus. Não a menospreze. Arrependa-se antes de agir tolamente. —Mike Wittmer

# bom juízo

**leia>**
**Mateus 7:1-5**
Para ter sabedoria, é preciso primeiro pagar o seu preço. Use tudo o que você tem para conseguir a compreensão (Provérbios 4:7).

**examine>**
Leia no livro de Provérbios 4:1-9 para ver como a sabedoria e o entendimento funcionam bem juntos.

**considere>**
Que tipo de juiz você é? Em que área de sua vida você deve recuar e se autoavaliar antes de julgar os outros? Por que às vezes é bom julgar os outros?

"Não me julgue!" A maioria de nós já usou essas palavras para se defender quando cremos que alguém questiona injustamente algo que fizemos. Então, é errado julgar as pessoas? Afinal, o próprio Jesus disse: "Não julguem..." (Mateus 7:1). A resposta é *sim* e *não*.

É importante entender que a palavra *julgar* é neutra. Pode ter um sentido positivo ou negativo, dependendo *como* está sendo usada. Por exemplo, há uma grande diferença entre alguém que tem um "bom juízo" e alguém que está sendo "crítico". O primeiro se refere a uma pessoa que tem um discernimento sábio. O segundo é usado para descrever uma pessoa que condena erroneamente os outros.

Jesus usou a palavra julgar de diversas formas também. Em certa ocasião Ele disse: "Não julgueis segundo a aparência, e sim pela reta justiça" (João 7:24). Jesus estava claramente nos ensinando sobre a forma correta e sábia de julgar as pessoas e as situações. Mas Ele usou a palavra de forma diferente ao dizer: "Não julguem..." (Mateus 7:1). Aqui o Senhor está falando de uma forma inadequada de julgamento — do tipo hipócrita, que avalia a todos menos a si mesmo. Continuou ainda enfatizando que primeiramente devemos tratar dos problemas em nossas próprias vidas antes de podermos tratar corretamente um problema que tenhamos com outra pessoa (Mateus 7:3-5).

No livro de Mateus 7:1, Jesus não estava dizendo que todo julgamento é ruim. Se tivesse dito isso, então seria culpado por violar Seu próprio ensinamento. Estava realçando a hipocrisia dos religiosos de Seus dias. Ao fazê-lo, no entanto, Ele demonstrava que não seríamos bons juízes, a menos que primeiramente nos dispuséssemos a nos avaliarmos com o mesmo nível de análise.

A maneira de desenvolvermos o bom juízo é julgando-nos a nós mesmos em primeiro lugar. —Jeff Olson

# água pura e cristalina

**leia›**
**João 7:37-39**
O último dia da festa era o mais importante. Naquele dia Jesus se pôs de pé e disse bem alto: - Se alguém tem sede, venha a mim e beba (v.37).

**examine›**
Leia os livros de Salmos 1:3; 42:1; Isaías 32:2; Jeremias 17:8; 31:9; Ezequiel 36:25 e Hebreus 10:22 e veja como a metáfora da "água" é usada.

**considere›**
Você já experimentou Jesus lhe oferecendo água refrescante, limpa, e renovadora? Como você pretende investir o seu tempo hoje "bebendo" dessa água?

Um copo grande de água gelada. A condensação refresca minha mão. Limpa, pura, sem cor, sem cheiro; livre das químicas feitas pelo homem e da corrupção. Levo o copo aos meus lábios e bebo dessa água que me refresca profundamente.

Um pequeno rio borbulhante em meio à floresta. Delicadas ondulações, folhas flutuando, água correndo suavemente em volta de rochas e galhos. Líquida como cristal revelando as pedrinhas à sua margem. Faço uma concha com as mãos e molho minha face. Ela limpa o suor e a areia — essa água limpa profundamente.

Uma tempestade aguardada há muito tempo numa terra castigada pela seca. A chuva cai molhando o solo, gotejando sobre o caule da árvore, derrubando folhas. O solo produz novos brotos, a árvore fica firme novamente, as folhas começam a florescer e as crianças pulam alegremente nas poças — e tudo isso veio da água que renova profundamente.

Refrescante, purificadora, renovadora. Sem água ficaríamos sedentos, sujos e sem vida. Então quando Jesus a usa como metáfora para se descrever, fazemos bem em ouvi-lo.

Esta água nos refresca. "...Se alguém tem sede, venha a mim e beba", Jesus clama em alta voz para nós (João 7:37). A água que Ele oferece refresca para sempre, tornando-se uma "...uma fonte de água que dará vida eterna" (4:14). Ela limpa nossos pés suados e sujos (João 13:6-10), e leva embora nossos pecados (1 João 1:9). Esta água nos renova. Todos que dela bebem terão rios de água viva brotando de seus corações (João 7:38), fonte que traz vida eterna (4:14). De fato, Aquele que satisfaz a nossa maior sede está fazendo tudo novo (Apocalipse 21:5,6).

Jesus é a água limpa, pura, sem corrupção que refresca, purifica e renova. Quem crer em mim pode vir e beber, Ele diz (João 7:38). Volte à fonte verdadeira de vida. —Sheridan Voysey

# se eu fosse o diabo

**leia›**
**Esdras 7:1-26**
Esdras havia dedicado a sua vida a estudar, e a praticar a Lei do SENHOR, e a ensinar todos os seus mandamentos ao povo de Israel (v.10).

**examine›**
Leia o Salmo 19:7-11 para ver porque é importante estudar, obedecer e ensinar a Palavra de Deus.

**considere›**
O que você fará para começar a estudar de verdade a Palavra de Deus? Aplicá-la em nossa vida nos transforma? E aos outros?

No prefácio do livro *O conhecimento das Escrituras* (Ed. Cultura Cristã, 2003), de R. C. Sproul, J. I. Packer escreve: "Se eu fosse o diabo [...] um dos meus primeiros objetivos seria impedir as pessoas de se aprofundarem na Bíblia [...] Como? Bem, eu distrairia todos os clérigos para não pregarem sobre ela nem a ensinarem, e espalharia o sentimento de que estudar este livro antigo é um fardo extra que os cristãos modernos poderiam abdicar sem que houvesse perdas... Eu iria querer, a todo custo, impedi-los de usarem suas mentes de forma disciplinada para entender o conteúdo de suas mensagens."

Dito isso, você tem que crer que Satanás uma vez ficou irritado com o profeta Esdras. Pois ele "...havia dedicado a sua vida a estudar, e a praticar a Lei do SENHOR, e a ensinar todos os seus mandamentos ao povo de Israel" (7:10). O profeta ficou conhecido como um "mestre da Lei", ele "conhecia muito bem a Lei de Moisés" (v.6), e como aquele que era "...o mestre da Lei, que conhecia bem todas as leis e mandamentos que o SENHOR tinha dado a Israel" (v.11).

Imagino Esdras sentado à sua mesa, copiando cuidadosamente a santa Palavra de Deus. De tempos em tempos ele pausa para — nas palavras do poeta alemão Rainer Maria — "...se reclinar e fechar seus olhos sobre uma linha que lia novamente, e deixar seu significado se espalhar pelo seu sangue."

Nosso motivo para estudar a Bíblia é simples — temos um relacionamento de aliança com Deus. Enquanto estudamos Sua Palavra, nos tornamos mais capazes de compreender os Seus mandamentos.

Precisamos separar uma hora, aquietar os nossos corações e examinar cuidadosamente as Escrituras. Porém, precisamos entender e aplicá-la. Esta combinação nos permitirá revelar a sua sabedoria transformadora aos outros.

Deixe o diabo furioso esta semana ao mergulhar na Palavra de Deus e aplicar as verdades bíblicas em sua vida. —Poh Fang Chia

# andando sobre o fogo

**leia>**
**Daniel 3**
E, amarrados, Sadraque, Mesaque e Abede-Nego caíram na fornalha (v.23).

**examine>**
Leia Isaías 43:1,2 para ver o sentimento de Deus com aqueles que caminham pelo fogo. Leia o livro de 1 Pedro 1:6,7 para ver o resultado de uma fé firme que foi forjada no fogo da perseguição.

**considere>**
Por que é tão tentador nos desviarmos dos caminhos de Deus? Como Deus responde quando voltamos a Ele após termos recaído?

Pessoas que conseguem andar sobre o fogo me fascinam. Elas têm algo especial que lhes permite olhar para tapetes de carvão quente, soltar as sandálias ou tirar suas meias e pisar sobre eles. Alguns veem isto como um rito de passagem, uma forma de vencer o medo, ou um meio de descobrir alguma veia de força interior encoberta. Seja qual for a razão, algo sério está em jogo.

Para Sadraque, Mesaque e Abede-Nego, a questão era a adoração. Eles encararam um encontro pessoal com o fogo — não somente andando sobre carvão quente, mas entrando em uma fornalha — porque se recusaram a adorar uma imagem gigante erigida pelo rei Nabucodonozor (Daniel 3:18).

Assim, "...Sadraque, Mesaque e Abede-Nego caíram na fornalha..." (v.23). Eles deveriam ter sido automaticamente incinerados. Observando de perto, o rei perguntou: "Como é, então, que estou vendo quatro homens andando soltos na fornalha? [...] — Eles estão passeando lá dentro, sem sofrerem nada. E o quarto homem parece um anjo" (v.25).

O rei chamou os três amigos para fora (v.26). O fogo não lhes havia tocado; nem ao menos cheiravam a fumaça! Isto levou o rei babilônio a reconhecer o único Deus verdadeiro, dizendo: "[Deus] enviou o seu Anjo e salvou os seus servos, [...] não há outro Deus que possa salvar como este" (vv.28,29).

A Bíblia diz: "...somos nós mesmos que causamos o sofrimento, tão certo como as faíscas das brasas voam para cima" (Jó 5:7). Você está com problemas hoje? Talvez as chamas da dificuldade o estejam levando para um lugar onde o futuro é incerto — talvez sua "fornalha" seja um divórcio iminente, uma doença séria ou um problema financeiro. Não importa o que for, a presença de Deus com você é verdadeira. E se continuar a crer nele, Ele pode usar o resultado para Sua glória. Como aqueles que andam sobre o fogo, você pode trazer glória ao Senhor.
—Jennifer Benson Schuldt

# interceptando a preguiça

**leia›**
**Provérbios 24:30-34**
Eu andei pelos campos e plantações de uva de um homem tolo e preguiçoso (v.30).

**examine›**
Leia o livro de Provérbios 12:27; 19:24; 22:13; 26:13-15 e determine algumas outras causas da preguiça ou seja, da entropia humana.

**considere›**
O que seus hábitos revelam sobre você? Cuidado ou negligência? Ao verem como você vive o que se pode concluir sobre a sua vida espiritual?

Em um de seus sermões o pastor citou uma entrevista com o ex-diretor de uma renomada fábrica de móveis. E relatou: "Ele é muito requisitado para falar sobre liderança e numa sessão alguém lhe perguntou qual a coisa mais difícil que ele teve que tratar pessoalmente. Esta foi sua resposta: 'interceptar a entropia'". Muito antes que esse homem reconhecesse esta fraqueza nele mesmo, Salomão aconselhou a sua audiência sobre como poderiam interceptar a sua própria preguiça.

Em certa fazenda em Israel (Provérbios 24:30-34), quando o escritor avistou a propriedade, ele imediatamente distinguiu que tipo de pessoa era o dono — complacente, preguiçoso e sem juízo. Suas terras estavam cobertas de espinhos e ervas daninhas e o muro em ruínas (v.31). A plateia do sábio ficaria chocada com a falta de cuidado do dono da fazenda e teria suposto: *os hábitos desleixados e a desorganização do proprietário eram evidência de sua negligência física e espiritual.*

O autor citou Provérbios 6:10,11; 24:33,34 e concluiu corretamente: o dono estava descansando e dormindo quando deveria estar trabalhando. O que começou com um cochilo, no final se tornou um estilo de vida de preguiça e indiferença, levando-o ao declínio. Sua preguiça traía o Deus que o havia abençoado. A lição era óbvia: o trabalho duro é uma sábia virtude, necessária para se tornar sábio e deter a inatividade.

Se as pessoas passassem por sua casa, olhassem sua garagem ou se sentassem em seu escritório, o que pensariam? Como seguidores de Jesus, somos chamados a não sermos preguiçosos e a buscar sabedoria, com trabalho duro, mordomia diligente, incluindo — mas não nos limitando a — vidas organizadas. Vamos buscar a sabedoria e trabalhar com afinco em tudo o que fizermos. —Marvin Williams

# a Palavra de Deus

**leia›**
**João 1:1-18**
Antes de ser criado o mundo, aquele que é a Palavra já existia. Ele estava com Deus e era Deus (v.1).

**examine›**
Reflita nas palavras a seguir baseadas no versículo acima: "...As palavras que eu lhes disse são espírito e vida" (João 6:63).

**considere›**
É difícil para você crer na divindade de Jesus? O que significa o fato dele ser o "Verbo" de Deus na maneira que você vive e se expressa verbalmente?

As palavras de uma pessoa são inseparáveis de quem as diz. Pense em suas próprias palavras. Elas vêm unicamente de você. São só suas e comunicam o que está em seu coração. Vêm do seu eu interior — sua alma — e expressam suas ideias, pensamentos, sentimentos e caráter. *Suas* palavras são ditas com sua voz e soam com seu próprio sotaque, timbre de voz e inflexão. São formadas pelo seu fôlego, seus pulmões — do profundo do seu ser.

E, até certo ponto, as suas palavras têm poder criativo. Elas podem entrar em minha mente e coração e me fazer rir, chorar, questionar uma crença antiga ou crer em algo novo.

Não posso falar suas palavras assim como não posso conhecer seus pensamentos mais profundos. Não posso inspirar o ar que você inspira e falar exatamente com sua voz e sotaque. Não estou dentro de você. Não sou você. Suas palavras são só *suas*.

Agora pense na descrição que o apóstolo João fez de Jesus como a "Palavra" de Deus:

*A revelação de Deus:* "O Filho único [...] foi quem nos mostrou quem é Deus", diz João (João 1:18). "...Quem me vê vê também o Pai...", disse Jesus sobre si mesmo (14:9).

*A voz e o "fôlego" divino:* "...O que eu digo a vocês não digo em meu próprio nome; o Pai, que está em mim, é quem faz o seu trabalho" (v.10).

*"Por meio da Palavra, Deus fez todas as coisas, e nada do que existe foi feito sem ela"* (1:3). Não é de admirar que João nos tenha dito que esse Verbo não estava somente "com" Deus no princípio, mas "era" Deus (v.1). O Verbo divino é inseparável de Deus. Sua Palavra é unicamente dele.

Jesus é de fato o coração, alma, voz, fôlego e o poder criativo de Deus. —Sheridan Voysey

# uma ovelha perdida

**leia>**
**Lucas 15:3-7**
Eu, o Senhor Deus, digo que eu mesmo procurarei e buscarei as minhas ovelhas" (Ezequiel 34:11).

**examine>**
Por que Jesus é o nosso Bom Pastor? (Ezequiel 34:16; João 10:1-16).

**considere>**
A Bíblia diz que todos nós somos como ovelhas (Isaías 53:6). De que forma somos como ovelhas perdidas? Em que sentido somos diferentes das ovelhas?

A Bíblia usa metáforas para descrever os que não creem em Jesus: searas grandes (Mateus 9:37,38), peixe na rede (13:47), convidados a um banquete (22:10) e ovelhas — com frequência perdidas e sem pastor (Salmo 119:176; Isaías 53:6; Mateus 18:12; Lucas 9:36; 1 Pedro 2:25).

Phillip Keller, um pastor de ovelhas, é autor de A *Shepherd Looks at Psalm* 23 (O olhar de um pastor sobre o Salmo 23); ele escreveu que a ovelha precisa ter um pastor. Elas necessitam mais atenção e cuidado meticuloso do que qualquer outro tipo de animal criado em fazendas. Desprovidas de defesa natural ou capacidade de ataque, são impotentes e vulneráveis aos predadores. São lentas, o que as torna presas fáceis. São animais ingênuos, míopes (incapazes de perceber as ameaças que as rodeiam). Precisam que se lhes diga o que fazer e aonde ir ou se desviarão em direção aos perigos. Não possuem senso de direção. Um cão ou um pássaro podem encontrar seu caminho de volta para casa, mas uma ovelha que se perde está perdida de fato. Então, a imagem de uma ovelha desgarrada é preocupante e perigosa. Enfim, uma ovelha perdida é um símbolo de morte iminente e certa.

Qual é a grande questão sobre uma ovelha perdida? Digamos que uma entre 100 se desgarre. Uma fazenda de ovinos moderna simplesmente daria baixa como uma despesa. Mas para os pastores do Oriente Médio, cada uma era preciosa, valiosa o suficiente para que ele deixasse no deserto as 99 e fosse buscar a que se perdeu, *até encontrá-la* (Lucas 15:4). A próxima imagem é ainda mais bonita: "Quando a encontra, fica muito contente e volta com ela nos ombros" (v.5).

Você já se desgarrou de Deus? Está perdido? O Seu pastor saiu com a missão de buscar e resgatar você. Quando Ele o trouxer de volta para casa o Senhor se alegrará, porque encontrou *você* (v.6). —K. T. Sim

# jejum e fé

**leia›**
**Isaías 58:6-11**
Não! Não é esse o jejum que eu quero... (v.6).

**examine›**
Observe o livro de Joel 2:12-15 e as diferenças entre as emoções e expressões físicas humanas mencionadas. Qual é o personagem central deste texto?

**considere›**
Qual é sua experiência com jejum? Como o jejum pode nos aproximar de Deus?

Quando Gandhi quis atrair a atenção dos poderosos e fazê-los agir contra a injustiça, ele começou uma greve de fome. Há alguns anos quando eu estava confuso e entristecido comecei um jejum de três dias. Somos criaturas físicas, e o estado de nossas almas ou as expectativas de nosso coração requerem expressões físicas.

As Escrituras sugerem que o uso (ou a abstinência) da comida é uma forma natural e expressiva de nosso corpo refletir as realidades espirituais que estamos vivendo. A Palavra de Deus sugere muitas causas que desencadeariam nosso jejum de comida, mas o fundamental é o fato de ser uma resposta a Deus. Algumas razões por recorrermos a Deus com o ato de jejuar podem incluir:

• Ocorre uma tragédia, e nos voltamos a Deus em angústia. Por exemplo, quando Davi chorou a morte de Saul e Jônatas (2 Samuel 3:35).

• Voluntariamente nos sintonizarmos com Deus, lembrando que a Sua presença é o que mais desejamos. Os jejuns bíblicos eram encerrados com banquetes, declarando que aqueles que estão famintos pela presença de Deus estão agora saciados.

• Um ato de solidariedade pelos pobres. Deus, através do profeta Isaías, disse a Israel que o jejum que Ele desejava era o compartilhamento de "...comida com os famintos..." (Isaías 58:7). Agostinho fez a penetrante pergunta: "Quantos pobres podem ser saciados com o café da manhã que abrimos mão no dia de hoje?"

Podemos jejuar por estas e muitas outras razões. Cada uma delas nos capacita a obedecer a Deus e dar-lhe a nossa atenção com o nosso corpo. Buscá-lo não somente com a nossa boca e estômago, mas com todos os nossos sentidos. Ao jejuar, encontramos Deus com os nossos corpos. —Winn Collier

# honrado

**leia›**
**Rute 1:16–3:1**
Boaz respondeu: — Eu ouvi falar de tudo o que você fez pela sua sogra. [...] Que o SENHOR a recompense por tudo o que você fez... (2:11-12).

**examine›**
Leia o livro de Romanos 12:10; Efésios 6:2; Filipenses 2:25,29-30; 1 Tessalonicenses 5:12; 1 Timóteo 5:3; Hebreus 13:4 e 1 Pedro 2:17. Como trazer honra aos nossos relacionamentos.

**considere›**
Como você foi ensinado a honrar o próximo, especialmente os mais velhos e mais experientes? Como podemos demonstra honra cristã aos outros?

O metrô estava cheio de passageiros no horário de pico. Minha família e eu estávamos na plataforma esperando para que as portas se abrissem e pudéssemos entrar. Cansados depois de um longo dia de passeio, estávamos almejando o refúgio em nosso hotel. Peguei a mão de meu filho e passei pelas portas abertas. Enquanto procurava por uma barra para me segurar, um homem se levantou e ofereceu-me o seu assento. Fiquei muito agradecida por dar uma folga a meus pés e também profundamente honrada por seu gesto.

Na azáfama de nosso mundo, ou seja; na correria em que vivemos, o senso de celeridade ou oportunismo pode nos fazer observar mais o que é imediatamente conveniente para nós naquele momento, em vez de enxergarmos os outros e suas necessidades. Estamos muito ocupados para parar, muito atormentados para diminuir o ritmo, muito atualizados para sermos restringidos. O preço que pagamos por sermos assim, normalmente recai sobre os nossos relacionamentos. A descida da ladeira geralmente começa quando não honramos os outros.

Rute, a *estrangeira*, era verdadeiramente uma serva humilde e teve uma jornada fascinante. O apóstolo Pedro escreveu: "Portanto, sejam humildes debaixo da poderosa mão de Deus para que ele os honre no tempo certo. Entreguem todas as suas preocupações a Deus, pois ele cuida de vocês" (1 Pedro 5:6-7). Depois da morte de seu marido e filhos não restava mais nada a Noemi. A vida dela, em seu ponto de vista, era amarga. Rute revelou ter um coração de serva ao se humilhar enquanto ajudava sua sogra a lidar com os dias de desespero.

Mas a história não termina com os sacrifícios de Rute. Ao continuar a criar uma cultura de honra onde quer que fosse, Deus a abençoava (Provérbios 18:12; Rute 4:13-17) e a história nunca mais foi a mesma.
—Regina Franklin

# pergunta antiga

**leia›**
**1 Timóteo 5:1-8**
Porém aquele que não cuida dos seus parentes, especialmente dos da sua própria família, negou a fé e é pior do que os que não creem (v.8).

**examine›**
No livro de Levítico 19:32, Deus ordena que o temamos. O que mais Ele nos manda fazer neste versículo?

**considere›**
Como você pode demonstrar mais respeito e cuidado com os mais idosos em sua família? Por que Deus espera que você os apoie quando necessário?

Dois irmãos gêmeos de 48 anos decidiram não ajudar sua mãe após ela ter caído e se machucado. Os dois simplesmente deixaram a mulher ferida na entrada da casa que dividiam com ela. A polícia foi contatada depois que a mãe não tinha sido vista pelos amigos por várias semanas. Acharam seu corpo no mesmo lugar em que caíra — três meses após a sua morte. A pessoa que defendeu os filhos, acusados de assassinato, afirmou que os homens tinham problemas mentais que os impediram de ajudar a mãe. Que história triste e terrível!

O apóstolo Paulo, em sua carta a Timóteo (um jovem pastor a quem mentoreava), nos ensina a forma *correta* de responder à antiga questão sobre como cuidar de nossos pais e outros idosos amados:

- *Respeito:* O respeito afetuoso deveria ser demonstrado àqueles que se aproximam do fim da jornada da vida (1 Timóteo 5:1,2). A dignidade concedida a um pai que esteja lutando com os efeitos da idade e o amor bondoso demonstrado à mãe que não consegue corresponder revela que este coração está refletindo o próprio coração de Deus.
- *Cuidado:* Ajudar a atender as necessidades espirituais, físicas, emocionais e sociais de um idoso amado é parte de "...recompensar a seus progenitores..." (1 Timóteo 3:5-7; 5:4). Isso é algo que Deus, que nos ama e cuida tão bem de nós, espera de Seus filhos.

Os desafios e fardos da vida podem muitas vezes nos fazer ignorar as necessidades de nossos parentes idosos, quer nossos pais ou outros familiares. Paulo afirma, no entanto, que o excesso de ocupação não é desculpa para não nos envolvermos em demonstrar-lhes respeito e carinho. Quando as nossas reservas são pequenas, podemos buscar ajuda de outros e — melhor ainda: orar a Deus por força e sabedoria para sermos realmente cuidadores compassivos. —Tom Felten

# guarda-chuva

**leia>**
**2 Samuel 22:1-20**
O SENHOR é a minha rocha, a minha fortaleza e o meu libertador. O meu Deus é uma rocha em que me escondo... (vv.2,3).

**examine>**
Aprecie as promessas do Salmo 46. Como este Salmo pode ajudá-lo a sobreviver — e prosperar em meio às crises?

**considere>**
Quem precisa da sua proteção? Pense também em como poderá levá-lo à Rocha.

A canção *Umbrella* (Guarda-chuva), da cantora pop Rhianna falou sobre o poder da amizade para nos impulsionar nos dias nublados. "Agora que chove mais do que nunca, saiba que ainda temos um ao outro; você pode ficar sob o meu guarda-chuva." É uma metáfora memorável para a nossa necessidade de ajudarmos uns aos outros, mas também indica que pouco podemos fazer por nossos amigos.

O guarda-chuva é frágil — ótimo para a garoa, mas inútil sob chuvas torrenciais de verão ou ventos fortes. Com prazer, segurarei o guarda-chuva para os que amo, mas haverá dias em que precisarão de muito mais do que isso. Ao nos abalarmos diante das ondas esmagadoras da traição, câncer e limitações, não precisamos somente de um guarda-chuva, mas de uma rocha.

Davi escreveu uma canção quando foi resgatado da estrondosa perseguição de Saul. Embora suas palavras não fossem embaladas pelo ritmo caribenho fácil de lembrar como o da Rihanna, o conteúdo era ainda mais inspirador. Ele disse que se afundava no mar do desespero: "Eu clamo ao SENHOR pedindo ajuda, e ele me salva dos meus inimigos. Louvem o Senhor! Estive cercado de perigos de morte, e ondas da destruição rolaram sobre mim" (2 Samuel 22:4-5).

A música da Rihanna apresenta uma excelente ideia, mas também ilustra a pobreza daqueles que não conhecem Jesus. Ela diz: "Estarei aqui para sempre. Disse que sempre seria sua amiga... então siga em frente, deixe chover, serei tudo o que você precisa e mais". Com certeza, a cantora tem boa intenção, mas está prometendo mais do que pode cumprir. Ela não estará aqui para sempre, e não pode ser "tudo o que você precisa". Ninguém pode.

Agradeça a Deus pelos que o protegem. Considere-os como sinais de Deus para o que você realmente precisa — uma rocha, uma fortaleza e um Salvador. —Mike Wittmer

# hoje

**leia>**
**Hebreus 3:7-15**
...enquanto esse "hoje" de que falam as Escrituras Sagradas se aplicar a nós, animem uns aos outros, a fim de que nenhum de vocês se deixe enganar pelo pecado, nem endureça o seu coração (v.13).

**examine>**
Leia Hebreus 10:24. Note como o autor equilibra seu chamado para exortar os cristãos sobre os perigos da falta de fé com o chamado de como motivar uns aos outros a agir com amor e bondade.

**considere>**
Em seu coração há falta de fé que precise ser apresentada a Deus? Se for necessário, como você lidará com o pecado na vida de algum amigo nesta semana?

O filme *Sociedade dos Poetas Mortos* me apresentou uma frase antiga de um poema em latim: *carpe diem*. Quer dizer "aproveite o momento", uma chamada urgente para viver a vida plenamente, aproveitando o máximo de cada um dos dias. De forma geral, é um bom conselho, especialmente para aqueles que tendem a viver passivamente e observar a vida passar.

O escritor da epístola aos Hebreus também focava na urgência do "hoje" (3:7-15). Inspirado pelo tempo trágico na história de Israel quando o povo caiu em décadas de falta de fé e rebelião no deserto, ele imprimiu em seus leitores cristãos um senso de urgência sobre a caminhada com Deus. À luz do que ocorrera com os israelitas no deserto do Sinai, o autor aos Hebreus exortou-os a serem cuidadosos, não cometendo o mesmo erro. Ele alertou também a admoestarem-se enquanto ainda é "hoje" (v.13).

Assim como os israelitas, os cristãos podem deixar o pecado da falta de fé perdurar em seus corações. Se não for observado, com o tempo irá endurecê-los contra Deus. Enquanto é "hoje", enquanto ainda há oportunidade, os cristãos podem identificar esse problema em si e nos outros e fazer o que é certo. Os cristãos genuinamente preocupados podem oferecer aos outros a bondade de seu envolvimento e apresentar opiniões amáveis e verdadeiras que irão soar o alarme sobre os perigos da falsidade do pecado.

O escritor não os está encorajando a serem intrometidos. Está, porém, nos encorajando a primeiramente "ouvir" o que o Espírito de Deus está dizendo sobre a falta de fé rondando os nossos corações (v.7). Está ainda nos chamando a nos envolvermos nas vidas uns dos outros, para que possamos cuidar de um irmão cujo coração está em perigo de se endurecer para Deus. —Jeff Olson

# o amor de Deus

**leia›**
**Malaquias 1:1-5**
O SENHOR diz ao seu povo: — Eu sempre amei vocês. Mas eles perguntam: — Como podemos saber que tu nos amas?... (v.2).

**examine›**
Leia o livro de Romanos 9:11-16 para ver a natureza soberana do amor de Deus.

**considere›**
Qual a sua resposta às evidências do amor de Deus em sua vida? Como isso o influenciou a reconhecer que Ele realmente o ama?

Cristiano, um jovem de 17 anos, senta-se no sofá parecendo chateado. Seu pai tenta argumentar com ele e lhe diz, em lágrimas, que está entristecido com ele. O pai sente-se ferido pela ingratidão que recebeu, mesmo depois de ter cuidado do filho com amor. Como resposta o rapaz o desafia, bufando: "Sério? Prove!".

Parece absurdo? Bem, dê uma olhada no livro de Malaquias 1. Esse livro foi escrito por volta do ano 450 a.C. Os israelitas haviam retornado do exílio 80 ou 90 anos antes. Eles tinham reconstruído o templo, mas certamente não se comparava ao templo original feito por Salomão. E eles não tinham um rei, só um governador — indicado pelo governo Persa. Na mente de muitos, Deus os havia desapontado.

Nesse cenário, Deus argumentou pacientemente com Seu povo. Ele afirmou: "...Eu sempre amei vocês..." A evidência? Ele os escolheu e cuidou deles (vv.2-4).

O autor Ray Stedman parafraseia as palavras de Deus assim: "Se vocês querem entender o Meu amor, olhem para alguém que não tenha desfrutado dele. Olhem para Esaú e vejam o quanto a história dele difere das suas, mesmo Jacó e Esaú sendo irmãos gêmeos."

Algumas vezes, as circunstâncias em que nos vemos são tão complicadas que nos perguntamos se Deus realmente nos ama. O diabo está sempre pronto para sussurrar em nossos ouvidos que Ele não nos ama. E ainda por cima, as nossas circunstâncias parecem provar isso! Nesses casos, lembremo-nos de que Deus nos *escolheu* para sermos Seus (Efésios 1:4-6) antes de o mundo existir. A cruz é a evidência de Seu amor. Nela "...Deus nos mostrou o quanto nos ama: Cristo morreu por nós quando ainda vivíamos no pecado"(Romanos 5:8).

Ouça Suas palavras novamente e encoraje-se: O Senhor afirmou: "Eu sempre amei vocês..." —Poh Fang Chia

# antes dos últimos elogios

**leia›**
**Filipenses 1:1-11**
A vida de vocês estará cheia das boas qualidades que só Jesus Cristo pode produzir, para a glória e o louvor de Deus (v.11).

**examine›**
O livro de Gálatas 1 nos apresenta uma exceção no hábito de Paulo em elogiar seus leitores. Qual é o motivo para isso? (Gálatas 1:6-9).

**considere›**
Há alguém que precise ouvir palavras de encorajamento ou elogio de você esta semana? Como você pode expressá-los?

No livro *As Aventuras de Tom Sawyer*, de Mark Twain, os personagens Tom, Huck Finn e Joe Harper escapuliram por poucos dias sem avisar ninguém. Quando voltaram para casa, seus amigos, confusos, tinham presumido que eles haviam se afogado e organizaram um funeral. Os meninos travessos voltaram discretamente à cidade e assistiram ao seu próprio funeral, refugiados nas vigas da igreja. De lá, gostaram de ouvir as coisas boas que eram ditas sobre eles.

Um amigo meu tomou coragem de pôr em ação a ideia de falar para as pessoas o bem que haviam feito em vida — sem esperar por seu culto funeral para fazê-lo. Escreveu "discursos elogiosos" para muitos amigos como presentes de aniversário. A reação foi extremamente positiva.

O apóstolo Paulo entendia o valor do elogio e do encorajamento genuíno. Começava a maior parte de suas cartas incentivando os seus leitores. Em sua carta aos Filipenses, chamou-os de ajudadores "...no trabalho de anunciar o evangelho, desde o primeiro dia até hoje" (1:5). Expressou confiança de que estariam "...firmes e unidos" (1:27). Falou sobre a "...oferta junto com o sacrifício que vocês, por meio da sua fé, oferecem a Deus" (2:17) e declarou-lhes: "...Vocês me fazem tão feliz, e eu me orgulho muito de vocês" (4:1). Elogiou-os por seu apoio financeiro generoso para seu ministério (4:10-19).

Tudo isso foi formulado no contexto da fé e unidade profundamente arraigada em Jesus. Paulo diz: "Pois eu estou certo de que Deus, que começou esse bom trabalho na vida de vocês, vai continuá-lo até que ele esteja completo no Dia de Cristo Jesus" (1:6). Isso resultará em "...boas qualidades que só Jesus Cristo pode produzir, para a glória e o louvor de Deus" (v.11).

Nós que seguimos a Cristo estamos "mortos para o pecado" (Romanos 6:11). Paulo fez da sua vida um discurso elogioso vibrante de gratidão a Deus. Nós podemos fazer o mesmo. —Tim Gustafson

# cigarras são para sempre

**leia›**
**Números 14:10-44**
E agora eu te peço, ó Deus, que perdoes o pecado deste povo, de acordo com a tua grande misericórdia... (v.19).

**examine›**
Leia o livro de Deuteronômio 7:9 para ver a extensão do amor constante de Deus, e Gênesis 32:9-10 para perceber a perspectiva de Jacó sobre o nosso valor.

**considere›**
Por que é importante saber que o amor de Deus nunca muda? O seu amor pelos outros é comparável à afeição imutável de Deus com Seu povo?

Você pode dar o nome de uma pessoa amada a uma cigarra doando só dez dólares para a *Rede WWF* (antes conhecido como *Fundo Mundial para a Natureza*). Esse evento é feito para arrecadar apoio financeiro para essa organização e o alvo são os enamorados que querem fazer um tributo à natureza duradoura de seu amor. O pessoal do zoológico patrocinador afirma que a cigarra simboliza criatividade e resiliência, e dizem: "As flores murcham, os chocolates derretem, mas as cigarras são para sempre."

A relação de Deus com a nação de Israel nos ensina sobre Seu amor sem fim. Pouco antes dos israelitas herdarem a Terra Prometida, eles se rebelaram contra o seu Criador, testando-o e se recusando a ouvir a Sua voz (Números 14:22). Deus se irou, e com razão. Porém, Moisés apelou a Ele e disse: "E agora eu te peço, ó Deus, que perdoes o pecado deste povo, de acordo com a tua grande misericórdia..." (v.19).

Deus perdoou os israelitas, mas se recusou a poupar-lhes da vara quando se tratou de sua rebelião. Fez do Seu povo uma nação de nômades por 40 anos como punição (v.34). Embora eles não tenham ficado satisfeitos com a sentença, foi um sinal do amor de Deus por eles. Porque a Bíblia diz: "...o Senhor corrige quem Ele ama..." (Hebreus 12:6).

O Senhor também demonstra o Seu cuidado por meio da provisão. Enquanto os israelitas andavam pelo deserto por muitas décadas, Deus satisfez suas necessidades mais básicas. Deu-lhes comida, roupas e sandálias (Deuteronômio 29:5-6).

Deus provê para Seus filhos, e lhes perdoa e disciplina. Estas ações são sinais de Seu amor constante, que se estendem através da história para nos alcançar hoje. Por causa de Jesus (João 3:16), podemos louvar a Deus com o salmista que disse: "...o teu amor dura para sempre e que a tua fidelidade é tão firme como o céu" (Salmo 89:2).

—Jennifer Benson Schuldt

# pragas que toleramos

**Leia>**
**Gálatas 5:16-26**
Quero dizer a vocês o seguinte: deixem que o Espírito de Deus dirija a vida de vocês e não obedeçam aos desejos da natureza humana (v.16).

**examine>**
Leia o livro de Colossenses 3:5-17 e Efésios 4: 25-32 e faça uma lista das semelhanças e diferenças entre essas duas passagens.

**considere>**
Considerando a lista que você acabou de fazer, quais pragas você vem tolerando em sua vida? Que passos dará hoje para exterminá-las de sua vida?

Que tipo de pragas você toleraria em sua casa? Uma pesquisa revelou resultados surpreendentes. Os pesquisadores descobriram que as pessoas pagariam para um exterminador se as seguintes pestes fossem encontradas em suas residências: 24% pagariam para exterminar aranhas; 27% para se livrar de formigas; 56% para banir os percevejos; 56% para se ver livres de roedores; 58% para matar as baratas; 87% para acabar com os cupins. O que causa surpresa nesta pesquisa é que, com exceção dos cupins, cerca de metade da população que participou estava disposta a tolerar *algumas* pestes desagradáveis em seus lares.

Paulo lembrou aos gálatas que devido à morte de Jesus eles não deveriam mais tolerar as pestes do pecado em suas vidas. A morte de Cristo quebrou o poder do pecado. Os gálatas tinham sido libertos do jugo da escravidão ao pecado e legalismo. Essa nova liberdade trouxe a responsabilidade de resistir às tentações da natureza pecaminosa e o privilégio de viver sob e de acordo com o poder do Espírito Santo. Quando voluntariamente escolhessem fazê-lo, de maneira alguma tolerariam as pestes dos pecados sexuais (Gálatas 5:19), dos pecados espirituais (v.20) e dos pecados relacionais (vv.20,21) em suas vidas. Ao invés disso, eles produziriam fruto e isso seria evidenciado em suas atitudes e ações (vv.22-24).

Façamos um inventário espiritual. Por quais dessas pragas: imoralidade sexual, idolatria, ódio, ira, inveja, impulsividade agressiva, divisões e concupiscências, nos deixamos imunizar? Com zêlo espiritual, vamos erradicar estas pestes de nossas vidas, pela leitura da Palavra de Deus, oração, vida em comunidade com pessoas cristãs e vida no poder e presença do Espírito Santo (v.25). —Marvin Williams

# A moeda perdida

**Leia›**
**Lucas 15:8-10**
E, quando a encontra, convida as amigas e vizinhas e diz: "Alegrem-se comigo porque achei a minha moeda perdida" (v.9).

**examine›**
Leia o livro de Lucas 19:1-10. Por que Jesus diria a Zaqueu que "...o Filho do Homem veio buscar e salvar quem está perdido" (v.10)? Quem é o "perdido"?

**considere›**
De que maneira o constante amor de Deus por você pode encorajar e desafiá-lo, hoje?

"Onde está aquele envelope marrom que deixei na mesa da cozinha?", perguntei à minha filha. "Na mesa da sala", disse ela. Não estava na mesa da sala. Então comecei uma busca frenética por toda a casa: da cozinha aos quartos, pelo envelope colocado no lugar errado. Até as latas de lixo foram examinadas. Qual era o grande problema sobre o envelope perdido? Dentro dele havia cerca de R$ 2 mil.

Muitos já pregaram sermões sobre a ovelha perdida (Lucas 15:3-7) e do filho perdido (vv.11-24). Por ser a menor das três histórias, a da moeda perdida passa, muitas vezes, despercebida.

Uma mulher havia perdido uma das suas dez moedas de prata. Ela acende "...uma lamparina, varre a casa e procura com muito cuidado até achá-la" (v.8). Uma moeda de prata (dracma grega) valeria aproximadamente R$ 0,60 hoje em dia. Assim como o denário romano (Mateus 20:2), porém, era o equivalente a um dia de salário de um trabalhador comum. A perda de um dia de pagamento desencadearia uma procura deliberada e incansável. Assim, quando a mulher acha sua moeda, chama todos as suas amigas e vizinhas para uma festa. A moeda recuperada tinha um valor significativo, e fora achada!

Muitos de nós nos preocuparíamos com a perda do pagamento de oito ou mais horas de trabalho. A mulher na parábola se preocupou, pois sabia o valor da moeda. Era preciosa para ela.

Temos um grande valor para Deus — mais do que possamos imaginar. Ele não poupa esforços na busca por aqueles que estão perdidos (Lucas 15:8-10), e fica muito feliz ao nos encontrar (v.9). Recuperar você e eu traz grande alegria para o Senhor (v.10)! —K. T. Sim

# o lamento fiel

**leia›**
**Salmo 13**
Ó SENHOR Deus, até quando esquecerás de mim? Será para sempre?... (v.1).

**examine›**
Ore outro Salmo de lamento, como o Salmo 22. Quais são as expressões de protesto, fé e esperança?

**considere›**
O que em sua vida o faz lamentar? O que significa oferecer esse lamento a Deus, honestamente, sem encobrir nada?

Assistimos tristes e preocupados um terremoto, o *tsunami* e o subsequente desastre nuclear atingir o Japão. Uma rede de televisão mostrou uma foto tocante de Manami Kon, de 4 anos, tendo de praticar, numa situação triste, sua habilidade recém-adquirida de escrever. Manami escreveu lentamente uma carta à sua mãe, que estava desaparecida desde o terremoto: "Querida mamãe, espero que você esteja viva. Você está bem?" Foi necessário quase uma hora para ela escrever a cartinha.

A menina, em seu jeito infantil, praticava uma arte antiga: o *lamento. Lamentar* significa "expressar pesar, dúvida ou raiva." É uma expressão da agitação em nosso coração. Os salmos nos dão modelos de lamentações com algumas das expressões mais cruas que uma pessoa poderia registrar. Em termos bíblicos, o lamento é um protesto apresentado contra Deus. É o escândalo dos Salmos — não são palavras compartilhadas entre pessoas, mas de pessoas para Deus. "Senhor," começa o salmista, deixando claro a quem ele se dirige (13:1). No meio da canção reitera, "Ó SENHOR, meu Deus, olha para mim e responde-me!..." (v.3).

Lamentar é reconhecer, sem dúvida, que as coisas não estão certas neste mundo e que não deveríamos fingir que estão. Lamentar é crer que Deus não quer que mintamos, especialmente para Ele.

No entanto, o lamento não é apenas o reconhecimento do que está errado. Ele nos lembra que Deus irá, no final, transformar o que é errado em certo. Embora o lamento seja um protesto dirigido contra Deus, é oferecido a Ele porque o Senhor é o único que realmente se importa com a injustiça, a dor e a destruição. É afirmar que nossa esperança, no final das contas, não será frustrada. Deus agirá em nosso favor.

O salmista conclui: "Eu confio no teu amor. O meu coração ficará alegre, pois tu me salvarás" (v.5). —Winn Collier

# o que não é dito

**leia>**
**1 Samuel 1:1-18**
Não pense que sou uma mulher sem moral. Eu estava orando daquele jeito porque sou muito infeliz e sofredora (v.16).

**examine>**
Leia o Salmo 20:1-5 e medite sobre o que a presença de Deus significa para nós em tempos difíceis.

**considere>**
De que maneira viver num mundo de comunicação constante nos faz sentir ainda mais sós em momentos de silêncio? Quando devemos compartilhar nossas lutas ou contá-las somente a Deus?

Às vezes, a vida traz necessidades ou momentos muito profundos para serem expressos em palavras. Nem todo o silêncio surge do desejo de esconder ou fingir que a vida está bem. As razões podem variar: talvez sintamos vontade de manter um segredo legítimo ou achamos que, se falarmos, colocaremos a reputação do outro sob risco desnecessário. Outras vezes, não conseguimos encontrar palavras para expressar o desejo do nosso coração. Qualquer que seja a razão, aprendemos com essas experiências que alguns lugares não podem ser alcançados pela voz humana até que nos rendamos ao Senhor.

Ana conhecia esse lugar (1 Samuel 1:2). Incapaz de compreender seus desejos maternais, Elcana não tinha palavras que aliviassem sua dor, e Penina só se preocupava em ter um alvo para seus comentários ferinos. Ninguém a entendia nem mesmo o sacerdote indicado a comparecer diante do trono de Deus por ela (v.14).

Silenciosa diante dos outros, Ana se ajoelhou diante de Deus em tristeza profunda enquanto lutava com as questões não respondidas sobre por que Deus, o Criador do universo, não lhe dera um filho sequer (vv.5,6). O Senhor respondeu com amor compassivo.

A esperança daquela mulher em Deus, porém, já existia muito antes da concepção de Samuel. Em fé, ela prometeu dedicar seu filho ao Senhor caso Ele decidisse lhe dá-lo (v.11). E quando Eli lhe assegurou que Deus concederia o seu pedido, ela creu (v.18).

Jesus teve que beber o cálice amargo do pesar (Lucas 22:41-44). Embora Sua angústia fosse infinitamente maior do que o sentimento de Ana, ou do que nós enfrentamos, Ele pode identificar-se conosco em nossa dor e sofrimento.

O Deus que ouviu o lamento de Ana é o mesmo Deus hoje, capaz de trazer vida à infertilidade. Descanse em Sua presença e reconheça a Sua soberania. —Regina Franklin

# dieta progressiva

**leia>**
**Colossenses 2:1-10**
Estejam enraizados nele [Jesus], construam a sua vida sobre ele e se tornem mais fortes na fé, como foi ensinado a vocês. E deem sempre graças a Deus. (v.7).

**examine>**
Leia o livro de Hebreus 5:12 e pondere sobre essa mensagem enquanto examina o progresso (ou a falta dele) em sua dieta espiritual.

**considere>**
O que é necessário para progredir em sua dieta espiritual: seguir e crescer em Jesus? É possível superar o que retarda a sua maturidade espiritual?

Após uma cirurgia recente (estômago), passei uma semana no hospital me recuperando. Fui colocado numa dieta passo a passo. Primeiro vieram os líquidos não calóricos, que tive de tomar por vários dias: gelatina, caldos e sucos. Depois veio a *dieta de líquidos encorpados* (incluindo farinha de aveia!), seguida por comidas leves (macarrão, legumes cozidos) e finalmente a dieta geral (todo tipo de comida!). Ainda bem que eu tive de ficar na *dieta de líquidos não calóricos* somente por quatro dias — simplesmente não me sustentava.

O apóstolo Paulo, aprisionado e provavelmente sendo alimentado de pão e água, escreveu aos cristãos de Colosso sobre sua *dieta espiritual*. Embora o apóstolo ainda não tivesse partido o pão na companhia deles (Colossenses 2:1), seu coração estava com eles (v.5). Ele sabia que a jovem igreja era ameaçada pelas "explicações falsas" (v.4) e sabedoria humana (v.8) que podiam afastá-los das verdades de Jesus, que sustentam e nutrem.

Paulo trouxe-os de volta à mesa e os alimentou com uma porção de *verdade*, ajudando-os a serem "...completamente enriquecidos com a segurança que é dada pela verdadeira compreensão do segredo de Deus. Esse segredo é Cristo" (v.2). Eles foram convocados a desenvolver sua dieta espiritual com as instruções:

- Seguir Jesus — aceitando-o como Senhor (v.6).
- Crescer em conhecimento e fé em Cristo (v.7).
- Encontrar sua identidade e vida em Jesus e celebrando Sua mensagem (vv.9,10).

Talvez algumas filosofias (v.8) e valores mundanos tenham abalado a sua dieta espiritual. Em vez de consumir essas calorias espirituais vazias, aprofunde-se em Jesus e em Sua realidade hoje. Nele "...todos os tesouros da sabedoria e do conhecimento estão ocultos" (v.3). Seguindo-o e crescendo diariamente nele, encontraremos o verdadeiro progresso espiritual. —Tom Felten

# o evangelho e a justiça social

**leia›**
**Salmo 14:1-7**
Será que toda essa gente má não entende nada? Eles vivem explorando o meu povo e não oram a mim (v.4).

**examine›**
Leia o livro de Oseias 4:1-3 para descobrir como a idolatria afeta os outros e toda a criação.

**considere›**
É legítimo aos cristãos unirem aos não-cristãos para combater a injustiça social? Quais as vantagens e limitações dessa atitude?

Muitos pensam não haver ligação entre o evangelho e a luta contra males sociais como a pobreza, o racismo e o tráfico sexual. Eles supõem que o evangelho se preocupa somente com a ida para o céu quando morrermos, e partem do princípio de que não há nada a dizer sobre as doenças sociais desta vida. Pior ainda, como o evangelho separa os cristãos das pessoas de outras religiões, alguns julgam melhor deixá-lo de lado. Se não o mencionarem, creem que conseguirão se unir com grupos diversos e juntamente combater os males sociais em suas comunidades.

O problema com essa linha de pensamento é o fato de muitas passagens do Antigo Testamento, como o Salmo 14:4, fazerem uma conexão clara entre injustiça e idolatria. Davi declara que aqueles que "...vivem explorando o meu povo..." também não invocam o Senhor. Isso faz sentido se refletirmos sobre o assunto. Os idólatras não adoram realmente seus ídolos, eles se adoram. Não procuram dinheiro, sexo ou poder para si próprios, mas pelos benefícios que possam receber deles. Trocam o verdadeiro Deus por si mesmos, e porque vivem de forma egoísta, para seu próprio prazer, inevitavelmente ferem e abusam de outros.

Se a idolatria gera a injustiça, então jamais conseguiremos a justiça social até que Deus limpe nossos corações da idolatria. E para isso, é necessário o evangelho. É ele que nos reconcilia com Deus e reordena nosso amor. Capacita-nos a amar a Deus e aos outros mais do que a nós mesmos, o que nos desperta a buscar justiça social para os pobres e oprimidos. E à medida que compartilharmos sobre Ele com os outros, Seu poder divino varre os ídolos dos seus corações também, dando-lhes poder para amar ao próximo.

Se queremos ver melhorias duradouras em nossa sociedade, devemos falar às pessoas sobre Jesus. —Mike Wittmer

# o fracasso não é definitivo

**leia›**
**Atos 13:4-13**
Somente Lucas está aqui comigo. Procure Marcos e traga-o com você porque ele pode me ajudar no trabalho (2 Timóteo 4:11).

**examine›**
Leia o Salmo 51 para ver como Davi percebeu que com Deus o fracasso não é definitivo.

**considere›**
Você acredita que Deus não possa usá-lo por causa de um fracasso no passado? O que João Marcos, Barnabé ou Paulo teriam para lhe dizer?

O fracasso não é definitivo. Um homem na Bíblia que experimentou isso pessoalmente foi João Marcos — assistente de Paulo e Barnabé na primeira viagem missionária (Atos 13:5). Não sabemos qual era seu papel, mas provavelmente envolvia fazer o trabalho de bastidores, como comprar suprimentos e cozinhar, com algum outro ministério público. Ele lidava com algumas responsabilidades diárias da vida, de forma que Paulo e Barnabé pudessem se concentrar na missão de proclamar as boas-novas de Jesus.

Muito cedo em sua jornada, porém, João Marcos abandonou Paulo e Barnabé (v.13). Pode-se só especular qual o motivo de ele ter saído. Talvez tenha ficado com saudades. Talvez tenha se cansado de ser só um ajudante. Seja o que for, está claro que enquanto Paulo e Barnabé estavam contando com João Marcos, ele os decepcionou.

Algum tempo depois, Paulo e Barnabé planejaram voltar e compartilhar com os novos cristãos, que eles haviam levado a Jesus durante sua primeira viagem missionária. Barnabé queria levar João Marcos de novo, mas Paulo se recusou. Foi contra a ideia por causa da falha anterior do rapaz. Os dois discordaram tão veementemente que se separaram. Barnabé levou João Marcos consigo, e Paulo pediu a Silas que o acompanhasse (15:36-41).

Deve ter sido difícil para Marcos observar as consequências de sua atitude, mas ele escolheu ministrar com fidelidade junto a Barnabé. E, até Paulo, mais tarde, acabou mudando de opinião. Em carta a Timóteo, escreveu: "...Procure Marcos e traga-o com você porque ele pode me ajudar no trabalho" (2 Timóteo 4:11).

João Marcos falhou claramente, no princípio. Sua vida, entretanto, demonstra-nos que não é porque ele errara no passado que Deus não poderia usá-lo no futuro.

Aos olhos de Deus, o fracasso não é definitivo. —Jeff Olson

# pais perfeitos

**leia›**
**1 Coríntios 13:4-7**
[o amor não] guarda mágoas (v.5).

**examine›**
Quais as expectativas que se levantam por um amor como o descrito por 1 Coríntios 13:4-7? Como as pessoas que o cercam demonstram o amor de Deus por você?

**considere›**
Que tipo de amor você oferece aos outros? Por que é importante o fato de o amor de Deus por você não se basear no que você faz?

"Não sei mais o que posso fazer!", disse meu amigo enfurecido. "Estabeleço padrões elevados para meus filhos e os torno responsáveis por suas ações, e tudo o que eles fazem é me odiar. O que fiz para merecer isto?" Ele percebeu o quanto sempre fora "duro" (em sua própria definição) com seu filho para que ele fizesse coisas excelentes. Hum. Será que tem a ver com a ingratidão dos filhos? Ou a visão inflexível do pai sobre o amor sustentado em regras?

No princípio havia um Pai perfeito que não estabelecia muitas regras. Só uma, na verdade. Ele deu aos Seus filhos um jardim maravilhoso para viverem e trabalharem, e amava a companhia deles. Eles tinham tudo o que precisavam, incluindo um parceiro perfeito. (Só Adão e Eva podiam dizer isso). E o Pai lhes deu somente uma proibição: "...Você pode comer as frutas de qualquer árvore do jardim...", disse a Adão: "...menos da árvore que dá o conhecimento do bem e do mal. Não coma a fruta dessa árvore; pois, no dia em que você a comer, certamente morrerá" (Gênesis 2:16,17). Você conhece o restante da história. Parece que Adão e Eva eram como nós...

Deus, por ser o Pai perfeito, não lhes poupou do perigo. Havia consequências para seu comportamento. Mas Ele também não os *abandonou*. Mesmo naquele dia triste, colocou em ação um plano para nos resgatar da maldição do pecado com o sacrifício de Seu Filho perfeito, Jesus.

Neste mundo, pais imperfeitos lutam para criar filhos imperfeitos que crescem para aceitar ou ignorar seus conselhos e correção. Fazemos bem em nos lembrar de uma lição que Deus nos ensinou há muito tempo: o amor perfeito não espera amor em troca (1 Coríntios 13:5).

O amor que exigimos dos outros não é amor de forma alguma — é simplesmente extorsão. —Tim Gustafson

# descaso

**leia›**
**Malaquias 1:6-14**
...Pois procurem oferecer um animal desses ao governador! Acham que ele o aceitaria com prazer e atenderia os seus pedidos? Eu, o SENHOR Todo-Poderoso, falei (v.8).

**examine›**
Leia os livros de 1 Coríntios 15:58; Gálatas 6:9 e 2 Tessalonicenses 3:13. Considerando esses versículos, como devemos servir a Deus?

**considere›**
De que forma você pode estar demonstrando desprezo por Deus hoje? O que significa oferecer o seu melhor a Ele?

Aqui estão alguns pretextos que as pessoas podem dar por não adorar e servirem a Deus: "Estou cansado", "não me sinto amado", "não quero fazer isso."

Será que daríamos essas desculpas a nossos empregadores? Hum... duvido. Então, por que ousamos usá-las em relação a Deus? Esta era exatamente a pergunta que o Senhor fez a Seu povo em Malaquias 1:6-14.

Os israelitas estavam desonrando o nome do Senhor trazendo sacrifícios impuros a Ele. Deviam trazer-lhe o melhor, mas escolhiam ofertar o pior — animais que tinham doenças e não eram perfeitos (vv.7-8). Ao lhe dar ofertas indignas e ignorar Suas leis com relação aos animais que eram aceitáveis para o sacrifício (Levítico 22:17-25; Deuteronômio 15:21), eles demonstravam o quão pouco pensavam no Senhor.

Assim, Deus disse: "...Pois procurem oferecer um animal desses ao governador!..." (Malaquias 1:8). Aqui o Senhor nós dá um teste valioso para determinar como estamos indo em nosso culto a Ele: estamos tentando apresentar a Deus as coisas que não ousaríamos apresentar a um líder humano?

Um professor de ensino bíblico questiona incisivamente: "Como podemos ter menos respeito pelo Rei dos reis do que temos pelos poderosos políticos que são nomeados por Ele?". Deus não é somente o Senhor dos Exércitos celestiais. É também o nosso Pai e Mestre. Devemos amar e honrá-lo. Ao lermos a mensagem do Senhor ao povo de Israel da antiguidade, deveríamos nos perguntar: Estamos dando a Deus as sobras do nosso tempo e energia — a nossa segunda escolha? Ou o nosso *melhor*?

"...O filho respeita o pai, e o escravo respeita o seu senhor. Se eu sou o pai de vocês, por que é que vocês não me respeitam? Se eu sou o seu senhor, por que não me temem?" (v.6).

É isso que Deus está lhe dizendo hoje? —Poh Fang Chia

# graça escandalosa

**leia›**
**Marcos 14:53-65; 15:1-20**
Então alguns começaram a cuspir nele. Cobriam o rosto dele, davam bofetadas nele e perguntavam: — Quem foi que bateu em você? Adivinhe! E também os guardas o pegaram e lhe deram bofetadas (14:65).

**examine›**
Leia as passagens de hoje novamente e imagine-se como um daqueles que condenaram ou zombaram de Jesus. Agora, imagine Jesus dizendo: "Pai, perdoa-lhes", para você.

**considere›**
Como você se sentiria se fosse um dos zombadores e ouvisse palavras de perdão? Como você agradeceu a Jesus por ter perdoado você?

Imagine-se parte de uma gangue criminosa que possui ligações com autoridades corruptas da cidade. Você descobre alguém que conhece tudo o que sua gangue faz. Uma noite você decide ir atrás dele. Ele precisa ficar calado sobre o que sabe. Seus capangas o trazem a você e juntos vocês planejam um complô maldoso.

Na manhã seguinte, em uma entrevista coletiva o prefeito sobe ao palco e diz: "Interceptamos um plano terrorista para explodir a prefeitura." Então, o seu rosto, leitor, é mostrado na tela da televisão.

O inocente é mantido em custódia, e os guardas entediados o censuram. Eles o chutam, cospem nele, colocam batom no seu rosto e derramam cerveja sobre sua cabeça. Alguns dos seus comparsas entram na cela dele e atam seus punhos e pés com fita adesiva, e a utilizam para cobrir seu nariz e boca. O corpo dele é encontrado por um guarda naquela tarde.

Agora imagine-se em casa poucos dias mais tarde e alguém bate à sua porta. Você abre a porta abruptamente e... *o* vê. Há marcas de fita adesiva nos pés e punhos, mas ele está vivo à sua frente. Ele olha para você e diz: "Eu o perdoo."

Como você se sente?

Nestes dias próximos à Páscoa, vamos dar uma olhada na história dessa celebração. Jesus foi pego e zombado por uma multidão judia corrupta (Marcos 14:53-59) e acusado falsamente de ato terrorista (v.58). Foi condenado à morte por um governante gentio corrupto (15:15), abusado por soldados (vv.16-20), vergonhosamente morto (vv.22-24), mas ressuscitado (16:6).

Os judeus e os gentios condenaram Jesus — toda a humanidade foi cúmplice. O Criador veio à terra e nós o matamos. Nós éramos os culpados, Ele o inocente. Mesmo assim, Ele *nos* oferece perdão (Lucas 23:34). Essa é a perfeita graça de Deus. —Sheridan Voysey

# um filho perdido

**leia›**
**Lucas 15:11-24**
Vou voltar para a casa do meu pai e dizer: 'Pai, pequei contra Deus e contra o senhor...' (v.18).

**examine›**
Por que o filho mais velho ficou tão chateado com a recepção que o seu irmão recebeu do pai? (Lucas 15:25-32). Neste momento, você é mais parecido com o pai, o filho mais velho ou o mais novo?

**considere›**
Por que o pai não impediu que o seu filho partisse e arruinasse sua vida? O que você teria feito?

A história do filho pródigo é uma das mais famosas e familiares parábolas de Jesus. E também a mais *pessoal*, pois fala do que, muitas vezes, é o mais doloroso para nós — nossos filhos.

Na parábola da ovelha perdida (Lucas 15:3-7) e da moeda perdida (vv.8-10), a ênfase é na perda e nos esforços incansáveis dos donos para recuperar o que foi perdido (vv.4,8). A ovelha foi perdida devido à sua propensão natural ou facilidade para se desgarrar; a moeda por descuido. O filho, contudo, se perdeu por sua própria vontade pecaminosa (vv.11-13).

Em vez de um pastor e uma mulher à procura do que perderam, temos um pai que espera. O patriarca aflito não buscou incansavelmente por seu filho desviado. Ao invés disso, esperou pacientemente pelo retorno dele. Sem dúvida, o pai deve ter orado perseverantemente para que o filho "caísse em si" (v.17).

A reviravolta ocorreu quando o filho desejou ir ao encontro do pai e dizer: "...Pai, pequei contra Deus e contra o senhor..." (v.18). E retornou voluntariamente à sua casa: "Então saiu dali e voltou para a casa do pai..." (v.20).

Por que o patriarca não foi atrás do filho perdido? A primeira das duas histórias deixou claro que Jesus veio buscar e salvar o perdido (19:10). Mas esta terceira, do filho pródigo, enfatiza a responsabilidade do perdido — a necessidade de nos arrependermos. O longânimo Pai espera paciente e amorosamente por nosso retorno. "...Quando o rapaz ainda estava longe de casa, o pai o avistou. E, com muita pena do filho, correu, e o abraçou, e beijou" (v.20). A culpa do filho é ofuscada somente pelo perdão gracioso do Pai.

Você abandou seu lar voluntariamente? Caia em si e volte! —K. T. Sim

# duas tentações

**leia›**
**Gênesis 3:1-7; Mateus 4:1-11**
Jesus respondeu:
— Vá embora, Satanás!... (v.10).

**examine›**
Reveja as duas passagens nos livros de Gênesis e Mateus. Encontre as semelhanças e as diferenças entre essas duas histórias sobre a tentação.

**considere›**
Onde você enfrenta maior tentação? Concupiscência da carne, dos olhos ou orgulho? O fato de Jesus ter vencido o tentador o ajuda a lidar com a tentação?

Durante muitos anos, Irmela Mensah-Schramm anda pelas ruas de Berlim, Alemanha, limpando a propaganda de grupos neonazistas. Desde 1986, ela faz pinturas sobre os grafites e descola os adesivos (36 mil nos últimos quatro anos). Ela crê que pode vencer essa ideologia trabalhando em uma rua por vez.

Quando Deus colocou Adão e Eva no Éden, eles poderiam aproveitar todo o jardim, menos a "árvore do conhecimento do bem e do mal" (Gênesis 2:17). Eles não podiam lidar com aquele conhecimento, e comer do seu fruto os conduziria à morte. A serpente chegou com a sagaz sugestão de que eles não podiam confiar em Deus, e Eva a ouviu. Ela foi tentada de três formas diferentes — tentações que todos conhecemos: "...Os maus desejos da natureza humana, a vontade de ter o que agrada aos olhos e o orgulho pelas coisas da vida..." (1 João 2:16).

Infelizmente, Eva cedeu e todos temos cedido desde então. No entanto, há alguém que não se rendeu. Pouco antes de Jesus começar Seu ministério público, foi ao deserto jejuar por 40 dias. Novamente, o tentador chegou e usou as mesmas táticas, sugerindo que Jesus tomasse as rédeas em Suas mãos. Sugeriu que Cristo:

- ordenasse que pedras se transformassem em pães (Mateus 4:3).
- se atirasse do pináculo do templo (forçando a mão de Deus a resgatá-lo antes do tempo certo, v.6).
- conquistasse Jerusalém e se imaginasse governando sobre todos os reinos da terra! (v.8).

Jesus foi tentado com a concupiscência da carne, a concupiscência dos olhos e a soberba da vida. Mas Ele não cedeu. O Senhor venceu a tentação que nos destruiu — o que jamais conseguiríamos. Ele faz por nós, de todas as maneiras, o que nunca poderíamos fazer por nós mesmos. —Winn Collier

# deliberadamente

**leia›**
**Deuteronômio 6:1-25**
...e não deixem de ensiná-las aos seus filhos. Repitam essas leis em casa e fora de casa, quando se deitarem e quando se levantarem (v.7).

**examine›**
Leia o livro de Josué 4 para ver a importância de testemunharmos aos nossos filhos sobre a bondade e a fidelidade de Deus.

**considere›**
É mais fácil investir nas coisas temporais do que nas eternas enquanto educamos nossos filhos? Você transmite as verdades de Jesus à próxima geração?

Como amo música, quero que meus filhos conheçam a sua beleza, além de simplesmente ouvirem suas notas. Assim, sem esconder o sonho de criar prodígios, meu marido e eu investimos tempo e dinheiro para dar prioridade ao aprendizado de música. Demos algumas escolhas aos nossos filhos, mas entendemos que temos um papel importante a desempenhar. A parte deles é treinar; a nossa é ensinar-lhes como prosseguir com seu compromisso e ajudá-los a investir seus talentos adequadamente. Se queremos que valorizem algo, *temos* que pagar o preço.

Com o crescimento espiritual de nossos filhos é igual. Levá-los à igreja é importante e necessário, mas nosso investimento no crescimento espiritual deles não deveria começar e terminar no culto de domingo. Como pais, o nosso compromisso com Cristo deve permear todas as áreas de nossa vida, para que a Palavra de Deus molde cada decisão que tomamos (Deuteronômio 6:6,8,9,17). E os nossos filhos (que nos conhecem à portas fechadas) veem e reagem à Palavra (v.20). Devemos valorizá-la como uma herança a ser preservada e doada.

Separar o tempo de meditação na Bíblia é uma resposta ao mandamento divino de ensinar nossos filhos. Se cremos que Ele pode cumprir a promessa de colocar Sua Palavra "...na boca de nossos filhos e na dos filhos dos nossos filhos [...] para sempre..." (Isaías 59:21 ARA), devemos entender que não podemos transmitir os mandamentos do Senhor apenas em ambientes de ensino. Precisamos vivê-los nos momentos espontâneos que Deus nos dá.

Se acreditamos que nossos filhos precisam de estrutura e investimento na área de esportes, artes, escolar ou musical, quanto mais deveríamos proporcionar-lhes para que frutifiquem espiritualmente! Vivamos consistentemente e ensinemos nossos filhos o que Deus tem revelado a nós. —Regina Franklin

# amor e ódio

**leia›**
**2 Samuel 13:1-20**
Depois teve nojo dela e a odiou ainda mais do que a tinha amado antes... (v.15).

**examine›**
Paulo menciona o amor e o ódio no livro de Efésios 5:25-29. Leia esses versículos e veja a quem o amor de um marido pela esposa deve imitar.

**considere›**
Se você é casado, como pode abrir mão do egoísmo no seu relacionamento e substituí-lo por abnegação? Como o amor de Deus nos ajuda a curar nossos relacionamentos quebrados?

Há uma linha muita fina entre o amor e o ódio. Li sobre uma esposa que estava tão cansada do marido a traindo que disse: "Eu não queria me divorciar dele. Queria que ele morresse." E o marido adúltero disse sobre a esposa: "Eu não a amava. Queria o divórcio."

Um relato perturbador da Bíblia revela como a afeição pode se transformar em rejeição rapidamente. Um dos filhos indisciplinados de Davi, Amnom, desejou sexualmente sua meio-irmã Tamar (2 Samuel 13:1). Sua obsessão o levou a um caso complicado de amor doentio e a um plano nojento: Amnom decidiu tomá-la à força (vv.2,5). Exigiu que ela dormisse com ele (v.11). Tamar resistiu, mas seu irmão a dominou e estuprou (vv.12,14). E de repente, "Depois teve nojo dela e a odiou ainda mais do que a tinha amado antes..." (v.15). A moça passou de *querida a desprezada*.

O que vemos nos horrendos atos de Amnom é o que acontece em muitos casamentos: *o pecado do egoísmo*. A jovem esposa (veja o primeiro parágrafo) reconheceu o jeito egoísta do marido, mas tomou uma decisão sábia: "Em vez de orar para que ele se apaixonasse de novo por mim, comecei a orar para que começasse a *amar o Senhor.*" Com o tempo, seu marido começou a melhorar suas atitudes. *Ele voltou a amar Deus* e a sua própria esposa. Agora compartilham um relacionamento profundamente enraizado em Deus.

O apóstolo João escreveu que "...quem continua pecando nunca o viu e nunca o conheceu [Jesus] (1 João 3:6). Mas se nos desviarmos do nosso pecado egoísta e escolhermos amar, "...Deus vive unido conosco, e o seu amor enche completamente o nosso coração" (4:12).

Transforme o sentimento de ódio em seu relacionamento em amor, por meio do amor a Deus e do abandono do egoísmo. —Tom Felten

# a desobediência da dúvida

**leia›**
**Salmo 53:1-6**
Os tolos pensam assim: "Para mim, Deus não tem importância." Todos são corruptos e cometem injustiças horríveis; não há uma só pessoa que faça o bem (v. 1).

**examine›**
Leia o Salmo 51:12 e observe a importância de buscar força em Deus para viver uma vida santa e obediente.

**considere›**
Examine a condição do seu coração diante de Deus. Qual é o risco de haver dúvidas? O que você pode fazer para preparar-se antes da dúvida chegar?

Todos esses famosos têm algo em comum: Sigmund Freud, Jean-Paul Sartre, Bertrand Russell, Karl Marx, Pablo Picasso e Aldous Huxley? Eles declararam que não criam em Deus e foram sexualmente promíscuos. Coincidência?

No livro *Making of* an *Atheist* (Construindo um ateísta), James Spiegel explica que muitos pensadores modernos expressaram dúvidas sobre Deus, em parte, porque lhes facilitava continuar em pecado (Salmo 53:1). Em um momento de honestidade, Huxley admitiu: "Para mim, e certamente para muitos de meus contemporâneos, a filosofia da falta de significado foi um instrumento de libertação... de certo sistema de moralidade. Opusemo-nos à moralidade porque ela interferia em nossa liberdade sexual."

Nem todas as dúvidas sobre Deus surgem do pecado. Há dúvidas sinceras que nos atacam e assombram, questões agonizantes que nos fazem dobrar os joelhos em temor, sem descanso até resolvê-las. Mas se pensarmos sobre os tempos de luta com a dúvida, normalmente eles acontecem ao começarmos a nos desviar do caminho com Jesus. A oração, meditação nas Escrituras e a adoração em comunidade cristã não mais nos atraem. Não vivemos vidas de arrependimento que revelam um coração quebrantado e contrito que esteja realmente buscando a Deus (Salmos 51:3-5,17; 53:2). Ao invés disso, criticamos os que têm valores corruptos, arrogância, amargura e avareza (Salmos 51:3,5; 53:3).

Nosso pecado nos coloca em risco. Deus não parece mais real para nós, pois usurpamos Seu lugar em nossas vidas. Somos atormentados por nossas dúvidas sobre Ele, mas por um lado nos sentimos aliviados. Se não há Deus, somos livres para vivermos como quisermos (53:1). Isso não resolverá todo tipo de questionamento. A primeira coisa a fazermos se surgirem as dúvidas é localizar o pecado que não confessamos. Em seguida, arrepender-se (51:7,10). —Mike Wittmer

# trabalhando duro

**leia›**
**1 Coríntios 15:1-11**
Mas pela graça de Deus sou o que sou, [...] eu tenho trabalhado muito mais do que todos os outros apóstolos. No entanto não sou eu quem tem feito isso, e sim a graça de Deus que está comigo (v.10).

**examine›**
Leia os livros de Efésios 3:7-12 e Colossenses 1:28-29 para descobrir o objetivo do trabalho árduo de Paulo.

**considere›**
O que motiva você a trabalhar duro: reputação, aprovação dos homens ou a graça de Deus? Como você pode apresentar melhor a graça de Deus aos outros?

Meu pai é um batalhador. Ele trabalha seis dias por semana. Durante os dias de folga, está sempre consertando algo na casa — o ventilador ou limpando algo. Amigos meus que o conhecem afirmam que ser trabalhador é um traço da minha família. A diligência é nata — algumas pessoas nascem preguiçosas e outras são naturalmente trabalhadoras? Por que algumas trabalham duro?

No livro de 1 Coríntios 15:10, o apóstolo Paulo diz: "...tenho trabalhado muito mais do que todos...". Isso é verdade. Esse apóstolo trabalhou muito. Lemos como ele se esforçou em 2 Coríntios 11:23-27. O que o motivava? Diz ele: "Mas pela graça de Deus sou o que sou, e a graça [...] não ficou sem resultados..." (15:10).

Apesar de Paulo ter sido um perseguidor da igreja, Jesus apareceu a ele e o chamou para Seu serviço. Ele sabia que o favor extraordinário de Deus a ele resultou em uma resposta extraordinária. Reconheceu o que deveria ser — um apóstolo de Cristo. Isso tudo por causa da graça de Deus — a expressão imerecida de Sua bondade.

Mas Paulo não tentou pagar a graça divina demonstrada a ele com trabalho árduo, nem tentou silenciar sua consciência culpada. Trabalhou duro porque não queria que essa graça demonstrada a ele fosse desperdiçada. À medida que servia na obra do Senhor, descobriu essa realidade maravilhosa: "...não sou eu quem tem feito isso, e sim a graça de Deus que está comigo" (v.10). Eugene Peterson parafraseia a passagem desta forma: "Mesmo assim, meu trabalho não é tanto. Era Deus quem me dava o trabalho e a energia para executá-lo" (*A Mensagem*).

Como pessoas que recebem da Sua graça, devemos trabalhar duro para torná-la conhecida! —Poh Fang Chia

# Deus é Rei

**leia›**
**Salmo 97**
Ó SENHOR, Deus Altíssimo, tu governas o mundo inteiro, tu estás acima de todos os deuses (v.9).

**examine›**
Quais imagens do Salmo 97 são mais poderosas, mais nefastas ou mais serenas para você? Escreva algumas delas e considere como cada uma o ajuda a reconhecer que Deus é Rei.

**considere›**
Em seu dia a dia, quem ocupa o lugar de Deus? De que maneira você precisa reconhecer o reinado de Deus sobre esse poder rival?

Tempos atrás, minha esposa e eu viajamos a Londres e ao caminharmos pela Abadia de Westminster (960 d.C.), vimos as sepulturas de monarcas que reinaram há centenas de anos. Fomos ao Palácio de Buckingham, a casa principal da família real. Ao visitar os pontos turísticos da realeza e do governo, a palavra *soberano* surgiu repetidamente. Os súditos da rainha referem-se a ela como soberana. Quando ela vai ao parlamento, faz uso da entrada do Soberano. A estrutura de governo da Inglaterra mudou, mas os reflexos de uma era em que a realeza reinava absoluta ainda podem ser vistos.

O salmista declara outro Soberano: Deus. O supremo (absoluto, final, inigualável, incomparável) sobre toda a terra. Deus governa todos os cantos do globo.

O Salmo 97 inicia-se com a declaração única e imutável: "...O SENHOR Deus é Rei..." (v.1). Independentemente dos poderes (político, religioso, filosófico, econômico) possam declarar sua autonomia e insistir em obter nossa lealdade, apenas o Senhor é Rei. Não importa a frequência que sejamos tentados a acreditar que ditamos o nosso destino ou que precisemos orquestrar a nossa existência, o Senhor (apenas Ele) é Rei — e não nós.

Esta é uma notícia extraordinariamente boa! O salmista declara: "...O SENHOR Deus é Rei. Alegre-se a terra!..." (v.1) podemos festejar de alegria porque Deus é Rei. Sim, Deus é Rei e Ele pode resgatar Seu povo "...do poder dos maus" (v.10). Quando Deus é Rei, a justiça governa (v.8). Quando Deus é Rei, "A luz ilumina a vida dos honestos..." (v.11). Quando Deus é Rei, nosso mundo e tudo o que tentamos fazer dele não depende de nós.

"...Fiquem contentes, ilhas dos mares!" (v.1) não será então algo surpreendente. Toda a criação de Deus é livre para rir, dançar e viver em obediência ao único bom e verdadeiro Rei. — Winn Collier

# nunca é tarde demais

**leia>**
**Juízes 16:23-30**
E Sansão orou ao SENHOR, dizendo:
— Ó Senhor, meu Deus, peço que lembres de mim. Por favor, dá-me força só mais esta vez... (v.28).

**examine>**
Leia o livro de João 21:15-17 e veja como Jesus mostra a Pedro, que o havia negado, que Ele ainda queria lidar com Pedro.

**considere>**
De que maneiras você precisa voltar a Deus? O que torna o seu retorno a Deus possível?

No seriado de televisão *LOST* (Perdidos), Sayid Jarrah era sobrevivente de um acidente de avião e estava perdido numa ilha tropical. Ex-interrogador do exército, Sayid era assombrado por aqueles que torturara e ele investiu muito de sua vida adulta tentando compensar seus erros passados.

Na última temporada de *LOST*, Sayid morreu com um tiro. No entanto, ele é ressuscitado por um maldoso personagem (o homem de preto sem nome) e recrutado para o lado do mal. Mas quando os espectadores se convenceram de que ele havia se entregado por completo ao mal, ele sacrificou sua vida para salvar os seus colegas sobreviventes.

Essa virada chocante (algo que os fãs de *LOST* estavam acostumados a ver) leva-me de volta ao personagem do Antigo Testamento, Sansão. Lembra-se dele? O nazireu de cabelos compridos, dotado pelo Espírito de Deus com força sobre-humana para libertar Israel das mãos dos filisteus? (Juízes 13:5). Infelizmente, Sansão encheu-se de si e foi manipulado pela mulher que amava (16:4). Dalila persuadiu-o a revelar o segredo de sua força, e em seguida o traiu, entregando-o nas mãos de seus inimigos (vv.5-21).

O orgulho tolo de Sansão deixou-o cego, fraco e acorrentado. Desgraçado publicamente e acorrentado entre dois enormes pilares que sustentavam o teto de um templo filisteu cheio de pessoas, Sansão humilhou-se e pediu a Deus por um último feito de força sobre-humana. Deus lhe concedeu o pedido e com um poderoso empurrão, Sansão derrubou o templo destruindo mais inimigos em sua morte do que o fez enquanto esteve vivo (Juízes 16:23-30).

A vida de Sansão demonstra que nunca é tarde demais para voltar a Deus e fazer algo grandioso por Ele. Mesmo após cometermos grandes erros, nossas vidas ainda podem ser redimidas para os Seus propósitos. —Jeff Olson

# solo bom

**leia›**
**Lucas 8:11-15**
E as sementes que caíram em terra boa são aquelas pessoas que ouvem e guardam a mensagem no seu coração bom e obediente; e, porque são fiéis, produzem frutos (v.15)

**examine›**
Leia Colossenses 1:3-7 para ver o que acontece quando pessoas recebem as boas-novas. Leia Mateus 13:19-23 para ver como as pessoas podem desviar-se de uma vida cristã frutífera.

**considere›**
Houve mudança em sua vida, desde que você recebeu a Jesus como Salvador pessoal? Satisfazemos com poucos frutos? Qual deveria ser o nosso objetivo?

Ao anoitecer, saí de casa com um punhado de sementes de flores silvestres na mão. Atravessei a rua e joguei-as no campo aberto vizinho à nossa casa. Esperei todo o verão para que as flores florescessem, mas só o que cresceu foram arbustos e um pouco de capim. Desde então aprendi um pouco sobre jardinagem. Agora sei que meu experimento bobo estava fadado ao fracasso porque as sementes preferem solo úmido, sem ervas daninhas e profundo o suficiente para abrigar suas raízes. Elas precisam de solo bom.

Na parábola do semeador, Jesus disse que somos solo bom para o evangelho quando ouvimos e entendemos a Palavra de Deus. Enquanto a maioria das pessoas apreende a essência do evangelho, nem todas o compreendem. Por exemplo: estudos recentes demonstram que muitas pessoas que se declaram como cristãs não acreditam que Jesus é o único caminho para a vida eterna. Nosso mundo quer que estejamos bem com Cristo e com outros líderes religiosos, ensinos e práticas. Entender o evangelho não se trata disso.

Aqueles de nós que compreendem as boas-novas e "apegam-se a isso" devem produzir "...frutos..." (Lucas 8:15). Falando em termos espirituais, nossas vidas devem manifestar a justiça vinda de Cristo (Filipenses 1:11). Em nossa caminhada cristã, nossa produção espiritual de justiça deveria multiplicar. Jesus disse, produzam "...muitos frutos e assim mostram que são meus discípulos" (João 15:8).

Podemos nos considerar solo bom para o evangelho se entendermos que Deus enviou Seu Filho para receber a punição por nosso pecado e que apenas Cristo é o caminho para a vida eterna (João 14:6). Podemos então dar frutos de uma vida transformada — uma vida que produza "...cem; outras, sessenta; e ainda outras, trinta vezes mais do que foi semeado" (Mateus 13:23). —Jennifer Benson Schuldt

# esmagando serpentes

**Leia›**
**Números 21:4-9**
Então Moisés fez uma cobra de bronze e pregou num poste. Quando alguém era mordido por uma cobra, olhava para a cobra de bronze e ficava curado (v.9).

**examine›**
Leia João 9:24-34 para ver como glorificar o passado pode nos cegar para a obra de Deus no presente. Veja 1 Coríntios 1:10-17 para aprender como cobras de bronze podem dividir o corpo de Cristo.

**considere›**
Como descobrir quando a sua preferência por um estilo de adoração, um pastor ou autor tornou-se idolatria? De que maneira você buscará pela verdadeira?

Martin Luther King Jr. declarou que: "...11 horas do domingo pela manhã" era a hora mais segregante em seu país. Os cristãos brancos e negros geralmente adoravam em igrejas separadas. Hoje, há um novo tipo de segregação. É cada vez mais comum as igrejas se dividirem conforme o estilo de adoração, oferecendo cultos tradicionais para os mais idosos que gostam de cantar hinos e cultos contemporâneos para os que apreciam corais liderados por bandas.

Muitas igrejas crescem exponencialmente ao atender às necessidades de seus adoradores. Mas algo parece não estar certo. Os cristãos cheios do Espírito não deveriam adorar juntos? O seu estilo pode não ser a minha preferência, mas por que não somos sensíveis às nossas diferenças e cantamos canções que agradem uns aos outros?

Temo que o nosso problema seja mais do que egoísmo à moda antiga. Será que a nossa adoração se tornou nosso *ídolo*? Estamos dispostos a permitir que Jesus se revele a nós de maneiras diferentes?

Podemos ser como os israelitas que ficaram tão impressionados com a cobras de bronze que havia curado suas mordidas venenosas que começaram a oferecer sacrifícios a ela (2 Reis 18:4). Não havia nada de errado com a serpente de bronze — séculos mais tarde Jesus a usou para fazer referência a si mesmo (João 3:14) — mas era apenas uma ferramenta.

Talvez você tenha ouvido a voz de Deus ao cantar *A graça eterna de Jesus*, ou sentido Sua presença enquanto cantava *Benditos laços*. Agradeça a Deus por isso, mas lembre-se de que as serpentes de bronze em sua vida nunca devem ser o fim em si mesmas, mas sim levá-lo a Jesus. Pois quando Ele for "levantado da terra" atrairá todos a si mesmo (João 12:32).

A verdadeira adoração centra-se em Jesus, não em tradição ou preferência. —Mike Wittmer

# quando Deus correu

**Leia›**
**Lucas 15:11-32**
...E, com muita pena do filho, correu, e o abraçou, e beijou (v.20).

**examine›**
Leia o livro de Oseias 11:1-4,8-9 para maior compreensão sobre o coração de Deus para com Seu povo genioso.

**considere›**
De que maneira você pode crescer em amor por pessoas perdidas? O que você fará hoje para "buscar e salvar o perdido"?

Esforçando-me para ver o horizonte distante, estreitei os olhos na tentativa de enxergar a pessoa por quem estava esperando. Milhares de pensamentos passaram por minha mente: *Será que ela sabe onde descer do trem? Ela entendeu as orientações que dei?* Meu coração batia mais rápido conforme os segundos passavam. Finalmente, a pessoa que eu tanto queria ver surgiu à minha vista! Naquele segundo, a ansiedade foi substituída por alegria.

Essa experiência me lembra da parábola do filho pródigo. O pai estava esperando pelo retorno do filho. Todos os dias, ele olhava os campos à sua frente, procurando pelo jovem que amava. E "...Quando o rapaz ainda estava longe de casa, o pai o avistou..." (Lucas 15:20).

Você consegue imaginar o que o pai deveria estar fazendo para avistar o jovem à distância tão grande? Possivelmente ele tivesse se colocado num lugar mais alto para vê-lo à distância. Ou talvez se esforçasse para manter seus olhos abertos, apesar do cansaço. Não sabemos exatamente o que ele estava fazendo, mas seus esforços valeram a pena. Ele enxergou seu filho enquanto o jovem ainda estava longe. E quando o viu, "...correu, e o abraçou, e beijou" (v.20). O pai *correu.*

Naqueles dias, correr era considerado indigno para o patriarca da família, mas este pai estava tomado por grande alegria. Jesus contou esta parábola para ajudar os líderes religiosos — e nós também — a entendermos o coração que Deus tem para os perdidos e a alegria que Ele sente quando estes retornam.

Compartilhamos deste coração que nosso Pai tem? No livro de Lucas 19:10, Jesus afirma Sua declaração pessoal de missão. Ele disse: "Porque o Filho do Homem veio buscar e salvar o perdido." Até que ponto estamos dispostos a nos mobilizarmos para ver o perdido voltar para casa, ou seja, para Jesus? —Poh Fang Chia

# o tempo todo

**leia›**
**Salmo 139:1-10**
...ainda ali a tua mão me guia, ainda ali tu me ajudas (v.10).

**examine›**
Minha amiga acreditava na bondade de Deus mesmo após a morte repentina de seus pais. Leia Salmo 103:13-18 para entender melhor o amor e cuidado de Deus por nós.

**considere›**
De que maneira tangível você pode expressar o amor de Deus a alguém enlutado? Como o amor dele transformou o seu modo de ver a vida e a morte?

Quando os extraordinários pais de minha amiga morreram num acidente aéreo há alguns anos, ela escreveu uma mensagem tão linda que circulou ao redor do mundo.

No cerne da carta estavam as seguintes verdades: "Deus é bom em todo o tempo. E em todo tempo Deus é bom" (Salmo 34:8-10).

"Nunca estive tão fraca nem senti tanta dor em minha vida," ela escreveu, quando ainda caloura na universidade. "Deve então ser um Salvador amoroso que me cerca e me abraça firmemente. Sei que Deus está presente nas pequenas promessas que Ele me mostra todos os dias, como está neste versículo que Ele deu a meu irmão:

"Se eu subir ao céu, tu lá estás; se descer ao mundo dos mortos, lá estás também. Se eu voar para o Oriente ou for viver nos lugares mais distantes do Ocidente, ainda ali a tua mão me guia, ainda ali tu me ajudas" (Salmo 139:8-10).

"Meus pais, tão doces, estavam voando com Jesus e Sua mão estava com eles quando foram encontrá-lo nas profundezas do mar. E Ele os está segurando agora e está nos segurando também. Quão grande é nosso Deus".

"Sinto falta deles com todo o meu coração," ela concluiu. "Continuo esperando todas as manhãs que meu pai venha me beijar na testa antes de ir ao trabalho e que minha mãe sente-se à mesa da cozinha para conversar comigo, vestindo seu roupão de banho tomando uma xícara de chá. Lembro-me então que teremos toda a eternidade para fazer isso. A separação é apenas temporária."

Obrigada, querida amiga, por nos ajudar a vislumbrar o consolo e a esperança eterna que Deus nos dá em meio à dor e à perda. Sim, Ele é bom... em todo o tempo. —Roxanne Robbins

# estranhos aleatórios

**leia›**
**Hebreus 5:11-14**
Porém a comida dos adultos é sólida, pois eles pela prática sabem a diferença entre o que é bom e o que é mau (v.14).

**examine›**
Leia o livro de Filipenses 1:9-10 para ver as coisas boas que resultam do grande conhecimento e entendimento de que Deus provê.

**considere›**
Você tem falta de discernimento? O que você fará para aumentar o seu discernimento sobre a pessoa de Jesus?

Recentemente, li um artigo sobre um site onde os internautas conversam com estranhos de todo o mundo. Conforme afirma o artigo, "Em um momento você está conversando via *webcam* com uma mãe de dois filhos e no seguinte está diante de um homem completamente nu em Bangkok." Um psicanalista chama o site de "o paraíso de um predador." Definitivamente não é local adequado para quem têm discernimento!

O escritor de Hebreus nos dá uma chamada para garantir que estamos crescendo em discernimento. Ele escreveu: "A esse respeito temos muitas coisas que dizer e difíceis de explicar, porquanto vos tendes tornado tardios em ouvir" (Hebreus 5:11 ARA). A palavra "tardio" significa literalmente *lerdo e negligente*.

Na época em que Hebreus foi escrito, os cristãos nas igrejas em casas na cidade de Roma (a quem a carta era provavelmente destinada), estavam lutando para manter sua fé e para vivê-la com convicção. Cristãos que demonstram falta de discernimento hoje geralmente lutam com as mesmas duas questões.

Então como você pode discernir melhor?

• *Faça o que souber.* Os cristãos em Roma tinham sido bem alimentados espiritualmente, mas viviam como bebês espirituais (v.12). Agiam sem "...saber o que está certo ou errado" (v.13). Discernimos melhor quando vivemos ativamente as verdades da Palavra de Deus.

• *Treine a sua mente para agir. Discernimos* melhor entre o certo e o errado ao treinarmos nossas mentes (v.14), e ao continuarmos "...alertas" (1 Pedro 1:13). Isto inclui o crescimento contínuo em nosso conhecimento da Palavra de Deus e o uso da sabedoria da bíblia conscientemente às nossas escolhas.

Não é sábio manter conversas *on-line* com estranhos. Em vez disso, façamos escolhas sábias ao vivermos as verdades bíblicas da Palavra de Deus. —Tom Felten

# o milagre dos campos

**leia›**
**1 Coríntios 15:12-53**
Mas a verdade é que Cristo foi ressuscitado, e isso é a garantia de que os que estão mortos também serão ressuscitados (v.20).

**examine›**
O que Paulo revela no livro de Romanos 8:11 sobre a vida que o Espírito Santo traz?

**considere›**
Você já duvidou da ressurreição corpórea literal de Jesus? Por quê? De que maneira o lembrete de sua futura ressurreição afetará o seu dia?

Supomos que os membros do corpo que são perdidos não crescem novamente e que os mortos não voltam à vida. Ou *voltam*?

Em outubro de 2008, um médico ia em direção aos campos de ouro australianos, quando começou a sentir dor no peito. Ele ligou para sua esposa e foi ao posto médico mais próximo. Pouco depois, foi declarado morto. A terapia de choque e 55 minutos de reanimação cardiorrespiratória não o trouxeram de volta. A morte foi declarada quando a esposa dele chegou.

Ela entrou na sala, segurou a mão gelada de seu marido, e orou. "Senhor, ele só tem 39 anos, e temos um filho de 10 anos. Preciso de um milagre." Naquele momento, a equipe médica relatou que o corpo sem vida de Sean inspirou profundamente e seu batimento cardíaco retornou ao monitor. Mais tarde, aquele médico completamente saudável, contou-me sua história milagrosa.

A descrença nos milagres vem de longe. O apóstolo Paulo confrontou o cinismo sobre a ressurreição entre os cristãos de Corinto (1 Coríntios 15:12). Lembrou-lhes de que a ressurreição corpórea de Jesus era o princípio da fé cristã (v.4). Caso fosse falsa, sua fé seria "inútil" (v.14), pois ainda estavam perdidos em seus pecados (v.17). E tão importante quanto isso, Paulo disse que a ressurreição de Jesus era o modelo para a nossa própria ressurreição (vv.21-23). Nossos corpos serão ressuscitados e transformados, assim como foi o corpo de Jesus (vv.20,53).

Acredito firmemente na ressurreição corpórea de Jesus. E apesar do milagre da ressuscitação daquele médico, não de ressurreição, ainda assim é uma prova atual do que Deus pode fazer. Algo inspirador! A verdadeira ressurreição espera por aqueles que amam Cristo, a transformação *completa* de nossos corpos, almas e corações. —Sheridan Voysey

# coberto de cinzas

**leia›**
**Isaías 58:1-14**
...que vistam roupa feita de pano grosseiro e se deitem em cima de cinzas? É isso o que vocês chamam de jejum? Acham que um dia de jejum assim me agrada? (v.5).

**examine›**
Leia o livro de Miqueias 6:8 para entender o que Deus requer de Seu povo.

**considere›**
Você já se arrependeu de seus pecados? (Mateus 3:8). De que maneira você age com bondade externamente, sem buscar realmente Deus em seu coração?

A Quarta-feira de Cinzas ocorre várias semanas antes da Sexta-feira Santa. Os que assistem às missas nesse dia colocam cinzas (ou alguém as coloca) em suas testas. O oficiante marca a testa de cada adorador, e em geral diz: "Lembre-se: és pó e ao pó tornarás."

As cinzas na Bíblia são vistas como símbolo de humildade e associadas ao arrependimento de pecados. Para demonstrar o arrependimento de seus pecados, as pessoas colocavam sacos de estopa ou panos de saco e sentavam-se em cinzas ou colocavam cinzas sobre si (Ester 4:3; Jó 42:6; Mateus 11:21). Logo, usar saco de estopa e cinzas sobre si são formas de expressar tristeza e lamentação.

O profeta Isaías, no entanto, alertou que simplesmente executar um espetáculo externo de rituais religiosos não agrada a Deus. "De fato, eles me adoram todos os dias e dizem que querem saber qual é a minha vontade [...] e estão sempre prontos para me adorar. [...] Será que desejo que passem fome, que se curvem como um bambu, que vistam roupa feita de pano grosseiro e se deitem em cima de cinzas? É isso o que vocês chamam de jejum? Acham que um dia de jejum assim me agrada?" (Isaías 58:2,5). Deus olha para o coração e seus corações estavam distantes dele (29:13).

Isaías chamou os cristãos para agradar o Senhor e fazer o que é certo: agir com justiça e tratar os trabalhadores com distinção (58:3,6,9); deixando as brigas e rixas (v.4), ajudando os aprisionados pelas circunstâncias da vida e pobreza (v.6), e sendo generosos com os necessitados (vv.7,10).

Se o coração não procurar *obedecer* a Deus, guardar os rituais externos não o agradará. Deus lamentou ao Seu profeta: "Assim o meu povo se ajunta em grande número para ouvir o que você tem para dizer, mas eles não querem pôr em prática o que você diz. [...] Eles ouvem o que você diz, porém não fazem nada daquilo que você manda (Ezequiel 33:31-32). —K. T. Sim

# falsas fortalezas

**leia›**
**Juízes 6:11-14, 25-32**
Nesse lugar alto e seguro, faça para o SENHOR, seu Deus, um altar de pedras bem arrumadas. Depois pegue o segundo touro e a madeira do poste arrancado e queime tudo no altar como sacrifício (v.26).

**examine›**
Leia o Salmo 9:1-10 para ver como Davi celebrava Deus como sua fortaleza.

**considere›**
Em quais fortalezas você busca proteção? Que passos você precisará dar para destruir qualquer falso ídolo?

Grávida de quatro meses, me surpreendi certo dia quando uma colega de trabalho inesperadamente compartilhou que havia sofrido um aborto anos antes no quarto mês de gravidez. A gravidez é uma caminhada de fé por si só, mas suas palavras trouxeram muitos "e se?" em minha mente muito mais rápido que meus hormônios oscilantes. Deus, no entanto, não foi pego de surpresa. Alguns dias depois, alguém me disse, "Eu estava orando por você e o Senhor me disse para lhe dar o Salmo 8:2 como uma Palavra para este bebê." Aquelas palavras foram realmente bem-vindas!

Antes de escolher sua pequena, mas poderosa comitiva de homens à margem do rio (Juízes 7:8), entrando às escondidas no acampamento do inimigo à noite (v.13), e vencendo a batalha com cântaros de barros em Moré (v.19), Gideão foi contra os poderes das trevas num local formidável — o *familiar.*

Quando o anjo do Senhor se dirigiu a Gideão chamando-o de "homem valente" (6:12), a primeira pergunta de Gideão não foi nem como nem quando. Ele perguntou, ""...Se o SENHOR Deus está com o nosso povo, por que está acontecendo tudo isso com a gente?" (v.13). Finalmente ele percebeu que Deus não os havia abandonado. Ele havia sido fiel à Sua Palavra. Deus simplesmente não seria sua fortaleza se outros tomassem Seu lugar (Deuteronômio 11:16,17).

Antes que pudessem ser libertos dos opressores, os falsos lugares de proteção precisavam ser destruídos. Depois de retirarem os deuses feitos por mãos humanas, Gideão representou a supremacia de Yahveh através da construção de um altar ao Senhor no "...lugar alto e seguro" (6:26).

Em nossa aflição, Deus envia a Sua Palavra. Podemos tanto adorar nos lugares de falsa proteção (no meu caso, tentando controlar a situação imaginando todos os "e se...") quanto reconhecer que somente Ele é nossa força e fortaleza. —Regina Franklin

# fazendo a vida crescer

**leia›**
**Colossenses 1:9-14**
...vocês poderão viver como o Senhor quer e fazer sempre o que agrada a ele. Vocês vão fazer todo tipo de boas ações... (v.10)

**examine›**
Medite no livro de Colossenses 1. Quantas vezes Paulo menciona a oração? Que conexões podem haver entre o ato de orar e a nossa confiança em Deus em vez de em nós mesmos?

**considere›**
Você já se sentiu propenso a acreditar que a chave para o seu crescimento é o seu próprio esforço? De que maneira você confiará mais em Deus?

Gosto muito de legumes colhidos da horta, particularmente tomates. Por dois anos seguidos, sonhei em ter um estoque ilimitado de delícias vermelhas e suculentas.

Na primeira vez, um fungo terrível devastou todas as plantas. Na segunda, meu filho de dois anos devastou todas as plantas (arrancando às escondidas cada um dos tomates imaturos assim que começaram a crescer). Creio ter tentado algumas outras vezes, mas convenientemente, esqueci esses desastres. Apesar de todo o meu esforço, eu simplesmente não consegui cultivar tomates.

Frequentemente temos desejos fortes (e bons) de que nossos corações e a nossa fé cresçam, e que a nossa obediência a Jesus traga resultados. Deus quer isso para nós também. Ele anseia que sejamos ...fortes com toda a força que vem do glorioso poder dele, para [...] suportar tudo com paciência" (Colossenses 1:11). Somos, no entanto, tentados, regularmente, a acreditar que o nosso trabalho é o que, na verdade, faz o crescimento acontecer. Caso nossas orações pareçam não ser respondidas, presumimos ser por não estarmos orando corretamente — e buscamos encontrar a fórmula certa da oração. Se não nos sentimos tão perto de Deus quanto gostaríamos, presumimos que não alcançamos o patamar espiritual apropriado.

A verdade é, entretanto, que não podemos fazer nossas vidas espirituais germinarem tanto quanto não podemos fazer uma árvore florescer. É Deus que nos "...tornou capazes de participar daquilo que ele guardou no Reino da luz para o seu povo" (v.12). É Deus que"...nos libertou do poder da escuridão..." (v.13). Não fizemos nada além de ouvir, receber e obedecer. Deus fez toda a obra. Toda.

Muitos dias de aflição e inquietude poderiam ser evitados se descansássemos em Deus, se simplesmente o obedecêssemos e confiássemos nele fazendo "...todo tipo de boas ações..." (v.10). —Winn Collier

# questionando Deus

**leia›**
**Jeremias 15:10-21**
Ó SENHOR Deus, se eu não te servi bem e se não te pedi em favor dos meus inimigos quando estavam passando dificuldades e aflições, então que as maldições deles se cumpram (v.11).

**examine›**
Dê uma olhada no Salmo 142 para ver como Davi levou as suas preocupações e reclamações a Deus.

**considere›**
Você questiona a presença e a obra de Deus em sua vida? O que lhe dá esperança na presença de Deus?

Apesar de estar caminhando com Deus por décadas, admito que algumas vezes ainda o questiono. Aprendi a não culpá-lo pelas coisas que agora reconheço como obra de Satanás. Mesmo assim, ainda há momentos em que minha fé é fraca e fico imaginando se Ele realmente se importa.

Tenho visto exemplos na Bíblia de servos de Deus que passaram por seus próprios momentos de questionamento. Um dos exemplos mais dramáticos é o do profeta Jeremias, do Antigo Testamento. Deus o chamou ainda adolescente para ir e alertar o povo sobre o Seu julgamento iminente. Sabendo que Jeremias encontraria forte resistência, Deus o encorajou a não ter medo do povo, e prometeu a Sua presença e proteção (Jeremias 1:5-19; 15:11).

Foi exatamente o que Jeremias encontrou ao anunciar a mensagem de Deus: resistência forte. Seus compatriotas o trataram como uma piada e ele era odiado por onde quer que fosse (15:10). Eles o torturaram fisicamente e em certo ponto o deixaram em um poço para morrer (38:6). Até mesmo a família de Jeremias o abandonou (12:6).

Conforme o tempo passava, o profeta desiludido disse a Deus, "...Ó SENHOR, tu és que sabes. Lembra de mim e ajuda-me. Vinga-me daqueles que me perseguem. [...] Será que não posso confiar em ti? Será que és como um riacho que seca no verão?" (Jeremias 15:15,18). Mais tarde, Jeremias acusaria Deus diretamente de enganá-lo e o culparia por todos os seus problemas (20:7,8). Mas em meio à revolta contra Deus, algo improvável aconteceu em Jeremias. Quanto mais tentava esquecer-se de Deus, mais percebia que não podia negá-lo (v.9).

Você tem dúvidas sobre Deus? Vá adiante e diga-lhe. Isto não o surpreenderá nem mudará o Seu amor por você. Mas, como aconteceu com Jeremias, isso pode mudar o que você pensa sobre *Ele*. —Jeff Olson

# conselho de Sansão

**leia>**
**Juízes 14**
Sansão desceu até a cidade de Timna e ali viu uma moça filisteia (v.1).

**examine>**
Leia o livro de 1 Reis 11:1-13 para ver porque Deus quer que os cristãos se casem com cristãos. E o livro de Coríntios 13 para ter uma descrição do amor verdadeiro.

**considere>**
É difícil aplicar a sabedoria bíblica às nossas vidas amorosas? De que maneira o conselho de Sansão sobre o namoro é diferente do conselho do mundo?

Antes de casar com meu marido, tentei um site de namoro *on-line*. Ele prometeu perscrutar por zilhões de solteiros para encontrar as combinações mais compatíveis. Sendo assim, preenchi o questionário de compatibilidade. Precisei de horas, mas estava pronta a receber ajuda para decidir quem namorar.

Sansão tem má fama devido à sua vida amorosa atrapalhada. Os erros dele podem nos ajudar a livrar-nos de algumas dores de cabeça. O problema do homem com cabelos longos e soltos começou quando ele viu uma jovem que não compartilhava de sua fé. "...uma moça filisteia" (Juízes 14:1). Os filisteus eram pagãos e Sansão era um jovem israelita dedicado a Deus desde o nascimento (13:5).

Erro n.°1: *Atraímos o sofrimento quando procuramos pessoas que não creem em Jesus.* Apesar de a mulher filisteia não compartilhar da mesma fé, Sansão disse, "...É dela que eu gosto" (v.3), e casou-se com ela. As aparências podem ser enganadoras — seja um sorriso vivaz, lindos cabelos ou até mesmo conduta cortês.

Erro n°2: *Temos problemas se valorizamos os relacionamentos fundamentados exclusivamente na aparência de alguém.* Os pais de Sansão pediram-lhe para olhar novamente as garotas solteiras do local (v.3), mas ele se recusou, e não ouviu os conselhos de pessoas que o conheciam melhor. Erro n°3: *Temos problemas se nos recusamos a ouvir os amigos e família que conseguem ser mais objetivos do que nós quando a empolgação obscurece nosso pensamento.*

Sansão casou-se com sua amada filisteia, mas teve de suportar uma separação forçada. Caso ele pudesse nos dar conselhos amorosos, talvez diria: *Namore uma pessoa da mesma fé. Não insista apenas em concentrar-se na aparência externa e em atitudes. E ouça a opinião divina vinda de pessoas que o conhecem bem.* —Jennifer Benson Schuldt

# é apenas dinheiro

**leia›**
**Lucas 12:13-21**
...Prestem atenção! Tenham cuidado com todo tipo de avareza porque a verdadeira vida de uma pessoa não depende das coisas que ela tem, mesmo que sejam muitas (v.15).

**examine›**
Leia o Salmo 49:16-20 e 1 Timóteo 6:6-10, 17-19 para ver como Deus quer que pensemos sobre nossas riquezas e o uso delas. Quanto energia você investe em ganhar, gastar e rastrear dinheiro?

**considere›**
O que você pode fazer para manter a sua vida financeira sob uma perspectiva que agrade ao Senhor?

Grigori Perelman ganhou o prêmio *Millennium* de Matemática por resolver um problema que havia deixado matemáticos perplexos por um século. Quando lhe disseram que o prêmio era 1 milhão de dólares, este gênio recluso que vivia com sua mãe idosa na Rússia, disse que pensaria se o aceitaria ou não.

Perelman pode ser excêntrico, mas não é louco. Muitos ganhadores da loteria atestam, a riqueza repentina pode ser devastadora. Mesmo a acumulação lenta e estável de riquezas pode gradualmente nos enlaçar. Quanto mais temos, mais tempo e dinheiro são necessários para cuidar disso. Quem se incomoda menos por seus bens? Quem mora num apartamento e vai de bicicleta ao trabalho ou o proprietário de uma casa com gramado bem cuidado e três carros na garagem?

Sábio e rico, Salomão afirmou ser tolice presumir que "Quem ama o dinheiro nunca ficará satisfeito [...] Quanto mais rica é a pessoa, mais bocas tem para alimentar" (Eclesiastes 5:10-11). Quanto mais se tem, mais trabalho para manter o que tem, mas "Como entramos neste mundo, assim também saímos, isto é, sem nada. Apesar de todo o nosso trabalho, não podemos levar nada desta vida. [...] Nós vamos embora deste mundo do mesmo jeito que viemos..." e então percebemos "...Trabalhamos tanto, tentando pegar o vento, e o que é que ganhamos com isso?" (vv.15,16).

Jesus disse que "...a verdadeira vida de uma pessoa não depende das coisas que ela tem, mesmo que sejam muitas" (Lucas 12:15), e Salomão acrescenta que mesmo o que você possui pode interferir na vida. Parece loucura, mas Perelman pode realmente estar melhor sem o dinheiro. Desde que suas necessidades básicas sejam supridas, ele certamente estará bem.

A oportunidade de obter uma renda adicional pode ser um presente de Deus. Mas se você não consegue se imaginar rejeitando o dinheiro, ele pode apenas fazer parte de sua escravidão financeira. —Mike Wittmer

# objetivo da instrução

**leia>**
**1 Timóteo 1:1-11**
Essa ordem está sendo dada a fim de que amemos uns aos outros com um amor que vem de um coração puro, de uma consciência limpa e de uma fé verdadeira (v.5).

**examine>**
Leia o livro de Tito 2:7,8 para ver mais qualidades que uma pessoa que ensina a Palavra de Deus deve possuir.

**considere>**
O objetivo de instruir outros na Palavra de Deus é para satisfazer ao Senhor ou a si mesmo? É essencial que você ensine a Bíblia aos outros? Por quê?

É bom nos perguntarmos frequentemente: "Por que eu faço o que faço?" É tão fácil envolver-se com coisas simples a serem feitas e esquecer-se do propósito final de nossas tarefas.

No livro de 1 Timóteo 1:4-7, Paulo apresenta três falhas de falsos mestres que podem se tornar nossas também se não tivermos cuidado: (1) Seus ensinos geram especulações sem sentido que "...produzem discussões. Elas não têm nada a ver com o plano de Deus, que é conhecido somente por meio da fé" (v.4); (2) suas razões estão relacionadas com posição e reputação em vez de ver que a verdade é ensinada ou que vidas são transformadas (v.7); (3) eles parecem ser mestres incríveis, mas não têm entendimento real da lei ou do evangelho (v.7).

O propósito do bom ensino, entretanto, é "...que amemos uns aos outros com um amor que vem de um coração puro, de uma consciência limpa e de uma fé verdadeira (v.5). Quando a verdade está sendo ensinada, pregada e nela as pessoas creem, o resultado sempre será amor — amor por Deus e uns pelos outros. Conforme instruímos outros na Palavra de Deus — seja numa Escola Dominical, grupos pequenos, um a um, do púlpito, ou como pais — qual é o objetivo de nossas instruções? É para que sejam "cheios de amor"?

Paulo nos diz que ensinar a Bíblia a outros pode ser uma tarefa árdua, pois nos últimos dias as pessoas "...não vão dar atenção ao verdadeiro ensinamento, mas seguirão os seus próprios desejos. E arranjarão para si mesmas uma porção de mestres, que vão dizer a elas o que elas querem ouvir" (2 Timóteo 4:3). Por esse motivo, temos a grande responsabilidade de ensinar a Palavra de forma que a Sua autoridade seja revelada.

Não se trata de nossos próprios pensamentos ou de sabedoria humana, mas de representar fielmente a Sua Palavra. —Poh Fang Chia

# os efeitos

**Leia>**
**Romanos 1:18-32**
E, como não querem saber do verdadeiro conhecimento a respeito de Deus, ele entregou os seres humanos aos seus maus pensamentos, de modo que eles fazem o que não devem (v.28).

**examine>**
Confira no Salmo 14:1-3 o que Deus disse quando olhou para os corações de toda a raça humana.

**considere>**
Se você afastou-se de Deus, o que você fará para voltar-se contra os efeitos do pecado e experimentar a provisão de Deus à verdadeira vida? (João 10:10).

Esta foi uma semana difícil. Alguém que conheço foi acusado de um crime tão brutal que não consigo descrever. Senti ondas de descrença, repugnância e tristeza. Sofro pela morte da vítima e pelo que sofreu antes de morrer. Sofro pelas famílias envolvidas e perda de um futuro antes promissor para meu jovem amigo. Sofro pelos *efeitos do pecado*.

No livro de Romanos 1, o apóstolo Paulo emitiu um aviso solene ao qual deveríamos prestar atenção. A essência de sua mensagem? *O pecado leva apenas a mais pecado e finalmente à morte espiritual*. Quando as pessoas escolhem rejeitar e desobedecer a Deus, ainda que Sua mensagem tenha sido "óbvia" (vv.19,20), começam a afundar em trevas e confusão (v.22). Suas escolhas e ações tornam-se tolas — adorando seus desejos e necessidades pecaminosas enquanto ignoram "o Deus glorioso e eterno" (vv.23,25).

O que acontece a seguir é assustador, pois Deus "abandona" ou os entrega para experimentarem o fruto amargo de seus caminhos perversos (vv.18,24). Ele permite que colham a "... merecida punição do seu erro" conforme se comprometem com atos "...que não devem" (vv.27,28).

Paulo listou os pecados que muitos cometerão ao se afundarem nas trevas (vv.9-30). Embora a lista não seja exaustiva, alguns se destacam: *aborrecidos* de Deus. Quando nos voltamos contra Deus, nossos corações revelam nosso ódio por Ele e por Sua verdade; *orgulhosos* — adorar-se a si mesmo pode levar a consequências inimagináveis (veja Adão e Eva); *inventores de males* — saturados em depravação, nossos pecados se tornam cada vez piores; sem *afeição natural*... sem misericórdia — nossas escolhas tornam-se cruéis e más.

Afaste-se de seu pecado hoje antes que seja tarde demais. Caso você não o faça, os efeitos podem ser devastadores para você... e para outros. —Tom Felten

# por que trabalhar?

**Leia›**
**Provérbios 12:24–13:4**
Pedimos a vocês, irmãos, que aconselhem com firmeza os preguiçosos... (1 Tessalonicenses 5:14).

**examine›**
Leia o livro de Atos 20:24 para ver o trabalho que Deus designou a Paulo. Considere que este é o seu trabalho também.

**considere›**
Deus está lhe chamando para fazer algo? De que maneira você está se preparando para cumprir o que Deus lhe pede?

Pense em quando você era parte de uma equipe na escola, igreja, nos negócios, de trabalho voluntário ou na área de esportes, e responda à pergunta: *Qual era o objetivo principal de sua equipe?* Preparar uma apresentação para a turma? Compartilhar o evangelho com 500 pessoas? Aumentar as vendas em 25% em três regiões? Ganhar um campeonato? *A equipe alcançou os objetivos? O esforço de seu grupo foi bem-sucedido ou fracassou? Quem trabalhou mais em sua equipe? Alguém falhou ao não esforçar-se o suficiente para alcançar os resultados desejados?*

Em quase todas as equipes, alguém se sobressai, trabalha sem descanso e diligentemente faz "uso de tudo o que encontra." Há também o talentoso, mas que é preguiçoso e pobre em execução; o tipo de pessoa que "...não consegue o que deseja..." (Provérbios 12:27).

Pessoas que fracassam em aproveitar a maioria das oportunidades ou em seguir com suas responsabilidades machucam não somente a si mesmos, mas também seus colegas de equipe. A Palavra de Deus tem muito a dizer sobre o valor do *trabalho*. Por exemplo:

- "Por mais que o preguiçoso deseje alguma coisa, ele não conseguirá, mas a pessoa esforçada consegue o que deseja" (13:4).
- "Quem planeja com cuidado tem fartura, mas o apressado acaba passando necessidade" (21:5).
- "...não há nada melhor do que a gente ter prazer no trabalho. Esta é a nossa recompensa..." (Eclesiastes 3:22).
- "...fique contente com o que recebeu e com o seu trabalho. Isso é um presente de Deus" (5:19).
- "...o trabalhador merece o seu salário" (Lucas 10:7).

Jesus também disse: "Não trabalhem a fim de conseguir a comida que se estraga, mas a fim de conseguir a comida que dura para a vida eterna..." (João 6:27). Que o seu objetivo seja completar as tarefas para as quais Deus o chama, tendo em mente que "...no Senhor, o vosso trabalho não é vão" (1 Coríntios 15:58). —Roxanne Robbins

# simplesmente profundo

**leia>**

**Isaías 55:1-9**

Que as pessoas perversas mudem a sua maneira de viver e abandonem os seus maus pensamentos! Voltem para o SENHOR, nosso Deus, pois ele tem compaixão e perdoa completamente (v.7).

**examine>**

Qual é o convite de Jesus para nós nos livros de Mateus 11:28-30 e João 6:35?

**considere>**

Deus nos convidou para vir a Ele. Você aceitou Seu convite? O que você precisa fazer para vir a Ele hoje?

Um gângster malásio estava extorquindo dinheiro de uma clínica odontológica. Quando o dentista lhe entregou o "pagamento" em dinheiro, que foi forçado a fazer, deu ao criminoso também um livreto. E lhe disse: "leia isto. É bom para você." O gângster ficou bravo com o dentista por dar a ele um livreto religioso — uma cópia do *Pão Diário* (dos mesmos editores do *Nosso Andar Diário*). Mas o dentista replicou: "por favor, fique com o livreto. Espere até estar de bom humor, e então leia-o." Nove meses depois, quando o livreto acidentalmente caiu no chão, o gângster o ajuntou. Conforme lia as páginas, foi convencido de seus pecados e recebeu Jesus como seu Salvador.

Que forma maravilhosa de ser confrontado com a Palavra de Deus! Mas essa história foi extraordinária? Talvez não. Pois o Deus da Bíblia é o Deus do extraordinário. Com Ele, tudo é possível (Marcos 10:27). Deus disse de si: "...eu não ajo como vocês" (Isaías 55:8).

Os caminhos de Deus podem ser incompreensíveis para nós (v.9), mas o caminho para Deus é simples: *Volte-se contra seus pecados e em direção a Deus* (vv.6,7; Atos 3:19). Isaías diz, "Que as pessoas perversas mudem a sua maneira de viver. [...] Voltem para o SENHOR, nosso Deus, pois ele tem compaixão e perdoa completamente" (55:7). E foi exatamente isso que o gângster malásio experimentou. Ele é agora um ex-gângster que ama o Senhor e os outros.

O convite para vir a Deus é feito três vezes nos versículos 1 a 3. *Venha* é uma das palavras mais convidativas nas Escrituras. Deus *convida a qualquer um e a todos* a virem a Ele, a encontrar vida e a experimentar do Seu amor (v.3). "É tudo de graça!" (v.1). *Venha*. Se Deus pode mudar o coração de um gângster, Ele pode mudar o seu. —K. T. Sim

# discernindo as trevas

**leia>**
**Efésios 5:1-18**
Não participem das coisas sem valor que os outros fazem, coisas que pertencem à escuridão. Pelo contrário, tragam todas essas coisas para a luz (v.11).

**examine>**
Leia os livros de João12:46 e 1 João 1:5-7 para descobrir porque não podemos ter intimidade com Deus e ao mesmo tempo nos apegarmos àquilo que está enraizado nas trevas.

**considere>**
A mídia tem sido influente em sua vida? Tanto positiva quanto negativamente? De que maneiras seu consumo da mídia é cheio do Espírito?

Enquanto trabalhava num módulo inicial de Shakespeare com meus alunos do segundo ano, lembrei-me de que o poder da mídia não é nada novo. Embora sua apresentação hoje seja talvez mais vívida, e portanto mais memorável, o mundo do entretenimento tem tido seu lugar na cultura por milhares de anos. Aristóteles, um filósofo grego da antiguidade, viu a natureza libertadora do drama que, por cativar a plateia, traz as pessoas à ação e permite que se tornem parte da história sem deixar os seus assentos. A mídia não é passiva, ela nos envolve.

O livro de Colossenses 1:13 nos lembra: "Ele nos libertou do poder da escuridão e nos trouxe em segurança para o Reino do seu Filho amado Ao considerar as informações da mídia que consumimos diariamente, precisamos nos perguntar se elas pertencem ao reino da luz ou das trevas. Nossa carne não exporá deliberadamente as suas trevas (João 3:19,20). Quanto mais íntimos somos do Espírito, mais prontamente discernimos a luz das trevas (Hebreus 5:14).

Em um mundo que agressivamente embaça as linhas entre bem e mal, não podemos esquecer que Deus leva a sério o fato de deixarmos as trevas para trása fim de andarmos na luz de Sua Palavra. Justificar as coisas com um "não é tudo isso" ou recusar a entregar áreas de nossas vidas a Deus, abre uma porta para o inimigo nos levar por caminhos perigosos. O que pode tornar-se um interesse ou atração casual por coisas que são impiedosas pode mais tarde tornar-se uma área de escravidão em nossas vidas.

Deus é incrivelmente poderoso, e Ele já venceu as trevas. Entretanto, Ele não tirará algo de nossas vidas se não estivermos dispostos a abrir mão disso. A escolha é nossa — luz ou trevas. Não podemos ficar com ambos. —Regina Franklin

# vidas sem rumo

**leia›**
**1 Timóteo 4:12-16**
...seja um exemplo na maneira de falar, na maneira de agir, no amor, na fé e na pureza [...] dedique-se a leitura em público das Escrituras Sagradas, a pregação do evangelho e ao ensino... (vv.12,13).

**examine›**
Pois a palavra de Deus é viva e poderosa [...]. Ela vai até o lugar mais fundo da alma e do espírito, vai até o íntimo das pessoas e julga os desejos e pensamentos do coração delas (Hebreus 4:12).

**considere›**
Você se sente encorajado pela história de Bernardo? Com quem você compartilhará a Palavra de Deus de forma criativa hoje?

Certa vez conversei com um artista que recita obras literárias chamado Bernardo. Ele declama o evangelho de Marcos de cor, considerado uma obra-prima nos círculos literários, sem qualquer auxílio. Bernardo leva a mensagem ao público comum com ênfase cuidadosa, entonação elaborada e ritmo variado. Ouvi algumas de suas passagens favoritas. Foi fascinante!

O interessante, no entanto, é que Bernardo questionou se um "pastor ou um padre" deveria acompanhá-lo em suas apresentações. Perguntei-lhe o porquê e ele disse: "Bem, muitas pessoas me procuram após o show com perguntas espirituais e buscam conselhos. Simplesmente, não sei o que lhes dizer."

Há algo interessante na Bíblia, não é mesmo? Deus a utiliza para revelar-se e orientar as vidas perdidas.

A igreja de Éfeso também precisava de direção. Os cristãos de lá tinham dificuldades com o liberalismo e o legalismo (1 Timóteo 3:2,3; 4:1-4), e infelizmente os líderes da igreja foram os que mais se desviaram. Bebiam, tornavam-se violentos e gananciosos (3:3); alguns ensinavam enganos sobre a ressurreição (2 Timóteo 2:18), o casamento e comida (1 Timóteo 4:1-4). Em meio a este caos, Paulo instruiu seu aprendiz Timóteo a viver e ensinar a Palavra de Deus. Apenas a Bíblia oferece a graça que as consciências legalistas precisam e os padrões que estilos de vida libertinos requerem. Como meu amigo Bernardo descobriu, o coração moderno e secular também precisa de direção. Ele falava do evangelho e corações sedentos vinham buscar orientação.

A Palavra de Deus trata das necessidades do coração, corrigindo as falhas e preenchendo o vazio. Que a Sua Palavra, hoje, corrija os desvios de nossas próprias almas. Vamos compartilhá-la de forma criativa com um mundo em busca de respostas. —Sheridan Voysey

# o espírito, o reino

**leia›**
**Atos 1:1-9**
...É agora que o senhor vai devolver o Reino para o povo de Israel? (v.6.)

**examine›**
Continue lendo esta história no livro de Atos 2. Quais foram os resultados quando o Espírito veio? Como o Espírito refletiu a chegada do reino de Deus no mundo?

**considere›**
Em que área você precisa que o reino de Deus apareça em sua vida? Quais são alguns sinais de que o Espírito de Deus já pode estar trabalhando nisso?

É um malabarismo para os pais decidirem quando fornecer informações aos filhos. Se eu sei que viajaremos ou nos divertiremos em família, quero contar aos nossos meninos com certa antecedência para que possam desfrutar da expectativa. Caso conte cedo demais, a agonia da espera (e minha agonia causada por suas constantes perguntas sobre "*Quanto tempo falta?*") logo fica aparente!

Por centenas de anos, Israel esperou pela chegada do reino de Deus — o momento em que seriam livres da tirania. Os discípulos de Jesus pensavam que seu Mestre planejava lançar este reino. Mas Ele morreu em uma cruz. Espantosamente, Ele ressuscitou e voltou à vida! Quando reencontrou Seus discípulos, proclamou a mesma mensagem: A poderosa chegada do governo do reino de Deus estava próxima. "Depois da sua morte, Jesus apareceu a eles de muitas maneiras [...] e ele conversava com eles a respeito do Reino de Deus" (Atos 1:3).

É compreensível então que os discípulos de Jesus perguntassem se agora (finalmente) o reino realmente viria. Jesus lembrou-os de que não estavam no controle de tais coisas: "...Não cabe a vocês saber a ocasião ou o dia que o Pai marcou com a sua própria autoridade" (v.7). Jesus, no entanto, rapidamente sugeriu um sinal do reino de Deus que se aproximava: Ele disse: "...quando o Espírito Santo descer sobre vocês, vocês receberão poder..." (v.8).

O foco da chegada do Espírito não foi de sinais intensos e miraculosos (novas línguas faladas, curas etc.). Antes, foi a expansão do reino de Deus.

É assim que sabemos que o Espírito de Deus está ativo entre nós — quando o reino de Deus se expande. Onde quer que corações estejam acordando para a vida cristã e onde quer que transformação esteja acontecendo, sabemos que o Espírito está trazendo a nós o reino de Deus. —Winn Collier

# riscos justos

**leia›**
**Mateus 25:14-30**
"Muito bem, empregado bom e fiel", disse o patrão. "Você foi fiel negociando com pouco dinheiro, e por isso vou pôr você para negociar com muito. Venha festejar comigo!" (v.21).

**examine›**
O que você pode usar para a glória de Deus? Veja no livro de 1 Pedro 4:10.

**considere›**
O que você sempre quis fazer para Jesus, mas teve medo de começar? Como você consegue distinguir entre um risco que é sábio e um que é tolo?

Aprendemos duas lições básicas na infância: *Evite superfícies quentes e objetos afiados. Eles podem machucar.* Eram palavras de sabedoria quando crianças, mas agora que somos adultos é importante aprendermos mais algumas. Pois Deus, algumas vezes, nos chama para buscar, no sentido figurado, coisas *inflamáveis e afiadas*. Algumas recompensas da vida são encontradas ao nos arriscarmos.

Para ilustrar a importância do arriscar-se, Jesus contou a história sobre o dono de terras que partiu numa longa jornada. Antes de ir, o homem confiou três diferentes quantias de dinheiro a três servos "...de acordo com a capacidade de cada um..." (Mateus 25:15). Enquanto estava fora, dois servos arriscaram-se e investiram sabiamente o dinheiro que seu senhor lhes havia confiado. O investimento valeu a pena! Cada um dobrou sua porção da riqueza do dono da terra (vv.16-17). E quando o senhor voltou, cada um foi generosamente recompensado por seus ousados investimentos (vv.19-23).

O terceiro servo escolheu uma abordagem mais segura. Em vez de correr o risco de um investimento que poderia dar errado, escondeu o seu dinheiro no solo (v.18). Embora não tenha roubado ou perdido nada da riqueza de seu senhor, ele recebeu uma advertência severa por não lutar por ela! (vv.24-27).

Pode ser tentador agir de modo seguro como o terceiro servo fez. Em vez de fielmente tomar aquilo que Deus nos confiou e fazer algo arriscado para o Seu reino, podemos cair na rotina de não correr riscos, na qual apenas vamos à igreja, damos alguns trocados e quem sabe sirvamos (por causa da culpa) como diáconos ou ajudantes no berçário.

Não se omita! Corra alguns riscos sábios e permita que Deus o use. O resultado pode ser incerto, mas se você escolher agir de modo seguro, as perdas podem ser profundas. —Jeff Olson

# diga "A"

**leia›**
**Deuteronômio 6:6-23**
Lembrem desses mandamentos e os guardem no seu coração [...] e não deixem de ensiná-las aos seus filhos... (11:18,19).

**examine›**
Leia no livro de Provérbios 4 um exemplo de ensino paternal. Leia o livro de 1 Reis 2:1-3 para ver como Deus pode abençoar nossos filhos se eles seguirem os Seus caminhos.

**considere›**
É importante ser responsável pelo que os seus filhos conhecem sobre Deus? Como você aborda os mandamentos de Deus com os seus filhos?

Muitos repreendem os filhos quando mostram a língua, mas eu não. Eu encorajava o meu filho a usar bem a língua e a boca ao lhe ensinar a pronunciar sons difíceis. Era preciso pronunciar bem as palavras para que ele pudesse imitar o som correto aos 2 e 3 anos. Embora o meu coração derretesse ao ouvi-lo falar com aquele jeitinho de criança, sabia que minha tarefa era ensiná-lo a maneira correta de falar.

Como cristãos, é nosso trabalho ensinar nossos filhos a maneira correta de viver. Deus falou por meio de Seu profeta Moisés quando incitou os israelitas a ensinar Suas leis aos seus filhos, "...e não deixem de ensiná-las aos seus filhos..." (Deuteronômio 6:7). Eles mantinham as leis bem visíveis em suas casas como lembretes (vv.8,9).

Como aqueles pais, temos que fazer mais do que ajudar os nossos filhos a memorizar uma lista divina do que pode e *não pode* ser feito. Moisés disse:"No futuro os seus filhos perguntarão: 'Por que foi que o SENHOR, nosso Deus, nos deu estes mandamentos e estas leis?'" (v.20). Temos que explicar as leis de Deus para que nossos filhos sejam capazes de vivê-las. Devemos conversar sobre as leis de Deus quando estamos em casa, na estrada, ao deitar e ao acordar (v.7).

Os israelitas deveriam relatar como Deus os havia resgatado da escravidão, Seus sinais e maravilhas e falar sobre a provisão de uma terra (vv.22,23). Pois, como Moisés disse: "...Foram vocês, e não os seus filhos, que viram e conheceram tudo isso" (11:2). Nós também precisamos compartilhar as experiências que tivemos diretamente com a graça e o poder de Deus.

Nossos filhos precisam saber o que a Palavra de Deus diz, o que significa e como se apresenta no mundo ao seu redor. Então serão capazes de fazer "...aquilo que Deus acha bom e certo..." (6:18).
—Jennifer Benson Schuldt

# um rei em um jumento?

**leia›**
**Mateus 21:1-11**
...Agora o seu rei está chegando. Ele é humilde e está montado num jumento e num jumentinho, filho de jumenta (v.5).

**examine›**
O que o livro de Zacarias 9:9,10 diz sobre a majestade e o reinado de Jesus?

**considere›**
Como você responderia à pergunta: "Quem é ele?" (Mateus 21:10). Que tipo de rei Jesus é para você hoje? Como você pode honrá-lo como seu rei?

Era o Domingo de Ramos. Sem dúvida, esta não fora a primeira visita de Jesus a Jerusalém, pois era judeu devoto. Jesus teria ido a Jerusalém anualmente para as três grandes festas (Lucas 2:41-42; João 2:13, 5:1). Nos últimos três anos, Jesus havia ministrado e ensinado naquela grande cidade. Mas Sua vinda a Jerusalém naquele domingo foi radicalmente diferente.

Ao entrar na cidade montado em um jumentinho quando milhares de adoradores estavam indo à cidade, Jesus deliberadamente colocou-se no centro das atenções (Mateus 21:9-11). Era perigoso para ele entrar em Jerusalém, pois havia uma conspiração para prender e assassiná-lo (João 11:57; Marcos 14:1). Este percurso de entrada na Cidade Santa era Sua "coroação" como Rei (Mateus 21:5), e a multidão o reconheceu como o Messias Davídico, gritando, "...Hosana ao Filho de Davi!..." (v.9), como que dizendo "Salve-nos, nós oramos, Filho de Davi."

Por que Jesus tomaria o lugar de proeminência diante de milhares de pessoas se nos três últimos anos Ele havia decidido evitar chamar a atenção sobre si? (João 6:15, 7:10; 11:54). Por que Ele aceitaria a proclamação do povo declarando-o Rei, apenas cinco dias antes de Sua morte?

Mateus diz que esse era o cumprimento de uma profecia de 500 anos (Mateus 21:4,5) que o rei escolhido de Deus entraria em Jerusalém. "...Ele vem triunfante e vitorioso; mas é humilde, e está montado num jumento, num jumentinho, filho de jumenta" (Zacarias 9:9; Gênesis 49:10,11).

Foi uma maneira incomum para um rei triunfante entrar numa cidade. Governantes vitoriosos normalmente cavalgavam em cavalos vigorosos. Mas Jesus não montava num cavalo de guerra. Isto revela que tipo de rei é Jesus. Ele veio em mansidão e humildade. Jesus veio, não para guerra, mas para estabelecer paz entre nós e Deus (Atos 10:36; Colossenses 1:20,21). —K. T. Sim

# gravidez na adolescência

**leia>**

**Lucas 1:26-38**

Pois o Senhor mesmo lhes dará um sinal: a jovem que está grávida dará à luz um filho e porá nele o nome de Emanuel (Isaías 7:14).

**examine>**

De acordo com o livro de Mateus 1:18-25, o que o anjo disse a José sobre a gravidez de Maria? Qual foi a resposta de José?

**considere>**

Como cristão você acha difícil acreditar na concepção miraculosa de Jesus? Por que é essencial que acreditemos que Jesus nasceu de uma virgem?

Caso sua filha adolescente ou o noivo dela lhe contassem que ela estava grávida, mas ainda era virgem, você acreditaria? Além da fertilização planejada, é impossível engravidar sem o contato sexual. Não há outra explicação aceitável ou razoável — a não ser, é claro, que você fosse Maria, mãe de Jesus.

Maria, uma jovem judia, pura, noiva de José, (para sua aflição e confusão) ouviu de um anjo "Você ficará grávida, dará à luz um filho..." (Lucas 1:31). Ela entendia a impossibilidade biológica da situação quando disse: "...Isso não é possível, pois eu sou virgem!" (v.34). Um médico certamente teria concordado! A decisão de José de acabar com o noivado, embora discretamente (Mateus 1:19), revelou que ele também não acreditou na explicação de Maria sobre uma concepção divina (Lucas 1:35). Foi necessário outra visitação angelical para convencê-lo (Mateus 1:20-21).

Hoje é possível que uma mulher, até mesmo virgem, engravide por inseminação artificial ou pela controversa transferência de embrião. Mas Lucas, que era médico (Colossenses 4:14), documentou a primeira e única concepção virginal de uma gravidez — a concepção de uma vida humana sem fertilização do ser humano do sexo masculino (Lucas 1:34-35). A partenogênese humana é cientificamente impossível, mesmo nos dias de hoje. Mas nada é impossível com Deus (v.37).

Para o mundo descrente, o nascimento virginal de Jesus é um escárnio científico. Mas para os cristãos, é uma necessidade miraculosa — um sinal de Deus. Pois nisto Ele cumpriu Sua promessa de 700 anos (Isaías 7:14). O bebê de Maria foi chamado de "...Filho do Altíssimo..." (Lucas 1:32). E ela o chamou de Jesus (v.31), pois Ele veio para salvar "...o seu povo dos pecados deles" (Mateus 1:21). — K. T. Sim

# compartilhe sua história

**leia›**
**1 Timóteo 1:12-20**
...para que Cristo Jesus pudesse mostrar toda a sua paciência comigo. E isso ficará como exemplo para todos os que, no futuro, vão crer nele e receber a vida eterna (v.16).

**examine›**
Leia o Salmo 145:4-13 para se orientar sobre o tipo de história que você pode contar.

**considere›**
De que maneira Deus tem sido paciente com você? Com quem você pode compartilhar sua história hoje?

Michael Dinsmore é de certa forma um novo cristão. Um dia, ele pôde compartilhar seu testemunho numa cadeia. O impacto do testemunho dele foi tremendo — alguns dos detentos mais violentos renderam-se e começaram a chorar conforme Michael falava. Depois, alguns vieram até ele e disseram: "Este foi o melhor encontro que já fizemos parte!" Michael ficou surpreso e perguntou: "Mas, o que foi que eu disse?" Ele estava maravilhado por Deus haver trabalhado de maneira poderosa por meio de seu simples testemunho.

No livro de 1 Timóteo, após Paulo ter encarregado Timóteo de definir-se para defender o evangelho e opor-se a certos mestres que estavam corrompendo o povo com falsos ensinos (1:1-11), o apóstolo compartilhou seu testemunho pessoal para encorajar seu aprendiz (vv.12-16). Paulo sabia que instruções nunca são suficientes. São necessários modelos e exemplos verdadeiros.

O apóstolo testificou a misericórdia de Deus em sua vida. Apesar de ter sido um oponente de Cristo blasfemo, perseguidor e insolente, ele foi considerado fiel e nomeado para o serviço (v.12). E Deus também deu a ele força para executar Sua obra. Apesar de Paulo ser o pior dos pecadores, Deus o salvou (v.16).

Pelo testemunho de Paulo, vemos a misericórdia de Deus e Sua paciência. Se Deus pôde usar alguém como Paulo, pode usar a mim e a você. Se Ele pôde salvar o pior dos pecadores, nenhum pecador está além de Seu alcance.

Hoje, o nosso testemunho da obra de Deus em nossa vida pode encorajar outros. Sua história pode encorajar aqueles que estão se sentindo fracos no viver da fé. Ou talvez outros perceberão que também podem crer em Deus e receber a vida eterna. Então compartilhe a sua história. Permita que aqueles ao seu redor saibam que o Deus das histórias da Bíblia ainda age! —Poh Fang Chia

# cordeiros em fuga

**leia›**
**Mateus 7:13-20**
Portanto, vocês conhecerão os falsos profetas pelas coisas que eles fazem (v.20).

**examine›**
Leia o livro de Deuteronômio 13:1-4 para ver as instruções de Deus sobre como evitar falsos profetas e seguir apenas a Ele.

**considere›**
Como identificar um lobo em pele de cordeiro? O que você fará para ter certeza de que as pessoas que o influenciam espiritualmente creem verdadeiramente em Jesus?

Há alguns anos, dois condenados fugiram de uma prisão de segurança máxima na Argentina, unicamente para descobrir que podiam ser facilmente identificados nos espaçosos pastos de ovelhas ao redor da penitenciária. Então o que fazer? A dupla fugiu para um rancho local e roubou algumas peles revestidas de lã além de cabeças de ovelha. Os cordeiros falsos permaneceram em fuga escondendo-se entre milhares de ovelhas pastando ao seu redor. Enquanto ainda procurava pela dupla, um policial brincou: "Eles não podem tapar nossos olhos com lã para sempre." Lamentou.

Ao concluir seu Sermão da Montanha, Jesus alertou Seus seguidores para terem cuidado com os "...falsos profetas! Eles chegam disfarçados de ovelhas, mas por dentro são lobos selvagens" (Mateus 7:15). Ele queria que eles passassem "...pela porta estreita ..." [o próprio Jesus] e não pela "...porta larga e o caminho fácil [que] levam para o inferno..." [escolhendo não acreditar nele e segui-lo, v.13].

Talvez você tenha amigos bons e agradáveis e professores que aparentam ser inofensivos como os cordeiros. Mas vigie e ouça com atenção — eles estão negando os verdadeiros ensinamentos de Jesus e a autoridade de Sua Palavra?

Jesus nos disse para olharmos para o "fruto" de cada pessoa que nos influencia espiritualmente (vv.15-19). Ele disse, "Assim, pois, pelos seus frutos os conhecereis" (v.20). Um dos amigos próximos de Jesus, o apóstolo João, disse o seguinte sobre estar alerta com lobos em pelo de cordeiro: "...não acreditem em todos os que dizem que têm o Espírito de Deus. Ponham à prova essas pessoas para saber se o espírito que elas têm vem mesmo de Deus..." (1 João 4:1).

Quem influencia você atualmente? São pessoas que o direcionam ao verdadeiro Pastor e à porta estreita, ou o levam até a porta larga que conduz à perdição? —Tom Felten

# o caminho

**Leia›**
**Isaías 30:1-22**
...O caminho certo é este; andem nele (v.21).

**examine›**
Leia o livro de Isaías 30:23-26 para ver as bênçãos que Deus prometeu derramar sobre Israel, caso eles se voltassem e *viessem* a Ele (v.18).

**considere›**
De que maneira a voz de Deus o chama de volta a Ele? De que maneira você busca Deus e Seu caminho?

Sempre presumi que o livro de Isaías 30:21 tinha algo relacionado a orientação. Meu entendimento era de que se eu estivesse em um cruzamento e fosse numa direção ou noutra, o Espírito Santo me diria se esse seria o caminho certo. Deus me alertaria se eu estivesse indo em direção aos problemas ou começando a me aventurar fora de Sua vontade.

Ainda que continue acreditando que Isaías 30 tenha aplicação para os passos que devemos ou não dar na vida, após cavar mais fundo, tenho agora uma compreensão melhor do que Isaías estava comunicando. Nesta passagem, o profeta estava falando à geniosa tribo de Judá, que tolamente havia feito um trato com o Egito. "Pois, sem me pedirem licença, as autoridades de Judá foram ao Egito pedir socorro ao seu rei, pois confiavam no seu poder para proteger Judá" (v.2).

Ao fazer isso, Judá tinha:

- Feito planos que eram contra os planos de Deus,
- Feito alianças que não foram dirigidas pelo Senhor,
- Descido ao Egito procurando ajuda sem antes consultar Deus,
- Colocado a sua confiança na proteção do Faraó.

Era o papel de Isaías como profeta alertar os "...filhos rebeldes..." de Deus (v.1) do resultado que os esperava: humilhação, vergonha, desgraça, solidão e calamidade (vv.3-5). Isaías também afirmou claramente que apesar do que haviam feito, Deus estava esperando que Seu povo teimoso se arrependesse e retornasse a Ele. Ele ansiava por banhá-los com amor, compaixão, graça e perdão (vv.18,19).

Por meio de Isaías conhecemos o que está no íntimo do coração de Deus: atrair Seu povo amado para si de modo que — apesar de seus terríveis pecados — possam se arrepender e receber Suas infinitas bênçãos. Nosso Deus é tão amoroso que quando Judá se perdeu — e quando nós nos perdemos — Deus provê "uma voz" para nos mostrar o caminho de volta à proteção do Senhor e às suas riquezas eternas.

—Roxanne Robbins

# enxergando

**leia›**
**João 9:1-9**
Ele é cego, sim, mas não por causa dos pecados dele nem por causa dos pecados dos pais dele. É cego para que o poder de Deus se mostre nele (v.3).

**examine›**
Leia o livro de Romanos 5:3-5 para ver o bem que o sofrimento pode produzir. Leia o texto de 2 Coríntios 12:7-10 e veja como Deus pode usar nossa fraqueza para Sua glória.

**considere›**
Qual é sua "incapacidade" — aquilo que você anseia que Deus mude em sua vida? Como o poder de Deus pode ser revelado hoje por meio de sua fraqueza?

Em 4 de dezembro de 1982, um menino chamado Nicholas Vujicic nasceu. Ao crescer, ele aprendeu a escovar os dentes, pentear o cabelo e vestir-se todas as manhãs. Como outros meninos, aprendeu a nadar, pescar e jogar futebol. Mas por toda sua vida houve sempre uma grande diferença entre Vujicic e aqueles ao seu redor. Vujicic nasceu com a síndrome *Tetra-amelia* — ele entrou neste mundo sem braços ou pernas.

Como você poderia imaginar, a vida dele teve sua parcela de dor. Seus defeitos chocaram os seus pais. *Como Deus pode ter permitido isto?* Ele foi muito zombado na escola; tanto que aos 8 anos, tentou afogar-se numa banheira. Ele orava a Deus todos os dias pedindo um milagre, mas nunca acordou com novos membros.

O ponto de virada para Vujicic veio ao ler o versículo do dia de hoje. Jesus conheceu um homem que nasceu cego e Seus discípulos se perguntavam o que teria causado o defeito. "Mestre [...] Foi por causa dos pecados dele ou por causa dos pecados dos pais dele?" (João 9:1,2). De acordo com a sabedoria tradicional, não havia sofrimento sem pecado. Ou os pais ou a própria pessoa havia pecado, talvez até mesmo no útero. Jesus disse que pecado não era a questão. Aquele homem havia nascido cego, Ele proclamou, "...para que o poder de Deus se mostre nele"(v.3).

Vujicic me disse: "Estes versículos mudaram minha vida para sempre." Sua condição tem sido usada para revelar o poder de Deus. Hoje ele viaja pelo mundo como evangelista e é estimado que 200 mil pessoas entregaram suas vidas a Jesus por meio do testemunho dele.

No caso do homem cego, o poder de Deus foi visto quando ele recebeu sua visão (v.7). No caso de Vujicic, Seu poder é visto nas vidas transformadas mediante sua história. "Quando Deus não lhe dá um milagre", Vujicic diz: "talvez você seja o milagre que Deus tem para outra pessoa." —Sheridan Voysey

# tempo bem investido

**leia›**
**2 Coríntios 4:7-18**
Porém nós que temos esse tesouro espiritual somos como potes de barro para que fique claro que o poder supremo pertence a Deus e não a nós (v.7).

**examine›**
Leia o livro de Salmo 116:12-14 para ver o contexto em que deveríamos oferecer nossas vidas como sacrifício vivo.

**considere›**
Sua lista de itens a fazer é composta de coisas que você quer conquistar ou coisas para as quais o Senhor o chamou? Como podemos discernir a diferença?

Mary Jane foi casada com um operário de siderurgia e viu o rápido surgimento e a morte de uma cidade siderúrgica onde o casal criava seus filhos com alegria. Quando a cidade já não lhes oferecia nada mais, mudaram-se para outro estado, a fim de desfrutar de seus últimos anos. Hoje, Jane sente falta de seu marido apesar de ele ter partido há muito tempo. Sentada em sua poltrona, Mary Jane entende porque ela hoje vive numa casa de repouso. Sua memória começou a falhar.

A vida é incrivelmente frágil. O apóstolo Paulo nos lembra do grande contraste que existe entre o poder eterno e transformador do evangelho e nossa humanidade frágil e finita. As provações virão, e algumas parecerão durar para sempre, outras apenas um rápido som no radar da vida. Não temos nada além de uma vida para investir por Jesus antes de morrermos (Jó 14:5; Tiago 4:14).

Nessa vida atarefada, nossas prioridades podem parecer adequadas e necessárias; de tal forma que, com nossa lista de itens a fazer bem próxima dos olhos, perdemos a perspectiva — incapazes de ver qualquer coisa além da tinta borrada na página, muito menos o branco do papel em nossas mãos.

Para o cristão, entretanto, viver uma vida plena vai além de qualquer lista ou novos *hobbies* ou das férias dos sonhos. Saber que fomos feitos para a eternidade (Eclesiastes 3:11; 2 Coríntios 4:18) deveria moldar nossos dias atuais de modo que nossas vidas não sejam apenas transformadas (2 Coríntios 4:16,17; Romanos 12:2), *mas agentes de transformação* (vv.11-15).

Nosso propósito não é sermos bem-sucedidos e felizes. Precisamos saber "...como são poucos os dias da nossa vida para que tenhamos um coração sábio" (Salmo 90:12). Então nossas vidas poderão realmente ser meios para outros aprenderem sobre Jesus (2 Coríntios 4:13-15). —Regina Franklin

# sepultura na primavera

**leia›**
**1 Coríntios 15:12-20**
Mas a verdade é que Cristo foi ressuscitado, e isso é a garantia de que os que estão mortos também serão ressuscitados (v.20).

**examine›**
Leia o livro de 1 Coríntios 15:21-23 para conhecer as origens da morte. O que significa "pertencer a Adão"? (vv.22,45-50). E pertencer a Cristo? (vv.51-53).

**considere›**
Como você se lembra de alguém que ama? Como você sofre a perda de maneira saudável? Como Jesus trouxe esperança genuína a você?

Era sábado de aleluia. O verão tinha acabado e mudado a paisagem. Aventurei-me naquele novo mundo de flores e folhas caídas. Escondida pela vegetação rasteira de nosso quintal, descobri uma pequena sepultura, com a cruz e a lápide rústica. Na lápide estava escrito o nome do coelho de estimação de meu filho. Meus olhos lacrimejaram quando pensei no curso da morte e como ela faz parte até mesmo dos aspectos mais inocentes de nossas vidas.

Neste momento, vi meu filho agachado próximo a uma planta com brotos de flores amarelas. Fui até ele, que me perguntou: "O que é isso?". É *forsythia*, (arbusto com flores bem amarelas) lhe expliquei. "A mamãe a plantou aqui há três anos quando perdemos o nosso bebê."

Repentinamente, tive dificuldades para falar. Meu filho parecia pesaroso. "Foi nesta época do ano", continuei, "e as *forsythias* estavam florescendo. As flores nos lembram da ressurreição de Jesus e da promessa de nossa própria ressurreição por causa de Sua morte por nós." Ele sorriu. Ele só tinha sete anos, mas acredito que tenha entendido.

A ressurreição de Jesus é o alicerce de nossa fé. "E, se Cristo não foi ressuscitado..." escreveu o apóstolo Paulo, "...a fé que vocês têm é uma ilusão, e vocês continuam perdidos nos seus pecados" (1 Coríntios 15:17). Mas esta não é a conclusão de Paulo. "Mas a verdade é que Cristo foi ressuscitado...", ele declara (v.20). E faz então essa afirmação triunfante: "Mas agradeçamos a Deus, que nos dá a vitória por meio do nosso Senhor Jesus Cristo!" (v.57).

Nesta vida, lidamos com a morte — a morte de bichos de estimação, morte de sonhos, morte de amigos e familiares. Mas na sombria face da morte, a ressurreição de Jesus traz a esperança que mesmo uma criança de sete anos consegue entender. A morte não é a palavra final. —Tim Gustafson

# perdidos

**leia>**
**Isaías 61:1-11**
O SENHOR Deus me deu o seu Espírito, pois ele me escolheu para levar boas notícias aos pobres. Ele me enviou para animar os aflitos... (v.1).

**examine>**
Leia os livros de Ezequiel 34:8-11 e de João 21:15-19 para descobrir a correlação entre o amor de Deus e nosso desejo de cuidar dos outros.

**considere>**
Quais são os obstáculos para que você responda ao chamado de levar a cura de Deus aos outros? Como Deus o tem desafiado a pensar de forma diferente sobre sua responsabilidade em alcançar os feridos?

Agarrei-me com firmeza em meu marido enquanto ele se apressava para pegar um táxi. A noite havia caído, e a cidade pulsava com um constante fluxo de carros, motos e pessoas. Ao virarmos uma esquina, eu a vi dormindo em frente a uma loja. A luz da porta iluminava seu rosto jovem, e seu fino cobertor não conseguia cobrir suas meias sujas e chinelos de dedo. Eu tinha viajado milhares de quilômetros até São Paulo para falar às mulheres sobre o valor que Deus dá a elas e sobre Seu amor fortalecedor. Mesmo assim, eu me senti impotente para ajudar a pessoa que estava deitada à minha frente.

O livro de Mateus 9:36-38 registra o pulsar do coração de Cristo enquanto olhava com compaixão as multidões que vinham a Ele. Tocado por sua grande necessidade, Jesus usou a situação para ensinar os Seus discípulos. Curiosamente, Ele não os ensina a orar por oportunidades para estender a mão. O Mestre sabia que os pobres estariam sempre com eles (Marcos 14:7). A necessidade não é de oportunidades, mas sim de trabalhadores.

Talvez achemos mais fácil orar pelas oportunidades, ao invés de entendermos que cada dia — cada momento — nos traz encontros divinamente marcados. Como aqueles que carregam a vida de Cristo em si, somos nós que carregamos a unção restauradora da qual fala Isaías. Mas não podemos carregá-la sozinhos.

Cada um de nós é um "...reparador de brechas e restaurador de veredas..." (Isaías 58:12 ARA) quando nos aproximamos dos necessitados, e quando oramos para que Deus levante trabalhadores em nosso meio. Ambos nos motivam à ação. As mulheres a quem falei naquela noite precisavam ouvir que Deus atribui grande valor a elas e que Ele cura os corações feridos. A mulher que dormia na rua e outras tantas como ela, estão esperando para ouvir estas boas-novas. —Regina Franklin

# tão aberto

**leia›**
**Mateus 23:1-15**
Ai de vocês, mestres da Lei e fariseus, hipócritas! Pois vocês fecham a porta do Reino do Céu para os outros... (v.13).

**examine›**
Compare a passagem no livro de Mateus 1:21 com o livro de João 3:18,36 para entender porque precisamos crer em Jesus para sermos salvos. Leia o livro de João 6:29 para ver o que Deus exige de nós.

**considere›**
É melhor dizermos às pessoas que precisam se arrepender e crer em Jesus (Marcos 1:15) ou que nasceram para o reino? É essencial que creiamos em Cristo?

Solomon Stoddard e outros pastores na Nova Inglaterra do século 17, queriam que todos pertencessem à igreja. Mas muitos filhos dos puritanos não estavam interessados em seguir Jesus. Assim, Stoddard amenizou as regras para ser membro de igreja. Quem concordasse com os ensinamentos e evitasse a imoralidade poderia ser membro, mesmo que não demonstrasse sinais de conversão.

Essa inovação aumentou o alcance da igreja, mas reduziu sua compreensão espiritual. A igreja poderia se vangloriar de ter incluído todos da cidade, mas o que significa a membresia quando os padrões são rebaixados? O neto de Stoddard, Jonathan Edwards, reconheceu o problema, mas foi demitido pela congregação quando exigiu que os membros produzissem confissões de fé convincentes.

A situação atual é semelhante. Queremos que todos pertençam ao reino de Deus, mas muitas pessoas não estão interessadas em seguir Jesus. Alguns pastores respondem afrouxando as regras para ser membro da igreja, dizendo que não precisamos crer em Jesus para entrarmos no reino. Que nem mesmo precisamos entrar, pois todos já estão *nele*.

Porém, Cristo disse que só Ele é a porta e aqueles que entrarem por meio dele serão salvos (João 10:9). Se Jesus é a única porta, então todos os que negam a necessidade de crer nele estão fechando a porta do reino (Mateus 23:13,14). Pior ainda, como no experimento de Stoddard, rebaixar os padrões para que se pertença a esse reino é uma forma de eliminar a própria ideia de reino. Um reinado que inclui todos e que nada exija das pessoas não é mais um conceito significativo. Se é tudo, também é nada. Assim o reino não mais existiria, e não se pode entrar no que não existe.

Se você quer que seus amigos entrem no reino, não derrube as paredes. Mostre-lhes a porta. —Mike Wittmer

# descanse

**leia>**
**Gênesis 2:1-3**
No sétimo dia Deus acabou de fazer todas as coisas e descansou de todo o trabalho que havia feito (v.2).

**examine>**
Leia o livro de Mateus 11:28,29 e veja como Jesus traz descanso às nossas almas. Nosso descanso semanal deveria nos lembrar do descanso eterno que um dia gozaremos (Hebreus 4:3,11).

**considere>**
Você acha difícil diminuir o ritmo e descansar? Por que ou por que não? Se sim, que mudanças você e sua família precisam implementar?

Vivemos em um mundo orientado pelo fazer e parece que simplificar nossas vidas nunca foi tão complicado. Responda as perguntas a seguir da forma mais honesta possível para determinar se você precisa descansar: *Sinto-me estressado ao realizar minhas tarefas diárias? Encontro alegria na vida que Deus me deu? Tenho o descanso que meu corpo precisa? Consigo ouvir a voz de Deus?*

Pode parecer que sempre há trabalho a fazer e não há tempo para o descanso, mas Deus nunca quis que fosse assim para Seu povo. O Senhor queria que seguíssemos Seu exemplo vivendo de acordo com o ritmo de vida que Ele estabeleceu. Assim, deu-nos o exemplo quando trabalhou por seis dias, criando os céus e a terra (Gênesis 2:1), e depois descansou no sétimo dia (v.2). Deus *descansou*, não porque estivesse cansado, mas porque queria estabelecer um padrão para Sua criação (v.3) — um ritmo de trabalho e descanso. Mais tarde, esse dia seria chamado sábado (Êxodo 16:23; 20:8-11) e foi planejado para que ajudasse o povo a redescobrir Deus como Criador, Redentor e Provedor (Deuteronômio 5:12-15). Também era um tempo especial da semana para que as pessoas se recuperassem física e emocionalmente.

Mesmo que creiamos que cada dia pertença a Deus, faríamos bem se separássemos um dia por semana para descansar. Este descanso será diferente para cada um. Mas poderíamos incluir momentos de adoração pessoal e em grupos, com oração, leitura e meditação na Palavra de Deus. Também podemos celebrar este dia descansando os nossos corpos, desconectando-nos da tecnologia, passando tempo com a família e nos recusando a deixar que as preocupações de nosso emprego interfiram.

Nosso tempo de descanso sabático nos renova para que possamos servir a Deus e ao próximo efetivamente. —Marvin Williams

# chamados à bondade

**leia›**
**Atos 27**
...Júlio tratava Paulo com bondade... (v.3).

**examine›**
Leia o livro de Mateus 25:35-40 para ver porque a bondade é importante para Jesus.

**considere›**
De que forma Deus demonstra Sua bondade a você? O que você pode fazer para demonstrar bondade a alguém esta semana?

Minha bebê e eu estávamos cobertas com purê de peras após um imprevisto. Um operador de telemarketing ligou e soltou uma propaganda eleitoral. Quando o telefone tocou pela terceira vez, o homem do conserto disse que chegaria logo. Eu gritei: "Vai ter que entrar para consertar o exaustor?" Ao desligar, me senti péssima por ter sido tão grosseira.

Como cristãos, somos chamados para sermos gentis (Efésios 4:32). Pode parecer básico, mas numa sociedade que adora retornos sarcásticos e atitudes de "eu primeiro", a bondade é uma arte perdida.

Júlio, um alto oficial romano, foi bondoso com seu prisioneiro Paulo. Em sua viagem marítima a Roma, Júlio deixou Paulo "...ver os seus amigos e receber deles o que precisava" (Atos 27:3). Foi benevolente quando podia ter sido rígido; permissivo, ao invés de controlador — tudo para garantir o conforto de Paulo. A bondade oferece uma mão amiga.

A gentileza também protege a vida de pessoas indefesas. Em dado momento da viagem de Paulo, grandes ondas começaram a rasgar o navio em pedacinhos. Os guardas decidiram matar os prisioneiros em vez de deixá-los escapar na água. "...mas, o centurião [Júlio] querendo salvar a Paulo..." (v.43), pôs um fim ao plano maldoso. Todos chegaram a salvo em Malta. Os ilhéus foram bondosos; fizeram uma fogueira para recebê-los debaixo do frio e da chuva (28:2). Assim como esse povo, a bondade pode exigir que demonstremos hospitalidade e recebamos os recém-chegados com braços abertos.

Talvez a gentileza o esteja chamando a alimentar os famintos ou a proteger os indefesos. O que quer que você fizer, lembre-se de que cada ato de desprendimento reflete o coração bondoso de Deus conosco: "Pois, pela morte de Cristo na cruz, nós somos libertados, isto é, os nossos pecados são perdoados. Como é maravilhosa a graça de Deus" (Efésios 1:7). —Jennifer Benson Schuldt

# povo especial

**leia›**
**Filipenses 1:1-11**
...para todos os moradores da cidade de Filipos que pertencem ao povo de Deus e que creem em Cristo Jesus e também para os bispos e diáconos da igreja (v.1).

**examine›**
Escolha outra carta do Novo Testamento (Filemom é uma das curtas) e a leia por completo. Observe os detalhes: assuntos específicos, histórias especiais e indivíduos.

**considere›**
Que pessoa em sua vida realmente deseja conhecê-lo? O que significa para você compreender que Deus conhece e se importa com os detalhes sobre quem você é?

Gosto de andar por meu bairro e admirar a vista. Enquanto vago, meus olhos veem texturas, detalhes, nomes e lugares especiais. Em minha rua, encontro os vizinhos tomando refrigerantes de laranja na varanda, o jovem casal que vai ao mercado sempre de mãos dadas e, naturalmente, o garoto que pretende fazer alguma travessura. Meu bairro não tem apenas uma linha indefinida de casas, mas pessoas, com suas histórias individuais. Como escreveu a professora Elaine Scarry: "A beleza está nos detalhes."

Às vezes, esquecemos que os escritores da Bíblia dirigiram suas palavras à pessoas em particular. Não escreveram para uma plateia geral e vaga, e é provável que não tivessem ideia de que seu texto seria lido por tantas pessoas (como nós) durante tanto tempo. Em vez disso, escreveram para pessoas específicas, em cidades específicas, tratando de questões específicas. Os autores bíblicos estavam imersos nos detalhes.

Quando Paulo escreveu à igreja que se reunia em Filipos, ele sabia exatamente quem receberia sua carta. Tinha mensagens para Evódia e Síntique, que aparentemente estavam em discórdia e precisavam reconciliar-se (Filipenses 4:2). Falou diretamente àqueles que serviam nos corredores do poder romano — "...os do palácio do Imperador" (v.22). Dirigiu-se àqueles que tinham se sacrificado para ajudar os amigos pobres e atribulados (v.15); e também quis encorajar seu amigo fiel, Clemente (v.3).

A Bíblia é um livro muito particular. Esmiúça a nossa vida da mesma forma como aprofundava-se na vida de seus primeiros leitores. Ela arregaça as mangas e escava conosco, em meio às nossas dúvidas, medos e pecados. Qualquer que seja o nosso problema, Deus o conhece — e a Sua Palavra tem algo a dizer a respeito. —Winn Collier

# nossa defesa

**leia>**
**1 João 1:7–2:2**
Será que alguém poderá condená-los? Ninguém! Pois foi Cristo Jesus quem morreu, ou melhor, quem foi ressuscitado e está à direita de Deus. E ele pede a Deus em favor de nós (Romanos 8:34).

**examine>**
Que garantias você encontra no livro de Romanos 8:31-39 com relação às acusações que são lançadas em seu caminho?

**considere>**
Do que o diabo o está acusando hoje? Como você vai lidar com as acusações que ele está fazendo contra você?

Sou um grande fã dos dramas jurídicos na TV, quer tenham uma abordagem séria ou cômica. Amo entrar nos limites de uma sala de julgamento. É fascinante testemunhar os confrontos entre os promotores e defensores dos réus. Invariavelmente, os promotores fazem seu melhor para provar a culpa do acusado, enquanto a defesa se esforça para absolvê-lo. Você acaba amando esses defensores da justiça!

No livro de 1 João 1, o apóstolo nos leva a um tribunal. Deus é o Juiz que preside a sessão. Nós, como cristãos, somos acusados de termos pecado contra o Senhor. Satanás é identificado como o promotor que nos acusa de dia e de noite, diante de Deus (Apocalipse 12:10; Jó 1:9; Zacarias 3:1).

Acima de qualquer dúvida razoável, somos culpados da acusação: "Se dizemos que não temos pecados, estamos nos enganando, e não há verdade em nós" (1 João 1:8). Mas João não nos deixa fadados à sentença de prisão. Ele nos dá uma dupla estratégia para ganharmos nossa liberdade.

Primeiramente, temos de admitir nossa culpa e confessar "...os nossos pecados [a Deus]". Ele é o Juiz "fiel e justo" que "...perdoará os nossos pecados e nos limpará de toda maldade" (v.9). Depois temos que nos apoiar completamente em nosso "Advogado junto ao Pai, Jesus Cristo" (2:1). Jesus é o único advogado que pode nos libertar. Somente Ele "...nos defende diante do Pai" (vv.1-2); Seu sangue "...nos limpa de todo pecado" (1:7).

Você tem um advogado de defesa para defender sua causa diante do justo Juiz? Jesus Cristo é sua única esperança! —K. T. Sim

# cedo demais

**leia›**
**Salmo 34:15-22**
Ele fica perto dos que estão desanimados... (v.18).

**examine›**
No livro de 1 Tessalonicenses 4:14, o apóstolo Paulo nos revela porque podemos experimentar a esperança mesmo em meio ao sofrimento advindo da morte.

**considere›**
O que você faz quando está de luto? Por que é importante se apegar à presença de Deus e à perspectiva da eternidade ao chorarmos pela morte de alguém amado?

*Por que, Deus? Por que o Senhor levaria alguém tão jovem? Por que eles precisam enfrentar tanta dor?* Estas perguntas estão em minha mente. Um jovem casal perdeu o bebê logo após o nascimento, devido às complicações. Os dois já passaram por tantas dificuldades nos últimos anos — um aborto natural, perda de emprego, e contínuo desemprego. Meu coração sofre por eles enquanto eles se preparam para enterrar seu bebê.

O de Deus também.

No Salmo 34, Davi estava inspirado ao escrever: "Ele fica perto dos que estão desanimados..." (v.18). Podemos não entender porque certas coisas acontecem, mas temos certeza de que Deus está *conosco* em meio a essas situações. Ele se importa conosco e ouve nosso clamor angustiado (v.15).

Jesus disse aos Seus discípulos: ...eu estou com vocês todos os dias, até o fim dos tempos" (Mateus 28:20). Ele sabe o que estamos passando, pois sofreu a morte por nós. Pela graça de Deus Ele provou a morte por todos (Hebreus 2:9). O nosso Senhor enfrentou os dias mais escuros e sabe como nos consolar em nosso sofrimento hoje.

Quando clamamos a Ele, Deus está lá (Salmo 34:17). Embora o pesar ameace nos esmagar, Ele é nossa habitação, e por baixo de nós, estende os braços eternos (Deuteronômio 33:27). Os nossos espíritos podem estar oprimidos (Salmo 34:18), mas o Senhor nos livra sempre (v.19).

Deus não só nos consola por meio do dom da Sua presença; Ele também nos dá uma perspectiva da eternidade que renova nossas esperanças. Como escreveu Davi, Ele salvará "...a vida dos seus servos" (v.22). Nossa salvação, possibilitada pela morte de Jesus, significa que um dia estaremos com Ele — livres da morte e da dor.

Então nos reuniremos com aqueles que conheceram a divina graça salvadora — mesmo aqueles que deixaram essa vida cedo demais.
—Tom Felten

# ser um civil

**leia>**
**1 Coríntios 13**
Eu poderia falar todas as línguas que são faladas na terra e até no céu, mas, se não tivesse amor, as minhas palavras seriam como o som de um gongo ou como o barulho de um sino (v.1).

**examine>**
Aprenda mais sobre o amor e a paciência de Deus pela leitura do livro de Êxodo 34:6,7.

**considere>**
Por que é importante nos envolvermos em discussões civis com os não-cristãos? O que acontece com nosso testemunho quando perdemos a paciência?

"Parece que nossa sociedade tem se tornado cada vez mais dividida e polarizada," escreve o presidente de um grupo empresarial. "Cada semana somos levados a cenas de discussões amargas, protestos que se transformam em violência e vandalismo, xingamentos e ataques pessoais. Os debates importantes não são mais lutas por ideias e palavras, mas tudo é feito com gritarias."

Preocupado com "o ódio e animosidade dirigidos a homens e mulheres com os quais podemos discordar", Mark DeMoss lançou *O Projeto de Civilidade* — uma união de liberais e conservadores, Democratas e Republicanos, negros e brancos e pessoas de variadas crenças. Todos concordam que, mesmo diante de uma grande discórdia, não devemos brigar.

DeMoss diz que embora os participantes do projeto possam ter motivações diferentes para praticar a civilidade, como seguidor de Jesus Cristo, ele se vê movido pela passagem do livro de 1 Coríntios 16:14 "Que tudo o que vocês fizerem seja feito com amor." E o "amor", segundo 1 Coríntios 13:4-7, inclui a paciência e a benignidade (v.4). Não arde em ciúmes, não se ufana ou se ensoberbece (vv.4,5). Não procura os seus interesses (v.5). Não se exaspera, ou ressente do mal (v.5). Não se alegra com a injustiça, mas regozija-se com a verdade (v.6). Persevera e tudo suporta em qualquer circunstância (v.7). "Quer partindo de convicções espirituais ou puro pragmatismo, a civilidade deve ser preferida à incivilidade", declara DeMoss.

É importante que memorizemos as Escrituras, que podem nos ajudar a manter a paciência quando discordarmos do comportamento ou ponto de vista de alguém. Que o nosso projeto pessoal seja revelar a graça de Deus, "...porém o maior destes é o amor" (v.13 ARA), ao debatermos e discutirmos os assuntos contemporâneos com os outros. —Roxanne Robbins

# locutor-mestre

**leia>**
**Marcos 4:21-34**
E só falava com eles usando parábolas, mas explicava tudo em particular aos discípulos (v.34).

**examine>**
Além de histórias, Jesus usava a mesma técnica com provérbios e com pontos gerais do Seu ensino. Leia o livro de Marcos 7:1-23 para ter um exemplo.

**considere>**
Jesus conquistou seu coração e imaginação com Suas parábolas? É possível reproduzir essa técnica de uso de histórias para compartilhar a sua fé?

Jesus era um locutor estratégico. Quando as multidões se reuniam ao Seu redor, Ele se sentava para ensinar a eles sobre Seu reino. Como o Salvador ensinava às massas? Contando *histórias*. Um fazendeiro semeando no campo (Marcos 4:1-8); uma semente brotando sem ninguém saber como (vv.26-29); uma semente de mostarda cresceu até se tornar árvore e dar sombra (vv.30-32). Estas histórias muitas vezes eram deixadas em suspenso sem um clímax ou explicação. Tudo o que Jesus disse às multidões foi: "...Quem tem ouvidos para ouvir, ouça" (vv.9,23).

A abordagem com Seus discípulos era diferente. Ele lhes explicava o significado das parábolas (vv.10-20). Marcos nos diz que essa era Sua estratégia de comunicação: *Jesus usava histórias sobre a fé para motivar as multidões, mas explicava o seu sentido somente àqueles que queriam a resposta* (vv.33,34). Aqueles que "tinham ouvidos para ouvir" abandonavam as multidões de incrédulos para se tornar Seus discípulos.

Há mais de 20 anos, algo interessante vem ocorrendo na Austrália. As estações de rádio cristãs usam essa abordagem do Mestre, e misturam a música cristã com a *secular*. Em vez de apresentarem apenas programas com sermões, os locutores aproximam-se dos ouvintes e despertam o interesse espiritual com entrevistas do tipo-testemunho e breves "dicas divinas". O evangelho é oferecido a estes ouvintes "...de um modo que eles podiam entender" (v.33). Aqueles que querem saber mais recebem atenção personalizada.

Este formato de radiodifusão, antes considerado controverso, agora é aceito e bem-sucedido. Os não-cristãos são mais de 60% da audiência de algumas dessas rádios, e muitos ouvintes já tiveram a sua vida transformada.

Mas esta forma de alcançar as pessoas não é original — as rádios simplesmente seguem o exemplo do Locutor-Mestre! —Sheridan Voysey

# assim como nós

**leia›**
**Tiago 5:13-18**
Portanto, confessem os seus pecados uns aos outros e façam oração uns pelos outros, para que vocês sejam curados. A oração de uma pessoa obediente a Deus tem muito poder (v.16).

**examine›**
Confira no livro de Esdras 8:23 o que acontece quando oramos com fervor a Deus.

**considere›**
Como as suas orações têm sido afetadas pelas dúvidas? O que você fará esta semana para iniciá-la com mais fervor?

Uma das várias histórias bíblicas que nos encorajam acerca da oração se encontra no final da carta de Tiago. Quando vai encerrando sua carta, o autor encoraja os leitores a orar (5:13). Para ilustrar a questão, ele usou um episódio do Antigo Testamento em que relatava a vida do profeta Elias.

Tiago relembrou os leitores de que Elias havia orado com fervor a Deus para que contivesse a chuva por três anos e meio e que nem uma gota caísse na terra durante este período (v.17). Em seguida, o profeta orou por chuva e o Senhor abriu os céus abundantemente (v.18).

Duas coisas me encorajam quando penso em como Tiago utilizou a dramática história de Elias. Primeiro ele começa dizendo que "O profeta Elias era um ser humano como nós..." (v.17). São só algumas palavras, mas combatem uma mentira que frequentemente tenta diminuir as nossas orações ao invadir nossas mentes: *Certamente essas espécies de orações podem ter funcionado para um daqueles personagens bíblico, mas não funcionaria para alguém como eu.*

Nossas orações são importantes e podem ser tão eficazes quanto a de qualquer outro seguidor de Deus — até mesmo a de alguém cujas orações retiveram a chuva por mais de três anos!

A segunda coisa que me impressionou sobre a história de Elias é a de que as nossas orações têm a sua importância naquilo que Deus está fazendo. O Senhor poderia ter parado a chuva que despertou uma imensa escassez e iniciá-la novamente sem as orações de Elias, mas Ele convidou o profeta para fazer parte da obtenção da solução.

Você pode ser tentado a pensar que as suas orações são de pouco valor. Nunca caia nessa mentira. Suas orações são poderosas! Pergunte a Elias. —Jeff Olson

# cobertos

**leia›**
**Números 13:25–14:4**
Então, naquela noite, todo o povo gritou e chorou (14:1).

**examine›**
Leia o livro de Provérbios 4:23;13:12, e 15:13 para aprender mais sobre o papel do coração em lidar com o desânimo.

**considere›**
O que o fez se sentir desencorajado ultimamente? Como você pode aprender a confiar mais em Deus e não "desistir"?

Onde eu moro a primavera raramente chega sem alarde. Muitos a esperam com a expectativa das cores brilhantes das azaleias, outros armazenam anti-histamínicos e aguardam o ataque dos espirros alérgicos. Na última primavera, o pólen foi especialmente intenso. Numa manhã, meu marido e eu nos surpreendemos ao ver uma sinistra nuvem de pólen pairando visivelmente no ar. Nossos narizes e gargantas testemunharam a invasão da natureza.

O livro de Números 13 registra a história de 12 espias indicados para conhecer a Terra Prometida. Josué e Calebe, e os outros dez também impactaram uma geração do povo de Deus. Seus nomes não são lembrados, e sua postura é lamentável: *As promessas de Deus não eram possíveis* (vv.28,29,31-33). Como uma fina nuvem de pólen, o desânimo deles envolveu as pessoas e as suas palavras de medo abalaram a fé na grandeza de Deus. Aos prantos, o povo clamava para voltar ao Egito, onde o cativeiro parecia mais seguro (14:1-3).

O desânimo é um inimigo sorrateiro e causa uma lenta hemorragia, uma erosão gradual. À medida que as batalhas se tornam árduas e os resultados são postergados, ele se estabelece, camada por camada até que estejamos prontos a desistir. Após 40 anos do episódio em que os espias trouxeram sua mensagem de desencorajamento, Moisés relembrou Josué — que estava prestes a liderar o povo a entrar na Terra Prometida — "...Seja forte e corajoso! Não fique desanimado, nem tenha medo, porque eu, o SENHOR, seu Deus, estarei com você em qualquer lugar para onde você for!" (Josué 1:9).

Podemos escolher sermos cobertos pela incredulidade ou fé. Josué confiou tanto nas promessas de Deus que as proclamou aos outros (Josué 1:6,9; 10:25. Consequentemente, ele levou sua nação à liberdade que vem de Deus. E o nosso viver reflete desânimo ou profunda confiança em Deus? —Regina Franklin

# defenda-os

**leia>**
**Romanos 5:6-11**
De fato, quando não tínhamos força espiritual, Cristo morreu pelos maus, no tempo escolhido por Deus (v.6).

**examine>**
O livro de Mateus 25:31-46 nos indica o que importa a Deus e o Salmo 35:9-10 revela como Ele se importa com os indefesos.

**considere>**
Como você se sente quando vê os outros sofrerem? E quando alguém é objeto de zombaria? O que você fará para demonstrar o amor de Deus pelos vulneráveis hoje?

A colunista Kathleen Parker recorda um momento crucial de sua adolescência. Ela tinha acabado de ser transferida para uma escola nova quando o professor lhe pediu para diagramar ou refazer o formato de uma frase. Ela não tinha aprendido isso, e não tinha ideia de como fazê-lo. Sua resposta esquisita provocou a zombaria da turma.

No mesmo instante, o professor disse aos alunos: "Ela pode escrever melhor do que qualquer um de vocês, a qualquer momento!" A menina sentiu-se aliviada, até vitoriosa, pela defesa.

Ela olha para aquele momento com profunda gratidão. "Comecei, naquele dia, a tentar escrever tão bem quanto ele disse que eu podia." Mais adiante, Kathleen ganharia o cobiçado Prêmio Pulitzer.

Defender nosso próximo em seus momentos de fraqueza e vulnerabilidade é um atributo divino, logo não surpreende que Jesus tenha passado Sua vida praticando isso. Quando os discípulos consideraram as criancinhas como intrusas no tempo do Senhor, Jesus as recebeu (Lucas 18:15-17). Na parábola do Bom Samaritano, Ele valorizou um membro de um grupo minoritário como protagonista dessa poderosa história (10:30-35). Quando os capciosos líderes religiosos pegaram uma mulher em adultério e a trouxeram diante da multidão no templo, Jesus os envergonhou, oferecendo a ela o perdão e um futuro melhor (João 8:1-11). Quando éramos incapazes de nos socorrer, Ele deu Sua vida por nós (Romanos 5:6).

Defender os indefesos pode ser tão simples como colocar-se ao lado para demonstrar solidariedade e aliança. Em raras ocasiões, pode significar um ato de heroísmo. Independente disso, ao defendermos os vulneráveis, lhes damos a chance de se tornarem o que Deus planeja que sejam. De forma simples, mas significativa, refletimos o próprio coração do Senhor. —Tim Gustafson

# mais do que pão

**leia>**
**João 6:25-59**
Jesus respondeu: —Eu afirmo a vocês que isto é verdade: vocês estão me procurando porque comeram os pães e ficaram satisfeitos e não porque entenderam os meus milagres (v.26).

**examine>**
Leia o livro de João 4 para ver como a percepção da mulher samaritana sobre Jesus mudou durante a conversa entre eles.

**considere>**
Por que você segue Jesus? A sua percepção sobre Ele mudou ao longo dos anos? O que foi surpreendente? Chocante? Tranquilizador?

Isaac Penington, um dos primeiros defensores e promotor do movimento *Quaker* (fundado na Inglaterra, no século 17) disse: "O Senhor tem me ensinado a viver firmado nele, não em algo concedido por Ele, mas na Sua própria vida." No livro de João 6, a multidão queria depender de Jesus, não que seus corações fossem fiéis a Ele, mas por serem fiéis ao que achavam que Ele poderia lhes dar; alimento e libertação da opressão romana.

A provisão dos pães (João 6:6-18) confirmou isto em suas mentes. Jesus então se retirou, demonstrando Sua rejeição àquele tipo de percepção do Messias que eles desejavam (vv.14-15).

No dia seguinte, a multidão o procurou e o encontrou, demonstrando que a busca foi bem-sucedida (vv.22,25). De novo, eles o seguiram pelo que acharam que Ele poderia lhes dar. Mas Jesus reverteu aquela situação em seu favor e se identificou como o Pão da Vida (v.35). Ele, e não a Lei ou qualquer outra coisa, era a fonte de vida eterna (vv.33,48,51,58). Somente aqueles que acreditavam em Jesus e internalizavam Suas palavras, ética, padrão de pensamento e verdade iriam encontrar a verdadeira satisfação na vida. Isto era tão radicalmente diferente do que o povo tinha em mente que alguns deixaram de segui-lo (vv.60-66).

Em nosso mundo consumista, é fácil seguir Jesus só "pelos pães". Mas somente Ele pode satisfazer nossa fome mais profunda por Sua presença. O Senhor irá nos satisfazer quando estivermos ligados a Ele (João 15) pela leitura e prática das Suas palavras; quando permanecermos ligados a Seu corpo — a igreja de Cristo, e quando servimos ao próximo como Ele fez.

Sigamos a Jesus, não somente porque Ele pode nos dar os pães, mas porque é Deus e — ao confiarmos nele — o Senhor provê tudo o que precisamos para hoje e por toda a eternidade. —Marvin Williams

# anjos

**leia›**
**Gênesis 18:1-15**
...Senhores,[...] não passem pela minha humilde casa sem me fazerem uma visita. Vou mandar trazer água para lavarem os pés, e depois os senhores descansarão aqui debaixo da árvore. Também vou trazer um pouco de comida, e assim terão forças... (vv.3-5).

**examine›**
Leia o livro de 3 João 5-11 para descobrir sobre a importância da hospitalidade na igreja primitiva. Leia o livro de 2 Reis 4:10 para ver sobre o assunto no Antigo Testamento.

**considere›**
Martinho Lutero disse que, ao servirmos uns aos outros, somos a "máscara de Deus". Isso reflete a nossa hospitalidade? Você já foi "anjo" para alguém?

Eu estava saindo da estação de trem em Guangzhou com minha passagem, quando notei uma ocidental perturbada pelas filas longas e irregulares que se formavam ao redor. Percebi que ela deveria ser nova na China porque, aparentemente, não sabia que as estações de trem normalmente têm bilheterias reservadas especialmente para estrangeiros. Disse-lhe que me seguisse, pois a levaria a uma sala especial onde compraria sua passagem com facilidade. Durante o caminho, soube que ela era cristã. A mulher ficou tão agradecida por minha ajuda que perguntou se eu era um anjo!

Eu ri e lhe disse que era apenas um homem com um pouco mais de experiência na China, mas que ela podia ter razão. O livro de Hebreus 13:2 diz: "Não deixem de receber bem aqueles que vêm à casa de vocês; pois alguns que foram hospitaleiros receberam anjos, sem saber" Mesmo que isso seja verdade, como Gideão e Manoá descobriram no livro de Juízes 6 e 13, também é verdade que a pessoa que oferece a hospitalidade é um tipo de anjo.

O termo anjo significa "mensageiro", e não é forçar a interpretação pensar que Deus me enviou ao terminal de Guangzhou naquele dia para ajudar Sua filha que estava em apuros. As Escrituras repetidamente nos mandam estar em vigilância pelos outros. Paulo escreve: "Repartam com os irmãos necessitados o que vocês têm e recebam os estrangeiros nas suas casas" (Romanos 12:13). Pedro acrescenta: "Hospedem uns aos outros, sem reclamar" (1 Pedro 4:9). E Jesus explicou que quando alimentamos e vestimos os pobres, estamos alimentando e vestindo a Ele mesmo (Mateus 25: 37-40).

À luz da ênfase de Deus sobre a hospitalidade, estou feliz por ter sido confundido com um anjo, mas triste de que isso tenha acontecido apenas uma vez. —Mike Wittmer

# jovem para sempre

**leia›**
**Hebreus 5:11–6:3**
Assim, vamos em frente a fim de chegarmos ao ensinamento de adultos, deixando para trás as primeiras lições da mensagem de Cristo... (6:1).

**examine›**
Leia o livro de Lucas 8:12-14 para ver o que pode sufocar nosso amadurecimento em Cristo.

**considere›**
Você enfrenta situações no trabalho, em casa ou na igreja que requerem sabedoria bíblica? Que princípios bíblicos você aplicaria a essas situações?

Brooke Greengberg gosta de dar risadinhas e engatinhar como qualquer bebê. Ela tem 76 cm e pesa cerca de 7 kg, mas nasceu em 1993. Ela está presa no corpo de uma criança de 1 ano devido à Síndrome X. Um médico observou: "Sua idade celular não é a mesma que a sua idade real".

O autor do livro de Hebreus escreveu sua epístola tratando da imaturidade espiritual de seus leitores. Sua preocupação era que estavam agindo como bebês espirituais que precisavam de instrução básica, em vez de ensinos mais avançados (5:13). O autor queria lhes dar alimento espiritual sólido, mas eles ainda não haviam desenvolvido o suficiente para abandonar o leite espiritual. Apesar de serem cristãos tempo suficiente para já estarem ensinando a outros (v.12), eles não estavam crescendo em seu conhecimento da Palavra de Deus. Esta inércia sufocante os levara a serem "...preguiçosos..." (v.12). Faltava-lhes maturidade para discernir a diferença entre o certo e o errado (v.14). Na verdade, não tinham ideia de como fazer o que é certo (v.13)

O autor então os desafia a caminhar para o amadurecimento e a aprofundarem-se nas verdades da fé (6:1-3). Mas, um pouco antes do seu apelo, ele lhes deu o segredo para o amadurecimento — aplicação constante da Palavra de Deus nas situações da vida (5:14). Não é algo que se desenvolve automaticamente com o tempo (v.13).

Recentemente, fui lembrado de que Deus se preocupa mais com a forma como fazemos as tarefas que Ele nos confiou do que com nossa habilidade de completá-las. O Pai quer que nos tornemos como Jesus. Porém, muitos de nós nos preocupamos mais em cumprir nossa lista de afazeres do que em Cristo está sendo formado em nós.

Que amadureçamos em Jesus à medida que nos alimentarmos avidamente de Sua Palavra e praticarmos Sua sabedoria. —Poh Fang Chia

# grandes braços do amor

**leia›**
**Salmo 81:8-16**
Mas a vocês eu daria o melhor trigo e os alimentaria com mel do campo, até que ficassem satisfeitos (v.16).

**examine›**
O Salmo 81 fala da "teimosia" de Israel (v.12) que parece discordar dos anseios que Deus deseja satisfazer (v.10). Leia o Salmo e veja quais desejos opostos são esses.

**considere›**
Quais anseios você mais quer que Deus satisfaça? O que o impediria de só receber o cuidado e provisão de Deus para você?

Em 2011, Donna Simpson pesava mais ou menos 270 quilos, mas estava se esforçando para ganhar outros 180. Como pretendia se tornar a mulher viva mais pesada, iniciou uma campanha pública para promover suas intenções. Ela desejava ter uma alimentação saudável, mas planejou comer muito. Em suas próprias palavras, comia "grandes quantidades de comida saudável", incluindo mais de 70 postas de sushi e 20 tortilhas de frango numa única refeição. Enquanto seu apetite produzia manchetes, outros detalhes pessoais também pareciam estar em jogo. Uma jornalista escreveu que Donna admitiu "ser tão faminta por atenção quanto por comidas ricas em calorias".

Quaisquer que fossem suas intenções e seja lá o que pensem sobre suas escolhas, todos nós clamamos por amor e atenção — e desenvolvemos nossas estratégias para consegui-los. O salmista reiterou muitas vezes o quão ilimitado é o amor de Deus por Seu povo. Repetidamente, o escritor lembrava Israel sobre a bondade, misericórdia e proteção divinas. Eles recontaram a história de como Deus os havia "tirado da terra dos egípcios" e como, se Israel simplesmente o obedecesse e recebesse Seu amor, Deus iria saciá-los (81:10).

"Mas" diz, o "...povo não quis me ouvir; Israel não me obedeceu" (v.11). Não é interessante que menosprezemos aquele que nos ama mais profundamente? Muitas vezes, afastamos o Único que tem a capacidade de satisfazer nossos anseios e desejos mais profundos.

O Salmo fala do desejo de Deus de nos alimentar e satisfazer (v. 16). Ele quer nos amar nas situações em que nós mais ansiamos por amor, e quer satisfazer nossos anelos mais profundos — o anelo por Ele. Mas o Senhor não irá se impor a nós. Temos que nos abrir a Ele, e caminhar para os Seus grandes braços de amor. —Winn Collier

# em quem você confia?

**leia›**
**Salmo 46:1-11**
Deus é o nosso refúgio e a nossa força, socorro que não falta em tempos de aflição (v.1).

**examine›**
Leia os livros de Romanos 13:1-7 e 1 Timóteo 2:1-7 para aprender sobre como os cristãos devem responder às autoridades.

**considere›**
Um mau governo é melhor do que a anarquia ou a ausência de governo? Nossa fé traz esperança e nos ajuda a não cair na armadilha da desesperança?

Nosso mundo está sofrendo uma crise de autoridade. Os adultos responsáveis parecem ser ou incompetentes ou maus, ou ambos. Os banqueiros e negociadores ruíram o sistema financeiro mundial de tal forma que os economistas ainda não sabem como consertá-lo. Os líderes governamentais se tornaram políticos que administram mal a longo prazo para em curto prazo ganhar votos e continuar no ofício.

Em quem podemos confiar? Nos cientistas? Aqueles pesquisadores imparciais que foram pegos falsificando livros sobre mudança climática. Na igreja? Os pastores traem suas esposas, desculpam-se e simplesmente se mudam para outra igreja. Em nossos pais? Sua geração nos impôs tantos débitos que nosso futuro financeiro parece sombrio.

É fácil se tornar um cínico e rebelar-se contra aqueles que estão arruinando nosso futuro. Afinal, eles o previram, certo? Você pode pensar: *deveríamos nos organizar usando o poder da internet e das urnas para exigir uma liderança competente e moral.* Mas, se não nos cuidarmos, nossa atitudes antiautoritárias podem se tornar anarquia, com cada um de nós cuidando apenas de si mesmo e censurando todo mundo. E não foi assim que chegamos ao caos em que estamos?

O segredo para se evitar a anarquia é colocar nossa confiança em Deus e não em nós mesmos. Se cremos que Ele ainda está em Seu trono, então "...não teremos medo, ainda que a terra seja abalada, e as montanhas caiam nas profundezas do oceano" (Salmo 46:2). Nosso soberano Deus acalma as águas e os céus e tudo mais exultam em louvor (96:11).

Por favor, não me interprete mal. Temos que honrar nossos líderes. Mas vamos agir firmados na fé e não no medo. Se "O SENHOR Todo-Poderoso está do nosso lado; o Deus de Jacó é o nosso refúgio" (46:7), então mesmo que nossas nações se abalem (v.6), podemos nos "...aquietar e saber que [Ele] é Deus!" (v.10 ARA) —Mike Wittmer

# ore por mim

**leia›**
**Efésios 6:10-19**
Façam tudo isso orando a Deus e pedindo a ajuda dele. Orem sempre, guiados pelo Espírito de Deus. Fiquem alertas. Não desanimem e orem sempre por todo o povo de Deus (v.18).

**examine›**
Leia o livro de 1 Coríntios 14:15 e reflita sobre o motivo de ser tão importante orar no "Espírito", e não só em nossas mentes.

**considere›**
O que o impede de orar fervorosamente a Deus? De que maneira você pretende mudar sua vida de oração nesta semana?

*Faze de minha vida uma oração a ti,*
*Quero fazer o que mandas,*
*Sem palavras vazias ou mentiras*
*Sem orações genéricas ou acomodação (tradução livre).*

Gosto demais dessa letra do cantor e compositor cristão Keith Green que morreu há quase 3 décadas. Ela reflete o seu coração apaixonado por Deus. No livro de Efésios 6, o apóstolo Paulo descreveu como podemos fazer de nossas vidas uma *oração* a Deus pela prática de uma vida de oração. Escreveu: "...Orem sempre, guiados pelo Espírito de Deus..." (v.18).

Não é coincidência que o apóstolo tenha escrito essas palavras depois de ter tratado sobre a batalha espiritual na qual nos encontramos, "...nós não estamos lutando contra seres humanos..." (v.12). A famosa metáfora de nos revestirmos da armadura espiritual é clara e esclarecedora (v.13). Porque sem *verdade, justiça, paz que vem das boas-novas, sem fé, salvação e sem a Palavra de Deus* iríamos definhar diante de nosso inimigo invisível.

Porém, o que Paulo nos diz para fazer enquanto batalhamos? Orar. É necessária comunicação contínua com nosso Pai do céu para se fazer o que Deus quer que façamos, para se viver sem acomodação, para apagar "...os dardos de fogo do Maligno" (v.16). Deveríamos "...orar sem cessar" (1 Tessalonicenses 5:17 ARA).

Quando as coisas não vão bem às vezes paramos de orar *imediatamente*. Como Keith escreveu, ou nossas orações são "genéricas" ou simplesmente paramos de nos comunicar com Deus. Em vez de sermos perseverantes em nossas orações (Efésios 6:18), demonstramos nossa falta de fé e perda de amor ao Pai quando não falamos com Ele.

É hora de fazermos de nossas vidas uma oração ao Senhor. Siga o exemplo de Paulo, quando disse aos efésios "...orem também por mim..." (v.19). Agindo assim, ele reconheceu o poder maravilhoso que vem de Deus, à medida que oramos a Ele "sem cessar". —Tom Felten

# prepare-se para a ação

**leia›**
**1 João 3:11-24**
...o nosso amor não deve ser somente de palavras e de conversa. Deve ser um amor verdadeiro, que se mostra por meio de ações (v.18).

**examine›**
Leia o livro de Salmo 119:4-6 para ver o que nossas ações deveriam "refletir consistentemente".

**considere›**
Que comportamento você precisa mudar para revelar a fé que proclama? Como Jesus exemplificou a fé que foi refletida em palavras e ações?

Como capelã dos atletas que competiam nos Jogos de Inverno de Nagano em 1998, uma noite fiquei fora até mais tarde ajudando no local de patinação. Com frio e exausta finalmente dirigi-me ao meu quarto à 1h da manhã. Enquanto estava a caminho, fiquei chocada quando vi que vários membros do time de *hockey* masculino dos EUA estavam andando e se gabando da festa da qual iriam participar.

No entanto, sua diversão em Nagano durou pouco. Pois no dia seguinte o time que era favorito à medalha perdeu em uma rodada inicial e no final terminou em sexto lugar.

A Palavra de Deus nos ensina que "...pelos seus frutos os conhecereis" (Mateus 7:20 ARA). Para esse time que mencionei o fato de alguns deles terem participado de festas resultou em críticas a eles, seus colegas e a seu país. "Seu legado final das Olimpíadas de Nagano", escreveu o comentarista de *hockey* Joe Pelletier, "foi um quarto de hotel sujo deixado por alguns jogadores anônimos".

Para um atleta ser bem-sucedido, suas habilidades devem ser moldadas em um estilo de vida disciplinado. Da mesma forma, para trazer glória a Jesus, a fé e as ações de um cristão devem operar conjuntamente. São as obras que fazem a "fé se consumar" (Tiago 2:22).

O apóstolo João escreveu que as nossas obras demonstrarão que "...pertencemos à verdade de Deus e que o nosso coração se sente seguro na presença dele" (1 João 3:19). Esta ideia foi praticada pela prostituta Raabe, que foi justificada por obras quando acolheu os emissários e os fez partir por outro caminho (Tiago 2:25).

Quando as nossas obras refletem a nossa fé em Cristo é mais provável que atraiamos pessoas a Deus, do que só por palavras (Tiago 2:14). Demonstremos verdadeiramente a nossa fé pelas coisas que fazemos e dizemos (1 João 3:18). —Roxane Robbins

# falsa fé

**leia>**
**2 Timóteo 3:5-17**
...Eles perderam o juízo e fracassaram na fé (v.8).

**examine>**
Leia o livro de 2 Pedro 2:12-19 para aprender o porquê seguir a falsos mestres não pode nos dar o caminho para a liberdade do pecado. Leia Judas 10-16 para uma descrição dos falsos mestres.

**considere>**
De que maneira você pode preservar sua vida dos falsos ensinos? O que você diria a alguém que está seguindo um falso mestre?

Depois de esperar na fila da loja, finalmente chegou minha vez. A funcionária pegou meu dinheiro, segurou a nota contra a luz e desapareceu para conferir com seu gerente. Ao voltar, explicou que a loja tinha recentemente recebido várias notas falsas. Então me olhou e acrescentou: "Você não parece uma falsificadora." Ela estava certa; eu não estava passando dinheiro falso. Mas, fiquei pensando no que poderia me fazer *parecer* uma falsária: o olhar evasivo, mãos suadas, dedos sujos de tinta?

Nos dias de Paulo, alguns homens fraudulentos estavam espalhando uma fé falsa (2 Timóteo 3:8). Ele os descreveu em detalhes para que o seu protegido, Timóteo, diferenciasse os verdadeiros mestres dos falsos.

Esses falsos líderes cristãos estavam entrando sorrateiramente nas casas de pessoas vulneráveis. Em alguns casos, tinham como alvo as "...mulheres fracas, que estão cheias de pecados e que são levadas por todo tipo de desejos" (v.6). Eles saqueavam pessoas que não conseguiam se defender, o tipo de pessoas "...que estão sempre tentando aprender, mas nunca chegam a conhecer a verdade" (v.7).

Com seguidores desprovidos de discernimento espiritual, os maldosos estavam livres para "resistir à verdade" (v.8). De fato, Paulo os comparou aos antigos feiticeiros Janes e Jambres, que tentaram copiar os milagres de Moisés (Êxodo 7:11). E, assim como a dupla diabólica, o apóstolo prometeu que um dia todos reconheceriam os falsos mestres como insensatos (2 Timóteo 3:9).

Até aquele dia, temos que cuidar com os trapaceiros espirituais que infiltram nossas casas por meio da TV, livros e internet. A melhor defesa contra eles é conhecer a verdade. Temos que imitar os de Bereia, que "...Todos os dias estudavam as Escrituras Sagradas..." (Atos 17:11), e nos recusarmos a aceitar esse ensino de uma fé falsificada. —Jennifer Benson Schuldt

# adrenalina para a alma

**leia›**
**Filipenses 2:5-11**
...para que, em homenagem ao nome de Jesus, todas as criaturas no céu, na terra e no mundo dos mortos, caiam de joelhos e declarem abertamente que Jesus Cristo é o Senhor, para a glória de Deus, o Pai (vv.10-11).

**examine›**
Leia o livro de Gálatas 2:20 para entender melhor qual deve ser a profundidade de nossa identidade com Jesus.

**considere›**
Por que é vital que leiamos os evangelhos com frequência e meditemos nas palavras e ações de Jesus? De que maneira Ele o inspirou hoje?

Usando uma linguagem contemporânea, ao mesmo tempo que tentava capturar a profundidade e vitalidade das palavras originais que moveram e inspiraram os primeiros cristãos, Eugene Peterson traduziu Hebreus 12:2-3 desta forma: "Porque ele jamais perdeu o alvo de vista — aquele fim jubiloso com Deus. Ele foi capaz de vencer tudo pelo caminho: a cruz, a vergonha, tudo mesmo. Agora, está lá, num lugar de honra, ao lado de Deus. Quando se sentirem cansados no caminho da fé, lembrem-se da história dele, da longa lista de hostilidade que ele enfrentou. Será como uma injeção de adrenalina na alma! (A Mensagem).

Ao longo dos anos, aprecio cada vez mais profundamente a importância de estudar sobre como Jesus viveu Suas convicções com ousadia (Filipenses 2:6-8). Normalmente sou instruído e tocado por Seus surpreendentes atos de compaixão, por Sua força em confrontar a injustiça e Sua disposição de sofrer pelo bem maior.

Consigo ver melhor que a minha aula preferida no seminário bíblico — "A Vida de Cristo" — não tinha tanto a ver com o professor, mas sim com o assunto. Por mais que o professor tenha sido excelente, a matéria era ainda melhor! Resumindo: Jesus é a pessoa mais cativante que já andou sobre a face da Terra.

Explorar a vida de Cristo é mais do que um exercício acadêmico ou intelectual. Não tem nada a ver com ficar abarrotado de informação para que possa passar em uma prova ou parecer "espiritual". Tem a ver com ser pessoalmente conhecido, cativado e amado por Aquele cuja vida, morte e ressurreição mudou todas as coisas (vv.9-11).

Celebre a vida de Jesus *detalhadamente*. Sorva-a. Sua realidade irá injetar *adrenalina* em seu coração. —Jeff Olson

# o jeito difícil

**leia›**
**Lucas 22:54-62**
Vigiem e orem para que não sejam tentados. É fácil querer resistir à tentação; o difícil mesmo é conseguir (Mateus 26:41).

**examine›**
Anos mais tarde, Pedro escreveu algumas instruções sábias que refletem o que ele aprendeu do jeito difícil (1 Pedro 5:5-9). Como estas palavras o ajudam?

**considere›**
O que significa para você "negar" a Cristo? De que maneira os cristãos de hoje tem a tendência de "negar" a Jesus?

Neste devocional, escreverei sobre um assunto que, devo admitir — com confiança — é uma área em que sou especialista. Isso mesmo, vou me vangloriar. Sou bem treinado e tenho muita experiência nisto. Meu assunto? Fracasso. Ninguém quer passar por ele, mas nós o conhecemos de perto e de forma pessoal.

O apóstolo Pedro sabia o que era falhar com Jesus. Horas antes de ele desmoronar, Jesus o advertiu de que ele o negaria (Lucas 22:34). Isto era bem mais do que uma simples possibilidade profética. Era um assunto consumado. Mais tarde Jesus levou Seus discípulos para o Jardim do Getsêmani para orar e se preparar para "...a hora do poder da escuridão" (v.53; Mateus 26:36-45). A oração fortalecia Jesus à medida que Ele se aproximava do plano do Pai (Lucas 22:41-43; Marcos 14:36). Também poderia ter dado a Pedro a paz e o poder de Deus, mas ele dormiu em vez de orar (v.37).

O apóstolo havia subestimado a dificuldade desta prova. Finalmente, sua autossuficiência, autoconfiança e independência o levaram a decepção consigo mesmo, o que consumiu seu orgulho (Isaías 2:22; Salmo 62:9). O orgulho foi a causa do fracasso de Pedro (Provérbios 16:18). Ele se vangloriou muito e orou pouco. Ao rejeitar a advertência de Jesus, Pedro não buscou o poder de Deus, o suprimento e a proteção divina por meio da oração (Lucas 22:32). Por fim, o discípulo impulsivo negou Jesus três vezes.

Quando o galo cantou, Pedro se lembrou da soberania de Jesus e da infalibilidade de Sua Palavra (v.61). A palavra do discípulo provou-se enganosa, mas a Palavra de Deus não falha.

O canto de um galo sinalizou o nascer de um novo dia. Também iluminou um novo começo para Pedro, enquanto ele pranteava amargamente e se arrependia do seu fracasso (v.62). Quais os fracassos que você precisa confessar a Jesus hoje? —K. T. Sim

# atolado

**leia›**
**Salmo 62:1-12**
Somente ele é a rocha que me salva; ele é o meu protetor, e eu nunca serei derrotado (v.2).

**examine›**
Leia o livro de Juízes 9 para ver o que acontece quando confiamos nos esquemas humanos.

**considere›**
De que forma você tenta se proteger de ser ferido pelos outros? Como essas medidas de autoproteção o impedem de confiar em Deus?

Meu computador se tornou um teste de paciência. É mais do que lento, leva pelo menos 10 minutos para ser carregado, pois foi infectado com vírus e *malware*. Como sou impaciente, e aperto os botões impulsivamente, tenho que me afastar depois de tê-lo ligado. Se não, sou instigada a apressar o processo tocando em alguma tecla. Meu marido instalou um programa de *spyware* para mantê-lo livre dessas contaminações. Por mais que um *software* de segurança seja necessário no atual mundo tecnológico infestado de vírus, nós aprendemos que a qualidade da proteção é mais importante que sua quantidade.

A autoproteção é um instinto forte em todos nós. Cremos cegamente que nosso bem-estar está mais protegido quando estamos no controle. Se a vida se tornar incerta — ou experimentarmos circunstâncias dolorosas — podemos nos tornar presas de nosso orgulho. Podemos vir a crer que somos mais capazes do que Deus de nos cuidar. O que não percebemos, porém, é que depender de nós mesmos nos leva a sermos morosos para reagir à direção do Espírito Santo. Ao contrário do que nossa carne nos diz, o controle não garante segurança (Salmo 62:5-7). Se ele faz algo, é nos deixar mais vulneráveis.

O livro de Salmo 32:7 diz: "Tu és o meu esconderijo; tu me livras da aflição. Eu canto bem alto a tua salvação, pois me tens protegido." Não podemos afirmar que Deus é nossa proteção e em seguida insistir em manter o controle. Confiar significa descansar na força de algo ou Alguém além de nós mesmos (62:6; Provérbios 3:5). Devemos lembrar:

- Deus é nossa única salvação (Salmo 62:1-4).
- Deus é nossa única esperança (vv.5-8).
- Deus é nossa única força (vv.9-12).

*Isso sim* é proteção verdadeira! —Regina Franklin

# impossível

**leia>**
**Mateus 6:1-6**
Ninguém elogie a si mesmo; se houver elogios, que venham dos outros (Provérbios 27:2).

**examine>**
O que Jesus disse sobre as boas obras no livro de Mateus 5:14-16? De que maneira isso se harmoniza com o que está escrito no livro de Mateus 6:1-6?

**considere>**
Como você lida com o desejo de receber elogios e atenção? Quem recebe o louvor quando você permite que as boas obras falem por si mesmas?

O ex-jogador de basquete de fama mundial, David Robinson resiste às tentações de ser uma superestrela e construiu a sua reputação como boa pessoa dentro e fora das quadras. Um dos resultados de seu legado são vistos numa escola particular de Ensino Fundamental.

Uma olhada rápida na Academia Carver não irá revelar que Robinson contribuiu com nove milhões de dólares para fundá-la. Essa instituição não leva o nome de Robinson, mas honra a memória do botânico e educador George Washington Carver (1864–1943). Neste mundo que clama por elogios e adulações, a generosidade deste ex-atleta é revigorante.

No Sermão do Monte, Jesus advertiu contra praticarmos algo com o propósito de ser elogiado. "Tenham o cuidado", disse Ele, "de não praticarem os seus deveres religiosos em público a fim de serem vistos pelos outros. Se vocês agirem assim, não receberão nenhuma recompensa do Pai de vocês, que está no céu" (6:1). Ampliou seu aviso para uma acusação aos "...hipócritas. Eles gostam de orar de pé nas sinagogas e nas esquinas das ruas para serem vistos pelos outros. Eu afirmo a vocês que isto é verdade: eles já receberam a sua recompensa" (v.5). Jesus queria que fôssemos reservados sobre as nossas boas obras.

É fácil ficar viciado no elogio e caçar agradecimentos. Desejamos ouvir o que as pessoas falam a nosso respeito entusiasticamente. Parece que a humildade é ilusória. E mesmo assim, ser humilde é o padrão absoluto que Jesus traçou para nós. Ele o viveu por nós. Paulo escreveu: "Ele tinha a natureza de Deus, mas não tentou ficar igual a Deus [...] e tomou a natureza de servo..." (Filipenses 2:6,7).

Podemos encontrar bons conselhos para nossa busca pela humildade nestas palavras: "Ninguém elogie a si mesmo; se houver elogios, que venham dos outros" (Provérbios 27:2). "Felizes as pessoas humildes, pois receberão o que Deus tem prometido" (Mateus 5:5). —Tim Gustafson

# grande demais para falhar

**leia›**
**2 Samuel 12:1-14**
"Então Natã disse a Davi: —Esse homem é você..." (v.7).

**examine›**
Leia o livro de Mateus 23:1-39 para ver como Jesus falava a verdade aos poderosos. O que você pode aprender com o exemplo de Jesus?

**considere›**
Você se tornou "muito grande para ser reprovado?" Você quebra as regras e se livra de pecados que nunca teria cometido se não se sentisse assim?

Jerry terHorst renunciou como Secretário de Imprensa dos EUA quando seu amigo, o presidente Gerald Ford, absolveu o ex-presidente Richard Nixon. Ele disse a Ford que não sabia como podia "defender com credibilidade" a decisão de perdoar Nixon, quando os cidadãos comuns estavam sendo punidos por se recusarem a servir na guerra do Vietnã. O presidente não queria perdoar seu antecessor, mas achou que era necessário que os Estados Unidos deixassem para trás "aquele longo pesadelo nacional" e que seguissem em frente.

Não é assim que acontece? As pessoas do alto escalão escapam com mais facilidade do que aqueles que estão por baixo. Funcionários são presos por seus crimes, mas é difícil a uma nação processar um presidente. Funcionários perdem os empregos e vão à falência, enquanto que grandes bancos são socorridos porque seu fracasso iria prejudicar a economia mundial.

Odiamos essa política injusta, e mesmo assim podemos repeti-la. Protegemos um pastor para preservar a reputação de nossa igreja, ou desprezamos a má conduta de nosso candidato para ganharmos a eleição. Quando maior você for, menos provável será que seja reprovado.

Não com Deus. O livro de Tiago diz que os líderes na igreja receberão "maior juízo" (3:1) e Paulo escreveu que todos os líderes serão responsabilizados (1 Coríntios 4:2-5). Jesus reprovou a elite religiosa por fazerem de seus prosélitos ""...duas vezes mais [merecedores] do inferno do que vocês mesmos" (Mateus 23:15). Ao invés de sermos intimidados ao silêncio permissivo, sigamos o exemplo de Natã que falou a verdade ao rei Davi. Não racionalizou o adultério e assassinato cometido por Davi, mas declarou com ousadia "Esse homem é você".

Quanto mais poderoso, mas difícil de cair. Vamos conduzir os outros em integridade e honestidade que honram a Deus. —Mike Wittmer

# sistema organizado

**leia>**
**Colossenses 3:18-21**
Esposa, obedeça ao seu marido, pois é o que você deve fazer por ser cristã (v.18).

**examine>**
Leia o livro de Efésios 5:25-29 para adquirir conhecimento sobre a responsabilidade de um marido em relação a sua esposa.

**considere>**
De que forma você viu a palavra *submissão* usada inadequadamente no passado? Como o papel do marido em amar sua esposa facilita a submissão no casamento?

Perguntou-se às crianças: "Como uma esposa pode se submeter a seu marido?". Maria, de oito anos disse: "Minha mãe pode cortar a grama, alimentar os cachorros, trabalhar no jardim e nos ajudar no dever de casa, em vez de pedir a meu pai para fazer isso. Também poderia fazer comida para ocasiões especiais, ir ao mercado, levar a gente ao médico, recolher nossas roupas todas as manhãs, fazer café da manhã, almoço e jantar."

Esta definição gera o caos no casamento e perpetua má compreensão sobre o assunto. O que Paulo tinha em mente ao escrever essas famosas palavras em Colossenses 3?

O mandamento para que as esposas se submetam a seus maridos era uma das evidências dos colossenses se revestindo do novo ser. Portanto, quando Paulo deu esta ordem (v.18), não estava dizendo que as esposas eram inferiores, e que os maridos deveriam forçar a submissão, que todas as mulheres têm que se submeter a todos os homens, que as esposas não são inteligentes e não têm boas ideias, ou que devem seguir seus maridos em pecado.

A palavra *submeter* significa "colocar-se sob." O apóstolo estava dizendo que cada esposa, em reconhecimento ao sistema divinamente estabelecido na criação dos primeiros seres humanos (Gênesis 2:7,18,21-23), deviam colocar-se sob a liderança do marido. Isso traz honra a Jesus e reflete com clareza Seu governo na vida da mulher.

Como seguidores de Cristo, não deveríamos reagir negativamente à palavra submissão baseados em más experiências de mau uso. Em vez disso, devemos refletir em seu verdadeiro significado bíblico. Maridos e mulheres devem conversar sobre as decisões e situações que enfrentam e lutar por unidade em suas decisões — o marido carregando o peso final da responsabilidade em amor (Colossenses 3:18,19). Essa é a maneira de Deus. —Mark Williams

# querido

**leia›**
**Efésios 1:1-14**
Antes da criação do mundo, Deus já nos havia escolhido para sermos dele... (v.4).

**examine›**
Leia novamente estes versículos (vv.1-14) e marque cada palavra que expressa como Deus se sente sobre você e a vontade dele para sua vida. O que isto lhe diz sobre o coração e caráter divino?

**considere›**
Quando você se sentiu menos desejado ou querido em sua vida? Como se sente ao saber que é querido por Deus?

Há alguns anos nossos amigos viajaram para a Etiópia para conhecer e trazer para casa sua filha recém-adotada. O casal tinha orado por Lilia, economizado milhares de dólares para pagar as despesas de adoção e esperaram meses e meses até que pudessem recebê-la em sua casa. Mas antes de saberem quem seria sua filha e antes de saberem seu nome, ou aparência, já a aguardavam. Eles a queriam.

Na carta aos efésios o apóstolo Paulo oferece uma longa lista das várias formas como Deus nos aguardou e nos quis. No original grego estes versículos (1:3-14) formam uma frase longa e emocional (mais de 200 palavras). É como se ele fosse tomado de entusiasmo e suas palavras escapassem da página, enquanto tentava descrever sobre a extensão do amor de Deus por nós. Paulo nos diz que:

• *Deus nos escolheu* "Antes da criação do mundo..." (v.4). Para aqueles dentre nós que sempre se sentiram colocados de lado e nunca incluídos, podemos nos alegrar no fato de termos sido escolhidos. E fomos escolhidos muito antes de respirarmos pela primeira vez.

• Deus "nos predestinou para ele, para a adoção" (v.5 ARA). Para aqueles dentre nós que vivem com medo constante de que fracassaremos ou administraremos mal a bondade de Deus, podemos descansar na decisão firme do Senhor de nos amar. Se quisermos Jesus, descobriremos que Ele já nos desejava (e há muito tempo).

• Deus "...nos deu com tanta fartura!..." (v.8). Para aqueles dentre nós que nunca se sentiram extravagantemente amados, podemos nos alegrar na veracidade de que Deus se alegra em nós.

Se você nunca sentiu-se verdadeiramente querido, saiba disto: Deus quer você... mais do que você possa imaginar. —Winn Collier

# procurando

**leia›**
**Lamentações 3:22-32**
O Senhor é bom para todos os que confiam nele (v.25).

**examine›**
Leia o livro de Deuteronômio 28:45 para saber porque Deus permitiu que Seu povo fosse derrotado pelos babilônios. Os versículos 36 e 37 previram exatamente o que ia acontecer.

**considere›**
O que acontece ao escolhermos não buscar a Deus ao experimentarmos o sofrimento? O que acontece quando realmente o buscamos?

Recentemente a arqueóloga Eilat Mazar encontrou fortificações construídas em Jerusalém há três mil anos. Acredita-se que foram feitas por Salomão, e esta evidência refuta fortemente o que os especialistas seculares creem: "que a monarquia de Davi [e Salomão] era em grande parte mítica e que não se pode falar que houve um governo forte naquela época". A escavação e pesquisa determinada de Eilat fizeram uma descoberta maravilhosa!

No livro de Lamentações 3, o autor (que se crê tenha sido Jeremias) escreveu sobre a importância de se procurar por algo mais importante que ruínas antigas. Disse ele: "O Senhor é bom para todos os que confiam nele" (v.25). O que é impressionante neste versículo e no capítulo 3, é o fato de ser um oásis de esperança num livro da Bíblia que é conhecido por sua tristeza e lamento. Por que o profeta tinha esperança? Por causa do amor fiel de Deus e o fato de que "...sua bondade não tem fim" (v.22).

Tenha em mente que Jeremias testemunhara a desoladora destruição da cidade de Jerusalém. O povo de Deus tinha sido derrotado, e muitos tinham sido exilados para a Babilônia. A morte e a devastação se seguiram.

Mesmo naquele momento sombrio, o profeta escolheu buscar a Deus e a Seu coração compassivo avidamente (v.32). Ele escreveu: "Deus é tudo o que tenho; por isso, confio nele" (v.24). Esperança. Ele ainda a tinha, mesmo que tudo mais fosse passado — dolorosamente tirado dele e do seu povo. Jeremias escolheu esperar em silêncio diante de seu Deus fiel (vv.23,28). O profeta e seu povo tinham sido disciplinados pelo Senhor por sua rebelião contra Ele, mas Jeremias sabia que não seriam rejeitados "...para sempre" (v.31).

Se lhe falta esperança hoje, busque a Deus. Seu amor e compaixão nunca o decepcionarão. —Tom Felten

# amigo de pecadores

**leia›**
**Mateus 5:20-48**
O Filho do Homem come e bebe, e vocês dizem: "Vejam! Esse homem é comilão e beberrão; é amigo dos cobradores de impostos e de outras pessoas de má fama" (Lucas 7:34).

**examine›**
Leia a história de Zaqueu no livro de Lucas 19. O que aconteceu primeiro — Jesus procurou este publicano ou Zaqueu buscou perdão para seus pecados?

**considere›**
Como esta característica de Jesus o consola quando você peca? Qual "pecador" você afastou de si, e que deveria, como o Mestre agir com misericórdia?

Os ensinos de Jesus podem parecer contraditórios. Ele exige um padrão de vida mais rigoroso do que o do Antigo Testamento. A lei judaica condenava o adultério (Êxodo 20:14); Jesus disse que até mesmo olhar alguém com lascívia era errado (Mateus 5:27,28). A Lei permitia o divórcio (Deuteronômio 24:1); Jesus o condenou, exceto a infidelidade conjugal (Mateus 5:32). Muitos líderes judeus interpretavam mal a Lei e se sentiam na liberdade de retaliar (Êxodo 21:23-25); Jesus ensinou o contrário (Mateus 5:38-42). O assassinato sempre foi condenável (Êxodo 20:13), mas Jesus via a ira e o ódio igualmente maus (Mateus 5:22). Ele nos chama a um elevado padrão moral de significado eterno (v.20).

Jesus foi considerado amigo de pecadores (Lucas 7:34). Ele era misericordioso com os divorciados e os sexualmente licenciosos (João 4:17,18; 8:10,11). Jantava com os ladrões publicanos (Lucas 19:5-8) e recebia pessoas de má fama (7:37-39). Simão, o zelote, Seu discípulo, era um revolucionário político e Pedro podia ser violento (6:15; João 18:10). Jesus tinha a companhia das pessoas menos prováveis de viverem Seus padrões morais. E essa é a boa-nova.

Se você é um assassino, adúltero, ladrão ou bêbado; se já foi lascivo, mentiroso, não guardou confidências, foi avarento, iracundo, ciumento ou egoísta, Jesus está preparado para aceitá-lo. Ele é amigo dos pecadores. As únicas pessoas que Ele não aceita são os que se autojustificam com arrogância — aqueles que negam sua necessidade de mudança e perdão; aqueles que se perderam na ilusória crença de que são superiores a todos (Mateus 9:12).

Jesus não fazia vista grossa, relaxando a moral para uma forma de amor livre. Sua ética é dura, Seus padrões elevados. Mas Ele também é amigo dos pecadores, incluindo eu e você. —Sheridan Voysey

# fisgado

**leia›**
**João 8:42-47**
A pessoa que é de Deus escuta as palavras de Deus... (v.47).

**examine›**
Leia o livro de Romanos 12:21 para saber como devemos vencer o mal.

**considere›**
Satanás tem conseguido o melhor de você? Quais mentiras dele você tem aceitado regularmente? De que maneira você pretende reagir aos ataques dele?

"Fisgado!" Eu já ouvi estas palavras serem gritadas muitas vezes enquanto puxo a linha do meu anzol. Essa é a forma tradicional que os pescadores anunciam que um peixe foi fisgado e que a luta começou.

Em uma ocasião o pescador que segurava a vara que balançava muito em seu suporte era Jacó, um amigo do meu filho adolescente. Por 20 minutos ele lutou com coragem. À medida que seus braços ficavam exaustos se perguntava se conseguiria capturar o peixe. Perto do fim, o pescado quase escapou quando enrolou a linha na base do motor do barco. Mas quando pensamos que Jacó o tinha perdido, a pesca de quase 14 quilos ainda estava presa. Em minutos rendeu-se à nossa rede.

A experiência de Jacó, na luta contra o salmão, ilustra os altos e baixos da nossa batalha mais difícil contra as forças das trevas (Efésios 6:12). Às vezes é estimulante nos unirmos a Deus na retomada do território do maligno. Sentimos um profundo senso de propósito enquanto batalhamos na guerra contra o mal que começou muito antes do mundo ter início (Apocalipse 12:7-9). Mas há vezes em que a batalha exige um preço alto. Enfraquecidos, nos tornamos vulneráveis a cair em mentiras como *você não consegue continuar* ou *não vale a pena lutar.*

Satanás é um inimigo astuto, se não puder nos derrotar de frente, muitas vezes vai mudar para uma tática mais sutil para nos derrotar — a mentira (João 8:44). Mas ao invés de concordar com seu engano, podemos manter o diabo na isca nos recusando a acreditar em suas palavras e nos lembrando desta verdade: "Em todas essas situações temos a vitória completa por meio daquele que nos amou" (Romanos 8:37).

Permanecer na verdade não nos tira da luta, dá-nos força para ficarmos firmes. Ouça as palavras de Deus, não as mentiras de Satanás. —Jeff Olson

# talvez hoje

**leia›**
**Lucas 21:5-38**
...Mas ninguém sabe nem o dia nem a hora em que tudo isso vai acontecer, nem os anjos do céu, nem o Filho, mas somente o Pai (Marcos 13:32).

**examine›**
O que estas passagens da Bíblia nos livros de Romanos 13:11-14; 1 Tessalonicenses 5:1-10; 2 Pedro 3:3-15 dizem sobre como devemos viver enquanto esperamos o retorno de Jesus?

**considere›**
Você acha que Jesus voltará em sua geração? Por quê? Você está pronto? Você está ansioso por Seu retorno? Sim ou não?

"...Mestre, quando será isso? Que sinal haverá para mostrar quando é que isso vai acontecer?" (Lucas 21:7). Por séculos, os cristãos fizeram estas duas perguntas, e acreditaram que Jesus estava voltando, por causa de sinais e acontecimentos que observaram durante os seus dias. No entanto, dois mil anos depois, ainda tentamos encontrar as respostas a estas perguntas.

Em vez de dar aos discípulos uma data específica, Jesus os avisou: "...Tomem cuidado para que ninguém engane vocês..." (v.8). Perguntar "quando" é a pergunta errada. Em vez disso, Jesus nos deu estes mandamentos: "Fiquem alertas!" (v.34) e "...fiquem vigiando e orem sempre" (v.36). Por que a ênfase? Será que devemos prestar atenção em sinais específicos e combiná-los com realizações de acontecimentos atuais? Vejamos:

"Acautelai-vos!" não significa que devemos olhar para os sinais de Sua volta, mas para os perigos da má interpretação destes sinais, levando-nos a pensar que são provas conclusivas de que o fim do mundo chegou. Esses sinais — falsos cristos e mestres, apostasia, conflitos, guerras, desastres, terremotos, fomes, pandemias, perseguições, ódio e martírio de judeus e cristãos (vv.8-17) — cumpridos em todas as gerações. Jesus deixou claro: "...é preciso que essas coisas aconteçam primeiro. Mas isso não quer dizer que o fim esteja perto" (v.9).

Cristo voltará. Esta é a Sua promessa (v.27). Quando? Não sabemos (Marcos 13:32,33). Está próximo? Sim, ela está mais próxima agora do que foi ontem (Romanos 13:11,12). Iminente? "...o Dia do Senhor virá como um ladrão, na calada da noite" (1 Tessalonicenses 5:2). Em breve? *Talvez hoje.*

Jesus veio como nosso Salvador cerca de dois mil anos atrás. Ele virá outra vez como Juiz (João 5:22,27; Atos 17:31). "Não deixem [...] que aquele dia pegue vocês de surpresa" (Lucas 21:34). —K. T. Sim

# o exemplo de Jônatas

**Leia›**
**1 Samuel 20**
...porque Jônatas o amava com todo o amor da sua alma (v.17 ARA).

**Examine›**
Leia o livro de Jó 2:11-14 para ver como os amigos podem se apoiar mutuamente durante tempos difíceis. Leia o livro de João 15:13-17 para saber mais sobre a amizade de Jesus com os cristãos.

**Considere›**
O que você pode fazer para melhorar uma amizade? Como suas amizades se comparam ao relacionamento de Davi e Jônatas?

Quando Matt Damon fez sucesso, ele comprou dois robustos jipes *Grand Cherokee* — um para si e outro para seu melhor amigo, Ben Affleck. A uma renomada revista, ele disse: "Esse era o carro dos nossos sonhos. Decidimos na moeda a cor deles, pois nós dois queríamos verde-selva e eu ganhei. Ele escolheu preto." Sorri ao ler essa história. Amigos sonham, comemoram juntos e se apoiam. Quando Davi e Jônatas se conheceram, "Jônatas, filho de Saul, começou a sentir uma profunda amizade por Davi e veio a amá-lo como a si mesmo" (1 Samuel 18:1). Eles permaneceram amigos, embora o pai de Jônatas, o rei Saul, quisesse matar Davi. Infelizmente, Jônatas teve que escolher entre a lealdade a seu pai e seu melhor amigo.

Ele escolheu Davi, e lhe perguntou: "O que você quer que eu faça?" (20:4). Jônatas ajudou Davi a fugir de Saul. Um amigo verdadeiro é leal e o verdadeiro aliado deixa de lado os seus interesses para apoiar o outro. Competição não vai corroer o seu relacionamento. Jônatas queria Davi como rei de Israel, embora seu pai tão cruelmente houvesse indicado que Jônatas deveria ser o próximo governante (v.30).

Apesar da enorme pressão sobre sua amizade, Jônatas caminhou para visitar seu amigo, na região montanhosa no deserto de Zife, onde Davi estava se escondendo de Saul. Durante a sua saída no deserto, Jônatas "...lhe deu coragem para confiar na proteção de Deus" (1 Samuel 23:16). Os verdadeiros amigos acham tempo para se encorajarem espiritualmente.

Ao ler sobre Davi e Jônatas, me questiono: Sou uma boa amiga? A lealdade, a humildade e o compromisso inabalável de Jônatas com Davi me inspirou a procurar outras maneiras de servir os meus amigos. Embora nenhum relacionamento seja perfeito, a amizade funciona melhor quando seguimos o exemplo de Jônatas: "...pois ele amava Davi como a si mesmo" (20:17). —Jennifer Benson Schuldt

# honesto demais

**leia›**
**1 Pedro 3:7-12**
...tratai-a com dignidade [...] para que não se interrompam as vossas orações (v.7 ARA).

**examine›**
O que o livro de Mateus 5:23,24 nos diz sobre a importância da reconciliação antes de adorarmos a Deus adequadamente?

**considere›**
Você se esforça para ser sincero em tudo o que faz? Você está sendo desonesto diante de Deus e dos outros?

O que parecia ser um dia normal na igreja, tornou-se extraordinário. O clérigo apenas pediu a um de seus diáconos para orar. Mas este se levantou e disse: "Desculpe, pastor, discuti com minha esposa todo o caminho até aqui e não estou em condições de orar." E, sentou-se.

Depois de um "breve" momento em que o tempo pareceu interminável, o ministro desajeitadamente conduziu a congregação em oração e o culto seguiu em frente. Depois, os dois trocaram desculpas e o pastor prometeu nunca mais pedir a alguém para orar publicamente sem primeiro consultar essa pessoa.

Quando meu professor de seminário contou o incidente, senti que essa atitude não era muito religiosa. Aquele homem demonstrou uma honestidade chocante em um lugar tipicamente conhecido pelo fingimento e formalidade.

O diácono também entendeu um conceito que o apóstolo Pedro sugere: Deus é um pai protetor e carinhoso. Se eu não estou honrando a minha esposa, por que o Pai celestial dela ouviria minhas orações? Eu ofendi o Senhor tanto quanto a ofendi. Talvez por isso Pedro advirta: "...tratai-a com dignidade [...] para que não se interrompam as vossas orações" (1 Pedro 3:7 ARA).

"Pois o Senhor olha com atenção as pessoas honestas..." Pedro acrescentou, citando o Antigo Testamento (Salmo 34:15,16), "...e ouve os seus pedidos, porém é contra os que fazem o mal" (1 Pedro 3:12). Essa verdade não se estende apenas ao relacionamento conjugal, mas para tudo o que fazemos.

O que acontecerá se trocarmos a fachada de religiosidade pela honestidade amorosa e sincera com os nossos irmãos e irmãs em Cristo? O que acontecerá se honrarmos uns aos outros mais do que a nós mesmos? É a única maneira para que o mundo saiba que somos verdadeiramente diferentes. —Tim Gustafson

# ampliado

**leia>**
**Mateus 7:13-20**
Assim, toda árvore boa dá frutas boas, e a árvore que não presta dá frutas ruins (v.17).

**examine>**
Leia o livro de Lucas 12:13-21 para ver como nossas escolhas nos moldam, e leia o livro de Romanos 14:13-15:4 para ver como nossas escolhas podem ajudar ou prejudicar os outros.

**considere>**
O exagero pode ser melhor do que o boicote? O que aconteceria se nos uníssemos por uma boa causa, em vez de chamarmos atenção às causas que ofendem?

A maioria das pessoas concorda que os mercados livres melhoraram a vida de bilhões de pessoas. Muitos hoje vivem mais e mais ricos do que alguém jamais foi. Os mercados livres nos incentivam a criar produtos que as outras pessoas queiram comprar. Empreendedores lucraram com seus esforços ao inventar vacinas, computadores, micro-ondas e água encanada.

Os mercados livres não são um bem absoluto, mas são a maneira mais eficiente de fornecer aos consumidores o que eles querem. No entanto, os mercados não podem nos dizer o que desejar. Se os consumidores querem alívio para o calor do verão, os mercados irão conectá-los com os vendedores de aparelhos de ar-condicionado. Se querem ficar ricos rapidamente por meio de jogos de azar, os mercados fornecerão cassinos.

Resumindo, os mercados ampliam o que nós somos. Se você quiser saber quem você é, olhe para o que você compra, esses produtos o revelam. Qual o conteúdo em seus produtos eletrônicos? O que você encontra lá indica que tipo de árvore você é (Mateus 7:17,18,20).

Os mercados também se ampliam através do aumento de nossa influência sobre os outros. Um materialista medieval aumentaria seu ouro, e isso seria o fim. Mas agora, com o poder de ampliação dos mercados, um materialista que compra uma casa gigante suporta toda uma indústria que constrói mansões, e uma pessoa imoral que acessa sites pornográficos incentiva os produtores a produzir mais esse tipo de conteúdo. Cada compra é um voto para o produto que compramos. Se escolhermos entretenimento grosseiro, banal ou obsceno, nossa cultura vai contribuir para que o mercado produza mais do mesmo.

Nenhum homem é uma ilha. Isso nunca foi mais verdadeiro do que agora. E Deus vai um dia julgar as escolhas que fazemos hoje (Mateus 7:19; Hebreus 6:8). —Mike Wittmer

# baluarte da verdade

**leia›**
**1 Timóteo 3:14-4:5**
...a Igreja do Deus vivo, a qual é a coluna e o alicerce da verdade (v.15).

**examine›**
Leia os livros de Colossenses 1:18 e 1 Pedro 2:7-9 para melhor compreensão do verdadeiro propósito e valor da igreja.

**considere›**
Como um membro da igreja pode participar da família de Deus? De que maneira você pode apoiar o propósito da igreja em ser pilar e alicerce da verdade?

Minha amiga não gosta da ideia de ir à igreja. Ela diz: "As pessoas deixam seus cérebros às portas da igreja."

Um poeta contemporâneo descreve a igreja desta forma: "Por fora, bela como antigamente; sem brilho interiormente, vazia e fria. Sua força e fogo se passaram, e como a lua morta, ela ainda brilha."

Para algumas pessoas, a igreja é simplesmente um lugar para aqueles que são religiosos. Mas o apóstolo Paulo vê a igreja através de um ângulo diferente. Ele vê a igreja como um corpo significativo. É a "casa de Deus", "a igreja do Deus vivo", e a "a coluna e o alicerce da verdade" (1 Timóteo 3:15). A igreja não é um edifício, ou uma reunião realizada em um local físico. A igreja são as pessoas — aqueles que já nasceram pelo Espírito de Deus e iniciaram um novo relacionamento com Deus como seu Pai, e uns aos outros como irmãos. É a "casa de Deus".

Além disso, a igreja pertence ao Deus *vivo*. Quando os cristãos se reúnem, eles experimentam a presença de um Deus que lhes fala Suas palavras, ouve suas orações e responde à sua adoração.

Ao contrário do que algumas pessoas acreditam, a igreja não é um resquício ultrapassado do passado, sem relevância para a sociedade de hoje. Há uma razão para sua existência. É a "...coluna e o alicerce da verdade", criada para fazer a diferença e introduzir a verdade em um mundo saturado de erros.

Que Deus nos ajude, a igreja, a aprender novamente quem somos e o que podemos fazer por Ele. Pois "...Cristo amou a Igreja e deu a sua vida por ela. Ele fez isso para dedicar a Igreja a Deus, lavando-a com água e purificando-a com a sua palavra" (Efésios 5:25,26). A igreja é de grande valor aos olhos de Deus. —Poh Fang Chia

# desvios divinos

**leia›**
**Efésios 3:1-13**
No passado esse segredo não foi contado aos seres humanos, mas agora, por meio do seu Espírito, Deus o revelou aos seus santos apóstolos e profetas (v.5).

**examine›**
Leia o livro de Efésios 3:1-13. Observe se os personagens foram surpreendidos. De que maneira! O que a ideia de "mistério", na passagem, diz sobre os desvios divinos?

**considere›**
De que maneira Deus pode influenciar em suas prioridades? Ele pode agir em sua vida?

No verão passado, meus filhos e eu fizemos alguns passeios de bicicleta. Um caminho à beira do rio tornou-se o favorito. Há vários locais para parar, deixar os capacetes e explorar ao redor. A descoberta mais célebre deles foi um ninho de girinos. Em contraste com os meus filhos, não gosto de parar durante o passeio. Eu gosto de passear seguindo a rota de *ida e volta*. Mas para eles, o que encontram pelo caminho é tão importante quanto chegar ao destino.

No começo do livro de Efésios, Paulo descreve um conjunto de palavras, imagens, temas e ideias de tirar o fôlego — teologicamente ricas. No entanto, assim que o capítulo 3 começa, Paulo desacelera, faz uma pausa e escreve uma oração: "Por essa razão eu oro a Deus, eu, Paulo, que estou preso por causa de Cristo Jesus para o bem de vocês, os não judeus" (v.1). E essa reticência nos envia em uma viagem.

Paulo mal tinha acabado a sua oração quando começou a levar o assunto para outra direção — desviando-se da ideia original. Depois de 13 versículos Paulo retoma seus pensamentos iniciais. A maioria dos tradutores, conscientes desta mudança desarticulada, marcam com um traço ou reticências as tentativas de comunicar que Paulo tinha se *desviado* do assunto.

É interessante perceber, à medida que Paulo desviou-se para esse segundo caminho, literário, ele destacou a predileção de Deus pelos desvios. Paulo contou como Deus tinha "revelado Seu plano misterioso" durante seu ofuscante encontro com o Senhor na estrada de Damasco. Este encontro com Jesus não estava na agenda de Paulo (v.3). Ele, então, descreveu outro aparente desvio, Deus unindo judeus e gentios era algo que ninguém esperava (v.6). Um *desvio monumental*.

A graça muitas vezes vem de forma inesperada. Desvios, submetidos a Deus, não são inconveniências, *são dádivas*. —Winn Collier

# belas expressões

**leia›**
**Filipenses 4:10-20**
Em Tessalônica, mais de uma vez precisei de auxílio, e vocês o enviaram (v.16).

**examine›**
Leia o livro de Mateus 25:34-46. De que maneira sua igreja cumpre o papel de ajudar os outros?

**considere›**
Você e os membros de sua igreja podem ajudar as pessoas carentes em sua comunidade? Os seus atos de bondade e compaixão mudam os outros e você mesmo?

Alguns anos atrás, uma mãe de 28 anos de idade sofreu um ataque brutal que a deixou paralisada da cintura para baixo. Ela estava sentada num banco, e observava seus filhos brincarem no parque local. Um doente mental a esfaqueou pelas costas, quase cortando sua medula espinhal.

"A minha respiração parou", ela disse mais tarde. "Eu não conseguia falar. Não conseguia gritar. Fiquei lá por um segundo, e imediatamente parei de sentir as minhas pernas."

O marido dela tinha perdido recentemente o emprego, e eles estavam sem plano de saúde. No entanto, no momento mais sombrio para ela, o Senhor imediatamente impeliu as três igrejas cristãs da cidade, com apenas 300 habitantes, para dar-lhe assistência, demonstrando firmemente que Deus "...não se esquece do clamor dos aflitos" (Salmo 9:12 ARA).

Os fiéis de diferentes denominações, unidos, reconstruíram a casa dessa jovem mãe. Eles alargaram as portas e adaptaram os degraus na entrada da casa para melhorar o acesso. Aqueles homens e mulheres também pintaram, limparam e ajudaram de muitas outras maneiras (Filipenses 4:14).

Esta é uma bela demonstração do amor de Jesus e da comunidade cristã, quando as pessoas vivem as instruções do apóstolo Paulo encontradas no livro de Romanos 12:13, que dizem "Repartam com os irmãos necessitados o que vocês têm e recebam os estrangeiros nas suas casas"

Para os incrédulos, Paulo escreveu: "...sempre que pudermos, devemos fazer o bem a todos..." (Gálatas 6:10). Repetidas vezes na Bíblia, vemos o terno coração de Deus pelos pobres e necessitados. Uma vez que Ele se preocupa com aqueles que estão em necessidade, nós também devemos cuidar deles (Deuteronômio 15:7,8; Marcos 14:7). Permita que a Sua beleza irradie enquanto você alcança com compaixão aqueles que precisam de suas palavras e ações amorosas. —Roxanne Robbins

# nenhuma menção

**leia>**
**Efésios 5:1-10**
Vocês fazem parte do povo de Deus; portanto, qualquer tipo de imoralidade sexual, indecência ou cobiça não pode ser nem mesmo assunto de conversa entre vocês (v.3).

**examine>**
Considere com cuidado as palavras de Paulo no livro de 1 Coríntios 3:16. Reflita sobre como a impureza o devasta espiritualmente.

**considere>**
Você precisa se arrepender de alguma impureza? Por que uma escolha impura muitas vezes leva a outras?

"Eu estou muito feliz porque dormi por aí na minha adolescência e juventude." "A pornografia tornou meu casamento muito melhor." "Deixar meu desejo correr solto tem me aproximado de Deus."

Ok, eu nunca ouvi alguém dizer nada parecido com estas coisas. Depois de ter aconselhado muitos indivíduos e casais ao longo dos anos, o que tenho ouvido é isto: *impureza conduz somente à dor e destruição.*

Deus está bem ciente desse fato. Sua Palavra nos diz para buscarmos mais e mais a pureza e a distância do pecado sexual (1 Tessalonicenses 4:3-7; 1 Coríntios 6:18). O apóstolo Paulo escreveu "...qualquer tipo de imoralidade sexual, indecência ou cobiça não pode ser nem mesmo assunto de conversa entre vocês" (Efésios 5:3-10). Na NIV, este versículo diz: "Entre vocês não deve haver nem sequer *menção* de imoralidade sexual nem de qualquer espécie de impureza nem de cobiça".

Paulo explica que estes pecados não devem ocorrer entre o povo de Deus (v.3), ou entre os seus *santos*. Em vez de viver na escuridão, somos chamados a viver "...como pessoas que pertencem à luz" (v.8). Ao caminharmos em Seus santos caminhos, evitaremos o horror e sofrimento que vem com a impureza, porém, mais importante, faremos "...as coisas que agradam o Senhor" (v.10). Não basta apenas *conhecer* os mandamentos de Deus. Somos chamados a obedecê-los.

Recentemente, estava conversando com alguém cuja dor e remorso por decisões imorais anteriores tinham afetado seus relacionamentos atuais. Pela graça de Deus, ela se arrependeu do seu passado, mas este a assombrava.

Paulo escreveu: "...Que uma pessoa plantar, é isso mesmo que colherá" (Gálatas 6:7). Afastando-se das tentações impuras, você "plantará sementes" que trarão saúde espiritual, glorificarão a Deus e semearão a verdadeira alegria que vem dele.

Lembre-se, ser puro significa "nenhuma menção". —Tom Felten

# amigos corajosos e fiéis

**leia>**
**Marcos 2:1-12**
mas, por causa de toda aquela gente, eles não puderam levá-lo até perto de Jesus. Então fizeram um buraco no telhado da casa, em cima do lugar onde Jesus estava, e pela abertura desceram o doente deitado na sua cama (v.4).

**examine>**
Veja nos livros de Mateus 8:5-13; Marcos 5:21-43 e Atos 9:36-42 mais exemplos de pessoas cuja fé afetou a vida de outros.

**considere>**
Que amigos fiéis aproximam você de Jesus quando você está fraco? A quem você poderia mostrar esse tipo de amizade?

Quando os moradores ouviram que Jesus voltara de Sua viagem de Cafarnaum, correram para onde Ele estava hospedado (provavelmente na casa de Pedro) e se juntaram ao redor dela. Muitas pessoas lotaram a casa e não havia qualquer maneira de um paralítico, trazido à porta por seus amigos preocupados, entrar. Mas seus amigos não se sentiram impedidos, e planejaram algo perigoso e nada convencional.

Levantaram o amigo paralítico, arrastaram-no pela escada lateral até o telhado, romperam a vedação de barro e rasgaram a cobertura de palha. A seguir, fizeram um buraco grande para que pudessem descer o amigo por ali. Eles vandalizaram a casa de Pedro! Quando o Mestre viu a fé radical deles, deu-lhes *mais* do que foram conseguir: Ele reconheceu primeiramente as necessidades espirituais do homem, e depois o curou fisicamente (Marcos 2:5,11,12).

Às vezes, simplesmente não podemos ir mais longe na vida ou nos aprofundarmos na fé por nós mesmos. Há momentos que precisamos de outros para nos levar com coragem a Jesus.

"Lembro-me quando escrevi meu livro sobre a oração", disse-me o autor Richard Foster durante uma entrevista de rádio. "Quando terminei, eu não queria orar. Na verdade, eu nem *gostava* de oração!" Ele estava esgotado e espiritualmente seco. O grupo de oração semanal de Richard veio logo e ele compartilhou sua situação. Revelou sua falta de oração para seus quatro amigos e esperou que eles reagissem. "Não achamos que você deveria orar agora", disseram-lhe, "nós oraremos em seu lugar." Não demorou muito para que Richard orasse novamente por si mesmo.

Assim como o homem paralítico e como Richard Foster, precisamos de amigos ousados e fiéis. Agradeço a Deus por aqueles que me levaram a Jesus e fizeram a oração que eu não pude fazer por mim mesmo.

—Sheridan Voysey

# figuras de linguagem

**leia>**
**Gálatas 4:1-7**
Assim vocês não são mais escravos; vocês são filhos. E, já que são filhos, Deus lhes dará tudo o que ele tem para dar aos seus filhos (v.7).

**examine>**
Note como Paulo quer que seus leitores esqueçam o passado, em que se viam apenas como servos, e passem a a se enxergar como filhos e filhas de Deus (Gálatas 4:7).

**considere>**
Você se questiona se está perdendo a oportunidade de relacionar-se mais profundamente com Deus? É possível aprofundá-lo nesta semana?

A Bíblia retrata várias figuras de linguagem para descrever o nosso relacionamento com Deus. Vejamos como elas revelam as incríveis maneiras como o Senhor nos permitiu nos relacionarmos com Ele.

Na parábola sobre o *oleiro* e o *barro* (Isaías 29:16), o barro é apenas um objeto inanimado que é moldado pela mão do oleiro. Não ilustra uma relação de profundidade. Mas mostra claramente que nossas vidas estão nas mãos soberanas de Deus. Na história do *mestre* e do *servo* (Lucas 19:11-26), encontramos uma hierarquia de autoridade. Infelizmente, muitos cristãos veem seu relacionamento com Deus apenas como servos obedientes. Felizmente, o nosso relacionamento com Ele significa mais do que isso. A Bíblia diz que Ele é nosso Pai e que somos Seus filhos (1 João 3:1). E sermos Seus filhos ou filhas nos dá acesso a mais privilégios do que sendo servos.

Na parábola do *pastor* e das *ovelhas* (João 10:1-16), vemos que Jesus nos conhece e que Ele, com sacrifício, se importou conosco. Ele disse: "Eu sou o bom pastor. Assim como o Pai me conhece, e eu conheço o Pai, assim também conheço as minhas ovelhas, e elas me conhecem. E estou pronto para morrer por elas" (vv.14,15).

A Bíblia também nos chama de "amigos de Deus" (Romanos 5:11). Ela nos descreve como Seus companheiros próximos, que estão informados e intimamente envolvidos nos detalhes de Seus assuntos importantes (João 15:15). E todos os cristãos são descritos como a noiva de Cristo (Apocalipse 19:6-8). Compartilhamos uma relação de amor e intimidade com Deus, que se assemelha a de um casal. O que pode ser mais pessoal do que isso?

Todas estas figuras de linguagem nos mostram pontos de vista específicos sobre a forma como nos relacionamos com Deus. Como seu relacionamento com Ele se parece? —Jeff Olson

# ganhando força

**leia>**
**2 Coríntios 12:1-10**
...A minha graça é tudo o que você precisa, pois o meu poder é mais forte quando você está fraco... (v.9).

**examine>**
Leia o livro de Isaías 35 para descobrir por que podemos nos alegrar, mesmo ao reconhecermos as nossas próprias falhas.

**considere>**
De que maneira a definição da palavra força difere da definição encontrada na Palavra de Deus? Em quais áreas você concentrou-se numa ferida antiga ao invés de admitir sua fraqueza e dor para o Senhor?

Após mais de 20 anos na pastoral da juventude, o meu marido já teve a sua cota de acidentes no trabalho.

Mais recentemente, ele estava envolvido em um jogo ao ar livre quando torceu o pé. Jogando com dores, admitiu a lesão somente depois de vencer o jogo. Ele saiu mancando até um lugar próximo para se sentar e retirar cuidadosamente a meia, só para ver o tornozelo rapidamente inchar além do tamanho de uma laranja. Durante o caminho para o hospital, viu-se que o tornozelo não estava quebrado, mas logo percebeu que levaria tempo até seu pé suportar seu peso mais uma vez.

A dor muitas vezes serve como um lembrete de nossas limitações. Para aqueles que se orgulham de sua independência e se sentem mais confortáveis quando estão no controle, não gostam quando a dor os lembra que são vulneráveis. Em vez de admitirem suas necessidades, "brincam com a dor". Se não se convencerem, asseguram aos outros que podem lidar com tudo o que vier. Ninguém gosta de se sentir fraco.

O ponto crucial do evangelho, no entanto, reside na nossa necessidade desesperada e na insuficiência de recursos próprios. O orgulho nos impede de admitir nossas necessidades, e muito mais ainda de admitir nossas falhas. Mas até estarmos dispostos a lidar com essas coisas, nós nos desligamos da plenitude do poder de Cristo em nossas vidas.

Força para o cristão parece muito diferente do que o mundo professa. Jesus "...abriu mão de tudo o que era seu e tomou a natureza de servo, tornando-se assim igual aos seres humanos... (Filipenses 2:7), na maior demonstração de poder que o céu já testemunhou (2 Coríntios 13:4). Ganhamos força quando vemos as dificuldades e as nossas fraquezas, como um meio de Seu poder estar em ação em nós (12:9,10).

É a diferença entre mancar e correr (Isaías 40:29-31). —Regina Franklin

# amor estranho

**leia›**
**1 Pedro 4:7-11**
Continuem a amar uns aos outros como irmãos em Cristo. Não deixem de receber bem aqueles que vêm à casa de vocês... (Hebreus 13:1,2).

**examine›**
Paulo listou hospitalidade como uma qualificação para a liderança espiritual (1 Timóteo 3:2; Tito 1:8). Por que ela é um pré-requisito necessário para os líderes?

**considere›**
Quais são algumas maneiras de você praticar a hospitalidade hoje? Você consideraria abrir sua casa a um visitante cristão? Sim ou não? Por quê?

Por muitos anos, viajei para diferentes cidades para ensinar a Palavra de Deus. Normalmente, eu ficava na casa de uma família da igreja local durante a minha visita. Oferecendo-me conforto, essas pessoas hospitaleiras me deram "uma casa longe de casa." Eu sempre me maravilhei por meus anfitriões se arriscarem convidando um completo estranho para participar de suas vidas.

Incentivando os cristãos que estavam sofrendo por causa da perseguição (1 Pedro 1:6; 4:12), Pedro lembrou seus leitores de coisas que estão "acima de tudo" (v.8). Ele encorajou os cristãos: "...amem sinceramente uns aos outros..." (v.8), perdoem-se incondicionalmente; sejam hospitaleiros (v.9); e diligentes ao usar seus dons espirituais para servir uns aos outros (v.10). Ele os instou a deliberadamente glorificar a Deus em tudo que fizessem (v.11).

Acolhendo-me em suas casas, os cristãos fizeram mais do que apenas me mostrar o amor de Jesus. Eles obedeceram a ordem para serem hospitaleiros, sem murmuração (1 Pedro 4:9). A palavra *hospitalidade*, em grego, significa literalmente "ser amigável com estranhos". Pedro exortou os cristãos a fornecer alimentação e hospedagem para viajantes professores da Bíblia e para os cristãos que tinham sido deslocados pela perseguição.

Duas vezes no livro de Hebreus somos lembrados para sermos hospitaleiros, o que sugere que a hospitalidade é muitas vezes negligenciada. "Não deixem de receber bem aqueles que vêm à casa de vocês..." (Hebreus 13:2) e "Não deixem de fazer o bem e de ajudar uns aos outros, pois são esses os sacrifícios que agradam a Deus" (13:16), "...em tudo Deus seja louvado..." (1 Pedro 4:11). —K. T. Sim

# happy hour

**leia›**
**Provérbios 23:29-35**
...Por que não consigo levantar? Preciso de mais um gole (v.35).

**examine›**
Leia o livro de 2 Pedro 2:19-22 para ver por que os cristãos devem evitar emaranhar-se no pecado que escraviza.

**considere›**
O álcool o atrai? O que mais o incita a entrar num ciclo de pecado? O que você pode fazer para evitar o vício e o comportamento insensato?

Paul Sneddon fez uma curva muito rápida e, batendo numa barreira de madeira, capotou seu carro. Quando percebeu que não havia maneira de sair dos destroços, abriu uma cerveja e bebeu enquanto esperava para ser resgatado. Mais tarde, admitiu que, no momento do acidente, "tinha bebido durante quatro dias seguidos."

A embriaguez do motorista causou o acidente, e mesmo assim ele fez daquele momento uma *happy hour*! A situação me lembrou do provérbio que afirma que é insensato o "tolo que faz uma tolice pela segunda vez..." (Provérbios 26:11).

Logo, como podemos evitar o comportamento insensato associado ao álcool? Salomão emitiu a seguinte advertência: "Não fique olhando para o vinho que brilha no copo, com a sua cor vermelha, e desce suavemente" (23:31). Beber pode ser atrativo, mas no final o álcool "...morde como uma cobra venenosa" (v.32).

Devido à sua natureza enganosa, podemos ter problemas com bebida antes de perceber o que está acontecendo. Um gole geralmente leva a vários, o que pode provocar a embriaguez. A Bíblia nos adverte: "Não se embriaguem, pois a bebida levará vocês à desgraça..." (Efésios 5:18).

Quando abrimos a porta para a embriaguez, corremos o risco de deixá-la ser um estilo de vida. No começo, tomar todas é raro, então é de vez em quando. Logo, pode tornar-se tão frequente que cada *happy hour* termina abraçando o vaso sanitário. É possível tornar-se um beberrão como em Provérbios que adormece pensando: "...Por que não consigo levantar? Preciso de mais um gole" (23:35).

"*Happy hour*, ressaca, sobriedade, preciso achar uma bebida"; Deus não quer que vivamos neste ciclo de escravidão. Ele nos deu avisos suficientes, mas temos de fazer a nossa parte e manter distância do efeito devastador do álcool. —Jennifer Benson Schuldt

# uma música que vem

**leia**
**Gênesis 4:17-24**
Se pecar contra você sete vezes num dia e cada vez vier e disser: "Me arrependo", então perdoe (Lucas 17:4).

**examine**
O livro de Mateus 18:21,22 revela o padrão de Jesus para o perdão. De que maneira Lucas 17:1-4 reflete isto? A leitura cuidadosa desta passagem demonstra que somos obrigados a perdoar incondicionalmente?

**considere**
Qual a sua reação quando você é injustiçado? Existe alguém que você não esteja disposto a perdoar?

O vocalista de uma banda de *heavy metal*, afirma que sua banda não "toma partido" em religião, uma abordagem interessante para lidar com as questões relevantes a todos: existe um Deus? *E se existir, qual é nossa resposta à Sua realidade?*

Apesar da rejeição às coisas religiosas, o nome dessa banda *Avenged Sevenfold* (sete vezes vingado) refere-se ao relato bíblico do primeiro assassinato. Caim, matou seu irmão (Gênesis 4:1-8). Deus confrontou-o, mas lhe prometeu proteção. "...se alguém matar você, serão mortas sete pessoas da família dele, como vingança" (v.15).

Seis gerações após Caim, Lameque gerou o primeiro músico conhecido, Jubal (Gênesis 4:21) e também recitou o primeiro poema escrito na Bíblia, o qual celebra o assassinato. Na arrogante defesa de suas ações, Lameque faz alusão à proteção divina a Caim. "Se são mortas sete pessoas para pagar pela morte de Caim, então, se alguém me matar, serão mortas setenta e sete pessoas da família do assassino" (v.24).

É irônico, quando Pedro pergunta a Jesus quantas vezes ele deveria perdoar alguém. Jesus respondeu: "Setenta vezes sete" (Mateus 18:22). E Paulo escreveu "...nunca se vinguem de ninguém; pelo contrário, deixem que seja Deus quem dê o castigo. Pois as Escrituras Sagradas dizem: "...Eu me vingarei, eu acertarei contas com eles, diz o Senhor" (Romanos 12:19).

A vingança é a escolha do mundo, e surge de nosso sentimento de que o mundo não está certo. A vingança é combustível de guerras, e as mantém. Jamais podemos consertar algo errado por nós mesmos. Nossos esforços são sempre inadequados, sempre condenados à futilidade. Precisamos da intervenção divina. Felizmente, Deus a oferece.

"Quanto tempo para cantar esta canção?" Bono questiona na música "40", do U2. E então ele entoa a resposta promissora: "Ele me ensinou a cantar uma nova canção..." (Salmo 40:3). A última canção não é nada como o primeiro poema. Há uma canção ainda melhor por vir. —Tim Gustafson

# que diferença

**leia›**
**1 João 1**
Estamos escrevendo a vocês a respeito da Palavra da vida, que existiu desde a criação do mundo. Nós a ouvimos e com os nossos próprios olhos a vimos. De fato, nós a vimos, e as nossas mãos tocaram nela (v.1).

**examine›**
Leia o livro de 1 Crônicas 16:7-26 para ver como Davi usou as ações de Deus na história para distinguir o Deus verdadeiro dos falsos deuses de outras religiões.

**considere›**
Como podemos apreciar o bem em outras religiões sem comprometer a diferença entre elas? De que outras formas o cristianismo é original?

A sabedoria convencional diz que as religiões do mundo divergem nos detalhes, mas são fundamentalmente iguais. Elas colocam seus seguidores em contato com o divino e ensinam variações da regra de ouro: *faça aos outros o que você quer que eles façam a você.* Então, em vez de lutar por nossas diferenças, as pessoas religiosas deveriam reconhecer que nossos ideais morais compartilhados significam que realmente acreditamos na mesma coisa.

O ator Will Smith transmitiu este sentimento popular quando disse: "Minha avó me criou para ser um 'certinho' na igreja, que era fazer o que pudesse para ajudar a sua comunidade. Então qualquer religião faz isso [...] é legal porque o resultado final é o mesmo".

Por mais atraente que essa afirmação pareça, ela interpreta mal a essência da fé cristã. O cristianismo inclui princípios racionais e morais; o livro de Provérbios está cheio deles, mas eles não são o fundamento da nossa fé. O cristianismo é uma fé histórica, o que significa que ela é o que realmente aconteceu no tempo e no espaço. Deus não precisou criar o mundo, *Ele optou por isso*. Depois que nos rebelamos, Deus não tinha que salvar o mundo, *Ele optou em salvá-lo.* Sendo a criação e a redenção atos da vontade de Deus, não podemos questionar.

A fé cristã não é um conjunto de princípios morais, racionais e atemporais que uma pessoa pode descobrir se for inteligente e tiver tempo suficiente. *É o que Deus tem feito* no tempo e no espaço. É Jesus, o Verbo que se fez carne (João 1:14) que "...morreu pelos nossos pecados, [...] ele foi sepultado e, no terceiro dia, foi ressuscitado..." (1 Coríntios 15:3,4).

Agradeça a Deus pelos princípios morais encontrados em outras religiões, mas nunca se esqueça que a diferença fundamental é Jesus.
—Mike Wittmer

# google e graça

**leia›**
**Tito 2:11-14**
...vivamos, no presente século, sensata, justa e piedosamente (v.12 ARA).

**examine›**
Leia o livro de 1 Coríntios 15:10 para ver o impacto que a graça de Deus tinha sobre a vida do apóstolo Paulo.

**considere›**
Onde você encontra instruções para a vida: na graça de Deus ou no *Google*? De que maneira você reage à Sua graça?

"Por meio da Internet se deu a conexão entre todos os homens. Ela nos ensina a dizer sim ao *YouTube* e *Facebook*, e a viver neste presente século sendo indulgentes e imediatistas, enquanto esperamos pelo abençoado 'som' que mostra que alguém nos procura *on-line*."

Quando um amigo criou esta citação, substituindo algumas palavras de Tito 2:12,13, e compartilhou conosco, ele nos fez rir! No entanto, após o riso, nos lembramos de uma realidade preocupante: essa *não* é a maneira que devemos viver. Em vez disso, a Palavra de Deus afirma: "...renegadas a impiedade e as paixões mundanas, vivamos, no presente século, sensata, justa e piedosamente, aguardando a bendita esperança e a manifestação da glória do nosso grande Deus e Salvador Cristo Jesus" (ARA).

Como cristãos, devemos ser pessoas instruídas pela graça de Deus, e não pelo *Google*. O livro de Tito 2:12 ensina que a graça de Deus em Cristo é a verdadeira base da instrução e da motivação para a vida cristã.

Pela graça de Deus, Jesus tomou a nossa pena e morreu por nossos pecados. Ele morreu para que pudéssemos nos tornar as pessoas que Deus quer que sejamos (v.14). A cruz é um testemunho do fato de que a graça divina pode mudar os nossos corações, não importa o que tenhamos feito. Também nos lembra de que nunca somos bons o bastante para não precisarmos dela.

A graça de Deus nos desafia a transformar as coisas erradas da vida em obediência e em algo certo. Significa mais do que "favor imerecido". Porque não é só um favor imerecido ter a vida de Deus em nós; com isso, também experimentamos a força imerecida para viver de maneira que o agrademos. —Poh Fang Chia

# um amigo na escuridão

**leia›**
**Mateus 27:45-55**
Ao meio-dia começou a escurecer, e toda a terra ficou três horas na escuridão (v.45).

**examine›**
Leia o Salmo 139:1-12. Liste todos os lugares que o salmista menciona. Onde está Deus em cada um deles? Observe particularmente o versículo 12. Como Deus interage com as trevas?

**considere›**
Qual é o lugar mais escuro em sua vida agora? Como Jesus muda sua perspectiva?

O *Gap*, um imponente e irregular penhasco perto do porto de Sydney, Austrália, tem a fama de ser um local onde muitas pessoas cometem suicídio. Um convite gentil de um estranho: "Por que você não vem e toma uma xícara de chá?", no entanto, tem impedido inúmeras tentativas. Don Ritchie mora em frente do *Gap* há mais de 50 anos, observando as pessoas e convencendo-as a desistir do suicídio. Ele não faz nada de especial. Simplesmente sorri, puxa conversa, e os convida a se juntarem a ele para um chá em sua casa. Às vezes, nos nossos lugares mais escuros, precisamos apenas da presença de um amigo.

No relato de Mateus sobre a crucificação de Jesus, o apóstolo tem o cuidado de descrever a escuridão profunda que se espalhou pelo céu, envolvendo a cruz em trevas sinistras (Mateus 27:45). Enquanto Jesus sofria durante suas últimas e extenuantes horas, o sol foi encoberto pela escuridão. Era como se aquele acontecimento horrível drenasse cada pedaço de luz do mundo. Mas a escuridão iria piorar.

Enquanto Jesus suspirava, gritou palavras que carregam mais dor do que todos os espancamentos, pregos e zombaria juntos. Jesus exclamou: "...Meu Deus, meu Deus, por que me abandonaste?" (v.46). O Credo Apostólico diz que após morte de Jesus, Ele desceu à escuridão do inferno. No entanto, Jesus experimentou o lugar mais escuro que se possa imaginar, muito antes disso. Ele experimentou solidão total, completo abandono, quando o Pai o deixou.

Todos nós somos pessoas feridas, presas em lugares escuros de medo, desconfiança e solidão. Para que Jesus trouxesse Deus a nós, teve que sofrer o quebrantamento e suportar a escuridão. Agora nunca estamos sozinhos. Jesus é o amigo que nos socorre hoje e sempre.
—Winn Collier

# humilhado

**leia›**
**Tiago 4:1-10**
...Deus é contra os orgulhosos, mas é bondoso com os humildes... (v.6).

**examine›**
O que Deus faz quando nos arrependemos de nosso orgulho, de acordo com os livros de Isaías 57:15 e 1 João 1:9?

**considere›**
Humilhe-se perante o Senhor investindo tempo de joelhos em oração. Por que a humildade é vital no seu relacionamento com Deus e com os outros?

Tânia é uma amiga de muitos líderes mundiais e celebridades. Faz dez anos que a conheço e nunca a vi se gabando sobre suas associações com os ricos e famosos.

Uma vez, perguntei-lhe se nunca sentira vontade de mencionar o nome de alguém famoso para "aparecer". Ela respondeu: "Eu costumava mencionar as pessoas que eu conheço, mas depois que li que era errado se vangloriar de algo, exceto no Senhor, parei."

Admiro como, naquele exato momento, Tânia citou o versículo de 1 Coríntios 1:31, que diz: "...Quem quiser se orgulhar, que se orgulhe daquilo que o Senhor faz"

Se você, como eu, luta para, obedientemente, abrir mão do orgulho em certas áreas, por favor, me acompanhe ao considerar os seguintes versículos:

"Temer o SENHOR Deus é odiar o mal. Eu odeio o orgulho e a falta de modéstia..." (Provérbios 8:13).

"O orgulhoso será logo humilhado; mas com os humildes está a sabedoria" (11:2).

"O orgulho só traz brigas; é mais sábio pedir conselhos (13:10).

"O orgulho leva a pessoa à destruição, e a vaidade faz cair na desgraça" (16:18).

"...Eu moro num lugar alto e sagrado, mas moro também com os humildes e os aflitos, para dar esperança aos humildes e aos aflitos, novas forças" (Isaías 57:15).

Em seu livro *Liberte-se* (ed. Bom Pastor, 2007), a professora de ensino da Bíblia, Beth Moore escreve: "Muitas vezes, a nossa sociedade insulta a humildade bíblica, como um sinal de fraqueza doentia. Nada poderia estar mais longe da verdade. Ser cheio de orgulho é fácil. Ele vem naturalmente. A humildade tem um suprimento de força sobrenatural que vem apenas para aqueles que são fortes o suficiente para admitir a fraqueza."

É quando nós nos humilhamos "...debaixo da poderosa mão de Deus..." (1 Pedro 5:6). —Roxanne Robbins

# proteger a vida

**leia›**
**Jeremias 1:1-8**
Antes do seu nascimento, quando você ainda estava na barriga da sua mãe, eu o escolhi (v.5).

**examine›**
No livro de Eclesiastes 11:5, vemos o envolvimento de Deus na criação da vida humana e da natureza. Como isto deveria afetar nosso ponto de vista sobre a destruição proposital de embriões.

**considere›**
O uso de células-tronco embrionárias destrói algo mais do que a vida? É possível fazer algo para impedir o seu uso?

Russell Turnbull estava num ônibus uma noite, quando uma briga começou. Ele tentou intervir, mas alguém jogou amônia em seu olho direito. Ela corroeu sua córnea, causando a ele a perda de vista e uma dor crônica. Um médico foi capaz de cortar uma pequena parte da outra córnea de Turnbull e utilizar células-tronco adultas para corrigir a danificada. "A operação foi um sucesso e agora tenho a minha visão de volta", disse Turnbull.

Os avanços da medicina e milagres alcançados através da utilização de células-tronco adultas é notável. Infelizmente, alguns cientistas continuam trabalhando com o uso improdutivo de células-tronco embrionárias. Estas células podem ser obtidas apenas através da destruição de embriões humanos... da destruição de *vida*.

Há muitos versículos da Palavra de Deus que fornecem informações sobre as implicações morais e éticas da destruição de embriões: "Assim Deus criou os seres humanos; ele os criou parecidos com Deus..." (Gênesis 1:27), "Tu criaste cada parte do meu corpo; tu me formaste na barriga da minha mãe" (Salmos 139:13), "Quando eu ainda não havia nascido, o SENHOR me escolheu..." (Isaías 49:5).

O profeta Jeremias recebeu esta mensagem de Deus: Antes do seu nascimento, quando você ainda estava na barriga da sua mãe, eu o escolhi... (1:5). O próprio Deus afirmou que os embriões são Sua preciosa obra viva. Destruí-los vai contra Deus e seus mandamentos sagrados (Êxodo 20:13).

Como cristãos, devemos nos opor fortemente à pesquisa com células-tronco embrionárias. É desnecessária graças à utilização bem sucedida de células-tronco adultas. E ao levantarmos nossas vozes em oposição, podemos levar estas palavras de Deus no coração: "Não tenha medo de ninguém, pois eu estarei com você para protegê-lo. Sou eu, o SENHOR, quem está falando" (Jeremias 1:8).

Vamos ajudar a proteger a vida humana, mesmo nas suas menores formas. —Tom Felten

# espaços sagrados

**leia>**
**Atos 17:16-34**
...para que todos pudessem procurá-lo e talvez encontrá-lo, embora ele não esteja longe de cada um de nós. Porque, como alguém disse: "Nele vivemos, nos movemos e existimos..." (vv.27,28).

**examine>**
Leia os livros de 1 Reis 8:27; Salmo 139:7-10; Jeremias 23:23,24 e Hebreus 4:13 para mais referências da onipresença de Deus.

**considere>**
Não há nada de errado em ter um lugar especial onde você gosta de orar. Mas em sua mente, qual é a diferença entre este lugar e um santuário japonês?

O portão tradicional japonês, *torii*, normalmente vermelho brilhante é encontrado na entrada dos santuários xintoístas e templos budistas. Os adeptos dessas religiões acreditam que este é o ponto onde se deixa o mundo secular ao entrar no santo. Na costa da ilha de Miyajima em Hiroshima, Japão, há um *torii*, onde os visitantes são informados sobre o espaço "sagrado".

Na maioria das religiões, os locais sagrados são comuns. Hindus caminham para Varanasi, às margens do Rio Ganges; Neopagãos vão à Stonehenge. Um espaço sagrado é o lugar onde um poder divino ou espiritual é considerado extraordinariamente presente.

Para os gregos de Atenas, o apóstolo Paulo estava em solo sagrado enquanto falava no Areópago. O monte também está a poucos metros de distância do Partenon, o templo da deusa Atena. Entre uma infinidade de deuses, Paulo aproveitou uma oportunidade para falar de outro deus, um Deus "desconhecido" (Atos 17:23).

Este Deus, Paulo explicou, foi Criador e Senhor de todo mundo, em vez de ser criador somente de partes dele, como os deuses gregos (v.24). Os deuses da Grécia tinha poderes limitados, mas este Deus controlava o destino de cada indivíduo no planeta (vv.25,26). Os deuses da Grécia tinham esferas limitadas de influência, mas Deus estava literalmente em todo lugar (v.27).

A mensagem de Paulo é importante para todos os cristãos, pois temos nossa própria versão do espaço sagrado: o santuário da igreja. "Encontramos" Deus lá no domingo pela manhã e, em seguida, voltamos ao mundo "secular" na segunda-feira. Mas se o único e verdadeiro Deus está presente em todos os lugares, então todos os lugares são espaços sagrados.

E isso faz do seu local de trabalho, universidade e casa um local de adoração também. —Sheridan Voysey

# au! au!

**leia>**
**Romanos 7:14-25**
O que aconteceu a essas pessoas prova que são verdadeiros estes ditados: "O cachorro volta ao seu próprio vômito" e "A porca lavada volta a rolar na lama" (2 Pedro 2:22).

**examine>**
O perdão de Deus é outra resposta para o pecado em nossa vida. vidas. Confira no livro de 1 João 1:9.

**considere>**
Para onde você tende a voltar de forma tola? O que você pode fazer para não repetir os mesmos pecados várias vezes?

Um provérbio do Antigo Testamento diz: "O tolo que faz uma tolice pela segunda vez é como um cachorro que volta ao seu vômito" (Provérbios 26:11). E serei o primeiro a dizer: "au! au!" Mais do que eu gostaria de admitir, eu me deleito, de modo tolo, no meu próprio vômito pecaminoso, falando de maneira figurativa. E ele sempre me deixa e aos outros com dor de estômago.

*Qual é o problema? Por que eu continuo voltando?*

Aparentemente, não sou o único perplexo com este problema. Falando sobre suas lutas pessoais com o pecado, o apóstolo Paulo escreveu: "Eu não entendo o que faço, pois não faço o que gostaria de fazer. Pelo contrário, faço justamente aquilo que odeio" (Romanos 7:15). Paulo continua: "Assim eu sei que o que acontece comigo é isto: quando quero fazer o que é bom, só consigo fazer o que é mau. Dentro de mim eu sei que gosto da lei de Deus. Mas vejo uma lei diferente agindo naquilo que faço, uma lei que luta contra aquela que a minha mente aprova. Ela me torna prisioneiro da lei do pecado que age no meu corpo" (vv.21-23).

Ao lutarmos com o retorno à nossa tolice, vamos admitir que os cristãos ainda são propensos ao pecado. Recusar-se a reconhecer isto é simplesmente outra forma de tolice. O apóstolo João escreveu: "Se dizemos que não temos pecados, estamos nos enganando, e não há verdade em nós" (1 João 1:8).

Assim, a verdade é esta: o pecado é uma realidade feia da vida num mundo despedaçado. A vantagem é que não temos mais que ser dominados por ele. Há uma resposta! (Romanos 7:25).

Paulo também disse que por meio do nosso relacionamento com Jesus e tornando-se mais quem Ele quer que sejamos, podemos obter a vitória sobre o pecado e suas tentativas de controlar nossas vidas. —Jeff Olson

# mediador

**leia**
**Efésios 2:1-22**
Ele mantém o edifício todo bem firme e faz com que cresça como um templo dedicado ao Senhor (v.21).

**examine**
Leia os livros de João 13:34,35 e Gálatas 6:10 para ver o que a Palavra de Deus nos diz sobre como devemos interagir dentro do corpo de Cristo.

**considere**
De que forma você minimizou a importância de outras igrejas em sua região? Você pode mudar a maneira de falar de outros cristãos?

Frequentemente tenho a oportunidade de servir em negociações de alto risco na prevenção de "disputas infantis". Com quase três anos de diferença na idade, os meus filhos são tão diferentes quanto a noite e o dia. Embora as coisas possam mudar a qualquer momento, às vezes eles brincam muito bem juntos. Mas quando discordam, leva um tempo até descobrirem que há outra solução além da deles. Como amo os dois — e ambos se parecem comigo, não gosto de suas palavras ofensivas.

No corpo de Cristo, por vezes, não pensamos duas vezes antes de detonar outros irmãos. Quer seja alguém de nossa igreja local que nos frustrou ou outros cristãos com pontos de vistas diferentes, somos rápidos em construir barreiras. Infelizmente, muitas igrejas contam suas histórias a partir de divisões.

Como um pai que media a luta entre duas crianças brigando, o Espírito Santo se entristece quando falamos palavras duras e críticas sobre outros cristãos. Enquanto há data e local para denunciar os que trazem uma falsa doutrina da salvação (Romanos 16:17,18; Filipenses 3:2; 2 Timóteo 3:1-7), e apesar de nossas divergências com os outros aguçarem nossa compreensão da Palavra, a nossa avaliação da doutrina dos outros deve ser firmemente baseada na Palavra e não em nossa experiência pessoal ou preferência.

Sem Cristo, todos somos acusados (Efésios 2:3). Nós não ganhamos Seu favor nem a nossa salvação. E nele não há distinção entre denominações, herança familiar ou estrutura litúrgica (Gálatas 3:28).

Quando se trata de superar as diferenças no corpo de Cristo, Jesus é nosso Mediador, e encontramos pontos em comum por meio do Seu Espírito (1 Coríntios 12:3-6,12,13). Afinal, Ele está voltando por uma noiva completa, e não por uma coleção de partes do corpo. —Regina Franklin

# a bênção

**leia>**
**Números 6:22-27**
O SENHOR te abençoe e te guarde; o SENHOR faça resplandecer o rosto sobre ti e tenha misericórdia de ti; o SENHOR sobre ti levante o rosto e te dê a paz (vv.24-26).

**examine>**
O que as bênçãos bíblicas nos livros de Efésios 3:20,21; Judas 1:24,25 e Hebreus 13:20,21 dizem sobre Deus e você?

**considere>**
Os cristãos de hoje levam as bênçãos a sério? O que se pede no livro de Números 6:24-26? De que maneira essa bênção é significativa para você?

Em muitas igrejas, como parte da liturgia, o pastor termina o culto com uma bênção (o pronunciamento), invocando a ajuda e as bênçãos de Deus sobre os adoradores.

Há muitas bênçãos na Bíblia (Salmo 121:7,8; Romanos 15:13; 2 Coríntios 13:14; Efésios 3:20,21; Judas 1:24,25). Uma das mais famosas bênçãos bíblicas foi usada no filme *Impacto Profundo*. Antes do grande cometa cair na terra, o presidente norte-americano disse: "Que o SENHOR os abençoe e os guarde; que o SENHOR os trate com bondade e misericórdia; que o SENHOR olhe para vocês com amor e lhes dê a paz" (Números 6:24-26).

Enquanto vagavam pelo deserto, os israelitas sabiam que não iriam chegar à Terra Prometida sem a ajuda de Deus. Eles esperavam do Senhor as provisões para as necessidades básicas de comida, água e proteção. A repetição do nome da aliança de Deus, "o Senhor" (*Yahweh*), foi um lembrete do envolvimento fiel de Deus em suas vidas. Esta bênção nos lembra de que, enquanto caminhamos por este mundo perigoso e mal, também não sobreviveríamos sem o Seu favor, graça e misericórdia.

Em seu livro *Bless You* (Deus te abençoe), o professor de ensino da Bíblia Warren Wiersbe escreveu sobre o livro de Números 6:24-26: "Esta bênção pode ser a mais citada de todas elas. Embora a bênção fosse destinada a Israel como povo de Deus, os seis pronomes pessoais utilizados estão todos no singular, indicando que a bênção de Deus é para o indivíduo."

A próxima vez que você ouvir um pastor pronunciar esta bênção no final de um culto, lembre-se que é uma petição em seu favor, pedindo e afirmando que o próprio Deus proverá e protegerá você (v.24), assegurando-o de Sua presença (vv.25,26), perdão (v.25) e paz (v.26).
—K. T. Sim

# convite divino

**leia›**
**Lucas 8:22-56**
...Por acaso vocês não têm fé?... (v.25).

**examine›**
Leia o livro de Hebreus 11:32-40 para saber o que a fé pode realizar na vida de um cristão. Leia também o livro de 1 Pedro 1:6,7 para aprender sobre a relação entre fé e provações.

**considere›**
Quais os inimigos da fé? É difícil confiar em Jesus nas "pequenas coisas", mesmo que já tenhamos confiado nele para cuidar de nossas almas na eternidade?

Recebemos um convite com a foto de um garoto usando óculos de sol engraçados. O sorriso dele ia de orelha a orelha. Ele era colega do meu filho, e o texto dizia: "Por favor, junte-se a nós para o primeiro aniversário do Daniel". Quando eu olhava o convite, sentia alegria. Recentemente, tive a mesma resposta emocionante quando li uma série de convites divinos de Jesus, que repetidamente convidou as pessoas a terem fé nele.

O primeiro convite para confiar nele veio depois de uma terrível tempestade no mar. Você deve se lembrar de como Jesus acalmou o caos. Mas, então, Jesus perguntou aos discípulos: "...Onde está a vossa fé?..." (Lucas 8:25). Incorporado em Sua pergunta estava este convite: *tenham fé em mim. Eu sou mais poderoso do que a tempestade feroz ao seu redor.*

Alguns versos depois, uma mulher que lutava com uma doença incurável havia mais de uma década se atreveu a encostar os dedos no manto de Jesus. Instantaneamente, a doença desapareceu. A reação de Jesus? "...Minha filha, você sarou porque teve fé!..." (v.48). Que convite encorajador para os espectadores: *tenham fé em mim. Eu posso mudar as situações em que não se enxerga esperança há muito tempo.*

No momento daquela cura surpreendente, um homem chamado Jairo soube que sua filha tinha acabado de morrer. Ele queria que Jesus a curasse, mas o tempo havia se esgotado. Quando Jesus soube o que tinha acontecido, disse a Jairo: "...Não tenha medo; tenha fé, e ela ficará boa" (v.50). Em essência: *tenham fé em mim, Eu tenho poder sobre a vida e a morte.*

Séculos mais tarde, o convite divino de Jesus se estende a você e a mim. Você está vivendo no caos? Está sem esperança? Andando na linha entre a vida e a morte? Firme sua fé na Sua capacidade de ajudá-lo, simplesmente dizendo a Ele: "Eu confio em Você". —Jennifer Benson Schuldt

# aqui está uma gorjeta

**leia>**
**2 Coríntios 9:1-11**
Mas quem é direito faz planos honestos e é correto em tudo o que faz (Isaías 32:8).

**examine>**
O que me impede de ser generoso? O que o livro de Lucas 12:15 diz sobre a ganância? E Atos 10:1,2 sobre o líder militar Cornélio? O que aprendemos sobre a natureza de Deus em Atos 10:30,31?

**considere>**
Quais são algumas das maneiras de você ser generoso? Quem você pode abençoar hoje com um ato generoso específico?

"Os cristãos dão boas gorjetas depois do culto?", perguntei à garçonete. Nem eu nem ela fomos sutis. "Muito pouco!", ela respondeu. "Nenhum de nós quer trabalhar no horário após o culto."

Esse diálogo me ajudou a entender o comentário de meu pastor após um culto. 'Você está entrando agora no campo missionário", ele nos lembrou. "Você está representando Jesus. Se você sair para comer, dê gorjetas generosas."

Em muitas culturas, a gorjeta é uma tradição que demonstra apreço por um serviço prestado. Mas, no meu país, dar gorjetas em restaurantes não é apenas um gesto agradável, é como o garçom ou garçonete ganha o seu pão! No entanto, já ouvi histórias de pessoas que deixaram folhetos evangelísticos em vez de uma gorjeta. Por que um garçom serviria a um Deus que tem seguidores como esse?

No livro de 2 Coríntios 9, o apóstolo Paulo abordou a questão da doação generosa. O contexto é sobre uma igreja rica em Corinto que doava a uma igreja que tinha muito pouco. Mas o princípio maior se aplica a indivíduos, porque Paulo fez a doação pessoal. "Que cada um dê a sua oferta conforme resolveu no seu coração..." (v.7).

A generosidade deveria ser uma das características que define os cristãos. Isso não quer dizer que somos negligentes com o nosso dinheiro, mas mesquinharia revela uma pobreza profunda de espírito. Deus promete recompensar aqueles que são generosos."Ele fará com que vocês sejam sempre ricos para que possam dar com generosidade. E assim muitos agradecerão a Deus a oferta que vocês estão mandando por meio de nós" observou Paulo (v.11).

"Uma pessoa que é boa com você, mas não é bom com o garçom não é uma boa pessoa", escreveu o humorista Dave Barry. Como seguidores de Cristo, não somos chamados a ser "legais". Somos chamados a sermos bons, amorosos e generosos em nome de Jesus. —Tim Gustafson

# tempo e oportunidade

**leia>**
**Eclesiastes 9:1-12**
...nem sempre são os corredores mais velozes que ganham as corridas; nem sempre são os soldados mais valentes que ganham as batalhas. [...] Tudo depende da sorte e da ocasião (v.11).

**examine>**
Ore o Salmo 104 novamente a Deus para celebrar as muitas maneiras que Ele continuamente provê o necessário para você e para o resto da criação.

**considere>**
O que é mais fácil: alegrar-se com aqueles que gostam de boa sorte ou chorar com aqueles que sofreram a tragédia? Por que isso é verdade?

John Tesvich estava preparado para tudo. Quando a natureza destruiu o seu negócio, o criador de ostras da quarta geração da família esperou, reduziu seu pessoal até que as condições melhorassem. Quando os consumidores se preocuparam com as bactérias presentes nas ostras, a companhia de John inventou um processo de pasteurização único que as tornou seguras para consumo.

Mas Tesvich nunca esperou que o derramamento de óleo fosse acontecer. A plataforma de petróleo estava há 106 km de distância dele, e dois meses depois explodiu, arruinando o seu negócio no Golfo do México. "Nada é mais traiçoeiro do que este derramamento de petróleo", disse John. "Esta coisa continua derramando óleo, e nada pode ser feito."

A experiência dele nos lembra de que o nosso sucesso depende de fatores que fogem ao nosso controle. Presumimos que os outros agirão de forma responsável, mas quando não o fazem sofremos os danos colaterais. Carreiras terminaram no capricho de um chefe impetuoso, fofocas no escritório ou deslealdade dos subordinados. Empregos desapareceram em certos países como uma bolha de sabão, ou calotes de outros levaram a depressões econômicas. A fragilidade de uma sociedade interligada levou Salomão a observar que "pessoas mais sábias nem sempre têm o que comer e que as mais inteligentes nem sempre ficam ricas... " (Eclesiastes 9:11).

Os acasos do tempo e as oportunidade seriam desencorajadores, se não fosse por Deus. Eclesiastes 3:9-15 nos informa que "Deus marcou o tempo certo para cada coisa..." (v.11), e Ele é soberano: "Eu sei que tudo o que Deus faz dura para sempre; não podemos acrescentar nada, nem tirar nada..." (v.14).

Considere os muitos fatores que contribuem para o seu sucesso. Inclua as bênçãos da natureza, família e país. E, diga a Deus que você sabe que é tudo por causa dele. —Mike Wittmer

# temente a Deus

**leia›**
**Isaías 8:11-22**
...seja ele o vosso temor... (v.13 ARA).

**examine›**
Passeie pelo livro de Provérbios 9. O que ele fala sobre temer a Deus? De que maneira o autor de Provérbios define o temor do Senhor? O que acontecerá se não tivermos o temor de Deus?

**considere›**
De que maneira você pode interpretar mal a ideia de temer a Deus? Em que outras áreas da vida o temor ajudou você?

Anos atrás, fui ao médico para exames de rotina, pois me sentia mal por algum tempo, cansado, triste e letárgico. Sabia que precisava perder peso e me exercitar. No entanto, sentado na maca, em frente ao médico de aparência séria, minhas previsões se concretizaram — colesterol alto e peso fora de controle. Precisava de mudanças, estava assustado. Felizmente, mudei. Mas foi preciso ter medo das consequências do meu estilo de vida para encontrar a coragem para fazer escolhas difíceis.

O profeta Isaías enfrentou a idolatria de Israel. As pessoas, no entanto, optaram por não escutá-lo, pois tinham outras preocupações; com seu bem-estar econômico e status social. Estavam irritados com seus inimigos políticos e fortunas. Israel abandonou a Deus porque o medo devorou toda a sua energia. Para isso, Deus simplesmente disse: "...Não [...] tenham medo daquilo de que o povo tem medo" (8:12). Pelo contrário, Deus sugeriu: "... "fiquem assustados por minha causa e tenham medo de mim..." (v.13).

Nossos medos não podem se dissipar por conta própria, algo maior deve dominá-los. As Escrituras oferecem pelo menos duas coisas que se sobrepõem ao medo: o amor de Deus por nós (1 João 4:18) e nosso temor a Deus (Isaías 8:13). Claro que temer a Deus é totalmente diferente de qualquer outro medo que conheçamos. Temer a Deus não é se encolher num canto como uma criança petrificada escondida de um pai abusivo. Deus não é abusivo.

Temer a Deus é tremer diante da verdade de que Deus é totalmente santo e Todo-poderoso e que tudo (incluindo os medos) se curvam diante do Altíssimo. Há liberdade em saber que quando tememos (nos prostramos, reverenciamos, honramos) a Deus, não precisamos temer qualquer outra coisa. O Deus que é forte o suficiente para nos fazer tremer é aquele que carinhosamente nos conforta com o Seu amor. —Winn Collier

# sem escape

**leia>**
**Apocalipse 3:1-6**
...Eu sei o que vocês estão fazendo. Vocês dizem que estão vivos, mas, de fato, estão mortos. Acordem e fortaleçam aquilo que ainda está vivo... (vv.1,2)

**examine>**
Leia o livro de Apocalipse 3:7-13 e observe a força espiritual das pessoas na igreja de Filadélfia. O que podemos aprender com eles sobre fé genuína?

**considere>**
De que maneira você tenta escapar de viver verdadeiramente para Jesus? O que você precisa para liberar, a fim de buscar a Cristo mais apaixonadamente?

Alguns anos atrás, um casal na Coreia do Sul escapou do desânimo do desemprego usando um jogo de realidade virtual em um *cyber* café local. O jogo lhes deu carreiras falsas e até mesmo uma filha virtual, a quem chamaram de Anima. Enquanto eles jogavam *on-line*, seu bebê *verdadeiro* era deixado em casa. Diariamente, eles davam ao bebê um pouco de leite em pó misturado com água e, em seguida, iam ao café. Um dia, depois de jogarem 12 horas seguidas, chegaram em casa e encontraram o bebê de três meses de idade morto por *desnutrição*. Eles nunca tinham dado um *nome* à menina.

Este relato trágico de escapismo (e negligência) me lembra da igreja de Sardes (Apocalipse 3). A maioria dos cristãos na igreja eram espiritualmente "mortos" (v.1). William Barclay escreve: "Sardes era uma cidade de paz, não de paz conquistada através de batalha, mas de 'paz do homem cujos sonhos estão mortos, e cuja mente está dormindo, a paz de letargia e evasão.'" Muitos cristãos de Sardes tinham deixado para trás o viver corajosamente para Jesus e fugiram para o que era confortável e conveniente.

Sardes fora um centro comercial e politicamente poderoso. Mas por duas vezes em sua história, as muralhas aparentemente impenetráveis de Sardes tinham sido violadas e a cidade foi tomada por inimigos. Agora a sua igreja estava dormindo e caindo em pecados (v.2).

Em contraste com os vigias que tiveram que baixar a guarda e permitir que a cidade fosse saqueada, Deus chamou Seu povo à deriva para lembrarem-se "...do que aprenderam e ouviram. Obedeçam e se arrependam..." (v.3).

As solenes palavras de Deus podem ser apenas o que precisamos para acordar, e assim voltar do nosso escapismo e começar a viver para Cristo novamente. Não há como escapar da nossa necessidade de fé pura e vitoriosa (v.5). —Tom Felten

# parceria divino-humana

**leia›**
**Marcos 6:30-44**
Jesus perguntou: —Quantos pães vocês têm? Vão ver. Os discípulos foram ver e disseram: — Temos cinco pães e dois peixes (v.38).

**examine›**
Leia os livros de Deuteronômio 2:7 e Neemias 4:9 para ver outros exemplos de parceria divino-humana. Você aguarda por um milagre ou provisão divina, sem envolvimento humano?

**considere›**
Você considera-se culpado por achar que os seus dons, talentos e recursos são pequenos para que Deus os use?

A colheita do agricultor é uma provisão de Deus (Deuteronômio 16:15), mas o agricultor deve colhê-la. Cada criança que nasce é uma dádiva de Deus (Salmo 127:3), mas a gravidez não ocorre sem o homem e a mulher. As guerras de Israel foram conquistadas por Deus (Deuteronômio 20:4; Josué 10:42), mas Israel é quem lutava. No trabalho, na procriação e nas batalhas da vida, Deus age conosco em parceria divino-humana, e milagrosamente.

Quando Jesus estava cercado por uma enorme multidão em Betsaida, surgiu uma questão prática sobre alimentação. Os discípulos cansados que foram originalmente trazidos lá para descanso (v.31) entraram em pânico quando Jesus lhes disse para alimentar a multidão (v.37). Eles tinham apenas alguns pães e peixes, mas Jesus milagrosamente alimentou a multidão do tamanho de um estádio com o pequeno lanche.

Agora, observe algumas coisas na história:

Quem devia alimentar a multidão? *Os discípulos*. Jesus não disse: "Eu vou alimentá-los", mas "...Deem vocês mesmos comida a eles..." (v.37). De quem era o alimento utilizado? Era o que os *discípulos* arranjaram. Jesus não fez peixes e pães caírem do céu; Ele usou o que tinha (v.38).

Quem organizou as pessoas? Distribuiu a comida? Juntou as sobras? *Os discípulos* (vv.39,41,43). Mas quem fez o milagre? Jesus. Ele dirigiu todo o evento (v.41).

Deus pode ceifar os campos ou vencer uma batalha sem envolvimento humano. Certa vez, Ele organizou um nascimento virginal! Mas, em geral, Ele faz milagres por meio de ações humanas. Paulo recebeu a visão quando Ananias orou (Atos 9:17,18). Uma multidão foi alimentada quando os discípulos distribuíram o pão.

Espere as bênçãos de Deus fluírem por meio de mãos humanas e ofereça o pouco que você tem para o Seu uso milagroso. —Sheridan Voysey

# sem satisfação

**leia›**
**Salmo 103**
...Ele enche a minha vida com muitas coisas boas, e assim eu continuo jovem e forte como
a águia (v.5).

**examine›**
Confira no livro de Mateus 5:6 outro comentário que Jesus fez sobre satisfação.

**considere›**
De que maneira Jesus nos satisfaz completamente? O que você fará com as áreas de sua vida que o deixam insatisfeito?

Em maio de 1965 os *Rolling Stones* gravaram a música *I Can't Get No Satisfaction* (Não consigo me satisfazer). Pouco tempo depois de seu lançamento, a música tornou-se a nº 1 nos Estados Unidos. Como a banda estava certa. Não importa o quanto nós tentemos, a satisfação parece escorrer por entre os nossos dedos.

Mas será verdade que é impossível encontrar satisfação nesta vida? Ou será que tendemos a procurá-la em lugares errados? Talvez a verdadeira fonte de satisfação esteja bem debaixo do nosso nariz, mas não vemos isso porque tentamos arduamente obtê-la por conta própria.

Considere estas palavras do Antigo Testamento em que o profeta Isaías declarou como sendo palavras vindas do Messias: "Escutem, os que têm sede: venham beber água! Venham, os que não têm dinheiro: comprem comida e comam! Venham e comprem leite e vinho, que tudo é de graça. Por que vocês gastam dinheiro com o que não é comida? Por que gastam o seu salário com coisas que não matam a fome? Se ouvirem e fizerem o que eu ordeno, vocês comerão do melhor alimento, terão comidas gostosas" (Isaías 55:1,2).

Mais tarde, Jesus ilustraria esta verdade de outra maneira ao falar estas palavras a uma mulher que tinha um histórico de procurar homens para satisfazê-la: "Então Jesus disse: —Quem beber desta água terá sede de novo, mas a pessoa que beber da água que eu lhe der nunca mais terá sede. Porque a água que eu lhe der se tornará nela uma fonte de água que dará vida eterna" (João 4:13,14).

Jesus não disse que não podemos encontrar satisfação em nossos relacionamentos, trabalho ou passatempo. Mas Ele disse que, se não encontrarmos satisfação nele *primeiramente*, ela não será completa.

Então, onde você está tentando encontrar satisfação? —Jeff Olson

# convencido

**leia›**
**Tiago 2:17-24**
Quem nasce de pais humanos é um ser de natureza humana; quem nasce do Espírito é um ser de natureza espiritual (João 3:6).

**examine›**
Leia o livro de João 14:14-21 para ver a conexão entre a obra do Espírito Santo em nós e nossa obediência a Jesus. A sua convicção na Palavra de Deus o influencia a mudar suas ações?

**considere›**
As pessoas que lhe são próximas conseguem ver a diferença entre o "velho" e o "novo" em você? (João 3:21).

Um dia, quero fazer *skydiving*. Apesar de não gostar muito de altura, acho que há algo incrível em saltar de um avião com um paraquedas (e um instrutor junto!). Quando éramos crianças, minha irmã e eu pulávamos da nossa sacada do segundo andar em enormes montes de neve que cobriam o nosso quintal, na calada do inverno. Uma vez eu até pulei do telhado da casa de um amigo (de um andar só) no fundo de uma piscina. Como regra geral, porém, não pulo de edifícios. Estou convencida de que é perigoso.

Quando se trata de coisas espirituais, não podemos separar o que acreditamos ser real do modo como agimos. O livro de João 3:16 é de valor incalculável ao comunicar a verdade do amor de Deus por nós. Nossas crenças não são medidas por nossa concordância mental de que Jesus é o Senhor de nossas vidas, mas pelas ações que vivemos em submissão a Ele.

O livro de João 3:33 diz: "Quem aceita a sua mensagem dá prova de que o que Deus diz é verdade." Aqueles que acreditam colocam sua confiança no fato de Deus e Sua Palavra, serem verdadeiros. Porque eles entendem a conexão entre fé e obediência (Josué 22:5; João 3:36), eles estão convencidos a ponto de agir.

Jesus pagou o preço para que pudéssemos ter a vida abundante e livre que Ele prometeu (João 8:31,32; 10:10). Escolher a Cristo é tornar-se nova criatura, não por nossas próprias obras, mas pela Sua graça, a mesma graça que nos capacita a agir de acordo com o que cremos (2 Coríntios 5:17; 2 Timóteo 1:9).

Desvalorizamos a cruz quando o nosso cristianismo não vai além de reconhecer em nossas mentes que Jesus é o Filho de Deus. Até os demônios o reconheceram (Lucas 4:33-35; Tiago 2:19). Que nossas ações reflitam a nossa fé em Jesus. —Regina Franklin

# maravilhoso Guia

**leia>**
**Josué 1:1-9**
O SENHOR cumpriu todas as boas promessas que havia feito ao povo de Israel (21:45).

**examine>**
Leia o livro de Salmo 16:5-11 para ver o entendimento que Davi tinha do seu maravilhoso Guia.

**considere>**
Você segue a Deus fielmente? O que quer dizer render-se à Sua liderança?

Marion Cotillard, atriz do filme *A Origem*, de Christopher Nolan, disse sobre o diretor: "As coisas que eu não entendia mesmo durante a filmagem, sabia que talvez não fossem para ser entendidas. Achei muito interessante me permitir ficar perdida, pois eu estava ciente de que tinha esse guia maravilhoso que nos levaria a um lugar onde realmente viveríamos aquela experiência, porque estávamos nos rendendo a uma história e a um diretor que fariam tudo dar certo."

Acho que Josué poderia dizer algo semelhante sobre o Diretor da sua vida. Na passagem bíblica de hoje, o líder recém-comissionado de Israel está às portas de Canaã. Moisés, seu mentor, tinha morrido. Ele é o novo chefão, e o peso da responsabilidade deve ter sido palpável. Deus disse a ele duas vezes: "Seja forte e corajoso..." (Josué 1:6,9). E uma vez disse isso de forma enfática: "Seja forte e muito corajoso..." (v.7). Não é difícil imaginar o medo e a apreensão de Josué. Mais de dois milhões de israelitas estavam esperando que ele os liderasse até a sua terra. *Como ele faria isso?* O Senhor não entregou a ele um roteiro detalhado, mas fez promessas e deu mandamentos.

As promessas de Deus essencialmente eram: "Você nunca será derrotado. Eu estarei com você [...] em qualquer lugar para onde você for!" (vv.5,9). E os mandamentos divinos foram: "Tome cuidado e viva de acordo com toda a Lei..." (vv.7,8). E qual foi a reação de Josué? Completa devoção e rendição ao seu maravilhoso Guia.

Perto do fim de sua vida, Josué proclamou: "O SENHOR cumpriu todas as boas promessas que havia feito ao povo de Israel" (21:45).

Nós também podemos nos render à história e ao Diretor que "vai fazer tudo dar certo." —Poh Fang Chia

# ida ao lar

**leia›**
**Atos 1:1-11**
...Esse Jesus que estava com vocês e que foi levado para o céu voltará do mesmo modo que vocês o viram subir (v.11).

**examine›**
O que o livro de Efésios 1:18-23 o ensina sobre a volta de Jesus ao céu?

**considere›**
É importante lembrar o retorno de Jesus para o Pai? De que maneira a iminente volta de Jesus à Terra influencia a forma como você vive?

O filme de sucesso *E. T., o extraterrestre*, de 1982, é um dos meus preferidos. Ele termina com o ET dizendo adeus ao jovem amigo Elliot. Antes de entrar na espaçonave, o ET diz a ele: "Estarei aqui", apontando seu dedo brilhante à cabeça do menino. Ao decolar, a nave espacial deixa um arco-íris no céu. A cena me faz lembrar da ascensão de Cristo.

No dia da ascensão Jesus retornou ao céu, 40 dias depois de Sua crucificação (Atos 1:3). Poucas igrejas relembram esse dia, ao contrário do que acontece com a Sexta-Feira Santa, o domingo de Páscoa e o domingo de Pentecoste. Então, o que a ascensão de Cristo quer nos dizer hoje? Antes desse momento, Jesus disse aos Seus discípulos: "...serão minhas testemunhas [...] até nos lugares mais distantes da terra" (v.8). Seu retorno ao Pai desencadeou o poderoso ministério do Espírito Santo que habita em nós (vv.4,5,8). Jesus disse que teria que ir embora (João 16:7). Só então o Pai enviaria o Espírito Santo como dádiva para nós (Atos 1:4; João 14:16,17). Ele veio habitar em cada cristão (1Coríntios 3:16), e ser nosso Advogado, Consolador, Conselheiro e Mestre (João 14:26; 15:26).

O retorno de Jesus para o céu estabeleceu o fundamento de Sua promessa de voltar a esta terra (v.11). Depois de completar Sua obra redentora na cruz, Jesus continua Sua obra intercessória como nosso Advogado e Sumo Sacerdote no céu, entronizado à direita do Pai (Romanos 8:34; Hebreus 8:1,2; 1 João 2:1). "...Esse Jesus que estava com vocês e que foi levado para o céu voltará do mesmo modo que vocês o viram subir" (Atos 1:11) e com "...grande poder e glória" (Marcos 13:26).

Considerando que já se passaram mais de dois mil anos, o dia de Seu retorno pode acontecer muito mais cedo do que esperamos (Romanos 13:11; 1 Pedro 4:7). Mas hoje, Ele está "aqui" em nossos corações, pelo Seu Espírito. —K. T. Sim

# aliança com os olhos

**leia>**
**Jó 31:1-4**
Eu jurei que os meus olhos nunca haveriam de cobiçar uma virgem (v.1).

**examine>**
Leia o livro de Gênesis 39:6-12 para ver como um jovem lidou com a tentação sexual e com a luxúria?

**considere>**
É importante guardar os olhos da tentação sexual? O que você precisa para fazer uma aliança com seus olhos a fim de viver com pureza diante de Deus?

Um estudo publicado, em 2006, revelou que crianças acostumadas a assistir programas com altos níveis de conteúdo sexual tendem a ser mais promíscuas sexualmente. Os pesquisadores estudaram 1.017 adolescentes entre 12 e 14 anos, por um período de dois anos. Eles foram observados enquanto se expunham a diferentes volumes de conteúdo sexual em filmes, programas de TV, música e revistas.

Foi descoberto que aqueles que eram expostos a grande quantidade de conteúdo sexual tinham 2,2 vezes mais chances de ter relação sexual entre 14 a 16 anos do que os que ficaram menos expostos. Esta pesquisa confirma o que Agostinho disse há muito tempo: "Pelo olhar [...] com luxúria [...] os desejos brotam." Creio que esta foi a razão porque Jó fez uma aliança com seus olhos para não chegar a esse *ponto*.

Jó acreditava que estava vivendo diante de um Deus santo, que contava seus passos e guiava sua vida. Isso significava uma vida de pureza e de busca pessoal pela santidade. Ele firmava sua pureza moral lembrando-se de um compromisso individual que definia o que ele iria ou não olhar. Em especial, professava sua pureza guardando seus olhos e evitando a luxúria. Jesus ensinou este mesmo princípio no Novo Testamento (Mateus 5:28).

Pelo fato de nossos olhos serem canais de tentação sexual e luxúria, precisamos fazer uma aliança com eles, assim como Jó. Isto quer dizer preservá-los de todo o mal (Salmo 101:3), viver com disciplina e autocontrole (1 Tessalonicenses 4:4,5) e submissão ao Espírito Santo para orientação e fortalecimento (Gálatas 5:16-21). Também inclui viver como "peregrinos e forasteiros" que aguardam a herança final (1 Pedro 2:11) lutando contra a tentação e buscando o que é certo em comunhão com outros cristãos comprometidos com Jesus. —Marvin Williams

# presentes de um estranho

**leia>**
**Hebreus 13:1-3**
Portanto, sempre que pudermos, devemos fazer o bem a todos, especialmente aos que fazem parte da nossa família na fé (Gálatas 6:10).

**examine>**
Leia o livro de Mateus 25:34-39 para ver como Deus percebe o seu cuidado em relação aos necessitados.

**considere>**
A quais estranhos você demonstrou o cuidado amoroso de Jesus recentemente? De que maneira o cuidado com essas pessoas reflete a compaixão divina?

Embora seja bom estar atento ao interagir com estranhos, as Escrituras afirmam que há situações em que deveríamos oferecer-lhes ajuda (Jó 31:31,32; Romanos 12:13). Como alguém que recentemente beneficiou-se pela generosidade de um casal desconhecido, posso afirmar que essa bondade atendeu a uma necessidade profunda em minha vida. Também impulsionou minha fé e aumentou meu apreço em ser parte do corpo de Cristo.

Tudo começou quando meu filho participou de um acampamento para atletas cristãos. Quando um dos responsáveis pelo acampamento descobriu que meu filho e eu estávamos vindo de Uganda para uma visita, perguntou-nos se havia algo que ele e sua esposa pudessem fazer para nos servir. Como eu precisava cortar despesas para continuar meu ministério na África, perguntei se poderiam me ajudar a retirar as coisas que eu estava pagando para guardar, desde que me mudara para lá há muitos anos.

Na sequência, esse servo do Senhor e sua família providenciaram caminhões e carregadores para retirar meus pertences de um armazém a duas horas de distância. Depois, organizou uma grande venda usando o pátio e a grande varanda de seus parentes.

Eles me ajudaram a eliminar uma despesa inútil e a ganhar um dinheiro muito necessário. Acima de tudo, suas ações abnegadas refletiram a essência do que está escrito no livro de 3 João 1:5: "...você tem sido fiel naquilo que faz pelos irmãos, mesmo quando são estrangeiros".

Nós nos tornamos amigos. Foi um privilégio demonstrar hospitalidade a eles quando trouxeram uma equipe de missionários temporários para Uganda a fim de trabalhar com minha organização, *Tukutana*.

Oremos e busquemos oportunidades para abençoar os "estrangeiros" que Deus coloca em nosso caminho. —Roxanne Robins

# competição

**leia>**
**2 Coríntios 8:1-15**
Não estou querendo mandar em vocês. O que eu estou querendo é que conheçam o entusiasmo com que as igrejas da Macedônia deram ofertas, para que assim vocês vejam se o amor de vocês é verdadeiro ou não (v.8).

**examine>**
Leia o livro de Filipenses 1:12-18 para aprender como devemos reagir quando os outros competem conosco pela razão errada.

**considere>**
O importante na competição é ganhar ou é algo mais elevado? De que maneira você pode reconhecer que aceitou formas não saudáveis de competir?

Os tenistas John Isner e Nicolas Mahut fizeram história em 2010 quando um não conseguia derrotar o outro. Dois *rounds* em Wimbledon foram suspenso devido à escuridão. No terceiro dia, após jogarem por mais de 11 horas, Isner rebateu brilhantemente para quebrar o saque de Mahut e ganhar o jogo mais longo da história. Eles se abraçaram próximos à rede, tiraram fotos ao lado do placar e elogiaram um ao outro por levar o jogo ao limite. A competição criou algo que não teriam alcançado sozinhos.

A competição pode ser uma forma de cooperação. Como Isner e Mahut combinaram-se para construir um jogo cativante, também a *Apple* desafia a *Microsoft* a melhorar os *softwares* e a *General Motors* aprende com a *Honda* a fazer carros mais confiáveis. Melhoramos quando somos testados por um concorrente, e juntos fazemos progressos naquilo em que lutamos para vencer. Nossos atletas, computadores e carros estão melhores, graças às melhorias forjadas pela competição.

A competição exerce um papel também na igreja. Há competição, como aquela em que os discípulos de Jesus discutiam "...sobre qual deles era o mais importante" (Marcos 9:34). Este tipo de competição é letal porque presume que nossa luta é um jogo onde só um ganha, e minha vitória significa a sua derrota.

Mas também há uma competição que é boa, como a de Paulo quando incentivou os coríntios a se sacrificar como os macedônios, que deram muito mais do que podiam. Semelhantemente, o apóstolo desafiou os romanos a *pro goumenoi*, ou seja "...tratar uns aos outros com respeito" (Romanos 12:10). Essa é uma competição amigável!

Você conhece pessoas cuja pureza, vida de oração, estudo bíblico ou generosidade o deixam envergonhado? Use-os como inspiração para melhorar sua forma de jogar. Quando competimos de forma piedosa, Deus vence. —Mike Wittmer

# amor radical

**leia›**
**Lucas 6:27-36**
...amem os seus inimigos e façam o bem para os que odeiam vocês (v.27).

**examine›**
Leia o livro de Lucas 6:27-36, e examine as ações dos que se opõem a você e registre como Deus quer que você reaja. Quem deve ser o nosso modelo? (v.36).

**considere›**
Quando você se sentiu tentado a revidar contra alguém? De que maneira Deus o desafia a demonstrar um amor radical?

Julio Diaz saiu do metrô de madrugada a caminho de sua lanchonete preferida quando um adolescente portando uma faca exigiu que lhe desse sua carteira. Diaz a entregou, mas enquanto o assaltante começou a se afastar, ele o segurou dizendo: "Se você vai continuar roubando das pessoas pelo resto da noite, deve levar também meu casaco para mantê-lo aquecido". Então, deu ao garoto o casaco e convidou aquele ladrão confuso para jantar com ele. Antes do fim da noite, Diaz teve sua carteira de volta, bem como a faca do rapaz, mas não antes de despachá-lo com 20 dólares.

Fico pensando se Diaz tinha as palavras de Jesus em sua mente: "...Se alguém tomar a sua capa, deixe que leve a túnica também" (Lucas 6:29). Essa história é impressionante porque é contrária à cultura vigente. Aprendemos cedo a nos cuidar e a não deixar que outros tirem vantagem de nós. Asseguramo-nos de sempre conseguir tudo o que precisamos em primeiro lugar. Jesus e o evangelho, no entanto, nos ensinam algo totalmente diferente — o caminho do amor radical.

Para Jesus, o amor é um ato que anda em sentido oposto ao da sabedoria e senso comum convencionais. Em vez de revidar contra aqueles que nos ameaçam, devemos tratá-los com generosidade e bondade. O que poderia ser mais incomum do ser maltratado por alguém e não retaliar? O que pode ser mais radical do que "dar a todo o que te pede" assistência ou emprestar dinheiro e recursos aos nossos inimigos sem sequer "esperar algo de volta"? (vv.29,30,35).

É com esses exemplos surpreendentes que Jesus define o amor não como uma emoção sentimental, mas como um ato de desprendimento firme e ousado. O amor custa, fere, e exige corajosa obediência. Jesus demonstrou o maior amor ao morrer na cruz, o ato mais radical e generoso que já conhecemos. —Winn Collier

# borboletas e respiração

**leia›**
**Salmo 39**
...Diante de ti, a duração da minha vida não é nada... (v.5).

**examine›**
Leia o livro de 2 Reis 20:1-11 para ver a profundidade do conhecimento dos detalhes que Deus tem da nossa morte. E Eclesiastes 5:15-19 para ver o conselho de Salomão sobre a eternidade.

**considere›**
Por que normalmente menosprezamos a provisão divina do pão e do ar? Como podemos evitar o otimismo arrogante ao planejarmos nossa vida?

Ao entrar no Jardim das Borboletas, numa sala com 800 belezas voadoras e coloridas, uma espécie preta e amarela pousou na minha camiseta. Nós nos entreolhamos. Ela não se movia. Eu não sou uma grande fã de nada que lembre um inseto — especialmente quando o estou usando como um broche, e mais ainda quando tem o tamanho da minha mão. Meu instinto foi expulsá-la, mas haviam nos avisado para não tocarmos nas borboletas por causa da sua fragilidade.

A vida, assim como as borboletas, é frágil. Davi disse: "...Diante de ti, a duração da minha vida não é nada..." (Salmo 39:5). Ainda que meditar sobre nossa mortalidade possa ser meio deprimente, é importante lembrar que nossa vida é passageira (v.4).

Aceitar que somos mortais nos mantêm humildes. Comparados à eternidade, nossos planos de grandeza e ganho financeiro não são nada. Tiago contou a história de pessoas que estavam partindo para uma viagem de negócios por um ano. Antes de saírem, eles se vangloriaram do dinheiro que ganhariam. Tiago os desafiou: "...pois vocês são como uma neblina passageira, que aparece por algum tempo e logo depois desaparece. O que vocês deveriam dizer é isto: 'Se Deus quiser, estaremos vivos e faremos isto ou aquilo'" (Tiago 4:14,15).

Como Tiago disse, nossa vida terrena continua porque Deus nos sustém — a cada suspiro. Lembrar-nos disso nos ajuda a sermos gratos. Quando estou vivendo um desafio, às vezes penso: "Bom, pelo menos ainda *estou respirando.*" Conseguimos manter um espírito grato porque "A vida de todas as criaturas está na mão de Deus; é ele quem mantém todas as pessoas com vida" (Jó 12:10).

O Senhor é autor de tudo em nossas vidas — desde os planos futuros até o último suspiro. Humildade e gratidão são respostas apropriadas ao Deus que sabe que somos "forasteiros" nesta vida (Salmo 39:12).

—Jennifer Benson Schuldt

# a alegria do Jaime

**leia›**
**João 11:1-12,23-44**
...O resultado final dessa doença não será a morte... (v.4).

**examine›**
Veja no livro de Filipenses 2:6-11 a glória que Jesus recebeu por causa de Sua dor e sofrimento na cruz.

**considere›**
É difícil glorificar a Deus quando enfrentamos dor e doença? De que maneira você pode glorificar o Senhor ao passar por provações?

Quando o câncer do meu amigo Jaime voltou pela quarta vez, ele fez uma escolha. Embora soubesse que o caminho à frente seria difícil (outra cirurgia invasiva e dolorosa em seu pulmão), ele lutou para trazer glória a Deus. Assim, durante sua semana de estadia no pós-cirúrgico do hospital, cumprimentava os médicos e enfermeiras (e qualquer um que entrasse em seu quarto) com um sorriso e conversas sobre Deus e sobre a sua fé. Quando começou a melhorar, andava pelos corredores e enfiava sua cabeça pela porta dos outros quartos, testemunhando aos pacientes. Ele espalhava a "alegria de Jesus" por onde quer que fosse.

Sua jornada contra o câncer me inspirou. Ele viveu os ensinamentos de Jesus quando um dos Seus amigos estava doente. Embora Lázaro estivesse "muito doente", Jesus falou para quem estava perto dele que algo bom viria dessa doença. Havia um propósito na dor de Seu amigo. Na verdade, Jesus disse : "...O resultado final dessa doença não será a morte de Lázaro. Isso está acontecendo para que Deus revele o seu poder glorioso..." (João 11:4).

Quando Jesus, mais tarde, entrou em Betânia (v.17), as pessoas estavam chorando. Mas o Salvador os levou a crer. Ele perguntou à irmã de Lázaro, Marta, se ela cria que Ele tinha poder para ressuscitar seu irmão e dar vida eterna àqueles que cressem nele (vv.23-26). Ela respondeu: "Sim, senhor! [...] Eu creio que o senhor é o Messias, o Filho de Deus..."

Em seguida, momentos antes de ressuscitar Lázaro, Jesus proclamou: "Eu não lhe disse que, se você crer, você verá a revelação do poder glorioso de Deus?" (v.40). É preciso fé verdadeira para trazer glória a Deus em sua doença e dor.

Você vai escolher propagar a "alegria de Jesus" ao lidar com as dificuldades que Deus está permitindo que você enfrente? Se sim, você trará glória a Ele e será uma bênção aos outros! —Tom Felten

# Jesus entre os ídolos

**leia›**
**Marcos 8:27-30**
E vocês? Quem vocês dizem que eu sou? — perguntou Jesus... (v.29).

**examine›**
Leia o livro de Mateus 16:13-20 e preste atenção especialmente no novo nome que Jesus deu a Pedro no versículo 18. Quando Jesus se torna o nosso foco, descobrimos a nossa identidade.

**considere›**
Você luta contra algum ídolo, e por que ele o atraí? Você vai desistir de seu ídolo por Jesus?

De acordo com antropólogos, adoração pode ser encontrada em todas as culturas. Dentro de nós há um impulso para nos dedicar a alguém ou algo que nos trará propósito, segurança e identidade.

As Colinas de Golã, uma região entre o território atual de Israel e a Síria, é uma área rica em história sobre adoração. Mais de uma dúzia de templos dedicados ao deus da fertilidade, Baal, mencionado no Antigo Testamento, foram descobertas nesse local. Uma caverna próxima é mencionada como o local de nascimento de Pan, deus grego da caça. Herodes o Grande construiu um templo a César lá (de onde vem o primitivo nome Cesareia de Filipos).

Jesus e Seus discípulos estavam andando por esta região um dia, quando o Senhor parou e perguntou: "...Quem o povo diz que o Filho do Homem é?" (Mateus 16:13). Deram-lhe a melhor suposição do público — que Ele era um dos antigos profetas que retornara da morte (Marcos 8:28). "E vocês? Quem vocês dizem que eu sou? sondou o Mestre. "O senhor é o Messias...", respondeu Pedro (v.29), "o Filho do Deus vivo" (Mateus 16:16). Que lugar significativo para que a identidade de Jesus fosse revelada! À medida que as palavras ecoaram nos altares pagãos ao redor deles, os discípulos souberam que estavam diante daquele que era maior que Baal, Pan ou César.

A maioria das pessoas atualmente não adoram imperadores. Mas a adoração a ídolos humanos continua assim como nossa veneração por famosos do cinema, atletas profissionais e colegas muito bem-sucedidos, ou através da adoração ao trabalho, exercício físico, passatempos ou parceiros românticos.

Jesus anda entre os ídolos e altares modernos e pede nossa lealdade. Nós vamos nos curvar diante dele? —Sheridan Voysey

# revelado

**leia>**
**1 Coríntios 10:1-4**
Portanto, quando vocês [...] fazem qualquer outra coisa, façam tudo para a glória de Deus (v.31).

**examine>**
Leia o livro de Salmo 90 para saber compreender como colocar o trabalho sob a perspectiva correta.

**considere>**
Em que área da sua vida falta fé em Deus e em Sua provisão? O que significa priorizar seus compromissos de acordo com a perspectiva divina?

Minha lista de projetos a cumprir neste fim de semana está próxima do nível de insanidade. Como professora, luto para ensinar coisas novas e encontrar novos meios de comunicar ideias aos meus alunos. Assim, tenho o hábito horrível de criar projetos para mim mesma. Muitas vezes vivo no limite entre a ordem e o caos. Infelizmente, a vida nem sempre tem o mesmo comprimento da minha lista de afazeres. Porém, quando coloco Deus no centro de tudo, cada tarefa se torna mais simples.

No livro de 1 Coríntios 10, Paulo contrasta a fidelidade de Deus com a infidelidade dos israelitas. Desta forma, ele destaca que nossas crenças não são reveladas em nossas palavras, mas em nossas *escolhas*. Embora tivessem provado a bondade divina (vv.3,4), os israelitas lutavam para se apegar à convicção de que se Deus havia dado a eles provisão anteriormente, Ele seria capaz de fazê-lo de novo. Por isso, presumiram que a graça do Senhor estava disponível e não o seguiram de todo o coração.

O adultério espiritual dos israelitas não começou com ofertas aos deuses estrangeiros. Começou com a falta de fé. Em nossa frágil humanidade, corremos o risco de não seguir a Deus com fidelidade, por isso somos avisados: "Portanto, aquele que pensa que está de pé é melhor ter cuidado para não cair" (v.12).

Quando estamos enfrentando incertezas e a vida exige de nós, podemos correr para o abrigo do nosso eu e permitir que o medo dirija nossas decisões. Ou podemos colocá-las — bem como nossas vidas — diante do trono de Deus. Quando todas as áreas da nossa vida forem um ato de adoração a Ele, tudo aquilo que nos cerca se transforma em uma oportunidade para que a grandeza do Senhor seja manifesta. E isso permite que Sua glória seja revelada. —Regina Franklin

# incompreendido

**leia>**
**1 Pedro 2:21-25**
Quando foi insultado, não respondeu com insultos. Quando sofreu, não ameaçou, mas pôs a sua esperança em Deus, o justo Juiz (v.23).

**examine>**
O que você acha da reação que Jesus recebeu quando voltou à Sua cidade, Nazaré, para anunciar o início do Seu ministério? (Lucas 4:14-30)

**considere>**
Você já foi incompreendido por causa da sua fé em Jesus? De que maneira, você vai apresentar a grandeza de Jesus a outros hoje?

Ralph Waldo Emerson perguntou certa vez: "É muito ruim não ser compreendido?". E continuou: "Pitágoras não foi compreendido nem Sócrates nem Jesus nem Lutero nem Copérnico nem Galileu nem Newton nem tampouco cada espírito puro e sábio que já existiu." Parece que ser incompreendido nos coloca em boa companhia.

Reflita sobre Jesus, a única pessoa que já viveu uma vida perfeita. Para Ele, tudo começou aos 12 anos — quando ficou para trás em Jerusalém depois da festa anual da Páscoa (Lucas 2:41-50). Seus pais, que estavam a um dia de jornada de volta a Nazaré, perceberam de repente que tinham perdido o menino. Ficaram preocupados e angustiados e começaram a procurá-lo freneticamente. Três dias depois, eles o encontraram em Jerusalém no templo com os mestres religiosos, mas não entenderam o porquê de Ele estar lá (v.50).

Houve também o episódio em que Jesus ficou na Galileia, propositalmente se afastando da Judeia por causa dos judeus que estavam lá para matá-lo. Quando chegou a hora de voltar à Judeia para a Festa do Tabernáculos, os irmãos de Jesus lhes disseram: "...Saia daqui e vá para a Judeia a fim de que os seus seguidores vejam o que você está fazendo. [...] Já que você faz essas coisas, deixe que todos o conheçam" (João 7:3,4). Até mesmo Seus irmãos não entendiam Sua verdadeira missão (v.5).

Não é bom ser incompreendido, especialmente sobre algo importante. Tenho certeza de que Jesus não gostava disso. Mas, talvez Emerson estivesse certo. O fato de ser incompreendido por causa de nosso grande Salvador não deveria tornar-se em sementes de dúvida e desânimo em nossos corações. Pois, como afirmou Emerson: "Ser grande é ser incompreendido." Jesus é o nosso maior exemplo! (1 Pedro 2:21).

—Jeff Olson

# por que obedecer?

**leia›**
**1 Reis 16:29-17:1**
...Estude esse livro dia e noite e se esforce para viver de acordo com tudo o que está escrito nele. Se fizer isso, tudo lhe correrá bem, e você terá sucesso (Josué 1:8).

**examine›**
Leia o livro de 1 Samuel 15:1-11 para ver a reação de Deus à obediência parcial.

**considere›**
Você ignora o Senhor Deus e os Seus mandamentos? O que custará a você começar a seguir e obedecer à Sua Palavra?

Ao envelhecer e me tornar experiente no trabalho, o conceito de obediência tornou-se menos importante para mim. A obediência não é mais um simples "somente faça o que estou pedindo" — quero ser convencido primeiro. *Hum. Será que nos relacionamos assim com Deus?*

A cidade de Jericó foi reconstruída no reinado de Acabe (1 Reis 16:34). Durante sua construção, o filho primogênito de Hiel foi morto enquanto o fundamento era lançado. E seu filho mais novo morreu enquanto os portões eram levantados. Tudo isso aconteceu em cumprimento às palavras da profecia que Josué tinha pronunciado séculos antes.

Naquele tempo, Josué tinha feito esta declaração solene: "...Quem tentar construir de novo esta cidade de Jericó será amaldiçoado pelo SENHOR! Quem puser os alicerces perderá o filho mais velho! Quem colocar os portões perderá o filho mais moço!" (Josué 6:26).

O livro de 1 Reis 16:34 é um lembrete para que se leve Deus e Sua Palavra a sério. Se as Escrituras disseram que o filho mais velho e o mais novo de um homem morreriam quando ele tentasse reconstruir Jericó, é porque isso iria acontecer.

É durante o tempo da imprudente campanha de construção de Hiel que encontramos a confrontação entre Elias e o rei Acabe. O pronunciamento daquele profeta não é estranho a Israel. Deus os havia advertido de que quando eles pecassem, Ele reteria as chuvas de que precisavam (Deuteronômio 11:16; 17:2; 2 Crônicas 7:13,14). O Senhor também deu graciosamente a eles uma forma de se corrigirem — *confissão e arrependimento.* O rei Acabe ouviu? Não. Talvez por ser o rei, ele pensasse que não teria de fazê-lo.

Aprendemos com esse relato que não é suficiente simplesmente entender a Palavra de Deus ou admirá-la. Deus falou. Precisamos segui-lo em obediência. —Poh Fang Chia

# escape

**leia›**
**Salmo 55**
Entregue os seus problemas ao SENHOR, e ele o ajudará; ele nunca deixa que fracasse a pessoa que lhe obedece (v.22).

**examine›**
Leia sobre a traição que Davi sofreu por parte de seu filho e de um amigo próximo (2 Samuel 15:1-12; 16:15-23). Como esse contexto o ajuda a entender a grande pressão e dor que ele enfrentou?

**considere›**
Quais as dores e pressões que você está passando? Como as verdades do Salmo 55 o ajudam a lidar com elas?

A impressão em negrito em um jornal local chamou minha atenção: "Aumento na taxa de suicídio em Singapura. Há duas vezes mais suicidas do sexo masculino do que do feminino." A reportagem continua: "De acordo com alguns psiquiatras, o crescente número de suicídios entre os homens não é incomum [...]. Quando se trata de lidar com seus problemas, os homens não procuram ajuda, e assim se forçam a uma espiral depressiva mais profunda."

Certa vez, Davi estava sob tremenda pressão enquanto sofria o ataque incansável de seus inimigos (Salmo 55:3-5,9-11). Mas não era um inimigo sem nome que lançava sobre ele um ataque crítico e prejudicial. Era a traição de alguém a quem descrevia como "...meu companheiro, meu colega e amigo íntimo!" (vv.12-14). A dor aguçava e o chocava enquanto experimentava todo peso da traição (vv.20,21; 41:9).

O rei buscava livramento de seu terrível drama. Seu instinto era buscar um escape. Queria fugir! "Bem depressa procuraria achar um lugar seguro para me esconder da ventania e da tempestade" (55:6-8). Alguns questionam se Davi contemplava a forma de escape final — o suicídio.

Ainda bem que escolheu um caminho diferente, pois o suicídio é uma solução permanente para um problema que muitas vezes é temporário. Ele buscou a ajuda de Deus, clamando: "Ouve a minha oração, ó Deus! Não deixes de atender o meu pedido. As minhas aflições me deixam desgastado" (vv.1,2).

Você se sente oprimido e deprimido pelas pressões e dores da vida? Gostaria de ter asas para voar a um lugar calmo de refúgio e descanso? (vv.6,7). É hora de orar e de voar para os braços amorosos de Deus, que o resgata e o mantém a salvo (vv.16-18). Ouça o conselho de Davi: "Entregue os seus problemas ao SENHOR, e ele o ajudará; ele nunca deixa que fracasse a pessoa que lhe obedece" (v.22). Fuja para os braços de Deus. — K. T. Sim

# rebatedor 1000

**leia›**
**Romanos 7:6-25**
Assim eu sei que o que acontece comigo é isto: quando quero fazer o que é bom, só consigo fazer o que é mau (v.21).

**examine›**
Leia os livros de Mateus 26:69-75 e João 21:11-19 para ver como um homem que não rebate mil vezes foi tratado por Jesus.

**considere›**
De que forma você reage quando peca e se afasta dos padrões divinos de conduta? Como permitir que Cristo viva em você todos os dias?

O beisebol determina a média de rebatidas de um jogador dividindo o total de suas rebatidas válidas pelo número de vezes rebatidos. Se um jogador atinge a bola cada vez que rebater, será um rebatedor perfeito (ou rebatedor 1000). Até hoje, nenhum jogador conseguiu ser um rebatedor 1000 nem um seguidor de Cristo conseguiu ser perfeito. Ninguém entendia isso melhor do que o apóstolo Paulo.

No livro de Romanos 7 Paulo admite sua incapacidade em ser perfeito, e enfatiza que os cristãos irão se tornar perfeitos um dia, mas sempre lutarão contra o pecado, do lado de cá do céu. Nestes versículos, Paulo ensina aos romanos pelo menos três princípios importantes:

- Os cristãos podem e devem crescer continuamente em santificação por meio da poderosa habitação do Espírito Santo. Embora saibam que nunca serão rebatedores 1000, no sentido de viver vidas santas, não quer dizer que não devam tentar (v.6).
- Os cristãos irão lutar contra o pecado por toda a vida (Romanos 7:21; Gálatas 5:17). Nenhum seguidor de Cristo jamais foi e jamais será um rebatedor 1000.
- O livramento diário desta tensão constante é encontrado em Cristo morto e ressurreto, o Único que foi um rebatedor 1000 (Romanos 7:25; Hebreus 4:15).

Como seguidores de Cristo, devemos estar bem cientes do quanto estamos distantes da justiça absoluta de Deus, e de como é importante permitir ao Único que viveu uma vida perfeita a viver por meio de nós. Também devemos continuar a alimentar nossa fé, derramar a graça sobre as pessoas quando elas falham em atingir o objetivo, e recusar-se a nos desencorajarmos quando perdemos o propósito. Arrependa-se, receba perdão de Deus, esqueça o passado e prossiga. Você nunca será um rebatedor 1000, mas um Salvador perfeito anda com você.
—Marvin Williams

# renuncie ao controle

**leia›**
**Provérbios 16:1-9**
A pessoa faz os seus planos, mas quem dirige a sua vida é Deus, o SENHOR (v.9).

**examine›**
O que o livro de Deuteronômio 6:5-9 revela sobre instruir as crianças nas verdades de Deus?

**considere›**
Você precisa mudar sua visão de planejamento sob a perspectiva da sabedoria divina? Como você vai ajudar seus filhos a traçarem planos que o honrem?

Quando conheci o menino ugandense que acabou se tornando meu filho, meu alvo era mantê-lo vivo. Após ele superar a desnutrição e se recuperar de uma longa lista de doenças, meus sonhos para a vida dele logo se tornaram maiores.

Por exemplo, a primeira vez que ele, aos 5 anos, adotou um cavalo como animal de estimação, eu o visualizei como o primeiro ugandense a ganhar uma medalha de ouro olímpica em esportes equestres. Desde então, eu o imagino sendo tudo, desde atleta profissional até líder mundial. Quero que tenha as experiências mais ricas, alcance sucesso acadêmico e profissional, seja muito amado, tenha uma vida de serviço, seja um marido e pai dedicado e ande com Jesus Cristo por todos os seus dias.

Após ouvir minhas expectativas para ele, uma de minhas amigas gentilmente me lembrou de que, em termos de carreira futura e tudo mais, eu precisarei respeitar os desejos e objetivos pessoais do meu filho mesmo que eles não coincidam com os meus. E, mais importante, preciso encorajá-lo a buscar a vontade de Deus para sua vida em vez de pressioná-lo a cumprir a minha (Provérbios 16:1).

Refletindo sobre os alertas que ela me deu, mergulhei nas Escrituras para entender melhor como posso alinhar meus objetivos para meu filho com os de Deus. Aqui estão algumas coisas que aprendi:

- Os pais podem fazer planos, mas Deus irá determinar os passos de seus filhos (v.9).
- O plano mais tolo de Deus é mais sábio do que o plano mais sábio que poderíamos intentar para nossos filhos (1 Coríntios 1:25).
- Os filhos são obras de arte *de Deus* — não nossas, e foram criados para Seu propósito (Provérbios 1:4; Efésios 2:10).

Consagremos nossos filhos e seus planos a Deus — sabendo que Ele é o Único que realmente pode ajudá-los a serem bem-sucedidos (Provérbios 16:3). —Roxanne Robbins

# toque

**leia›**
**Mateus 8:1-4**
Jesus estendeu a mão, tocou nele... (v.3).

**examine›**
Para entender melhor as complexas leis judaicas sobre a lepra e outras doenças de pele, leia o texto do livro de Levítico 13:1-46.

**considere›**
Você tem receio de tocar em alguém? Por quê? O que precisa mudar para você tornar-se mais semelhante a Jesus?

Kelly tinha se aventurado para fora de seu país somente uma vez em seus 18 anos. Quando teve chance de ir ao Quênia para ajudar em uma missão médica, ficou entusiasmada — e um pouco apreensiva. Afinal, não tinha nenhuma experiência médica.

Enquanto oferecia cuidado médico básico em uma vila remota, conheceu uma mulher com elefantíase. Essa doença parasitária é horrível, mas tratável. Ela causa um inchaço grotesco nos membros inferiores. A maneira de preveni-la é simplesmente usar calçados. Mas na África assolada pela pobreza, muitos aldeões têm pouco ou nenhum acesso a essa necessidade tão básica.

Kelly sentiu repulsa pelas pernas distorcidas da mulher, mas limpou-as e as enfaixou. A mulher começou a chorar. Surpresa, a jovem perguntou a ela se a estava machucando. "Não", respondeu, "é a primeira vez em nove anos que alguém toca em minha perna."

A lepra é outra doença que torna suas vítimas repulsivas às outras pessoas. Na cultura judaica antiga, havia instruções rígidas para prevenir sua disseminação. "...precisará morar sozinha, fora do acampamento", diz a lei levítica (Levítico 13:45,46). Os acometidos pela doença deviam anunciar em voz alta "imundo!", de longe, para prevenir que as pessoas se aproximassem delas.

Por isso é tão marcante que um leproso tivesse tido coragem, de aproxima-se de Jesus e dito: "Senhor, eu sei que o senhor pode me curar se quiser" (Mateus 8:2). Jesus fez o impensável. Ele "estendeu a mão e tocou-lhe", diz o relato do Novo Testamento."Sim, eu quero." Disse o Senhor. "Você está curado" (v.3).

Ao tocar as pernas doentes daquela mulher solitária, Kelly imitou o amor de Jesus que não teme e que quebra tabus. Foi um pequeno toque, mas fez diferença. Que diferença você fará hoje? —Tim Gustafson

# deixe avançar

**leia>**
**2 Tessalonicenses 3:1-18**
...orem por nós para que a mensagem do Senhor continue a se espalhar rapidamente e seja bem aceita, como aconteceu entre vocês (v.1).

**examine>**
Leia a carta de Paulo a Filemom para ver de que maneira, por sua prática e orações, Filemon deixou o evangelho avançar.

**considere>**
Que atitudes o impedem de viver o evangelho? O que você precisa fazer, com ajuda de Deus, para permitir a ação de Jesus em sua vida?

O momento realmente eletrizante no esporte são os últimos metros numa corrida de cavalos, quando é dito "entraram na reta final!". Os espectadores não estão muito interessados no começo da corrida, quando os cavalos estão manobrando pelas posições e conservando energia para a reta final. Mas seu grito fica ensurdecedor quando os animais viram a última curva e disparam em um forte galope até a linha de chegada.

Paulo tinha uma corrida em mente quando pediu aos tessalonicenses para que orassem a fim de que a Palavra do Senhor se propagasse (2 Tessalonicenses 3:1). O termo grego usado para "propagar" é *trecho*, que significa correr a toda velocidade. Assim como os espectadores se levantam e gritam: "Vai, vai, vai!", da mesma forma o apóstolo nos manda torcer pela propagação do evangelho em nossas vidas e por todo o mundo.

Permitimos que o evangelho se *propague* em nossa vida quando recebemos humildemente o perdão de nosso pecado e então perdoamos aqueles que pecaram contra nós. O evangelho vem à luz por meio de nós ao celebrarmos o amor do nosso Pai e o propagarmos aos mais humildes. Resumindo, possibilitamos que o evangelho avance quando confessamos com alegria que Jesus Cristo é Senhor e praticamos esta realidade diariamente.

Permitimos a propagação do evangelho quando seguimos as instruções de Paulo para orar por seu progresso. Não podemos forçar os outros a se submeterem ao senhorio de Jesus, mas podemos pedir a Deus que abra seus olhos para que vejam "...a luz que vem da boa notícia a respeito da glória de Cristo..." (2 Coríntios 4:4). Podemos pedir a nosso Pai que traga Seu reino em breve, para que se faça a Sua vontade, assim na terra como no céu (Mateus 6:10).

Ainda mais triste do que um puro-sangue estrangulado é o evangelho deixar de avançar. Possibilite seu avanço. —Mike Wittmer

# tesouro

**leia>**
**João 5:31-47**
Mas vocês não querem vir para mim a fim de ter vida (v.40).

**examine>**
Pense nas suas passagens bíblicas preferidas. Como estas histórias e ensinamentos o ligam a Jesus? De que maneira, você usa a Bíblia para procurar respostas mais do que um meio para conhecer Jesus?

**considere>**
O que precisa mudar em sua busca para ver o Senhor como o seu verdadeiro tesouro?

Há muitos anos, encontrei meu filho Sérgio sentado em nossa confortável cadeira cáqui com um livro de teologia em mãos. Ele o segurava à sua frente, olhando as páginas. Não estava distraído. Estava sério, lendo. Veja bem, ele tinha 2 anos.

Não consigo imaginar o que Sérgio achava que estava "lendo". Ele murmurou algo sobre uma "história assustadora". O volume que ele segurava falava sobre ver Jesus no mundo atual. Mas ele não conseguia vê-lo nos capítulos. Não sabia pelo que procurar.

É bom aprofundar-se diligentemente nas Escrituras, mas é ainda mais importante lembrar-se do que você está procurando na Palavra de Deus. Nós não procuramos inicialmente por um fato, ideologia ou doutrina. Buscamos a *Jesus* — Aquele a quem o evangelista, George Whitefield, chamou de "tesouro escondido no campo". Jesus é o tesouro.

Certa vez Jesus confrontou um grupo de religiosos hipócritas que se gabava de seu conhecimento de Deus, mesmo que nunca "tivessem ouvido a Sua voz" e se vangloriava do quanto sabiam das Escrituras, mas ainda assim não tinham "a sua palavra permanente" em seus corações (João 5:37,38 ARA).

Estes líderes religiosos conheciam as palavras das Escrituras, mas não sabiam nada da Palavra viva nas Escrituras. Viravam as páginas, mas perderam o tesouro. "Vocês estudam as Escrituras Sagradas porque pensam que vão encontrar nelas a vida eterna...", disse Jesus, "...E são elas mesmas que dão testemunho a meu favor" (v.39).

Muitas vezes, leio a Bíblia à procura de uma resposta. Se não encontro *exatamente* o que esperava que me dissesse, posso ficar frustrado porque ela não se encaixa em meu ponto de vista. Mas se Jesus é o tesouro, as Escrituras não se preocupam principalmente em me dar o que insisto que preciso. Seu objetivo principal é me levar ao verdadeiro tesouro... a *Jesus*. —Winn Collier

# paixão por pessoas

**leia›**
**Jeremias 3:11-22**
Eu darei a vocês líderes que me obedeçam, e eles governarão com sabedoria e inteligência (v.15).

**examine›**
Leia o livro de Oseias 14:4 para ter outro ponto de vista sobre o propósito de Deus para Seu povo.

**considere›**
O que o impede de ter uma paixão verdadeira por pessoas? De que maneira, você refletirá o amor de Deus aos outros hoje?

Uma mulher de 70 anos se tornou celebridade na China devido ao seu grande esforço em ajudar a polícia de trânsito. Carinhosamente chamada vovó Cai, ela arriscou a vida diariamente para assegurar-se que motoristas e pedestres obedecessem às regras de trânsito na movimentada rua próxima à sua casa. Ela disse: "Estou perto do fim da vida e quero fazer algo de útil pelas pessoas". É admirável essa paixão por manter as pessoas seguras!

O profeta Jeremias também tinha paixão por pessoas. Fielmente advertia e incentivava o povo de Deus em Judá, mesmo quando os babilônios esmagavam o reino (Jeremias 3:8-10). O reino do Norte, Israel, tinha sido destruído e Judá estava caindo devido à sua desobediência a Deus e Seus mandamentos.

Jeremias também revelou o propósito de Deus por Seu povo. O Senhor queria que eles voltassem (v.12), e prometeu que um dia lhes daria pastores segundo o Seu coração para guiá-los (v.15). Deus disse: "...Pensei que você ia me chamar de pai e que nunca mais me abandonaria" (v.19). De forma intensa, Deus apelou para que Seu povo se arrependesse de seus pecados e recebesse Seu perdão.

Ao compartilhar sobre o propósito de Deus, o profeta se assemelhava a Jesus, talvez mais do que qualquer outra pessoa na Bíblia. Entre as semelhanças, ambos tinham uma mensagem para o povo de Deus e para o mundo. Ambos tinham ciência de seu chamado pelo Senhor. Ambos foram acusados de traição política. Ambos condenaram os sacerdotes em seus dias. Foram tentados, perseguidos, aprisionados. Ambos choraram sobre Jerusalém (9:1; Lucas 19:41). Ambos amavam profundamente Israel e seu povo.

Como seguidores de Jesus, você e eu somos chamados a amar pessoas. Vamos refletir o "próprio coração" de Deus ao compartilharmos "o conhecimento e o entendimento" de Seu grande amor por elas.
—Tom Felten

# rude e racista?

**leia>**
**Mateus 15:21-28**
Jesus disse: —Não está certo tirar o pão dos filhos e jogá-lo para os cachorros (v.26).

**examine>**
Leia os livros de Marcos 7:31-35 e Lucas 7:1-10 para ver como Jesus tratou os não-judeus de Seu tempo.

**considere>**
O que esta história lhe diz sobre a personalidade de Jesus? De que maneira Jesus prova a nossa fé hoje?

Às vezes, Jesus poderia parecer rude, pois chamou os fariseus de "sepulcros caiados" (bonito por fora, desprezível por dentro); Herodes de "raposa"; e Pedro de "Satanás" (Mateus 23:27; Lucas 13:32; Marcos 8:33). Sim, Jesus podia ser franco — mas *rude e racista*? Alguns acham que a história de hoje prova isso.

O Senhor estava se escondendo em uma casa na região de Tiro e Sidon, tentando escapar das multidões (Marcos 7:24), quando uma mulher cananita forçou sua passagem e implorou a Ele que curasse sua filha possessa por um demônio. Como Jesus reagiu? Com *silêncio*. Ele a estava ignorando ou pensando sobre Suas opções?

Quando Jesus a responde, não lhe dá muita esperança. Seu chamado é primeiramente para os judeus, não para pagãos como ela (Mateus 15:24). Sem se perturbar, a mulher se ajoelha diante dele e implora ainda mais (v.25). Então, Jesus diz as palavras perturbadoras: "...Não está certo tirar o pão dos filhos e jogá-lo para os cachorros" (v.26).

Não podemos evitar: estas palavras soam como injúria racial. Seriam os gentios comparados aos "cachorros"? Ai!

Porém, nós perdemos Sua piscadela? Jesus, muito provavelmente, estava usando o tipo de linguagem que um gentio poderia esperar de um judeu. Estava testando a mulher, para ver como ela reagiria. E ela não perdeu a oportunidade, dizendo: "Sim, senhor,[...] mas até mesmo os cachorrinhos comem as migalhas que caem debaixo da mesa dos seus donos" (v.27). Sua fé foi aprovada e Jesus concedeu-lhe o seu pedido (vv.28,29). Talvez Ele até tenha rido de sua resposta, como sugere o autor Elton Trueblood.

Jesus *não* era intolerante ou racista. Ele aceitava prostitutas e cobradores de impostos (Mateus 9:10); curou e elogiou não-judeus (8:5-10; Lucas 17:11-19). No entanto, Ele prova nossa fé. Como Ele o está provando hoje? —Sheridan Voysey

# sempre verdadeiro

**leia>**
**Atos 4:36-5:11**
Antes de você vendê-lo, ele era seu; e, depois de vender, o dinheiro também era seu. Então por que resolveu fazer isso? Você não mentiu para seres humanos — mentiu para Deus (5:4).

**examine>**
Leia o livro de Provérbios 26:23-38 e veja as consequências destrutivas da desonestidade.

**considere>**
Você luta para ser honesto consigo ou com os outros? De que forma suas escolhas para enganar são arraigadas em autopreservação?

Passando por mim com um volume perceptível dentro da camisa, meu filho mostrou indiferença ao cruzar a sala. Sem perceber o quanto era óbvio, abaixou a cabeça e puxou uma tesoura quando lhe perguntei o que estava escondendo. Pelo fato de ter começado a "refazer" coisas em seu quarto, nós o proibimos de usar tesouras sem supervisão. Enquanto segurava o riso por causa de sua crença em minha ingenuidade, eu o disciplinei por sua desobediência e engano.

Talvez Ananias e Safira quisessem ser bem vistos pelos outros (Atos 4:32). Talvez pensassem que sua contribuição parcial não seria vista por Deus. No fim das contas, suas motivações não importam. A lição da história não é que Deus queria todo o dinheiro deles. Ele queria *todo o coração deles* (v.4).

Sobrecarregados por motivos diversos, tentamos justificar nossas escolhas pecaminosas disfarçando-as com boas intenções. Reações evasivas ou respostas "certas" sem significado algum não impedem que Deus veja a verdade (Isaías 29:13-15). Estamos somente enganando a nós mesmos, porque Ele não é enganado.

O engano, normalmente baseado em autopreservação, existe deste o Jardim do Éden. Mesmo os grandes homens de fé aprenderam da forma mais difícil sobre as consequências dessa tentação comum. Apresentando Sara como sua irmã (não como esposa), Abraão viveu alegando meias-verdades por muitos anos (Gênesis 20:13). Ele queria deixar para trás tudo o que era familiar a fim de seguir a liderança de Deus — tudo menos o poder para enganar. É interessante que só depois de Abraão finalmente decidir ser verdadeiro é que Deus cumpriu Sua promessa a ele (Gênesis 20:17 – 21:2).

Deus quer nos dar bons presentes, sendo que o melhor é a intimidade com Ele. Mas eles só virão quando dispostos a viver em verdade.
—Regina Franklin

# nos bastidores

**leia›**
**Ester 4:1-16**
...Talvez você tenha sido feita rainha justamente para ajudar numa situação como esta! (v.14)

**examine›**
A festa judaica do Purim é um evento anual para comemorar o livramento de Deus do plano da Hamã. Leia o livro de Colossenses 2:16,17 para ver o real propósito para as festas e celebrações judaicas.

**considere›**
Deus tem trabalhado "nos bastidores" em sua vida ultimamente? De que maneira, você se inspira pela história de Ester?

Uma das coisas que aprecio no livro de Ester, no Antigo Testamento, é o fato de o nome de Deus não ser mencionado — nem uma única vez. Não me entenda mal. Não estou perdendo a fé em Deus! Para mim, a omissão que o livro faz do nome do Senhor é um grande lembrete de que mesmo que pareça estar ausente, Deus ainda está presente, trabalhando silenciosamente nos bastidores.

Este livro é lido como se fosse um romance. Ele conta sobre a dramática história de uma linda garota judia que emerge da obscuridade para se tornar rainha do Império Persa (Ester 2). A jovem, que ocultou sua ascendência, acaba por usar sua posição real para virar a mesa em um plano para aniquilar seu povo.

Hamã, um dos maiores oficiais do rei Assuero, detestava o povo judeu. Ficou furioso porque Mordecai, outro oficial real que por acaso era judeu, se recusou a prestar-lhe honra (3:1-6). Apelando ao orgulho do rei Assuero, Hamã enganou-o, fazendo-o assinar um decreto exigindo à execução de todos os judeus (vv.8-13). Mas o tiro saiu pela culatra. A intervenção corajosa de Ester (c. 4;5) e a noite insone do rei (cap. 6) levaram Hamã a ter que liderar uma parada real em *honra* a Mordecai. Pouco tempo depois, o humilhado Hamã foi enforcado na forca que construíra para a execução de Mordecai (c. 6; 7).

Esses acontecimentos não foram acaso. O rei Assuero não teve uma simples insônia. Não descobriu por acaso que Mordecai nunca havia sido recompensado por expor um plano de assassinato (2:21-23;6:1-3). Acontecimentos como estes vieram à tona porque Deus estava *trabalhando neles.*

Deus não trabalha sempre de forma óbvia como nas dez pragas ou na divisão do mar Vermelho. Mas, quer percebamos ou não, Ele está sempre envolvido e trabalhando em nossa vida. —Jeff Olson

# morrer para viver

**leia›**
**Romanos 8:15-30**
Gememos aflitos enquanto vivemos nesta barraca, que é o nosso corpo. Isso não é porque queiramos ficar livres do nosso corpo terreno; o que desejamos é receber o corpo celestial para que a vida faça com que o que é mortal desapareça (2 Coríntios 5:4)

**examine›**
Que esperança e consolo o livro de 2 Coríntios 5:1-10 dá àqueles que são filhos de Deus?

**considere›**
Leia o livro de Romanos 8:15-30 novamente. Que certezas Deus dá àqueles que estão sofrendo?

"Como está seu pai?", um colega me perguntou. "Lutando para morrer", respondi. Meu pai, com 84 anos, vinha enfrentando os dolorosos e debilitantes efeitos do câncer de fígado havia dois anos. Os médicos disseram à minha família e a mim que nos preparássemos para sua morte inevitável. Assim, enquanto ele estava deitado naquela cama de hospital, eu sentia sua dor. Com a voz enfraquecida, ele disse: "Meu tempo está quase no fim". Meu pai não lutava para viver, mas esperava pela morte.

Encontro consolo no que Paulo disse no livro de Romanos 8: "...o que sofremos durante a nossa vida não pode ser comparado, de modo nenhum, com a glória que nos será revelada no futuro. O Universo todo espera com muita impaciência o momento em que Deus vai revelar o que os seus filhos realmente são" (vv.18,19).

Meu pai pode estar impotente diante de algumas células traiçoeiras que atacaram seu corpo. Mas com certeza não está sem esperança. Meu pai é filho de Deus (vv.15-17). Ele confiou naquele que é digno de confiança (2 Timóteo 1:12). Sabe que finalmente está indo ao lar para estar com Jesus (2 Coríntios 5:8).

Sim, "nós, que temos o Espírito Santo como o primeiro presente que recebemos de Deus, nós também gememos dentro de nós mesmos enquanto esperamos que Deus faça com que sejamos seus filhos e nos liberte completamente" (Romanos 8:23).

Deus "predestinou [meu pai] para ser conforme a imagem de seu Filho [...] e [o] chamou e também justificou [...] e [o] glorificou" (vv.29,30 ARA). Meu pai tem câncer. Porém o câncer não tem meu pai. Deus o tem agora. E esta é a glória que meu pai antevia.

Ele não lutou para morrer. Meu pai estava morrendo para viver com Deus para sempre! —K. T. Sim

# quem é você?

**leia›**
**Jó 1:1-22**
Aí disse assim: —Nasci nu, sem nada, e sem nada vou morrer. O SENHOR deu, o SENHOR tirou; louvado seja o seu nome! (v.21).

**examine›**
Leia o livro de Filipenses 3:7-11 para entender como Paulo encontrou sua identidade em Jesus. O que significa encontrar sua identidade em Jesus?

**considere›**
Como sua identidade em Jesus pode firmá-lo quando o mundo ao seu redor é revirado pelo desemprego, divórcio e morte?

Um ex-presidente africano conhecido por seu grande ego. Foi a uma conferência africana com a indumentária de combate dirigindo pela cidade enquanto seus guarda-costas corriam ao lado do seu carro. Foi acusado de ser contrabandista de armas e diamantes, e sem nenhuma vergonha, dirigiu-se a seu povo vestido em branco angelical. Suas atrocidades finalmente o alcançaram e ele foi a julgamento em Haia por crimes contra a humanidade. Sozinho, separado de seus companheiros, e sem dinheiro; um trapo, ele agora confronta a questão da sua identidade. Quem ele é realmente?

Muitos de nós conhecemos a sensação. Desde o momento que nascemos, desenvolvemos lentamente relacionamentos, posse e habilidades que formam nossa identidade. Somos filhos e irmãos de alguém, e com o tempo nos tornamos amigos, cônjuges, pais e empregados de alguém. Mas então somos demitidos ou perdemos alguma pessoa amada que morreu ou de que nos divorciamos e não temos mais certeza de quem somos.

Essas perdas trágicas são um prelúdio para o maior acontecimento. Um dia morreremos e teremos que comparecer perante o tribunal de Cristo (2 Coríntios 5:10). Despidos de tudo o que formou nossa identidade, a questão do momento será: "Quem é você?".

A única resposta correta, como declara o *Catecismo de Heidelberg*, é que "Não me pertenço, mas pertenço — corpo e alma, na vida e na morte — ao meu fiel Salvador Jesus Cristo." O único relacionamento de que a morte não aparta é o mais importante. Paulo exclamou que "Quem está unido com Cristo é uma nova pessoa..." (2 Coríntios 5:17), e nós que estamos unidos "com Cristo" recebemos "...todos os dons espirituais do mundo celestial" (Efésios 1:3).

Quando Jesus perguntar quem você é, responda que você se encontra nele. —Mike Wittmer

# aprofunde-se

**leia>**
**Neemias 8:1-12**
Então todos foram para casa, e comeram, e beberam alegremente. E o que eles tinham repartiram com os outros porque entenderam o que havia sido lido para eles (v.12).

**examine>**
Leia o livro de 2 Timóteo 3:14-17 para aprender o que acontece quando nos aprofundamos na Palavra de Deus. E Tiago 1:21-25 para ver a importância de aplicarmos a Palavra de Deus à nossa vida.

**considere>**
Por que às vezes lemos a Bíblia, mas falhamos em nos aprofundar nela? O que você fará para se aprofundar na Palavra de Deus esta semana?

Determinada a cultivar uma horta, levei minha pá a um canto ensolarado e a encravei no solo. O chão estava duro como cimento, mas continuei escavando. Por fim, um pedaço grande de grama se soltou. Sequei minha testa com as costas da mão. Era recompensador estar finalmente "cavando" — indo além da superfície.

Para "escavar" a Bíblia precisamos passar tempo com ela. A leitura rápida é inimiga da compreensão profunda. Quando Esdras leu o livro da Lei para os israelitas, ele começou de manhã cedo e continuou até a noite para dar às pessoas tempo suficiente para absorver as verdades de Deus (Neemias 8:3). Nós também precisamos dos princípios que estão escondidos na Bíblia.

Ao reservarmos um tempo para a leitura, precisamos dar atenção total à Palavra. Quando Esdras começou a ler "...todos ouviram com atenção" (v.3). Assim como eles, nós precisamos nos concentrar no conteúdo bíblico. *Desligue a TV e o celular! Remova os fones de ouvido!* Está certo nos desconectarmos do mundo para nos conectarmos com Deus.

Ligar-se ao Senhor pelas páginas da Bíblia nos faz compreender o seu conteúdo. Depois da leitura de Esdras, os levitas deram explicações claras para que os israelitas entendessem (v.8). Hoje, podemos consultar comentários e notas bíblicas, ou visitar líderes da igreja para captarmos o que a Palavra de Deus diz para aplicá-las às nossas vidas.

Se você está se aproximando das Escrituras superficialmente por hábito ou obrigação, aqui vai um desafio. Defina um período de tempo ininterrupto com a Palavra viva de Deus (Hebreus 4:12). Lute para compreendê-la — aprofunde-se! Assim como os israelitas, você pode chorar quando as palavras tocarem sua alma (Neemias 8:8,9). Mas também pode alegrar-se muito (v.12) quando começar a ler e a compreender. —Jennifer Benson Schuldt

# cada pardal

**leia›**
**Mateus 10:28-33**
O SENHOR Deus sente pesar quando vê morrerem os que são fiéis a ele (Salmo 116:15).

**examine›**
O livro de Gênesis 1:27 nos diz que Deus criou o homem à Sua imagem. Isso traz dignidade à morte?

**considere›**
O que Deus revela no Salmo 116:15? De que maneira é possível enxergar a morte através dos olhos do Senhor?

Minha mãe, tão digna e decente em toda sua vida, está agora acamada — devido à sua idade avançada. Agitada por pequenos derrames e lutando para respirar, sua condição terminal contrasta com o lindo dia de primavera que dança tentadoramente no outro lado da janela.

Essa cena já passou várias vezes em minha mente. Mesmo assim, toda a preparação emocional do mundo não nos deixa prontos para a dura realidade do "adeus". *A morte é tão indigna*, pensei. Preocupado com o fato de que minha presença estivesse incomodando o apurado senso de privacidade dela, desviei os olhos para o canteiro de alimentação dos pássaros no lado de fora da janela. O comedor simboliza a liberdade e a dependência que ressoavam em meu espírito.

Nesse momento, um pássaro voa para pegar uma semente. Instantaneamente, uma frase familiar veio à minha memória: "...Porém nenhum [passarinho] cai no chão se o Pai de vocês não deixar que isso aconteça" (Mateus 10:29). Nosso Senhor disse isso enquanto dava ordens de partida para Seus discípulos para uma missão pela Judeia, mas o princípio que deixou com relação aos pardais é universal: "...vocês valem mais do que muitos passarinhos" (v.31).

De volta ao quarto no lar de repouso, minha mãe agitou-se. "Mamãe morreu", ela anunciou, voltando à linguagem de sua infância para falar da própria mãe, que há muito tempo partira. "Sim", concordou minha esposa. Confusa, minha mãe continuou. "E a Joyce e o Tiago?", perguntando sobre sua irmã e irmão. "Sim, eles também se foram", disse minha esposa. "Mas, logo estaremos com eles!"

"É difícil esperar", mamãe disse baixinho. —Tim Gustafson

# vem a seguir...

**leia**
**Lucas 17:1-10**
...Se o seu irmão pecar, repreenda-o; se ele se arrepender, perdoe (v.3).

**examine**
Leia o livro de Mateus 18:15-22 para saber mais sobre como confrontar um cristão que pecou contra você.

**considere**
Como você reagiu com um cristão que pecou contra você? O que você fará para seguir Jesus e Suas instruções em relação a esse relacionamento quebrado?

Alguém próximo a mim (e aos meus amados) tomou más decisões que afetaram a todos nós e o que veio a seguir não foi legal. Dor, pesar, sofrimento. Estas palavras capturam a essência do aguilhão que é trazido por escolhas ruins.

Você já passou por isso. Todos nós passamos. Relacionamentos quebrados ou estremecidos podem cercar nossos dias de emoções perturbadoras.

Felizmente, Jesus nos dá palavras de instrução que podem nos ajudar a lidar com esse assunto delicado. Vamos passo a passo enquanto Ele nos leva da mágoa à esperança e cura:

1. *Os cristãos serão tentados e pecarão contra nós* (Lucas 17:1). Embora isso nunca seja prazeroso ou desejável, nossos amigos e familiares pecarão e falharão conosco.

2. *Devemos confrontar em amor a pessoa que pecou contra nós* (v.3). Ignorar a ofensa e o remoer em ira para devolver os ataques à pessoa com nossa artilharia não é um ato de amor. Devemos demonstrar o amor radical de Jesus enquanto tratamos a ofensa e o ofensor.

3. *Se a pessoa se arrepender genuinamente, devemos perdoá-la* (vv.3,4). O perdão verdadeiro só pode ser estendido se a pessoa que pecou contra nós se arrepender. Em seu livro *Jesus e os Evangelhos*, o teólogo Craig Blomber escreve que isso significa que os indivíduos devem "mudar de comportamento, ao invés de simplesmente desculpar-se". Esse é o verdadeiro arrependimento.

O que deveríamos fazer quando a pessoa que pecou contra nós, recusa-se ao arrependimento? Jesus nos dá uma única palavra para considerarmos: *obediência* (v.10). Enquanto continuamos a lidar com nossos ofensores, podemos entregar a pessoa a Deus e simplesmente obedecer e seguir Sua Palavra.

Não podemos impedir alguém de fazer escolhas mesquinhas e tolas, mas podemos fazer escolhas santas no que vem a seguir. —Tom Felten

# o que você vê?

**leia>**
**Marcos 8:22-30**
Jesus pôs outra vez as mãos sobre os olhos dele. Dessa vez o cego olhou firme e ficou curado; aí começou a ver tudo muito bem (v.25).

**examine>**
Leia o restante do capítulo de Marcos 8 para ver que a visão que Pedro tinha de Jesus *ainda* precisava de aperfeiçoamento, mesmo depois de sua revelação.

**considere>**
Como esta história se encaixa no desenvolvimento de sua compreensão sobre quem é Jesus? O que ela pode nos dizer sobre como as pessoas o conhecem hoje?

Ao olhar pela janela você pode ver vidro e moldura ou pode olhar *através* dela e ver as montanhas. A passagem de hoje é parecida com isso. Uma leitura superficial perderá a beleza de tudo o que devemos entender.

À primeira vista, podemos só ver outra história de cura feita por Jesus — embora não convencional. Cristo aproxima-se de um cego e cospe em seus olhos na tentativa de curá-lo (Marcos 8:22-26). "...Você está vendo alguma coisa?", perguntou em seguida. "...Vejo pessoas; elas parecem árvores, mas estão andando", responde o homem. Uma segunda ação completa a cura e seus olhos são abertos.

Mas o que vemos nesta história? Ampliemos nossa visão. O evangelho de Marcos apresenta os discípulos de Jesus tendo curta visão espiritual, pois eles não entenderam os dois milagres da multiplicação (6:52; 8:19-21), o que fez Jesus dizer-lhes em frustração: "Vocês têm olhos e não enxergam?..." (8:18). Eles não haviam captado o que esses milagres revelavam sobre *Ele*.

Agora perceba o que vem a seguir na história da cura do cego (vv.27-29). A comunidade também não vê quem Jesus é. Pensavam que era um profeta que retornara. Mas quando Pedro faz aquela afirmação monumental: "...O senhor é o Messias!..." (v.29), a identidade de Jesus é finalmente revelada.

Isso, diz o especialista bíblico Ben Witherington, é o que os dois estágios da cura do cego querem dizer. Isso representava a cegueira inicial dos discípulos para com o Mestre, sua visão parcial sobre Ele, e, por fim, sua total compreensão.

Que parábola de fé moderna! Nós também começamos cegos quanto a Jesus, ganhamos visão parcial (provavelmente quando o reconhecemos como "profeta"), em seguida, finalmente o vemos pelo que realmente Ele é — o Messias, o Cristo, o Filho do Deus vivo, e o Único a quem devemos nossas vidas. —Sheridan Voysey

# masculino e feminino

**leia›**
**Isaías 42:1-13**
O SENHOR se prepara para a guerra e sai pronto para lutar, como um soldado valente. Com toda a força, ele solta o grito de batalha e com o seu poder derrota os seus inimigos (v.13).

**examine›**
Leia o livro de Apocalipse 19:11-16 para ver a ligação entre Cristo, nosso sacrifício perfeito, e aquele que é o nosso Rei conquistador.

**considere›**
As famílias compreendem bem o sentido de "hombridade"? A igreja pode incutir nos homens o entendimento do chamado estratégico de Deus para eles?

Jogos de estratégia nunca foram meus preferidos. Lembro-me de quando meu marido me ensinou a jogar *Risk*. Sou melancólica e fiquei arrasada, pois tinha poucos soldados para a minha conquista. Ao contrário de mim, meu marido tinha um contingente enorme em seu exército — varrendo-me para fora do tabuleiro em sua campanha para conquistar cada continente. Fico feliz em jogar *Scrabble* (palavras cruzadas); deixo para meu marido a alegria da dominação mundial.

Satanás e seu exército trabalham duro para enfraquecer o guerreiro que há no coração dos homens — promovendo mentiras de que eles devem ser como as mulheres, ou aprisionando-os com a pornografia. Incertos do que é a verdadeira força, muitos inconscientemente sucumbem à falsa ideia de que bancar o guerreiro conquistador em um videogame é a maior prova da hombridade.

*Nada pode estar mais distante da verdade.*

Embora a mulher aprecie quando o homem entende o que ela precisa, a maior vocação masculina não está na compreensão de como fazer uma mulher feliz. O maior objetivo para eles é dar sua vida sem reservas para a glória de Deus (Salmo 86:12; Romanos 6:13). Embora Jesus seja compassivo, misericordioso e gentil, precisamos lembrar de que Ele é a epítome de um guerreiro (v.13). Deus não criou o homem para estar cativo a seus apetites sexuais ou à sua passividade. Nem para agir conforme o sexo oposto. Em cada momento aparentemente comum, a batalha entre a luz e as trevas se agrava. Os homens foram criados para lutar pelo que é certo.

Para que o Corpo de Cristo funcione como Deus planejou, a igreja deve:

- Perceber que Deus deu uma vocação única aos homens.
- Desafiá-los a liderar fortemente enquanto vivem abnegadamente.
- Ensiná-los que a verdadeira força é encontrada na rendição a Deus. —Regina Franklin

# salgado

**leia>**
**Mateus 5:13-16**
Vocês são o sal para a humanidade; mas, se o sal perde o gosto, deixa de ser sal e não serve para mais nada. É jogado fora e pisado pelas pessoas que passam (v.13).

**examine>**
Como Jesus descreveu a vida encontrada nele no livro de João 10:10?

**considere>**
De que maneiras tangíveis você pode viver uma vida com "sal"? Como você vai dar sabor aos seus relacionamentos com a realidade de Deus hoje?

Em seu livro *Transformando Crianças em Campeões* (ed. Naós, 2005), George Barna revela uma estatística interessante: as crianças são oito vezes mais propensas a aceitar Jesus como seu Salvador do que adolescentes e adultos.

A pesquisa de Barna é importante. Além da implicação prática da necessidade de apresentar as verdades de Deus aos jovens, ela fez-me pensar se não deveríamos retroceder e considerar *porque* há uma queda significativa na porcentagem de adolescentes e adultos crendo em Cristo. Obviamente, o fato de não terem mentes tão abertas quanto as criança é grande parte da razão. Mesmo assim, pondero se a queda não é em parte por causa de mal-entendidos sobre o que significa ser o "sal da terra" (Mateus 5:13).

O sal tem muitas utilidades. Mas o que Jesus tinha em mente? O círculo cristão em que cresci interpretava o sal como conservante. A partir disso, ensinaram-me que nosso papel é conservar a moralidade em nossa cultura. Porém, se ouvirmos as palavras do próprio Jesus, é fácil ver que Ele quis dizer algo completamente diferente — "...se o sal perde o gosto, deixa de ser sal e não serve para mais nada..." (v.13).

Ser sal, como Jesus pretendia, é acrescentar sabor. Tem a ver com aumentar o gosto, deixando com gosto de "quero mais". Deus pode chamar alguns de nós para falar contra a imoralidade em termos da ameaça que esta causa. Mas, pergunto-me: quantos de nós reprovamos a depravação de nosso mundo a ponto de apresentar o que a vida com Jesus tem a oferecer em seu lugar?

*Jesus, liberta-nos para oferecermos uma amostra saborosa de Tua vida real, que deixará adolescentes e adultos querendo mais de tudo o que se encontra em ti.* —Jeff Olson

# delator!

**leia›**
**1 João 1:5-10**
Mas, se confessarmos os nossos pecados a Deus, ele cumprirá a sua promessa e fará o que é correto: ele perdoará os nossos pecados e nos limpará de toda maldade (v.9).

**examine›**
Leia o livro de Salmos 32:1-5; 51 para observar como Davi lidou com o pecado dele diante de Deus.

**considere›**
Você tem o hábito da confissão espiritual? Baseado no livro de Salmos 32; 51, quais são os aspectos importantes e os resultados imediatos da confissão?

Um delator é alguém que espontaneamente entrega informações sobre um amigo ou conhecido. Devido a isso, frequentemente pessoas são presas, despejadas ou mesmo mortas. Um delator é considerado uma das pessoas mais baixas na escala social da vizinhança. As pessoas têm muita dificuldade em perdoar um delator.

João incentivou os cristãos a delatar a *si próprios*. Pois quando o fizessem, Deus os perdoaria. O apóstolo escreveu uma poderosa carta a um grupo de cristãos que era atormentados por diversos grupos de falsos mestres (1 João). Um dos grupos dizia que tinham comunhão com Deus e que não pecavam. João contestou essa teologia incorreta ao ressaltar a natureza santa e perfeita de Deus — Deus é luz. Se eles diziam ter comunhão com Deus, que é luz, mas continuavam a andar nas trevas, João disse que eram mentirosos e enganavam a si mesmos. Temendo que os cristãos recém-convertidos fossem influenciados por estes falsos mestres, João os incentivou a confessar seus pecados — delatar-se a si mesmos — mediante uma confissão genuína, e Deus perdoaria os seus pecados. Ele os perdoaria e os purificaria de toda injustiça. João deixa claro que o pecado persistente, não confessado e sem arrependimento é a marca de alguém que não conhece a Deus genuinamente.

Um dos indícios de que temos verdadeira comunhão com Deus é quando confessamos nossos pecados a Ele de forma consistente. De acordo com Salomão, a verdadeira piedade e temor a Deus implicam em reconhecer que nosso pecado é contra um Deus santo. Por isso, devemos confessar e deixá-lo, em vez de encobri-lo e permitir que nosso coração endureça. Quando confessamos e deixamos nossos pecados a Deus, alcançamos Sua misericórdia (Provérbios 28:13).

Portanto, vale a pena delatar a nós mesmos! —Marvin Williams

# dia após dia

**leia>**
**Salmo 90:1-12**
Faze com que saibamos como são poucos os dias da nossa vida para que tenhamos um coração sábio (v.12).

**examine>**
Leia o livro de Efésios 5:15,16. O que a sabedoria de Paulo acrescenta à nossa forma de reagir ao número limitado de dias que recebemos de Deus?

**considere>**
Qual é a minha reação ao fato dos meus dias serem limitados? Que oportunidade eu deveria almejar hoje se desejo aproveitar ao máximo os meus dias?

Em 31 de março de 1979, Jamie Livingston tirou a primeira foto com sua câmera fotográfica *Polaroid*, e continuou tirando pelo menos uma por dia até o dia de sua morte, em 25 de outubro de 1997. Há fotos de amigos e momentos singulares da vida dele. Ao observarmos estas fotos, percebemos que torcia para um time de beisebol, e era cineasta. No início de 1997, as fotos revelam que ele estava com câncer. As seguintes, registram seu casamento poucas semanas antes de sua morte. As fotos descrevem a vida de um homem que desejava lembrar de cada um dos seus dias — dia após dia.

O Salmo 90, uma das orações, apresenta uma ideia semelhante. Moisés reflete sobre a mortalidade humana, sabendo que todos nós um dia vamos retornar ao pó (v.3). Ele também reconhece o cansaço da vida, ressaltando que "...a nossa vida termina como um sopro" (v.9). Livre do entusiasmo da juventude, ele deve ter orado estas palavras à medida que seus anos passavam rapidamente. A maioria de nós pode esperar viver no máximo 70 ou 80 anos e, então, de maneira muito breve, "...A vida passa logo, e nós desaparecemos" (v.10).

Isto soa um tanto melancólico. Não gostamos de pensar na brevidade da vida e na proximidade da morte. Há motivos de não gostarmos de funerárias e nos sentirmos desconfortáveis ao falar sobre a morte.

A reação de Moisés acerca destas realidades, no entanto, não era de desânimo ou medo. Ele entendia a brevidade da vida como um chamado à ação, ao viver sábio e à humildade diante de Deus e o compromisso com o Seu mundo. "Ensina-nos a contar os nossos dias", Moisés disse, "para que alcancemos coração sábio" (v.12).

Moisés desejava que Deus o ajudasse a aceitar (não ignorar) sua mortalidade humana, para que pudesse tirar o máximo de cada dia que lhe fora dado. —Winn Collier

# espiral decadente

**leia›**
**Juízes 19**
E, como não querem saber do verdadeiro conhecimento a respeito de Deus, ele entregou os seres humanos aos seus maus pensamentos, de modo que eles fazem o que não devem (Romanos 1:28).

**examine›**
Leia o livro de Salmo 81:11-16 e veja o que Deus disse que faria ao Seu povo se eles não se arrependessem (vv.11,12) e o que Ele desejava fazer se eles voltassem e o seguissem (vv.13-16).

**considere›**
Quais outros exemplos de colapso moral e espiritual — em que pessoas escolheram pecar — você pode lembrar? Com qual pecado você precisa lidar hoje?

Lori, Tyler e seu cachorro, Bandit, estavam sentados no sofá. Tyler estendeu o braço para acariciar Bandit, quando este o atacou. Surpreso, Tyler retirou sua mão. Alarmada, Lori colocou seu braço ao redor de Bandit, de forma carinhosa e consoladora.

Cesar Millan, conhecido como encantador de cães, disse a Lori: "Gosto muito de cães [...]. Mas nunca escolheria um cachorro no lugar do meu filho". Lori havia escolhido seu animal de estimação ao invés de seu próprio filho! Histórias como estas me fazem questionar o que há de errado com o nosso mundo.

No livro de Juízes 19, lemos sobre um levita anônimo. Embora os levitas fossem uma tribo sacerdotal em Israel, alguns deles estavam tão errados quanto as pessoas que deveriam orientar. Este levita e sua concubina se desentenderam, e ela voltou para a casa do pai (v.2). Após quatro meses, o homem decidiu trazê-la de volta. O levita ficou cinco dias na casa do sogro e finalmente, o casal decidiu voltar (v.10).

O que aconteceu em seguida é revoltante. Lemos a respeito dos desejos pervertidos de um grupo de homens da cidade onde o casal se alojou e do abuso sexual coletivo que resultou em morte. Como esse homem teve coragem de sacrificar uma mulher para salvar sua própria pele? E ao achá-la pela manhã convocá-la para levantar-se do chão? (vv.25-28).

Paulo explicou isso no livro de Romanos 1:28,29: "E, como não querem saber do verdadeiro conhecimento a respeito de Deus, ele entregou os seres humanos aos seus maus pensamentos, de modo que eles fazem o que não devem. Estão cheios de todo tipo de perversidade, maldade, ganância, vícios, ciúmes, crimes de morte, brigas, mentiras e malícia..."

Quer seja na época de Juízes, ou na de Paulo, ou na nossa, o pecado descontrolado pode levar a uma espiral decadente de depravação.
—Poh Fang Chia

# ore a Deus por César

**leia>**
**1Timóteo 2:1-7**
...sejam feitos orações, pedidos, súplicas e ações de graças a Deus em favor de [...] reis e por todos os outros que têm autoridade, para que possamos viver uma vida calma e pacífica... (vv.1,2)

**examine>**
Não está convencido de como orar por seus líderes? Leia o livro de Salmo 72 para descobrir o que o rei Salomão disse que deveríamos buscar em oração.

**considere>**
Escreva o nome de um líder cujo caráter ou valores você desaprova. Ore por essa pessoa agora e todos os dias desta semana. Por que isto é importante?

Os imperadores romanos exigiam que os cidadãos demonstrassem lealdade ajoelhando-se diante da imagem deles, tirassem um pouco de incenso e declarassem "César é Senhor". Tertuliano, escritor da igreja primitiva, não se sujeitava a isso. Ele disse ao imperador que os cristãos não orariam a ele como se fosse um deus, mas que orariam a Deus por ele. Os cristãos se tornaram apoiadores leais de César, pois buscavam a prosperidade dele no único Deus que poderia dá-la.

Tertuliano desafiou César a continuar sua perseguição. "Com nossas mãos estendidas para Deus", ele escreveu, "rasgue-nos com suas garras de ferro, pendure-nos em cruzes, envolva-nos em chamas, corte nossas cabeças com espadas, solte as feras sobre nós — a atitude de um cristão quando ora é uma preparação para qualquer tipo de castigo." *Como você pode matar alguém que está orando por você?*

E se os cristãos seguissem o exemplo de Tertuliano e a ordem de Paulo de orar "...pelos reis e por todos os outros que têm autoridade..." E se pedíssemos a Deus para conceder sabedoria e coragem a todos os seus líderes — não só aos que compartilham dos mesmos valores? Nossos concidadãos podem discordar com a nossa política, mas admitiriam que queremos que a nossa nação — não apenas os líderes com os quais concordamos — seja bem-sucedida.

É fácil tornar-se cínico acerca da corrupção e incompetência do governo. Mas, em vez de reclamar, vamos confiar em Deus e orar pelos nossos líderes!

A situação do seu país pode parecer desesperadora. Os líderes podem não crer em Jesus e errar inúmeras vezes. Mesmo assim, siga o mandamento que Deus deu aos judeus na Babilônia: "Trabalhem para o bem da cidade [...]. Orem a mim, pedindo em favor dela, pois, se ela estiver bem, vocês também estarão"(Jeremias 29:7). —Mike Wittmer.

# importância e dignidade

**leia›**
**Salmo 8**
O que somos nós, para que nos dês tanta importância e te preocupes com a gente? (Jó 7:17).

**examine›**
De que forma o escritor aos Hebreus (2:6-10) aplica o Salmo 8 a Jesus e sua vinda em carne, à sua crucificação, ressurreição e reino dos céus?

**considere›**
Saia numa noite clara e leia o livro do Salmo 8 e contemple o céu. Traz-lhe algum conforto saber que Deus está pensando em você?

Era uma noite como qualquer outra. Davi tinha a responsabilidade de pastorear o rebanho da família e levar as ovelhas a pastar em lugares ermos (Salmo 78:70,71). Depois de ter guardado o rebanho em segurança durante a noite e tendo se deitado para descansar, Davi contemplava os céus. Inspirado pela lua cheia e pelas estrelas brilhantes (8:3), ele meditava na glória de Deus e na dignidade das pessoas.

Davi ficava fascinado com a imensidão dos céus, cativado com a grandeza majestosa da criação celestial de Deus (v.3). Ele contemplou a glória do Deus Criador com as mesmas palavras introdutórias e conclusivas: "Ó SENHOR, nosso Deus, a tua grandeza é vista no mundo inteiro..." (vv.1,9).

Davi ficou perplexo e surpreso com a importância e dignidade que Deus tinha dado a ele, um mero mortal (vv.4-8). Ele perguntou: "...que é um simples ser humano para que penses nele? Que é um ser mortal para que te preocupes com ele?" (v.4).

Fica evidente o cuidado especial de Deus quando comparamos o destino de três ordens da criação de Deus — os anjos, a terra e os seres humanos. Todos os anjos maus, incluindo Satanás, estão condenados ao inferno (Mateus 25:41). E a terra será destruída e substituída por uma nova terra (2 Pedro 3:7,13). Somente pessoas serão redimidas e salvas (Hebreus 2:16), pois são muito preciosas para Deus (Salmo 8:3-5).

Davi relembrou a majestade do homem antes da queda (Salmo 8:6-8; Gênesis 1:26-31). As pessoas foram criadas "...inferior somente a [Deus]..." (Salmo 8:5). Uau! Davi então volta o seu olhar para o futuro destino da humanidade. Pessoas redimidas serão restauradas e coroadas "...de glória e de honra..." (v.5). Elas terão domínio sobre as obras de Deus (v.6). Olhe-se no espelho e perceba que Deus deu a você grande importância e dignidade. —K. T. Sim

# daltônico

**leia›**
**Romanos 1:18-25**
Desde que Deus criou o mundo, as suas qualidades invisíveis [...] têm sido vistas claramente. Os seres humanos podem ver tudo isso nas coisas que Deus tem feito e, portanto, eles não têm desculpa nenhuma (v.20).

**examine›**
Leia o livro de 2 Coríntios 5:7 para ver a diferença entre fé e visão distorcida.

**considere›**
Imagine a Bíblia como um telescópio em que você espreita o coração de Deus. De que forma sua visão nele influencia sua visão de todas as demais coisas?

O termo "daltônico" pode induzir ao erro, sugerindo que pessoas nesta condição podem ver o mundo só em preto e branco. Na verdade, a maior parte das pessoas daltônicas, consegue enxergar tonalidades em amarelo e azul. Somente poucas pessoas são daltônicas de todas as cores e conseguem enxergar sombras em branco, cinza e preto — vendo o mundo como uma fotografia em preto e branco.

O daltonismo pode parecer debilitante, mas a habilidade do olho para compensar essa deficiência é extraordinária. Por exemplo, pessoas daltônicas tendem a ter uma visão noturna excepcional. Elas também são mais sensíveis a contornos e curvas de nível. Durante a Segunda Guerra Mundial, alguns soldados daltônicos foram colocados em aviões espiões para identificar campos inimigos camuflados, que eram invisíveis para pessoas com uma visão normal. A Bíblia diz que nossa visão influencia a maneira de percebermos a Deus. Observe algumas causas e efeitos ópticos:

*Visão Ofuscada = Desespero.* "Ó Deus, estou aflito, esperando que tu me livres dos meus inimigos; eu ponho a minha esperança na tua palavra. Os meus olhos estão cansados de tanto olhar, esperando o que prometeste, e eu pergunto: Quando vens me consolar?" (Salmo 119:81,82).

*Visão Limitada = Compreensão Incompleta.* "O que agora vemos é como uma imagem imperfeita num espelho embaçado, mas depois veremos face a face. Agora o meu conhecimento é imperfeito, mas depois conhecerei perfeitamente, assim como sou conhecido por Deus" (1 Coríntios 13:12).

*Visão Perspicaz = Conhecendo a Deus.* "Desde que Deus criou o mundo, as suas qualidades invisíveis, isto é, o seu poder eterno e a sua natureza divina têm sido vistas claramente [...] e, portanto, eles não têm desculpa nenhuma" (Romanos 1:20).

Uma visão terrena comprometida oferece a você uma oportunidade de confiar e amar a Deus, apesar de nunca tê-lo visto (1 Pedro 1:8).
—Roxanne Robbins

# respostas à oração

**leia›**
**1 João 5:13-15**
Quando estamos na presença de Deus, temos coragem por causa do seguinte: se pedimos alguma coisa de acordo com a sua vontade, temos a certeza de que ele nos ouve (v.14).

**examine›**
Leia o livro de Marcos 14:36. O que este versículo revela sobre qual deveria ser nosso foco supremo quando buscamos respostas para nossas orações?

**considere›**
De que forma você reage a algumas respostas recentes de Deus? Por que é crucial que oremos em nome de Jesus?

Duas respostas de oração. Duas *respostas* perfeitas. A primeira veio depois que muitos de nós tínhamos orado por uma menina adotada da Etiópia. Antes de ser adotada, os testes mostraram que ela era HIV positiva. Depois da adoção, no entanto, testes revelaram que não havia qualquer sinal da HIV. Isso trouxe grande alegria! A segunda resposta veio depois que o câncer de uma amiga voltou. Naquela semana, ela foi internada mais uma vez. Essa não era a resposta que esperávamos. Ela está em fase terminal. Estamos muito tristes. Ela, porém, continua alegrando-se em Deus e mostra uma fé inabalável. As duas respostas trouxeram glória a Deus.

João escreveu uma carta que incluía instruções de como orar — como encontrar respostas da parte de Deus. Ele ensinou: "Quando estamos na presença de Deus, temos coragem por causa do seguinte: se pedimos alguma coisa de acordo com a sua vontade, temos a certeza de que ele nos ouve" (1 João 5:14). Cristãos (v.13), têm livre acesso a Deus e a Sua sabedoria. Mas observe que o foco das nossas orações deve ser a Sua honra e glória, reconhecendo que Ele nos ouve e vai nos dar o "...que lhe pedimos..." (v.15). Experimentei isto com a menina adotada e com a amiga cujo câncer voltou. Como?

Jesus disse: "E tudo o que vocês pedirem em meu nome eu farei, a fim de que o Filho revele a natureza gloriosa do Pai" (João 14:13). Quando oramos em nome de Jesus, estamos orando em Jesus — buscando Sua vontade e sabedoria. Oramos ao Pai por causa do acesso concedido a nós pelo Filho. Oramos para que, independentemente do resultado, Jesus seja honrado e "...o Filho revele a natureza gloriosa do Pai" (v.13).

*Há* grande poder na oração (Tiago 5:16). Deus nos ouve e responderá. Quando o fizer, precisamos estar dispostos a aceitar respostas que não são necessariamente o que queremos, mas que trazem glória a Ele. —Tom Felten

# esquecer

**leia>**
**Filipenses 3:7-14**
É claro, irmãos, que eu não penso que já consegui isso. Porém uma coisa eu faço: esqueço aquilo que fica para trás e avanço para o que está na minha frente (v.13).

**examine>**
Leia o livro de Salmo 73 para enxergar como deveríamos visualizar nossas lutas à luz da presença orientadora de Deus.

**considere>**
Quem você tem dificuldade em perdoar? Como esquecer o passado? De que maneira a ordem de Deus para perdoar alguém é um reflexo do que Ele fez por você?

O anteparo do rio onde o Canal Augusta e o rio Savannah se encontram é um dos lugares mais belos da nossa cidade. Rodopiando em gigantes redemoinhos, o canal vai se transformando de águas calmas em águas turbulentas à medida que é agitada contra a fundação do canal. Certo dia, quando uma amiga e eu levávamos nossos filhos até lá, lancei uma pedra na água. Sentia-me sobrecarregada pelo peso da vida. Quando deixei a pedra cair foi como se estivesse deixando o passado para trás, olhando para o futuro com nova esperança.

O perdão é um presente precioso de Deus. Nossa vida depende desse presente. Mesmo assim, muitas vezes temos dificuldades em estender este presente a outros. Quando cometem alguma injustiça contra nós, ficamos presos à essa ofensa, na esperança de que aqueles que nos ofenderam percebam o erro que cometeram. Parece que parte de nós acredita que nossas petições não serão atendidas se as entregarmos a Deus.

A legitimação é uma necessidade poderosa do espírito humano. Mas separada de Jesus, qualquer aprovação é passageira. Paulo sustentava que nada se comparava com o estar em Cristo e que nenhuma credencial além da cruz realmente tinha algum valor (Filipenses 3:7-9). Jesus morreu na cruz para identificar-se com o nosso sofrimento humano (2:6-8). Por que então procuramos ter comunhão com Ele de outra forma que não seja colocar tudo aos pés da cruz — incluindo nossas dores mais profundas?

A questão não é se as ofensas virão, mas como vamos reagir quando elas vierem (Mateus 5:11,12). Deus não está pedindo para não buscarmos um arrependimento genuíno daqueles que nos machucaram — permitindo que o verdadeiro perdão seja estendido. Mas Ele está pedindo que deixemos o passado para trás para que possamos tomar posse daquilo que está adiante. —Regina Franklin

# comer, orar, amar

**leia›**
**João 4:1-30**
Em seguida, a mulher deixou ali o seu pote, voltou até a cidade e disse a todas as pessoas: —Venham ver o homem que disse tudo o que eu tenho feito. Será que ele é o Messias? (vv.28,29).

**examine›**
Leia o livro de Salmo 42:1 e os livros de Isaías 44:3; 55:1 e Apocalipse 21:6 e observe outras abordagens bíblicas acerca de sede espiritual.

**considere›**
Por que você acha que livros como *Comer, rezar, amar* são tão populares? De que forma Jesus, a água viva, tem saciado a sua sede espiritual?

Livros de memórias espirituais tem desfrutado de grande popularidade. *Comer, rezar, amar* (Ed. Objetiva, 2008), da autora Elizabeth Gilbert, é um exemplo. Uma crônica da crise de meia-idade, além da busca por realização, o livro (e filme posterior) descreve a sua jornada à Itália em busca de comida, à Índia por iluminação espiritual e à Bali por romance.

Os críticos rotularam o livro como narcisista e superficial. Elizabeth se envolve em um romance proibido, adota uma abordagem religiosa de que todos os caminhos levam a Deus, e sua espiritualidade se torna um tanto egoísta. Mesmo assim, milhões devoraram seu livro. Sua popularidade revelou uma sede espiritual em todo o mundo.

Outra mulher vem à minha mente. Sua necessidade era por água em vez de comida exótica, e ela caminhou cerca de 800 metros a uma fonte distante para adquiri-la. "...Se você soubesse o que Deus pode dar e quem é que está lhe pedindo água...", um Homem disse a ela ali, "...você pediria, e ele lhe daria a água da vida" (João 4:10).

Sua busca por amor vinha de longa data e era complexa. "Vá chamar o seu marido...", o Homem havia dito, antes de revelar que ela não era casada com o homem com quem vivia, e o seu passado estava marcado por vários maridos (vv.16-18).

Em relação à oração, o povo dessa mulher tinha uma história espiritual manchada (2 Reis 17:29), por isso seu conhecimento de Deus estava deturpado (João 4:20-22). Mas ela sabia que o Messias vindouro iria esclarecer tudo. "...Eu o sou...", Jesus lhe disse (v.26 ARA).

Para aquela mulher, algo a mais era necessário além de comida, amor sexual e espiritualidade vaga. Ela encontrou esse "algo a mais" em Jesus. Logo a sua história levou outras pessoas com fome espiritual a Ele (vv.39-42). Espero que Elisabeth Gilbert um dia possa contar uma história semelhante. —Sheridan Voysey

# erros caros

**leia›**
**1 Samuel 25:1-35**
O homem sensato vê o perigo e se esconde, mas o insensato vai em frente e acaba mal (Provérbios 27:12).

**examine›**
É interessante notar que antes do seu desentendimento com Nabal, Davi não reagiu e não matou Saul na caverna quando teve chance (24:1-8). Por quê?

**considere›**
O que acontece ao ignorarmos a instrução de Deus e buscarmos consertar o que está errado? Deus é glorificado quando buscamos a paz?

Ao ler 1 Samuel, meu livro favorito da Bíblia, fiquei impactado com o desentendimento que Davi teve com Nabal (1 Samuel 25). Davi e seus homens acamparam-se no deserto onde Nabal estava tosquiando ovelhas. Por isso, Davi enviou uma mensagem a Nabal, lembrando-o de como tinha generosamente protegido seus pastores no passado e de que não havia roubado coisa alguma deles. Em troca, Davi pediu a Nabal que desse a ele e aos seus homens os suprimentos que estivessem à mão (vv.8,9).

Nabal era "... mau e grosseiro..." e se preocupava somente consigo mesmo (v.3). Quando o pedido de Davi veio aos ouvidos de Nabal, ele o desprezou. Nabal agiu como se não soubesse quem Davi era e chegou a insultá-lo, dando a entender que era um servo que havia fugido do seu senhor (vv.10,11).

Davi ficou irado quando soube da resposta de Nabal. Ele ordenou aos seus homens que colocassem as espadas na cintura. Armado e furioso, ele e 400 dos seus homens saíram para tirar à força o que precisavam de Nabal (vv.12,13).

Quando a esposa de Nabal, Abigail, ficou sabendo o que o seu esposo tinha dito, temeu pelo pior. Então imediatamente reuniu uma série de suprimentos e cavalgou ao encontro de Davi (vv.20-22). Ela suplicou para que ele não levasse em conta a loucura do seu marido e que evitasse sobrecarregar sua consciência derramando sangue sem causa (vv.23-31). Davi elogiou Abigail pela sua prudência e abortou o ataque (vv.32-35). Caso ela não tivesse interferido de forma corajosa e sábia, ele teria cometido um erro caro.

Talvez você também esteja considerando acertar as contas com alguém que cometeu um erro contra você. Não reaja precipitadamente nem cometa um erro. Considere o sábio conselho de Abigail e deixe que Deus trate daquela pessoa que o ofendeu (Romanos 12:19-21). —Jeff Olson

# ter tudo

**leia>**
**Eclesiastes 5:10-17**
Quem ama o dinheiro nunca ficará satisfeito. [...] Isso também é ilusão (v.10).

**examine>**
Leia o livro de 1 Timóteo 6:6-10 para saber o que Deus pensa acerca de grandes riquezas. E Lucas 12:14-21 para entender por que a vida não pode ser medida pelo que possuímos.

**considere>**
Por que é tão difícil lidar com a atração da riqueza? Como você pode perceber a diferença entre uma mordomia responsável e adquirir riqueza por si só?

A cidade de Nova Iorque é conhecida como "a cidade que nunca dorme", e por um período, Scott Harrison foi um dos responsáveis por isso. Como um dos principais promotores de casas noturnas do planeta, suas relações noturnas lhe trouxeram sucesso e riqueza. Além das suas próprias receitas, outras empresas lhe pagavam milhares de dólares para divulgar seus negócios. Mas durante suas férias no Uruguai, ele redescobriu sua fé e, subitamente, "ter tudo" já não era suficiente.

Scott viajou para a Libéria, onde testemunhou os problemas causados pela água contaminada. Isso resultou em *caridade: água*, uma organização que ele fundou e que ajudou mais de um milhão de africanos.

Muitas pessoas percebem que a riqueza, por si só, é sem sentido. O rei Salomão percebeu isto, apesar de suas riquezas impressionantes. Com uma entrada anual de mais de 25 toneladas de ouro, ele possuía uma frota de navios mercantes que circulavam pelos mares, trazendo tesouros exóticos, incluindo marfim, macacos e pavões (2 Crônicas 9:13-21). Durante o reinado de Salomão, a prata era considerada "como pedras" em Jerusalém (v.27).

A fortuna do rei não o impediu de proclamar um longo discurso sobre a vida, inclusive acerca da riqueza. Ele disse: "Quem ama o dinheiro nunca ficará satisfeito. [...] Isso também é ilusão" (Eclesiastes 5:10). *Que bem a riqueza pode trazer, a não ser vê-la escapar por entre os dedos?* Mesmo as pessoas mais ricas do mundo percebem que dinheiro acumulado não garante felicidade.

Não precisamos de dinheiro para encontrar satisfação. Caímos na armadilha de amarmos o dinheiro ao ficarmos obcecados por ele. Salomão disse: "Quem ama o dinheiro nunca ficará satisfeito..." (v.10). Trocar o amor ao dinheiro por amor às pessoas promete um retorno muito maior. —Jennifer Benson Schuldt

# noite estrelada

**leia›**
**Salmo 19:1-6**
O céu anuncia a glória de Deus... (v.1)

**examine›**
O céu é teu, e a terra é tua; tu criaste o mundo e tudo o que nele existe (Salmo 89:11).

**considere›**
Você perdeu o sublime senso de maravilhar-se? Olhe para as estrelas e reflita sobre o que Deus revela a você acerca do seu poder e trabalho criativo.

Ao perguntarem ao poeta, ensaísta e palestrante Ralph Waldo Emerson o que as pessoas fariam se as estrelas aparecessem uma vez a cada mil anos, ele respondeu: "Os homens ficariam extasiados e espantados."

O autor Paul Hawkins disse numa formatura em 2009: "Se as estrelas aparecessem a cada mil anos, ninguém dormiria naquela noite. O mundo criaria novas religiões da noite para o dia. Ficaríamos empolgados, delirantes, extasiados com a glória de Deus. Em vez disso, as estrelas aparecem todas as noites e preferimos assistir televisão."

Desde que Deus criou as estrelas no quarto dia (Gênesis 1:16), as luzes radiantes não têm cessado de brilhar. Nós, no entanto, com frequência negligenciamos o simples ato de parar e considerar estes e outros milagres da criação de Deus (Jó 37:14).

Ao envelhecermos, nos assemelhamos ao personagem fictício de Mark Twain, Tom Sawyer. Ele lembrava que observar as estrelas era uma parte importante do seu passado mas não do presente. "Tínhamos o céu, por cima de nós, repleto de estrelas", escreve Twain, "e costumávamos deitar-nos de costas a olhar para elas e discutíamos se elas tinham sido feitas, ou tinham simplesmente aparecido."

O rei Davi argumentou que olhar para cima é importante, não importa a nossa idade. "O céu anuncia a glória de Deus e nos mostra aquilo que as suas mãos fizeram. Cada dia fala dessa glória ao dia seguinte, e cada noite repete isso à outra noite. Não há discurso nem palavras, e não se ouve nenhum som. No entanto, a voz do céu se espalha pelo mundo inteiro, e as suas palavras alcançam a terra toda" (Salmo 19:1-4).

Não espere mil anos para sentir admiração por Deus. Em vez disso, olhe para os céus nesta noite e veja o que Ele tem feito! —Roxanne Robbins

# golpeado

**leia›**
**Mateus 5:38-45**
Mas eu lhes digo: amem os seus inimigos e orem pelos que perseguem vocês (v.44).

**examine›**
Invista tempo lendo os livros de Gênesis 50:15-21 e 1 Samuel 24:1-12 para verificar como deve ser a não retaliação piedosa.

**considere›**
Por que é tão difícil para alguns cristãos deixar a justiça nas mãos de Deus? O que o motiva a não se vingar?

Vinícius Huntington vingou-se de um boi que o chifrou na fazenda da família. Quando sentou-se para comer um pedaço da carne desse boi, ele disse: "Ah! Vou desfrutar dessa carne pra valer".

Ao contrário dele, os seguidores de Jesus que têm sido "golpeados" por palavras e atitudes de outros devem apresentar uma reação diferente quando se trata de vingança. A Bíblia indica claramente que há um padrão. Que padrão é esse?

A vingança humana era inaceitável e proibida no Antigo Testamento (Gênesis 4:15; Levítico 19:18; Deuteronômio 32:35). As pessoas viviam pelo princípio da *lex talionis* (a lei que exigia "*olho* por *olho*"; veja Êxodo 21:23-25). Esta não era uma lei de vingança pessoal, mas garantia que o castigo judicial seria justo e não mal-intencionado. A vingança pessoal era proibida não somente no Antigo Testamento. Jesus também a proibiu (Mateus 5:38-45). Ele ordenou que seus seguidores amassem e orassem por aqueles que os "golpeavam", pois dessa maneira o caráter deles poderiam refletir a natureza do Seu Pai celestial. Essa é a ordem de Jesus porque há um princípio mais amplo quando se trata de vingança pessoal: *A justiça deve ser feita, mas ela deve ser deixada nas mãos de Deus ou nas mãos de autoridades ordenadas por Deus.* De uma ou outra forma, Deus vingará o Seu povo.

Em vez de retribuir com ofensa e insulto, deveríamos viver de maneiras que honram a Cristo: devemos buscar viver em paz com todos (Romanos 12:18; 1 Pedro 4:8), seguir em frente quando necessário (Mateus 10:23), aceitar a ofensa (Hebreus 10:32-34), usar a lei e submeter-se a um mediador espiritualmente maduro (Atos 22:25; 1 Coríntios 6:1-6); além disso, perdoar e fazer o bem à pessoa que nos ofendeu (Lucas 23:34; Romanos 12:19-21). —Marvin Williams

# nova maneira de viver

**leia›**
**Efésios 4:17-32**
Vistam-se com a nova natureza, criada por Deus... (v.24).

**examine›**
Leia o livro de Efésios 5–6. Note como Paulo discute os relacionamentos humanos e maneiras de viver. De que forma o novo modo de vida de Deus influencia as diversas maneiras das pessoas se relacionarem?

**considere›**
Quais são seus hábitos e padrões? De que forma o convite de Deus a uma nova maneira de viver transforma sua visão de vida real?

Quando minha esposa e eu viajamos a Londres, visitamos os locais famosos, mas passamos a maior parte do tempo caminhando pelas vizinhanças, imergindo numa maneira diferente de viver. Percebemos que tomar chá provia um ritmo diário e que a estação de metrô podia ser bem calma. No mercado Portobello, vimos lojistas fecharem as portas para desfrutar de 20 minutos de quietude. Outras culturas demonstram novas maneiras de viver no mundo.

Numa escala mais ampla, é exatamente isso que a Bíblia oferece. As Escrituras oferecem um convite para uma nova maneira de viver — uma maneira melhor de ser humano. O estilo de vida que a Bíblia descreve não nos torna menos ativos ou menos conectados com o mundo (como se estivéssemos meramente sobrevivendo até que Deus nos retire daqui). Em vez disso, envolver-se com a vida de Deus nos torna mais comprometidos com o nosso mundo — mais parecidos com a pessoa que Deus deseja que sejamos. Paulo colocou isso da seguinte forma: "...abandonem a velha natureza de vocês [...] Vistam-se com a nova natureza, criada por Deus..." (Efésios 4:22,24).

E esta nova vida tem tudo a ver com as coisas do dia a dia: casamento, relacionamentos, trabalho — vida. Nada há de abstrato ou teórico aqui. Deus nos apresenta uma sabedoria franca, ressaltando os aspectos básicos. Nada chamativo — mas tudo *muito* humano. O apóstolo Paulo diz para deixarmos a mentira (v.25). Devemos controlar a ira (v.26). Paulo insiste que aquele que furtava simplesmente "...não roube mais..." (v.28). Devemos falar e viver de forma bondosa, ter corações compassivos e estar sempre prontos a perdoar (v.32).

Pergunto-me como seria o nosso mundo se verdadeiramente refletíssemos a maneira de Deus em nosso modo de viver. —Winn Collier

# devo?

**leia›**
**1 Samuel 23:1-14**
E será que os moradores de Queila vão entregar a mim e também os meus homens a Saul? - perguntou Davi. —Sim, vão! —respondeu o SENHOR (v.12).

**examine›**
Leia o livro de Salmo 119:33,34 para observar a relação entre conhecer a Palavra de Deus e guardá-la.

**considere›**
O que acontecerá se você questionar Deus consistentemente sobre questões grandes e pequenas de sua vida? Como você tem buscado fazer a Sua vontade?

*Cena 1: Davi ouve que Queila está sendo atacada.*

Davi: "Irei eu e ajudarei o povo de Queila?"

Deus: "Sim, vai e ajude-os."

Davi: "O Senhor tem certeza? Pode custar nossas vidas."

Deus: "Sim, vá."

Narrador: Então Davi foi e libertou Queila dos filisteus.

*Cena 2: Davi fica sabendo da estratégia de Saul para destruí-lo em Queila.*

Davi: "Será que os moradores de Queila vão me ajudar?"

Deus: "Não, ao contrário! Eles o trairão."

A Bíblia não relata se Davi falou alguma coisa para os líderes de Queila pela sua ingratidão (1 Samuel 23:4,12). Mas sei o que eu teria feito. Se eu fosse Davi, os teria amaldiçoado enquanto saía depressa junto com meus homens da cidade cercada de muralhas (v.7).

Davi, no entanto, simplesmente levantou-se e saiu da cidade. Seu silêncio é instrutivo. Ele nos ensina que não importa como as pessoas nos tratam; mais importante é como reagimos diante de Deus.

Lemos neste texto que Davi inquiriu quatro vezes ao Senhor. Na primeira vez, quando ouviu acerca da desgraça dos outros, em vez de se preocupar com a própria segurança, perguntou a Deus se deveria ajudar (v.2). Na segunda vez, ele consultou a Deus apesar dos apelos insistentes dos seus homens, que não queriam ir (vv.3,4). Na terceira e quarta vez, ele estava em uma situação difícil, já que Deus o havia levado até lá. No entanto, em vez de irar-se com Deus, orou e aguardou pela resposta (vv.10,12).

Você também deseja ser uma pessoa segundo o coração de Deus? Davi nos deixou um grande exemplo: busque a vontade de Deus e faça-a. —Poh Fang Chia

# apareça

**leia›**
**Provérbios 25:13-28**
Num momento de dificuldade, depender de uma pessoa que não merece confiança é como mastigar com um dente estragado, andar com um pé aleijado (v.19).

**examine›**
Leia o livro de Lucas 12:35-48 para descobrir as recompensas por ser confiável e os perigos de ser infiel.

**considere›**
Algumas pessoas não são confiáveis porque têm preguiça, enquanto outras temem tentar. Qual é seu maior obstáculo em ser confiável, e como superá-lo?

Meu colega não cumpriu o prazo de entrega de sua parte do nosso projeto. Perguntei ao nosso líder quanto tempo deveria esperar e ele me instruiu a entregar a minha parte, já que meu parceiro provavelmente nunca conseguiria entregar em tempo. "É uma pena, mas ele não é confiável."

É terrível o rótulo: "Não confiável." Podemos ser atraídos pelas qualidades de uma pessoa influente, pela beleza e inteligência, mas alguém provavelmente valorizará a nossa *fidelidade*. Os amigos e colegas de trabalho podem não ser os mais brilhantes ou bem-sucedidos, mas você os aprecia porque sabe que pode contar com eles. Eles sempre aparecem.

Marcos era um "talento" em ascensão na igreja primitiva, mas abandonou Paulo e Barnabé no meio da primeira viagem missionária (Atos 13:13). Paulo recusou-se a levá-lo na segunda viagem, pois era pesada o suficiente mesmo sem preocupar-se com um desistente a bordo (Atos 15:37,38).

O livro de Provérbios 25:19 afirma que o desleal é como um "pé aleijado". Uma perna ferida pode parecer bem quando você está sentado, mas ela bamboleia e pode até ceder quando você levantar e tentar andar. Entendo que pessoas não confiáveis são mais parecidas com pernas quebradas, que sempre nos deixam na mão.

E você? Você não pode escolher os seus dons concedidos por Deus; e não pode obter por si próprio aqueles que não têm. Mas você pode escolher simplesmente apresentar-se. Quando um empregador em potencial avalia as suas referências, elas mostram que você é confiável? Você sempre cumpre as suas responsabilidades?

Não é tarde demais. Enquanto sofria em um calabouço romano, Paulo escreveu a Timóteo: "...Procure Marcos e traga-o com você porque ele pode me ajudar no trabalho" (2 Timóteo 4:11). Marcos finalmente apresentou-se e Paulo confiou nele no final. —Mike Wittmer

# retorno

**leia›**
**Jeremias 8:4-9**
...Quando alguém erra o caminho, não torna a voltar? (v.4).

**examine›**
Quais pecados o povo de Judá cometeu? (Jeremias 5:1-5, 23-28; 7:26-31). Você é culpado destes pecados?

**considere›**
O que precisa acontecer para que haja uma reviravolta na sua vida? De que forma você poderá colidir se não mudar de direção?

Quando minha filha aprendia a dirigir, ela precisava aprender a fazer o retorno, ou seja, uma curva de 180 graus, para ir na direção contrária. Em alguns lugares, é permitido fazê-la, desde que seja seguro. Em Singapura, as curvas em U são permitidas somente em junções especificamente designadas, claramente sinalizadas. Independentemente das leis de trânsito do seu país, é importante que cada motorista seja capaz de realizar uma curva em U.

O povo de Deus na época de Jeremias estava indo na direção errada. Eles tinham rejeitado a Deus. Ele disse: "Porém vocês são um povo teimoso e rebelde, que se revoltou e me abandonou. Vocês não disseram no seu coração: 'Precisamos temer o SENHOR, nosso Deus'" (Jeremias 5:23,24).

Deus paciente e amorosamente insistiu com seu povo para que se arrependesse e fizesse uma curva em U antes que fosse tarde demais: "...Quando alguém cai, será que não se levanta? Quando alguém erra o caminho, não torna a voltar?" (Jeremias 8:4).

Infelizmente, o povo rejeitou os apelos de Deus. Em vez disso, agravaram seus pecados com outro ainda maior: "...vocês não se importaram [...] não aprenderam a lição; foram teimosos e não quiseram voltar para ele" (5:3). Ninguém disse "sinto muito" pelos seus pecados. Ninguém confessou: "...Que fiz eu?..." (8:6). Eles ignoraram de maneira grosseira os sinais da curva em U e permaneceram no seu caminho de pecado autodestrutivo (vv.5,6), e seguiram em direção ao que mereciam e lhes fora designado (5:15-18). Os babilônios vieram, devastaram a cidade, destruíram o templo e deportaram o povo para uma terra distante (52:12-27).

Você também está atravessando a estrada da vida, na direção errada, descendo pelo caminho de pecado e seguindo pelo caminho da destruição? Está na hora de retornar. —K. T. Sim

# fora do meu alcance

**leia›**
**Deuteronômio 6:1-19**
...e não deixem de ensiná-las aos seus filhos. Repitam essas leis em casa e fora de casa, quando se deitarem e quando se levantarem (v.7).

**examine›**
Leia o livro de Deuteronômio 6:1-9 para ver como devemos tornar o treinamento espiritual parte importante do dia a dia da vida familiar.

**considere›**
Qual é o seu maior medo como pai ou mãe? De que forma a Palavra de Deus aborda o seu medo?

Meu marido e eu somos cautelosos quando o assunto é filhos. Buscamos diligentemente encontrar um equilíbrio entre limites apropriados sem sermos controladores intransigentes. Amigos, a mídia e eventos sociais são meios poderosos para ajudar nossos filhos a aprender discernir e ter caráter. Percebi, no entanto, que minhas orações por um deles aumentou quando minha filha participou de uma viagem escolar, por três dias. Ela estava fora do meu alcance. Percebi que, com frequência, tenho as coisas sob controle simplesmente porque eles estão ao alcance dos meus olhos.

As histórias de Judá e Israel provam que uma nação que não ensina a verdade à próxima geração torna-se escravizada. Semelhantemente, a educação de nossos filhos não é algo que deve ser deixada para o dia em que tivermos mais tempo ou nos sentirmos mais capazes. Sem orientação divina (resultado de nosso investimento de tempo e energia), nossos filhos se tornam ovelhas sem pastor (Zacarias 10:2).

Precisamos compreender a importância de contar repetidas vezes as verdades da Palavra de Deus (Deuteronômio 6:7). Eles não descobrirão a verdade em Jesus simplesmente fazendo o que pedimos ou permanecendo dentro dos limites de nosso controle.

Eles caminham de forma confiante e livre quando conhecem aquele que os liberta. Portanto, como pais, devemos:

- Seguir Jesus e encorajar nossos filhos a fazer o mesmo (1 Coríntios 11:1).
- Dar espaço para que aprendam com seus próprios erros à medida que Deus os disciplina (Hebreus 12:7-11).
- Reconhecer que Deus lidará individualmente com cada um de nossos filhos (Ezequiel 18:20,30).

A criação de filhos pode ser bastante assustadora. Mas mesmo quando a presença de nossos filhos estão fora do nosso alcance, eles nunca estão além do alcance de Deus. —Regina Franklin

# espaguete despedaçado

**leia>**
**Isaías 51:12-16**
Por que esquecem o SENHOR, o seu Criador, aquele que estendeu o céu e firmou a terra?...(v.13).

**examine>**
Leia o livro de Romanos 1:21-25 para compreender por que algumas pessoas negam a existência de Deus.

**considere>**
O que permite que você tenha confiança em Deus e em sua existência? De que maneira, você apresentará sua fé mais ousadamente nesta semana?

O matemático cristão John Lennox discutiu sobre a existência de Deus com Richard Dawkins, cientista ateu. Dawkins frequentemente fala do "monstro de espaguete voador" como analogia para a crença em Deus. E argumenta: "Uma vez que a existência de Deus não pode ser provada, é tão ridículo crer nele quanto crer num macarrão que voa."

Isaías viveu quando o povo de Deus enfrentava um inimigo monstruoso. Devido à sua rebeldia e desobediência, Deus permitiu que fossem tomados pelos babilônios — inimigos brutais que os levaram cruelmente para o cativeiro. Deus disse: "Por que esquecem o Senhor, o seu Criador, aquele que estendeu o céu e firmou a terra?..." (51:13). Deus declarou que somente Ele era digno de adoração, porque está acima de todas as coisas.

Deus diz: "Eu, o SENHOR, sou o Deus de vocês. Eu agito o mar e faço as suas ondas rugirem..." (v.15). Cada aspecto do mundo natural reflete Seu desígnio perfeito. A "...obra dos [seus] dedos..." (Salmo 8:3 ARA). é claramente visível. Isaías podia declarar corajosamente a existência de Deus porque ele o conhecia e reconhecia a Sua presença em todas as coisas criadas. Ele também sabia que Deus tinha lhe dado as palavras e que ele estava seguro em Suas mãos (v.16).

John Lenox mostra essa mesma confiança. Dawkins argumenta que, se alguém encontra por acaso um jardim em uma floresta, simplesmente deveria apreciá-lo sem ter que crer em "fadas escondidas por detrás das flores". Lennox responde: "É claro que você não precisa crer em fadas no jardim, mas precisa reconhecer que havia um Jardineiro ali".

Paulo disse: "...as suas qualidades invisíveis [...] têm sido vistas claramente [...] nas coisas que Deus tem feito?... " (Romanos 1:20). —Tom Felten

# a oração de quem duvida

**leia›**
**Marcos 9:14-29**
Então o pai gritou: —Eu tenho fé! Ajude-me a ter mais fé ainda! (v.24).

**examine›**
Leia o livro de João 20:26-29 e observe como Jesus lida com um "incrédulo". Observe como ele reage às dúvidas de Tomé.

**considere›**
Qual é sua luta para crer em Deus — finanças, cura, libertação, perdão? Em qual promessa bíblica você pode se basear quando faz a Oração do incrédulo?

Ao longo dos séculos, algumas orações bíblicas se tornaram particularmente preciosas para os cristãos. A oração dominical é uma delas (Mateus 6:9-13). A oração "...Ó Deus, tem pena de mim, pois sou pecador!", (Lucas 18:13), está em elevada estima pela Igreja Ortodoxa Oriental. Hoje apresento a *minha* oração favorita. Vamos chamá-la de "a oração daquele que duvida".

A dúvida e obscuridade envolvem sua origem. Pedro, Tiago e João tinham acabado de presenciar a transfiguração de Jesus no monte Hermon, mas não perceberam a importância do momento (Marcos 9:5,6). Na volta, encontraram alguns mestres da lei (conhecidos como descrentes em Jesus) discutindo com os outros nove discípulos (v.14). Jesus havia autorizado Sua equipe a expulsar demônios (3:14,15; 6:13), mas algo tinha dado errado. Um pai tinha trazido seu filho endemoninhado para os discípulos e estes foram incapazes de ajudá-lo (vv.17,18).

Jesus estava frustrado pela falta de fé dos envolvidos. Jesus chamou o menino, mas o espírito provocou-lhe convulsões. Nesse momento o pai suplicou desesperadamente. "...Mas, se o senhor pode, então nos ajude. Tenha pena de nós" (Marcos 9:22).

Jesus afirmou: "Se eu posso? Tudo é possível para quem tem fé" (v.23). Em seguida o homem orou o que se tornou modelo de tantos cristãos duvidosos ao longo dos anos: "...Eu tenho fé! Ajude-me a ter mais fé ainda!" (v.24). Pergunto-me se a fé do homem tinha esmorecido à medida que suas esperanças foram abafadas. O que eu amo acerca do final da história é que Jesus concedeu o desejo ao pai hesitante e libertou seu filho (vv.25-27).

Oro dessa maneira inúmeras vezes. Faltou-me fé de que Deus atenderia a minha oração em certas situações, mas eu *queria* crer. Jesus frustra-se com a falta de fé, mas ele responde a oração daquele que duvida. E por esse motivo, estou agradecido. —Sheridan Voysey

# ferir para ajudar

**leia›**
**Romanos 12:9-18**
Que o amor de vocês não seja fingido. Odeiem o mal e sigam o que é bom (v.9).

**examine›**
Leia o livro de 2 Coríntios 7:8,9 e veja o quanto Paulo se importava com os coríntios, a ponto de enviar-lhes uma mensagem "dolorosa".

**considere›**
Onde Deus pode chamar você para "ferir" alguém, com a intenção de ajudá-lo? Qual é a diferença entre ferir sem necessidade e falar a verdade em amor?

Uma das alunas de seminário do professor Haddon Robinson veio falar com ele a respeito de um trabalho escolar do seu marido. Ela lhe disse que seu marido estava sob muita pressão e trabalhando muito, e não estava conseguindo entregar as tarefas em tempo. Mas, em vez de pedir para "dar uma colher de chá" ao marido, ela pediu para o professor não fazê-lo. Embora desejasse que ele fosse bem e completasse seus estudos, ela também achava que as pessoas tinham a tendência de facilitar as coisas para ele e isso não o estava ajudando a terminar as tarefas no prazo determinado.

Essa esposa não estava sendo vingativa. Ela estava tentando ajudá-lo — mesmo que a sua intervenção pudesse custar-lhe uma boa nota.

O amor busca o melhor para os outros, mesmo que isso possa gerar certo desconforto. Paulo estava se referindo a isso, quando escreveu: "Que o amor de vocês não seja fingido. Odeiem o mal e sigam o que é bom" (Romanos 12:9).

Ninguém ama de maneira perfeita, mas o amor é o padrão que Jesus diz que devemos empenhar-nos em alcançar (v.10; João 15:12). E mesmo Jesus mostrou-nos que o amor é mais do que fazer uma pessoa sentir-se bem. Após a Sua morte e ressurreição, Jesus levou Pedro de volta à noite em que este o negou três vezes (João 21:15-17). Foi um momento profundamente doloroso para Pedro, mas Jesus o levou até lá para que pudesse reafirmar Pedro e sua missão.

Mesmo que às vezes possa doer, o verdadeiro amor pergunta: "De que forma posso ser um instrumento de Deus para desafiar e confrontar alguém?". Nosso alvo é ajudar as pessoas a tornarem-se aquilo que Deus deseja que elas sejam. Você está disposto a "ferir" para poder ajudar? —Jeff Olson

# fogo invisível

**leia›**
**Daniel 2:20-49**
Ele explica mistérios e segredos e conhece o que está escondido na escuridão, pois com ele mora a luz (v.22).

**examine›**
Leia o livro de Salmo 32:3-5 e veja o que aconteceu quando Davi confessou tudo diante de Deus. Por que às vezes nos negamos a discutir nosso pecado com Deus?

**considere›**
Ao lembrar-se de que Deus vê tudo o que há em você, de que forma isso o estimula a parar algumas ações e começar outras?

Marta, minha cabeleireira, contou-me sobre um conhecido dela que tem chamas tatuadas no couro cabeludo. Quando sua cabeça está coberta, ninguém consegue ver o "inferno" no seu crânio. Mas, quando ele raspa a cabeça, o fogo é visível. O conceito — agora você vê as chamas, agora não — até que é legal. A não ser que ele escolha compartilhar a tatuagem, ela é seu pequeno segredo.

O rei Nabucodonosor tinha um segredo. Ele recusou-se a revelar o conteúdo de um sonho perturbador. Este rei desafiou seus conselheiros a não somente interpretar o seu significado, mas a também descrever os acontecimentos do mesmo (Daniel 2:5).

Como um dos conselheiros do rei, Daniel seria morto a não ser que pudesse detalhar e decifrar o sonho. Daniel orou, e Deus lhe revelou o sonho em uma visão (v.19). A reação do rei Nabucodonosor foi prostrar-se diante de Daniel, e proclamar: "...O Deus que vocês adoram é, de fato, o mais poderoso de todos os deuses [...] é ele quem explica mistérios, pois você me explicou este sonho misterioso" (v.47).

O ponto aqui não é que todos nós devamos esperar nomear e interpretar sonhos. Isto foi o que Deus capacitou Daniel a fazer, porque Deus "...conhece o que está escondido na escuridão..." (v.22), Ele vê tudo — as boas ações e os atos sombrios que certamente não gostaríamos que fossem vistos. Ele conhece nossos vícios secretos, os padrões de pensamentos corruptos e a hipocrisia que achamos que ninguém percebe. Deus também sabe que estes tipos de segredos queimam em nossos corações como fogo invisível.

Felizmente, não há "segredo" tão chocante que possa manter-nos afastados do amor de Deus. Ele é o justo Juiz e — ao mesmo tempo — Ele é amor (1 João 4:8). Se expusermos nosso pecado secreto e o confessarmos a Deus, Ele vai "nos perdoar" e "...nos limpará de toda maldade" (1 João 1:9). —Jennifer Benson Schuldt

# desesperado

**leia›**
**Marcos 2:1-12**
...E como poderão ouvir, se a mensagem não for anunciada? (Romanos 10:14)

**examine›**
O livro de Marcos 2 mostra que os líderes religiosos estavam longe de Deus. A quem Jesus veio salvar? (vv.13-17). Quem está próximo a Ele? (v.17).

**considere›**
Onde você vê o desespero no mundo? Como o desespero pode levar você a um cristianismo radical em vez de a uma religião confortável?

Tom Thompson trabalha para uma organização de caridade. Certo dia enquanto estava sentado em um barco no rio Ganges, ele viu pessoas despejarem cinzas de corpos incinerados na mesma água em que as pessoas se banhavam, recolhiam água para beber, escovavam os dentes, lavavam roupas e eliminavam o esgoto. Tudo da maneira mais primitiva imaginável (Não pense demais sobre isso). Contudo, ninguém parecia se incomodar, já que o rio é considerado sagrado.

Thompson refletiu sobre o desespero de qualquer atitude que busca a realização interior sem Jesus e orou de forma espontânea: *Obrigado Senhor, por me libertar disto.* Em seguida, teve uma epifania (manifestação divina): Com frequência, lembrava que Deus o amava. Mas tinha esquecido que Jesus também os amava.

Ele se lembrou-se de outra situação desesperadora. No livro de Marcos 2, alguns homens tinha um amigo paralítico. Jesus estava ensinando em uma casa em Cafarnaum. Impossibilitados de colocar o paralítico no interior da casa, os amigos recorreram a medidas extremas. Eles subiram no topo da casa, abriram um buraco no telhado e desceram o paralítico diante de Jesus. "Jesus viu que eles tinham fé e disse ao paralítico: — Meu filho, os seus pecados estão perdoados" (v.5). Em seguida, Jesus caminhou a segunda milha. Ele o curou tanto física quanto espiritualmente (vv.10,11).

Thompson usa essa situação para desafiar os seguidores de Jesus a trocar sua posição confortável do cristianismo por algo que pode mudar o mundo radicalmente. "Faça algo que o amedronta", ele diz. "Saia da sua zona de conforto".

Momentos desesperadores requerem medidas desesperadoras. Talvez nunca abriremos um buraco no telhado para levar alguém a Jesus, mas o que estamos dispostos a fazer ou abandonar com o intuito de levar outros a Ele? —Tim Gustafson

# por que cantamos

**leia›**
**Efésios 5:15-20**
Animem uns aos outros com salmos, hinos e canções espirituais. Cantem, de todo o coração, hinos e salmos ao Senhor (v.19).

**examine›**
Leia o livro de Salmo 30. De que maneira o salmista interage com a música e o cântico?

**considere›**
A música ajuda você a experimentar a presença de Deus ou expressar-se a Ele? Como Deus deseja preenchê-lo? — que tipo de louvor pode emergir disso?

A música é um tipo de linguagem — uma linguagem *empírica*. Ela permite que comuniquemos o que sentimos e evoca o que esperamos sentir. Quando desejo silêncio, um jazz suave me ajuda a expressar esse anelo. Quando quero ficar alegre, coloco uma música mais animada. Minha esposa e eu temos músicas que liberam lembranças e emoções dos nossos anos juntos sempre que as ouvimos. Tenho diversos amigos que melhor se expressam diante de um piano ou cantando certas canções.

No livro de Efésios, Paulo descreve a obra que Deus está fazendo no mundo, habilitando um povo (a Igreja) que vai personificar o reino de Deus. Como povo de Deus, devemos viver e amar como Deus vive e ama. Devemos "...compreender qual [é] a vontade do Senhor..." e, então, realizá-la (5:17 ARA). Nunca poderíamos colocar em prática esta nova maneira de viver por conta própria. Não somos tão sábios e habilidosos. Conseguimos ver esta nova vida tomar forma à medida que permitimos que a presença e força de Deus reinem livremente em nós. Paulo expressa isso da seguinte forma: "...encham-se do Espírito de Deus" (v.18).

Mas o que ocorre quando somos cheios de Deus — do Espírito Santo? Será que recebemos poderes sobre-humanos ou começamos a brilhar como um anjo? Nesta ocasião, pelo menos, Paulo diz que vamos cantar. Cantar? Sim, Deus irá nos encher e então entoaremos belos cânticos.

Primeiro, entoaremos entre nós cânticos espirituais (v.19). A música que Paulo descreve é uma música popular, a expressão da Igreja concernente ao caráter e atividade de Deus. Segundo, cantamos "ao Senhor" (v.19). Nossa música e nossas vidas devem ser dirigidas a Deus.

Música alegre que canta a história de Deus é uma maneira de experimentar (e proclamar) Sua obra entre nós. —Winn Collier

# ao coração

**leia›**
**2 Timóteo 3:10-17**
Pois toda a Escritura Sagrada é inspirada por Deus e é útil para ensinar a verdade, condenar o erro, corrigir as faltas e ensinar a maneira certa de viver (v.16).

**examine›**
Leia o livro de Jeremias 15:16 e observe o desejo do profeta de internalizar a Palavra de Deus. De que maneira é possível estudar a Palavra de Deus e guardá-la no coração?

**considere›**
Deus usou a linguagem comum do dia a dia em Sua Palavra. O que isso revela acerca do Seu desejo de comunicar-se com você?

Em 1897, no lixão da vila em Oxirrinco, Egito, dois arqueólogos desenterraram alguns pedaços de papel — conteúdos descartados de uma cesta de lixo. Eles leram as primeiras palavras, sabiam que tinham descoberto algo grande — *muito* grande.

O Novo Testamento grego apresenta um vocabulário de cerca de 5.500 palavras, das quais aproximadamente 500 palavras eram singulares do Novo Testamento, não observadas em qualquer literatura grega anterior. Alguns estudiosos bíblicos consideram que essas palavras ímpares foram criadas pelo Espírito Santo para convir com o propósito da revelação de Deus. Mas com a descoberta dos pedaços de papel em Oxirrinco, ficou claro que as palavras do Novo Testamento simplesmente refletiam a linguagem comum do dia a dia das pessoas.

Lemos: "Pois toda a Escritura Sagrada é inspirada por Deus..." (2 Timóteo 3:16). Este texto não lança nova luz a respeito do Autor das Escrituras? Deus é santo, mas também é profundamente pessoal. Ele não fala conosco em uma língua extravagante, mas por meio de uma linguagem de coração para coração.

Os instrumentos atuais altamente desenvolvidos de estudo da Bíblia podem permitir que deixemos escapar as verdades simples e profundas da Palavra de Deus. Podemos sair de um estudo bíblico com conhecimento de verdades bíblicas, mas com os corações inalterados. Aprendamos a Palavra de Deus com o coração.

Ao colocar este alvo em prática, Paulo diz que devemos fazer o que ele fez, pois ele passou por muitas pressões (vv.10-13). A segunda parte da instrução de Paulo diz acerca das Escrituras: "...continue firme nas verdades que aprendeu e em que creu de todo o coração..." (vv.14-17). Este conselho não é extravagante ou conceitual; é pessoal e prático. Permita que esta mensagem fale ao seu coração hoje. —Poh Fang Chia

# vale a pena?

**leia›**
**Eclesiastes 4:1-8**
...Para que é que ele trabalha tanto, deixando de aproveitar as coisas boas da vida?... (v.8)

**examine›**
Leia o livro de Salmo 90 para descobrir como tornar-se uma pessoa sábia na tomada de decisões diárias e em relação à vida.

**considere›**
Liste as pessoas mais importantes de sua vida. O que você pode fazer agora — e a longo prazo — que deixa claro que eles são muito importantes para você?

*Lou Gehring pode não ter morrido da doença Lou Gehring.* Ele foi jogador profissional de beisebol e pertence ao Hall da Fama deste esporte. Seu nome é o homônimo para Esclerose lateral amiotrófica (ELA), uma doença neurológica que paralisa lentamente suas vítimas e as leva à morte. Novas pesquisas revelam que Gehring pode não ter contraído ELA, mas apresentou sintomas similares devido aos seguidos golpes na cabeça.

Ele foi o legendário Homem de Ferro que atuou em 2.130 jogos de beisebol seguidos. Em determinado jogo, Gehring foi violentamente atingido pela bola de beisebol. Mesmo assim participou do jogo no dia seguinte. Havia um "galo" tão grande na sua cabeça que precisou emprestar um boné maior. Gehring é elogiado por sua determinação, mas esse seu compromisso pode ter culminado na doença que o matou. Ele realmente era bom naquilo que fazia, mas o que fez pode ter destruído sua vida.

*Vale a pena?* (Eclesiastes 4:8). Esta pergunta incomoda uma jovem advogada enquanto revisa documentos noite adentro. Seu trabalho drena a sua alegria de viver, mas ela está devendo demais ao banco, e não vê outra saída.

*Vale a pena?* Esta pergunta persegue os sonhos do empresário viajante. Ele está fazendo mais dinheiro do que pode gastar de maneira responsável. Em compensação, fica mais tempo fora do que em casa.

Se você tiver dinamismo e talento, possivelmente é bom naquilo que faz. Mas não permita que o *bom* tome o lugar do que é *melhor*. Você deve isso a Deus, a você mesmo, e àqueles que ousam fazer a pergunta: "...Para que é que ele trabalha tanto..."? (v.8)

Sua carreira ou negócio está afastando você das pessoas que mais ama? Você pode ser realmente bom naquilo que faz, mas o que faz pode estar destruindo a sua vida. Vale a pena? —Mike Wittmer

# base sólida

**leia›**
**Mateus 7:21-29**
Caiu a chuva, vieram as enchentes, e o vento soprou com força contra aquela casa. Porém ela não caiu porque havia sido construída na rocha (v.25).

**examine›**
Leia o livro de Isaías 55 para entender por que precisamos trocar nossos sentimentos pela verdade da Palavra de Deus e nos apossarmos das promessas que estão à nossa disposição quando o obedecemos.

**considere›**
Nossos sentimentos por alguém podem mudar. Como isso nos afeta? Por que às vezes tentamos negociar com Deus quando o assunto é obediência a Ele?

Sentimentos *mentem*. Essa verdade ficou evidente quando conversávamos com um jovem que após tornar-se sexualmente ativo, estava arrasado ao perceber o quanto tinha se afastado da Palavra de Deus. Tentando convencer-se de que Deus pudesse extrair algo bom do pecado deles, continuou o relacionamento. Com base nos seus sentimentos, um véu de engano cobriu os olhos do seu coração. Depois, o jovem estava sentindo-se péssimo porque sabia que precisava terminar o relacionamento. Sentia fortemente que a namorada não era a mulher que Deus tinha para ele.

Pelo fato de vivermos em uma cultura onde os padrões mudam rapidamente, é fácil aceitar a mentira de que a verdade é relativa. Afinal, quem não se sente mais confortável em viver de acordo com o que "parece ser o certo" no momento, especialmente quando as emoções falam mais alto?

Mas a Palavra de Deus não muda (Salmo 119:89). Consistente desde a eternidade, a Palavra de Deus permanece, não somente como nossa esperança em tempos de desespero e incerteza, mas também como nossa luz mesmo quando achamos que temos tudo sob controle (v.105).

Tantas vezes tentamos construir nossa casa sobre um fundamento firme no meio de uma tempestade que nós mesmos provocamos. Mas, na realidade, a construção ocorre muito antes dos ventos assolarem. Ela ocorre nas nossas decisões diárias, quando o sol ainda está brilhando e precisamos escolher os caminhos de Deus ou nossos próprios caminhos.

Ao contrário dos nossos sentimentos, Deus nunca mente e seus planos nunca falham (Números 23:19). Há épocas em que parece fácil obedecer a Sua Palavra porque sentimos a Sua verdade no fundo do nosso coração. Mas também há épocas em que precisamos escolher obedecer as Suas verdades, quer estejamos dispostos a fazê-lo ou não.

—Regina Franklin

# preso na armadilha

**leia›**
**Salmo 33:1-15**
O SENHOR Deus olha do céu e vê toda a humanidade (v.13).

**examine›**
Ao ler o livro de Provérbios 15:3, considere a onisciência de Deus e como ela nos conforta e ao mesmo tempo nos condena.

**considere›**
De que forma você tem sido apanhado na armadilha do pecado? Como a onisciência de Deus afeta a sua maneira de viver?

No Chile, 33 mineiros ficaram presos quando a mina de cobre na qual estavam trabalhando foi abalada por um deslizamento de terra. Setecentos metros abaixo da terra, eles enfrentaram semanas de estresse mental e físico antes do resgate. Um homem, no entanto, experimentou ansiedade ainda maior quando soube que a sua esposa e a sua amante tinham se encontrado na vigília em favor deles. Ele estava *preso* em mais de uma armadilha.

A Bíblia diz: "…E fiquem sabendo que vocês serão castigados por causa dos seus próprios pecados" (Números 32:23).

Um aspecto que pode oferecer grande conforto a nós é o fato de Deus ser onisciente — Ele sabe tudo. O salmista escreveu: "O SENHOR Deus olha do céu e vê toda a humanidade" (Salmo 33:13). Deus vê tanto os mineiros cobertos de escuridão quanto a nós num dia ensolarado. Ele conhece "…todos os [nossos] caminhos" (Salmo 139:3 ARA). Por outro lado, o fato de Deus conhecer todos os nossos passos também pode ser *condenatório*. Especialmente se, de maneira tola, buscarmos esconder nossos pecados dele.

Nosso santo Deus é onisciente. Ele nos vê lá do Seu trono (33:14). Nada pode ser escondido dos seus olhos penetrantes e amorosos. "Diante de ti puseste as nossas iniquidades e, sob a luz do teu rosto, os nossos pecados ocultos", declarou Moisés (90:8). É impossível esconder nossos caminhos tortuosos do nosso Criador e Sustentador.

O salmista revela que Deus conhece nossos pensamentos e desejos mais íntimos: "É Deus quem forma a mente deles e quem sabe tudo o que fazem" (33:15). Ele conhece nosso coração e o que está oculto dentro dele.

Dito isto, de que maneira você está preso hoje? O pecado está fazendo você se esconder do olhar de Deus? Está na hora de se arrepender e voltar-se para a Sua magnífica e onisciente presença. —Tom Felten

# estudos imperfeitos

**leia›**
**Marcos 8:11-21**
Jesus deu um grande suspiro e disse: — Por que as pessoas de hoje pedem um milagre? Eu afirmo a vocês que isto é verdade: nenhum milagre será feito para estas pessoas (v.12).

**examine›**
Contraste a atitude dos fariseus com a do pai incrédulo no livro de Marcos 9:14-27. Por que Jesus reagiu positivamente ao pedido do pai por um milagre?

**considere›**
Alguns estudos de oração focam no ato humano da oração em vez de focar no Deus a quem se ora. Por que isto está errado?

Em 1988, um estudo concluiu que pacientes com problemas coronários eram 11% mais suscetíveis a se recuperar após terem recebido orações de outros. Um estudo de 2006 sugeriu que não há qualquer melhoria. Mais recente (em setembro de 2010), outro estudo apresentou resultados bastante positivos em moçambicanos com deficiência visual e auditiva que tinham recebido oração.

Considero esses estudos interessantes, mas muitos apresentam problemas metodológicos profundos. Alguns deles usaram orações pluriconfessionais. Afinal, para qual Deus estava se orando? Muitos têm procurado por um resultado direto de causa e efeito. Onde se encaixa a vontade de Deus na equação? Realmente não creio que Deus está interessado em experimentos laboratoriais.

Jesus também se preocupava com abordagens empíricas dos milagres. Alguns fariseus queriam que Jesus realizasse um milagre para provar quem era. Ele já havia curado uma menina possuída por um espírito imundo (Marcos 7:24-30) e um homem surdo e gago (7:31-37). Além disso, também tinha acabado de alimentar miraculosamente quatro mil homens, e em outra ocasião 5 mil (6:30-44) — milagres que os fariseus tinham visto pessoalmente ou ouvido falar. Mas isso não foi suficiente para eles. Por isso, Jesus" ...deu um grande suspiro..." e negou o pedido deles (8:12).

Jesus não se dispunha a fazer milagres sob exigências, pois não os fazia àqueles que Ele sabia que não creriam. Não os fazia para mentes fechadas ou meramente questionadoras. Seus atos miraculosos eram feitos por compaixão (8:2) ao desesperado (7:26), aos que criam (5:27,28), e até mesmo ao incrédulo (9:24-27), mas nunca aos meramente curiosos.

A oração funciona! Mas ela deve ser dirigida ao único e verdadeiro Deus, em submissão à Sua soberana vontade. —Sheridan Voysey

# pessoal e presente

**leia>**
**Jó 33:1-33**
Creio que ouvi você dizer o seguinte: 'Não sou culpado; não fiz nada de errado. Estou inocente; não cometi nenhum pecado' (vv.8,9).

**examine>**
Às vezes não é arrogante perguntar: "Por que eu?". Foi o que Jesus fez na cruz: "...Deus meu, Deus meu, por que me desamparaste?" (Mateus 27:46). Por que isto é diferente?

**considere>**
De que forma você é arrogante diante de uma perda? O que você aprendeu com o exemplo de Jó?

Se houve uma pessoa que teria o direito de perguntar: "Por que eu?", esta seria Joan Brock. Como jovem esposa e mãe, Joan ficou completamente cega em apenas três semanas. Como se isso não fosse difícil o suficiente, cinco anos mais tarde, seu marido morreu de um tipo raro de câncer.

Quando Joan começou a falar publicamente a respeito de sua história, muitas pessoas lhe questionaram se em algum momento havia perguntado: "Por que eu?". Parte de mim não a culparia se ela o tivesse feito. Joan, no entanto, escolheu fazer uma pergunta diferente: "Por que não eu?". Ela percebeu que não era melhor do que qualquer outra pessoa e não estava isenta de experimentar tragédia e sofrimento.

O que Joan Brock entendeu era a mesma coisa que Jó lutava para entender durante a perda dos membros da sua família e de sua boa saúde. Ao longo de quase todo livro do Antigo Testamento, Jó considerava-se "justo" (Jó 34:5). Certamente, Jó não estava sofrendo por causa de seu pecado pessoal como insistiam seus três amigos (32:1). Ele não era ímpio, mas também não era perfeito. O problema é: ele parecia pensar que era bom o suficiente para ser isento das tragédias. Jó achava que Deus era o responsável (Jó 19:6,7; 27:2).

Jó sustentava sua inocência, até que Deus revelou-se de tal forma que expôs a soberba dele. No final, ele humilhou-se e começou ver a ele mesmo, suas perdas e seu Deus numa perspectiva totalmente nova (42:1-6).

Jó passou por um nível de dor e perda que a maioria das pessoas nunca vai experimentar. Suas lutas, no entanto, são uma lição para todos nós. Quando o assunto é enfrentar dificuldades na vida, ninguém recebe um passe livre. A questão que precisamos perguntar é: *"Por que não eu?"*. —Jeff Olson

# sem algemas

**leia›**
**João 8:1-11**
...Mulher, onde estão eles? Não ficou ninguém para condenar você? (v.10).

**examine›**
Leia o livro de Gênesis 3:6-10 e observe como a vergonha pode afetar nosso relacionamento com Deus. E leia Isaías 61:7-9 para aprender sobre a habilidade de Deus em remover a vergonha do Seu povo.

**considere›**
Qual é o perigo em permitir que a vergonha governe o nosso coração? Por que é importante evitar envergonhar pessoas publicamente?

Era difícil não perceber as mulheres vestidas em amarelo. Algemadas e em fila, algumas prostitutas cobriam seus rostos. Os que testemunharam o espetáculo vergonhoso, manifestaram-se pela internet afirmando que muitas delas se prostituíam para alimentar os filhos. O governo reagiu criando uma lei para banir a prática da exposição pública desses profissionais do sexo.

Jesus também deparou-se com um espetáculo vergonhoso quando os fariseus arrastaram uma adúltera para o meio da multidão e sugeriram apedrejá-la. Ao que Jesus reagiu: "...Quem de vocês estiver sem pecado, que seja o primeiro a atirar uma pedra nesta mulher!" (João 8:7). Forçados a um autoexame, os fariseus saíram, um por um.

Jesus perguntou à adúltera: "...Mulher, onde estão eles? Não ficou ninguém para condenar você?" (v.10). Esta pergunta demonstra que Jesus *não era* um deles. Quando lutamos com vergonha, Jesus não nos acusa, *Ele nos defende*. Como cristãos, mesmo quando pecamos, "...temos Jesus Cristo, que faz o que é correto; ele nos defende diante do Pai" (1 João 2:1).

Como advogado da mulher, Jesus perguntou: "...Não ficou ninguém para condenar você?" (João 8:10). Ela disse não, Ele continuou: "...Pois eu também não condeno você..." (João 8:11). A graça de Jesus libertou a adúltera do seu pecado e, consequentemente, da sua vergonha. Sua graça faz o mesmo por nós. "Agora já não existe nenhuma condenação para as pessoas que estão unidas com Cristo Jesus" (Romanos 8:1).

Depois do Seu perdão público, Jesus disse a ela: "...Vá e não peque mais!" (João 8:11). Ele estava dizendo a ela como permanecer livre da vergonha. Porque o pecado contínuo produz a vergonha contínua, nós também devemos abandonar as coisas pecaminosas que provocam desgraça.

Quando nos conscientizamos de que Jesus é nosso Advogado misericordioso e abandonamos nosso pecado, a vergonha não pode algemar nosso coração. —Jennifer Benson Schuldt

# O que é uma boa autoestima?

*por Dan Vander Lugt*

Alguns cristãos, na verdade, rejeitam a ideia de "boa autoestima" e a identificam com arrogância e orgulho pecaminoso. Acreditam que o conceito de autoestima, como um todo, vai incentivar as pessoas a "amar apenas a si mesmas", no sentido condenado em 2 Timóteo 3:1-5. Contudo, e se autoestima for realmente apenas uma outra maneira de expressar o respeito e o cuidado apropriado com a personalidade que Deus nos confiou? Nesse caso, o problema se torna muito diferente. As pessoas que não cuidarem e apreciarem o corpo, emoções e mente que Deus lhes deu adequadamente, sofrerão perdas (Mateus 25:14-30).

É verdade que a Bíblia nos ensina que, à perspectiva de Deus, nossas obras são como trapos imundos (Isaías 64:6; Romanos 3:21-23). No entanto, também é verdade que pela fé mediante a obediência somos chamados amigos de Deus (João 15:15). Somos Seus filhos amados a quem Ele cuida profundamente (1 João 3:2). A falta de compreensão do texto bíblico pode impedir os cristãos de serem servos de Deus eficazes. O próprio apóstolo Paulo refere-se a uma maneira adequada de pensarmos sobre nós mesmos:

"Por causa da bondade de Deus para comigo, me chamando para ser apóstolo, eu digo a todos vocês que não se achem melhores do que realmente são. Pelo contrário, pensem com humildade a respeito de vocês mesmos, e cada um julgue a si mesmo conforme a fé que Deus lhe deu" (Romanos 12:3).

Uma pessoa com sóbrio conhecimento de si mesma é dolorosamente consciente de sua propensão ao pecado e do egoísmo e rebelião que contaminam o coração. Entretanto, um ponto de vista bíblico da natureza humana não se concentra inteiramente em nosso "lado negro". Nós somos a coroa da criação de Deus (Salmo 8) criados à Sua imagem (Gênesis 1:26). Embora caídos, Ele nos fez objetos de Seu amor redentor (Romanos 5:6-10), tomando forma humana para que pudéssemos conhecer o Seu amor e aceitá-lo (Efésios 1:3-10). Portanto, o autoconhecimento baseado na Bíblia alerta a percepção da depravação humana com a consciência de que Deus morreu por nós e, assim, estabeleceu nosso valor infinito (2 Coríntios 3:18).

**Ter compreensão de nós mesmos, fundamentados no amor de Deus por nós, permite que seja possível vivermos com honestidade, coragem e amor.**

Ter compreensão de nós mesmos, fundamentados no amor de Deus por nós, permite que seja possível vivermos com honestidade, coragem e amor. Sem a autoestima embasada na Bíblia, somos impotentes quando confrontados por pressões e tentações do pecado. Fazemos coisas que são destrutivas a nós mesmos e a outras pessoas. Para resumir, autoestima fundamentada biblicamente enxerga a vida com gratidão, procurando viver em obediência ao Espírito Santo, mas percebendo que a perfeição é impossível neste mundo. A falsa autoestima, do tipo que é espiritualmente destrutiva, não é baseada em gratidão a Deus, mas na aprovação deste mundo conturbado e seus valores. Liberdade espiritual baseia-se na avaliação honesta e na apreciação da verdade.

"Portanto, todos nós, com o rosto descoberto, refletimos a glória que vem do Senhor. Essa glória vai ficando cada vez mais brilhante e vai nos tornando cada vez mais parecidos com o Senhor, que é o Espírito" (2 Coríntios 3:18).

# arte e equilíbrio

**leia›**
**Eclesiastes 9:11-18**
Pois foi Deus quem nos fez o que somos agora; em nossa união com Cristo Jesus, ele nos criou para que fizéssemos as boas obras que ele já havia preparado para nós (Efésios 2:10).

**examine›**
Confira no livro de Êxodo 35:30-35 para vislumbrar as opiniões de Deus sobre arte e criatividade. Leia Efésios 2:8-10 e pondere sobre como você é a obra de arte divina.

**considere›**
Suas filosofias são terrenas e as atitudes "celestiais" demais? De que maneira você pode alcançar o equilíbrio entre viver no mundo e seguir Jesus?

Os organizadores o chamam de "uma competição artística radicalmente aberta." É também altamente democrática. O *ArtPrize* (Prêmio Arte) atrai artistas à minha cidade com a possibilidade de ganhar dinheiro — caso os visitantes gostem do que você criou. Entusiastas da arte caminham por centenas de exposições pela cidade, mas só podem votar em uma.

Muitos dos trabalhos são inspiradores, dignos de respeito. Uma escultura de gelo elaborada e multicolorida exigiu nove meses de trabalho. Um desenho feito a lápis de soldados de cavalaria é tão realista que é quase indistinguível de uma fotografia (foi o grande vencedor). Meu favorito foi uma escultura modelada em um maciço entrelaçado em raízes de árvore. O rosto gasto de um velho homem estende-se aos galhos que desfiguram-se em formas de animais.

Tanto talento deveria ser recompensado. No entanto, os criadores da vasta maioria destes trabalhos não receberão nada. Muitas exposições são alvo de vandalismo. "...as mais inteligentes nem sempre ficam ricas...", disse Salomão (Eclesiastes 9:11). E "...uma decisão errada pode estragar os melhores planos" (v.18).

Ainda bem que a visão terrena de Eclesiastes não é o fim da história de Deus. Se tivermos tal atitude, podemos nos frustrar diante da destruição deliberada. Por outro lado, se cremos que este mundo não tem importância, podemos pensar que a arte é desperdício de tempo.

Deus nos projetou à Sua imagem. Quando criamos obras de arte, imitamos nosso Criador. Uma alma pervertida destrói a bela arte — destruindo a obra de outro sem razão alguma. Tais atitudes são malignas.

Chegará o dia em que Deus fará "...novas todas as coisas..." (Apocalipse 21:5). Até lá, desfrutemos utilizando nossa habilidades criativas para a Sua glória. É bom — e divino — desfrutar da arte simplesmente pela arte. —Tim Gustafson

# falso louvor

**leia>**
**Salmo 12**
Todos dizem mentiras uns aos outros; um engana o outro com bajulações (v.2).

**examine>**
Leia o livro de 2 Tessalonicenses 2:1-12 para ver como Paulo encorajou seus leitores a viver em integridade e sem bajulação nos seus relacionamentos.

**considere>**
De que forma a bajulação é um tipo de mentira e engano? O que você pode fazer para concentrar-se mais na aprovação de Deus ao invés de na aprovação dos outros?

Quando Hitler procurou apaziguar-se com o ministro austríaco Kurt Von Schuschnigg elogiando e louvando-o publicamente, Winston Churchill, enojado, resmungou: "Quando uma cobra quer alimentar-se, ela primeiro cobre suas vítimas com saliva." A Bíblia chama de *bajulação* esse uso que Hitler fez do *falso* louvor — palavras ditas e ações executadas para ganhar favor de outros e vantagem sobre eles. Apesar de haver quem escreva muito favoravelmente sobre a bajulação, a Bíblia não se refere a ela em termos favoráveis. Na verdade, diz que a bajulação é enganosa.

No livro de Salmo 12, Davi lamentou o engano da bajulação. Ele pediu ajuda a Deus porque percebeu uma falha séria no caráter moral de sua própria comunidade. Um dos indicadores da falha era o fato do povo usar a bajulação para mentir e enganarem-se uns aos outros. Intencionados em obter favor e vantagem de seus vizinhos, eles usavam belas palavras de louvor e encorajamento para disfarçar as intenções repulsivas (ataques e armadilhas) de seus corações (Salmo 55:20,21; Jeremias 9:8). Davi estava tão perturbado por este engano que pediu a Deus para destruir ou silenciar todos os lábios bajuladores (Salmo 12:2). Ele pediu a Deus que intervisse porque conhecia os resultados daquele tipo de engano: profunda mágoa e relacionamentos rompidos (Provérbios 26:28; 29:5).

Em vez de bajular, deveríamos imitar as ações de Jó (Jó 32:21,22). Adotemos a honestidade e expressemos aos outros a fragrância da graciosa verdade, mesmo que isso signifique ferir os nossos amigos para refinar caráter deles (Provérbios 27:6). Somos servos de Cristo e precisamos buscar Sua aprovação e não a aprovação dos homens. Que possamos agradar a Deus, que um dia avaliará a pureza e a sinceridade de nossos corações, palavras e ações. —Marvin Williams

# você se identifica?

**leia›**
**Lucas 6:41-43**
Como é que você pode dizer ao seu irmão: "Me deixe tirar esse cisco do seu olho", se você não repara na trave que está no seu próprio olho?... (v.42).

**examine›**
Leia o livro de 1 Timóteo 4:2 para ver os efeitos da hipocrisia em sua consciência.

**considere›**
Peça a Deus que mostre uma área de hipocrisia em sua vida. De que forma você aplicará as verdades encontradas na Palavra de Deus a esta questão?

Certa vez, fiz o possível para ajudar um amigo. Meus esforços custaram-me tempo, dinheiro e energia. E o que recebi em troca quando estava tudo dito e feito? Nada. Nem mesmo um "obrigado".

Minha indignação com a falta de gratidão dele acabou repentinamente quando vi a pilha de cartões de "obrigado" em branco em minha escrivaninha. Eu havia negligenciado a tarefa de preenchê-los e enviá-los às pessoas que haviam feito muito mais por mim do que eu havia feito por meu amigo.

Antes desta descoberta, eu disse a mim mesma: *Nunca deixarei de agradecer alguém quando devido.* Os cartões em branco provaram o contrário e enfatizaram que — mais uma vez — eu precisava da repreensão encontrada no livro de Lucas 6:42: "Como é que você pode dizer ao seu irmão: 'Me deixe tirar esse cisco do seu olho', se você não repara na trave que está no seu próprio olho?..." Estou sozinha nisso, ou você também acha mais fácil encontrar falhas nos outros do que ser honesto com relação a seus próprios defeitos? As Escrituras não disfarçam o sentimento de Deus com relação à hipocrisia. Elas afirmam claramente que Ele não se agrada da falsa aparência de virtude das pessoas (Salmo 78:36,37), particularmente a expressão de nossa fé.

Jesus disse: "Ai de vocês, [...] hipócritas! Pois vocês lavam o copo e o prato por fora, mas por dentro estes estão cheios de coisas que vocês conseguiram pela violência e pela ganância" (Mateus 23:25). E ainda que pensemos que nossas falhas e nossos pecados estão ocultos, eles não estão. "Deus sabe por onde você anda e vê tudo o que você faz" (Provérbios 5:21).

Diferentemente das pessoas, Deus pode ver o que há dentro de nosso coração (1 Samuel 16:6-8). Ele não tem parte com nossa hipocrisia, mas pode nos ajudar a viver a honestidade e a integridade. —Roxanne Robbins

# amigos para sempre

**leia›**
**Eclesiastes 4:9-12**
Ninguém tem mais amor pelos seus amigos do que aquele que dá a sua vida por eles (João 15:13).

**examine›**
Considere o que Jesus disse sobre a Sua amizade com você no livro de João 15:13,14.

**considere›**
Pense em seus amigos. Quem dentre eles seria seu melhor amigo e por quê? De que forma você é amigo de Deus?

Há alguns anos, em honra ao dia da amizade, o ursinho Puff foi nomeado o embaixador do mundo. Aqueles familiarizados com o famoso ele de camiseta vermelha sabem que a coleção de histórias do ursinho Puff destacam as amizades que ele tem com um grupo de amigos: Leitão, Cristóvão, Tigrão, Guru, Abel e Bisonho. Juntos, o grupo passou por muitas alegrias e aventuras desafiadoras. Sobre a amizade, Puff disse certa vez: "Se chegar o dia em que não pudermos ficar juntos, guardem-me em seu coração. Estarei lá para sempre."

Salomão se colocou no lugar de um homem que não tinha companheiros e escreveu sobre a importância e o valor da verdadeira amizade: "É melhor haver dois do que um..." (Eclesiastes 4:9). Suas razões? Os amigos ajudam você a ser bem-sucedido (v.9), se importam quando você cai (v.10), fazem companhia quando você está sozinho (v.11) e o protegem quando está em perigo (v.12).

Um amigo é alguém que compartilha da alegria de seus triunfos e da dor de seus problemas (v.9). Um amigo ergue você quando você tropeça nas estradas pedregosas da vida (v.10). Um amigo caminha com você pelos vales escuros (v.11). Um amigo permanece com você para ajudá-lo a enfrentar os desafios da vida (v.12). "O amigo ama sempre e na desgraça ele se torna um irmão" (Provérbios 17:17).

Certa vez, falando sobre o amor que existe entre bons amigos, Jesus disse: "Ninguém tem mais amor pelos seus amigos do que aquele que dá a sua vida por eles" (João 15:13). E Jesus provou esta amizade por nós (Romanos 5:6-8).

Em Jesus, temos um amigo *incrível*. Mas há uma condição que precisamos considerar solenemente: Ele disse: "Vocês são meus amigos se fazem o que eu mando" (João 15:14). Que tipo de amigo você é para Ele? —K. T. Sim

# anjo à porta

**leia>**
**Gênesis 18:1-15**
Não deixem de receber bem aqueles que vêm à casa de vocês; pois alguns que foram hospitaleiros receberam anjos, sem saber (Hebreus 13:2).

**examine>**
No evangelho de Lucas 14:12-14, Jesus diz ao anfitrião de um jantar (e a nós) que tipo de pessoa deveria receber hospitalidade. Perceba o que Deus fará por aqueles que seguem a instrução de Jesus.

**considere>**
A sua percepção das pessoas se altera ao perceber que elas podem ser anjos? De que maneira você ajudará alguém hoje?

Ele estava em pé na entrada com um sorriso aberto e evidente desconforto social. Meu amigo, deitado em sua cama de hospital após uma cirurgia, afugentou o visitante com primor utilizando respostas curtas e óbvio desinteresse. Tomé (o visitante) também era um paciente. Seu histórico e comportamento eram rudes e grosseiros. Seu endereço mais recente era uma missão local. No devido tempo, no entanto, meu amigo animou-se e mostrou a Tomé um pouco de hospitalidade. Mas só mais tarde ele percebeu: *Tomé podia ser um anjo.* Perceber que quase tinha desprezado o que poderia ter sido um presente consolador de Deus humilhou meu amigo.

Você nunca saberá quem pode aparecer em sua porta ou para jantar. Abraão certa vez viu o Senhor e dois anjos indo em direção à sua tenda (Gênesis 18:1-3). A resposta imediata? *Sara, está na hora de preparar seu melhor banquete, pois temos convidados importantes, que merecem nossa hospitalidade!* (vv.5-8).

Para Abraão, ficou cada vez mais claro que ele estava entretendo anjos (e o Senhor). O idoso patriarca se surpreendeu ao saber pelo Senhor que seria pai — algo possível pelo poder divino (vv.10,14).

Levando o exemplo de hospitalidade e compaixão de Abraão ao próximo nível, Jesus disse: "Era estrangeiro, e me receberam na sua casa [...] estava doente, e cuidaram de mim. Estava na cadeia, e foram me visitar" (Mateus 25:35,36). Indo direto ao ponto, Ele proclamou: "...quando vocês fizeram isso ao mais humilde dos meus irmãos, foi a mim que fizeram" (v.40).

Lembre-se de que quando você demonstra bondade àquela pessoa estranha ou coloca-se à disposição daqueles que necessitam de modo altruísta, pode estar ajudando anjos — talvez até o próprio Senhor! —Tom Felten

# sabedoria aprimorada

**leia›**
**1 Reis 12:1-20**
Mas Roboão não seguiu o conselho dos homens mais velhos e foi falar com os jovens que haviam crescido junto com ele e que agora eram os seus conselheiros (v.8).

**examine›**
Leia o livro de Provérbios 5:7-14 para receber o conselho sábio de um pai para seus filhos.

**considere›**
Quem são seus conselheiros? Por que é importante voltar-se para uma pessoa bondosa e mais velha para receber conselho?

Um casal venceu a pobreza investindo suas vidas num negócio bem-sucedido, para simplesmente vê-lo falir em 1992. Na época, ele disse: "Minha filosofia sobre dinheiro é simples: é importante, mas depende da forma como você o consegue [...]. Nunca tive medo de trabalho pesado."

Pessoas mais velhas podem nos ensinar muito sobre a vida. Elas viveram mais tempo e passaram por mais picos e vales na vida. Infelizmente, Roboão, o recém-coroado rei falhou ao não reconhecer a importância de buscar conselho de um sábio experiente.

No livro de 1 Reis 12:3,4, toda a assembleia de Israel tinha vindo com uma petição (ou melhor, uma ameaça). Eles pediram a Roboão que aliviasse seu trabalho pesado e os altos impostos, oferecendo em retorno sua lealdade. O que estavam dizendo na verdade era: *Se você não aceitar nosso pedido, nos revoltaremos. Veja, temos Jeroboão conosco. O homem que segundo a promessa de Deus governará dez das tribos* (11:31).

Roboão entendeu a seriedade da situação e pediu três dias para pensar. Ele então consultou sabiamente os homens idosos (12:6). Talvez tenha feito devido ao respeito, mas não ouviu à sabedoria dos idosos. Na verdade, ele rejeitou o conselho deles e aceitou o conselho de jovens com quem havia crescido (v.8).

A pressão para liderar bem pode ser uma enorme perturbação para grandes líderes. Salomão, o pai de Roboão, foi mencionado pelo menos nove vezes nos primeiros 20 versículos de 1 Reis 12. Distraído pela pressão de provar do que era capaz, Roboão ignorou as verdadeiras palavras de sabedoria.

As Escrituras ensinam que a sabedoria está com os "...velhos [...], pois a idade traz a compreensão" (Jó 12:12). Nunca deixe seu orgulho tolo ficar no caminho do conselho sábio de alguém mais velho que você. —Poh Fang Chia

# Deus está próximo

**leia›**
**Isaías 55:1-7**
Procurem a ajuda de Deus enquanto podem achá-lo... (v.6)

**examine›**
Continue lendo o livro de Isaías 55. Perceba o paradoxo nos versículos 8 e 9. Em que sentido Deus está longe de nós mesmo quando está perto?

**considere›**
Em que área você experimenta isolamento e solidão? De que maneira o convite de Deus para experimentar Sua proximidade o consola?

Em outubro de 2010 o mundo assistiu — torcendo, chorando e rindo de alívio e alegria — quando 33 mineradores chilenos foram retirados de uma profunda e cavernosa prisão. Por mais de dois meses, estes homens apegaram-se à esperança e à vida no subsolo. As equipes de resgate tinham inúmeras preocupações ao prepararem-se para o resgate: Será que a bolsa de escape funcionaria? Os homens sofreriam hipertensão ao serem elevados à superfície? Teriam coágulos sanguíneos? Teriam ataques de pânico? "Esta é a primeira vez em muitas semanas que os mineradores ficarão completamente sozinhos", disse o ministro da saúde do Chile.

Sabemos como é sentir-se sozinho. Talvez você tenha sido abandonado por um de seus pais ou um amigo. Você pode se sentir sozinho. Na multidão, sentir-se isolado. Deus, no entanto, nos convida para um relacionamento, para uma amizade. "...venham a mim..." Deus diz (Isaías 55:3). Ele nos convida para sair do isolamento e desenvolver um relacionamento com Ele.

Quando vamos a Deus, somos sempre recebidos com braços abertos. Diferente de outros relacionamentos que conhecemos, o amor de Deus não se baseia em cumprirmos Suas expectativas ou em lhe darmos algo. Ele apenas ama — completa e inteiramente, sem hesitação. Deus faz uma promessa a Seu povo, "...uma aliança perpétua..." de amor infalível (v.3).

Esta aliança eterna tem Jesus como sua expressão maior, que veio até nós e nos trouxe Deus, com Sua vida e perdão. Nós não fomos até Ele. Em Jesus, Deus nos alcançou. Nós não nos aproximamos dele. Em Jesus, Deus se aproximou de nós.

"Procurem a ajuda de Deus enquanto podem achá-lo...", Isaías diz. "...orem ao SENHOR enquanto ele está perto" (v.6). As boas-novas são de que em Jesus, "...Deus está conosco" (Mateus 1:23). —Winn Collier

# prova de fé

**leia>**
**Salmo 14:1-7**
Os tolos pensam assim: "Para mim, Deus não tem importância" [...] e não oram a [Deus] (vv.1,4).

**examine>**
Leia o livro de Mateus 6:5-18 e 7:7-11 e escreva três coisas que você deveria fazer enquanto ora.

**considere>**
O que suas orações revelam sobre sua fé em Deus? De que maneira você deveria reagir caso não receba o que pediu?

O renomado ateu Christopher Hitchens estava morrendo. Ele admitiu que décadas de abuso de bebidas e cigarro lhe causaram câncer do esôfago, e agora estava diante do regime brutal da quimioterapia e prognóstico sombrio. Seus cabelos ralos, olhos cansados e voz falha e seca eram sinais de um homem vencido — no entanto, ele calmamente reafirmou sua descrença em Deus.

Hitchens disse que outros podiam até orar por sua recuperação se quisessem, mas ele não acreditava que tal "encantamento" fizesse diferença. Somente oraria se o câncer se espalhasse pelo seu cérebro e o tornasse uma "pessoa delirante e apavorada." Enquanto, ele estivesse em seu juízo perfeito, ele "não faria parte disso."

Apesar de sua reação trágica, Hitchens havia tocado em um ponto importante: *Oração é prova da fé*. O Salmo 14 declara: "Os tolos pensam assim: 'Para mim, Deus não tem importância'" (v.1), e eles demonstram comprometimento com o ateísmo ao recusar-se a orar.

Se alguém prova sua falta de fé ao não orar, como nós, cristãos, demonstramos nossa fé? João Calvino observou: "O principal exercício que os filhos de Deus têm é a oração; pois fornecem prova verdadeira de sua fé." Ele acrescentou que alguém que não corra para Deus o desonra "como se criasse novos deuses e ídolos, já que agindo assim nega que Deus é o autor de tudo o que é bom."

Podemos dizer que cremos em Deus, mas se conseguimos chegar ao fim do nosso dia sem oração, em que somos diferentes de Hitchens? Reserve tempo para conversar com Deus hoje. Peça o que precisar a Ele, ore pelo que estiver em seu coração e dê graças ao louvá-lo. —Mike Wittmer

# buscando e seguindo

**leia>**
**Marcos 10:17-31,46-52**
Vá; você está curado porque teve fé! — afirmou Jesus. No mesmo instante, Bartimeu começou a ver de novo e foi seguindo Jesus pelo caminho (v.52).

**examine>**
Compare a história do homem cego com a de Tiago e João pedindo a Jesus que lhes desse os melhores lugares no reino (10:35-45). Como os dois pedidos e as reações de Jesus diferem entre si?

**considere>**
O que Jesus pediu a você que abandonasse para segui-lo? Qual é a diferença entre buscar e seguir?

No livro de Marcos 10, acompanhamos as vidas de dois homens. Eles não poderiam ser mais diferentes financeiramente. Espiritualmente, eles tinham muito em comum.

Um homem é rico e tem todas as necessidades supridas (Marcos 10:22); e o outro um homem cego que mendiga comida (10:46). O rico aborda Jesus despreocupadamente; o pobre clama nas multidões para ser ouvido (vv.47,48).

O homem rico ajoelha-se e pede vida eterna (v.17); o homem pobre senta em sua esteira suplicando misericórdia (v.47). Um é amado (v.21); o outro afirmado (v.49). Ambos têm a chance de passar tempo com o Mestre.

Jesus fala com o homem rico sobre obedecer a Lei. "Mestre, desde criança eu tenho obedecido a todos esses mandamentos!" (v.20). E ao homem pobre, Jesus pergunta o que ele quer: "...Mestre, eu quero ver de novo!" (v.51). Ao primeiro homem foi dito que vendesse tudo o que tinha e desse aos pobres — uma ordenança que considerou severa demais (vv.21,22). O segundo, diferentemente, deixou de lado seu único casaco (v.50) e experimentou a cura (v.52). Ao homem rico foi dito que vendesse suas posses, mas ele recusou (vv.21,22); ao homem pobre foi dito que "fosse" em fé e ele seguiu (v.52). O homem rico vai embora triste; o homem pobre se torna discípulo.

Muitas lições surgem dessas duas histórias — a saber, aquela riqueza pode ser um ídolo que nos mantém distantes de Deus (v.25). Mas perceba as similaridades novamente: Os dois homens tinham uma necessidade e pensavam que Jesus possuía a resposta, e ambos receberam o Seu amor. Mas somente um deles abandonou sua vida para seguir Jesus.

Jesus ama a todos. A tragédia é a seguinte: Seu amor por nós não garante que o amaremos. Façamos mais do que simplesmente buscá-lo — vamos segui-lo. —Sheridan Voysey

# visão embaçada

**leia>**
**Provérbios 29:15-21**
É bom corrigir e disciplinar a criança... (v.15).

**examine>**
Leia os livros de Tiago 4:4,5 e 1 João 2:15-17 para ver a importância de criar nossos filhos de maneira que sejam diferentes da cultura do mundo.

**considere>**
Quais foram as inseguranças que você enfrentou na adolescência? Como sua experiência pode ajudá-lo a tomar decisões sábias?

Há muitos anos, ela ficava após o final do estudo bíblico para falar sobre suas dificuldades como mãe. Com uma filha quase na pré-adolescência, ela oscilava entre tomar decisões que fariam sua filha sentir-se diferente de seu grupinho e desejar que a jovem "se encaixasse", para assim evitar a rejeição social pelo qual ela, a mãe, havia passado na adolescência. Sua filha acabou "se encaixando" bem demais. Linda e talentosa, ela namorou um garoto carismático e popular. Ela tinha tudo. Tudo, menos sua virgindade.

Meu marido e eu, por ministrarmos durante anos a jovens, observamos muito sobre cuidados paternais e maternais sem estarmos envolvidos. Ainda educando nossos dois filhos, estamos longe de ter todas as respostas. Infelizmente, no entanto, assistimos sentados na primeira fileira a algumas situações em que pais abandonaram a responsabilidade de proteger seus filhos em troca da aceitação de seus adolescentes pelo grupo.

Antes de podermos tomar decisões realmente altruístas por nossos filhos, precisamos enfrentar nossas inseguranças. Se vemos as situações por meio de nossas cicatrizes, somos tentados a negligenciar algo que precisa ser tratado. Isto porque nos apegamos ao fato de que nosso filho ganhou algo (ou alguém) que não tínhamos.

No livro de Provérbios 29, Salomão nos lembra do princípio bíblico de que o pastoreio nem sempre é confortável e indolor (João 10:12-15). Geralmente exige que arrisquemos a ira daqueles que amamos dando-lhes a sabedoria (Provérbios 29:15) e a orientação (v.18) que preservarão sua saúde física, emocional e espiritual.

Lembremo-nos do propósito e do privilégio que temos em orientar outros, como pais ou algo do tipo — de vê-los crescer na semelhança de Cristo. Liderar exige visão clara e não embaçada. —Regina Franklin

# trenó de resistência

**leia**
**Mateus 11:28,29**
—Venham a mim, todos vocês que estão cansados de carregar as suas pesadas cargas, e eu lhes darei descanso (v.28).

**examine**
Leia o livro de Salmo 62 para aprender sobre como devemos descansar em Deus e esperar que Ele trabalhe em nossas situações difíceis.

**considere**
De que maneira você está buscando a restauração de Deus para a sua alma? O que você fará esta semana para experimentar Sua paz e presença?

Em férias no Alasca, nossa família visitou os canis que abrigavam os cães de trenó. Pudemos observar e aprender sobre estes incríveis cães que ajudam os guardas-florestais na patrulha do Parque Nacional local durante longos e severos meses de inverno.

Foi intrigante descobrir sobre a incrível resistência daqueles animais. Patrulhas utilizam esses cães incansáveis durante até seis semanas — e os cães sempre mais do que dispostos. Os *huskies* do Alasca vivem para correr e puxar. O único problema é que eles não sabem quando parar. Os patrulheiros precisam fazê-los parar para descansar. Caso contrário, eles simplesmente correriam até morrer.

Talvez seja o meu amor por cães, mas enxerguei um paralelo com a minha vida que é surpreendente. Também amo "correr" e "puxar" meu próprio peso. Sou o tipo de pessoa que tipicamente está pronta para a próxima atividade e tem problemas em desacelerar e descansar. Na verdade, minha família chama minha atenção quando como apressadamente e em pé.

A necessidade de descanso de um cão de trenó ecoa nas palavras de Davi no Salmo 23: "O SENHOR é o meu pastor: nada me faltará. Ele me faz descansar em pastos verdes e me leva a águas tranquilas. O SENHOR renova as minhas forças..." (vv.1-3). Esta é uma descrição maravilhosa do amor cuidadoso de Deus por nós. Muito frequentemente, no entanto, corro tanto que Ele não consegue restaurar meu coração cansado. É por isso que preciso de um Pastor sábio e amoroso que diga: "—Venham a mim, todos vocês que estão cansados de carregar as suas pesadas cargas..." (Mateus 11:28).

A intenção de Deus é que trabalhemos e carreguemos nosso próprio peso (Gênesis 2:15). Mas Ele também sabe que precisamos de descanso ou nos debilitaremos.

Jesus, que possamos aprender a responder ao Seu chamado para o descanso. —Jeff Olson

# espantalhos sagrados

**leia>**
**Jeremias 10:1-16**
Esses ídolos [...] são como um espantalho... (v.5).

**examine>**
Leia o livro de Colossenses 3:1-3 para ver como obter vitória sobre ímpetos idólatras. E o livro de Jó 31:26-28 para entender como a idolatria afeta nosso relacionamento com Deus.

**considere>**
Por que é mais difícil identificar a idolatria na modernidade do que era nos dias de Jeremias? Como garantir que Deus tenha Seu lugar legítimo em nossas vidas?

Enquanto perambulava pelo festival anual de espantalhos em uma cidade vizinha, o cheiro de massa frita, pipoca e cachorro-quente estavam no ar. Muitos espantalhos imitando diferentes personagens — atletas, piratas, fazendeiros, líderes de torcida — estavam dispostos em plataformas para que todos admirassem. Pensei em Jeremias quando ele ordenou aos os israelitas a não admirarem os deuses das nações vizinhas. Ele disse: "Esses ídolos não podem falar: são como um espantalho numa plantação de pepinos..." (Jeremias 10:5). Ele argumentou contra a adoração de ídolos e aqui estão alguns de seus pontos principais: Ídolos são inúteis. Eles não podem nos fazer mal ou bem (v.5). Nós deveríamos adorar a Deus porque "...o SENHOR é verdadeiramente Deus..." (v.10).

*Os ídolos não estão vivos.* "...não podem falar..." e nessas imagens "...não há fôlego" (Jeremias 10:5,14). Deveríamos adorar a Deus porque Ele "...é o Deus vivo..." (v.10) que ...é o Criador de todas as coisas... (v.16).

Ídolos podem ser destruídos. Eles "...desaparecerão da terra e de debaixo destes céus" (Jeremias 10:11). "Serão destruídos..." (v.15). Deveríamos adorar a Deus porque Ele é "...o Rei eterno..." (v.10).

Nada deveria competir com nossa devoção a Deus. Ainda assim, como o povo que vestiu seus ídolos, "...azuis e púrpuras são as suas vestes; todos eles são obra de homens hábeis" (v.9), nós decoramos nossas casas, seguimos celebridades e polimos nossos veículos com dedicação tal que os tornamos em algo como "deuses" (v.11).

O tratamento para nossa luta com "espantalhos sagrados" é lembrar que Deus é o único digno de nossa devoção e louvor. Meditar em Seu poder, natureza eterna e desejo de nos conhecer pessoalmente nos ajudará a seguir o primeiro dos Dez Mandamentos: "Não adore outros deuses; adore somente a mim" (Êxodo 20:3). —Jennifer Benson Schuldt

# a verdade

**leia›**
**João 14:1-14**
Eu sou [...]
a verdade... (v.6).

**examine›**
Leia a conversa de Jesus com os discípulos no livro de João 14:23-29. Perceba a verdade que Ele revela sobre Deus Pai.

**considere›**
Em que área você se sente mais confuso com relação ao que é verdade e o que é falso? Como Jesus o ajuda em sua confusão?

A inocência de nosso jovem filho estava diminuindo consideravelmente. Ele tinha começado a prestar atenção aos comerciais de televisão. Coforme assistia aos anúncios, lentamente começou a perceber que nem tudo o que alegavam era verdade. *Os brinquedos nunca são tão entusiasmantes como os comerciais retratam. Os tênis nunca fornecem a empolgação ou fator atrativo que o anúncio sugere.* Finalmente, ele disse de modo bem direto: "Pai, eles não deveriam permitir anúncios falsos."

Vivemos em um mundo repleto de anúncios falsos. Estamos imersos no pecado e um dos efeitos dele é que acreditamos na mentira e não na verdade (Romanos 1:18-25). O evangelho é a obra de Deus para derrotar a mentira. Mais do que simplesmente um caminho para o céu, é a forma de Deus nos ajudar a ver o que é verdade.

Quando pensamos em "verdade", alguns fatos normalmente vêm à nossa mente. Pensamos em informação, sugestões, especificidades. Tudo isso é importante, mas as Escrituras apontam para a verdade como uma pessoa. Ela está encarnada em Jesus. Em um dos vários momentos em que os discípulos de Jesus ficaram perplexos com Seu ensino, Tomé perguntou: "Senhor, nós não sabemos [...]. Como podemos saber...?" (João 14:5). Em outras palavras: *Como podemos saber o que é verdade nisto?*

Jesus respondeu: "...Eu sou o caminho, a verdade e a vida..." (v.6). Ele não respondeu com um argumento lógico ou um teorema filosófico. Jesus não apontou à consciência interna dos discípulos ou às suposições morais que compartilhavam. Ele simplesmente colocou-se diante deles, apontou para si mesmo e, em essência, disse: "É aqui que vocês descobrem a verdade."

Deus entrou em um mundo repleto de mentiras e engano para nos mostrar o que é verdade, no que podemos saber e no que podemos confiar. O Pai nos deu Jesus. —Winn Collier

# consciência limpa

**leia›**
**Jó 27:1-6**
Fico firme e não desisto de dizer que estou certo, pois a minha consciência nunca me acusou (v.6).

**examine›**
Leia no livro de Gênesis 20, a história de Abraão e do Rei Abimeleque, e perceba como a consciência do rei foi afetada.

**considere›**
O que sua consciência diz a você? De que maneira você precisa viver para estar diante de Deus e de outros com a consciência limpa?

O antigo dono de nossa casa comprou uma cerca invisível para evitar que seu cachorro corresse para a rua. A "cerca" consiste em um fio enterrado abaixo da superfície, colocada ao redor do perímetro do jardim. Quando o cachorro se aproximava do fio, o colar especial que ele usava emitia um som, avisando-o que o fim de seu espaço para vaguear estava próximo. Se o canino continuasse, o colar lhe daria um choque elétrico.

A consciência de uma pessoa é semelhante a um colar desse tipo. Ela é a faculdade interna que nos informa quando estamos próximos demais do território moral proibido (Romanos 2:14,15). É uma bússola moral dada por Deus.

Jó, em meio a grande dor, sofrimento e amargura da alma (Jó 27:2), comprometeu-se a manter sua consciência limpa diante de Deus (vv.3-6). Tendo sofrido tragédia após tragédia, pareceria justificável ele reclamar e amaldiçoar comprometendo, seus princípios e até mesmo sua fé em Deus. Ninguém o teria culpado caso ele tivesse agido assim. Mas ele manteve sua retidão e integridade.

Ainda que a consciência de um cristão seja considerada uma bússola moral razoavelmente acurada, não é completamente confiável. De acordo com o autor de Hebreus, a única forma de ser completamente limpo é por meio do sangue purificador de Jesus (Hebreus 9:9,14).

Então, como podemos manter a consciência limpa diante de Deus e dos outros? Vivendo em santidade, integridade, sabedoria divina e sinceridade (2 Coríntios 1:12; 4:2; 1 Tessalonicenses 2:10). Podemos também convidar outros cristãos a orarem para que mantenhamos a consciência limpa (Hebreus 13:18).

Finalmente, ao apresentar nossa consciência consistentemente à perfeita e honesta avaliação de Deus (1 Coríntios 4:4), sua clareza refletirá a santidade e a retidão que Ele deseja. —Marvin Williams

# esteja perto

**leia›**
**Gênesis 2:18-24**
...Agora sim! Esta é carne da minha carne e osso dos meus ossos... (v.23).

**examine›**
Leia o livro de Malaquias 2:14-16 e entenda melhor o desejo de Deus de que permaneçamos fiéis a Ele e, se casados, ao cônjuge. O que você fará para aproximar-se de seu cônjuge nesta semana?

**considere›**
Como a intimidade e o amor da trindade o ajudam a entender melhor a profundidade de seu relacionamento com Deus?

Em um verão, minha esposa e eu fomos cerimonialistas de três casamentos. Nós não apenas consideramos a hipótese de fazer disso um trabalho de tempo integral (brincadeirinha!), mas também apreciamos ajudar os casais a planejar algo que refletisse quem eles são.

Deus projetou o casamento de uma forma que reflete quem *Ele é.* O Senhor disse: "...Não é bom que o homem viva sozinho..." (Gênesis 2:18), revelando a perfeita unidade e intimidade que o Pai, o Filho e o Espírito Santo compartilham como membros da trindade (Lucas 3:22).

Deus criou uma noiva para Adão e trouxe-a até ele (Gênesis 2:21,22). A intimidade e unidade que este primeiro homem experimentou com sua bela esposa são vistas nas palavras do poema composto naquele exato momento: "...Agora sim! Esta é carne da minha carne e osso dos meus ossos..." (v.23). Seu relacionamento refletia a unidade da trindade pois estavam unidos em amor (v.24).

Os três casais que minha esposa e eu auxiliamos entraram em seu novo relacionamento como marido e mulher em unidade e altas esperanças. O que eles eventualmente encontrarão, no entanto, são elementos da vida que podem surgir entre eles. Imagine um casal de mãos dadas olhando um para o outro. Conforme coisas boas (como filhos) e difíceis (lutas financeiras, doença, longas horas de trabalho) preenchem o espaço entre eles, ambos podem ser afastados até que soltem as mãos.

Caso isso aconteça, o casamento pode se tornar um lugar de solidão. Portanto hoje, se você é casado, vá até seu cônjuge. Lembre-se de que Deus deu a você essa pessoa para que você não "estivesse sozinho" (v.18) e para que vocês estivessem "unidos" a fim de retratar nosso Deus trino (v.24). No Pai, no Filho e no Espírito Santo encontramos o exemplo perfeito do que significa verdadeiramente estar perto. —Tom Felten

# subestimando Deus

**leia›**
**1 Timóteo 4:6-16**
Pois os exercícios físicos têm alguma utilidade, mas o exercício espiritual tem valor para tudo porque o seu resultado é a vida, tanto agora como no futuro (v.8).

**examine›**
Leia o livro de Salmo 1:1-3 para aprender a olhar com bons olhos alguém que é "treinado" na piedade.

**considere›**
Entre as pressões e demandas do dia, quando você tomará tempo para treinar-se na piedade? Que novo "exercício" você adicionará a sua dieta? Por quê?

*Não vou fazer parte da equipe de corrida,* disse para mim mesmo inúmeras vezes durante meus anos escolares. Mas todos os anos, na temporada de corrida, lá estava eu.

Por que eu tinha uma relação de amor e ódio com a corrida? *O treinamento!* Durante a prática, nós atingíamos nossos limites físicos e nos empenhávamos para chegar à perfeição. E isso trazia dificuldade e desconforto, mas também bom estado físico, algo que não experimentara antes. Assim, apesar de eu não gostar de correr, era algo bom para mim.

Há outro tipo de treino que é muito mais importante do que corrida — *treinamento em compaixão.* Precisamos ser pessoas que caminham fielmente com Deus todos os dias. Como fazemos isso? Bem, a palavra *treino* nos dá uma pista. Veja, nós não somos simplesmente levados pela correnteza até a compaixão. Como o treinamento para a corrida, é necessário darmos passos intencionais e focados para que cheguemos lá.

*Cuide de sua dieta.* Do que você tem se alimentado? Horário nobre da televisão? Romances mais vendidos? O apóstolo Paulo incitava Timóteo a preencher-se com a mensagem de fé e sã doutrina (1 Timóteo 4:6). Logo ler a Palavra de Deus e alimentar-se de literatura cristã sólida é um bom começo. Você precisa realmente acreditar e aplicar as verdades da Palavra de Deus em sua vida.

*Use bem o seu tempo.* Paulo disse a Timóteo: "Mas não tenha nada a ver com as lendas pagãs e tolas..." (v.7). Do mesmo modo, você não pode simplesmente desejar ter tempo para ler a Bíblia, orar e meditar — você tem que escolher um momento e permanecer firme.

Faço caminhadas frequentes com Deus. No caminho, gosto de ouvir sermões ou simplesmente orar. Estes "exercícios" são ótimos para o meu corpo e espírito. Comece seu programa de exercício espiritual hoje! —Poh Fang Chia

# ainda melhor

**leia›**
**Filipenses 1:19-25**
Pois para mim viver é Cristo, e morrer é lucro (v.21).

**examine›**
Leia os livros de João 14:1-6 e Lucas 23:43 para ver que tipo de futuro Jesus prometeu àqueles que creem nele.

**considere›**
De que forma você se esforçará para honrar a Jesus nos dias que lhe restam? (Filipenses 1:20). Que "trabalho frutífero para Cristo" você fará? (v.22).

A mensagem de texto de meu irmão foi sucinta: "Papai acabou de falecer. Venha para o hospital agora." Meu pai, de 84 anos, havia estado entre a vida e a morte por dois meses. Ele finalmente dera seu último suspiro; perdera sua batalha contra o câncer, e perder meu pai me entristeceu profundamente. No entanto, eu também me alegrei, pois ele não havia realmente perdido a batalha, tinha vencido-a decididamente. Há 25 anos ele entregara sua vida a Jesus e recebera algo "muito melhor" (Filipenses 1:23). E agora, papai tinha ido para casa viver para sempre com seu Senhor (1 João 5:11,12).

Paulo estava na prisão em Roma esperando pelo resultado de seu apelo a César (Filipenses 1:13; 4:22; Atos 25:11). Com os cristãos filipenses orando por ele (Filipenses 1:19), Paulo acreditava que seria logo liberto e que deveria continuar ministrando a eles (vv.25,26; 2:24). Para o bem do povo, era necessário que Paulo permanecesse deste lado do céu (vv.21,22,24). Mas o apóstolo ansiava por estar com Deus, pois sabia que estaria "muito melhor" (v.23).

Para Paulo, a questão crucial não era viver ou morrer. Era manter seu testemunho fiel e testemunhar por Jesus. Os objetivos de Paulo eram continuar "com toda ousadia" em favor de Cristo, de modo a desenvolver frutos provenientes de seu trabalho e assim "...tanto na vida como na morte, [poder] levar outros a reconhecerem a grandeza de Cristo" (vv.20,22).

Meu pai tinha os mesmos objetivos. Durante os últimos 25 anos de sua vida, ele lutou para trazer honra a Jesus; viveu ousadamente para Ele e experimentou a alegria de sua fé (v.25) mesmo em meio ao doloroso câncer. Esse foi o exemplo e o legado de meu pai (Romanos 5:3-5). Ele poderia dizer com Paulo: "Pois para mim viver é Cristo, e morrer é lucro" (Filipenses 1:21). —K. T. Sim

# o único caminho?

**leia›**
**Atos 4:1-22**
A salvação só pode ser conseguida por meio dele. Pois não há no mundo inteiro nenhum outro que Deus tenha dado aos seres humanos, por meio do qual possamos ser salvos (v.12).

**examine›**
Aprenda sobre o problema do pecado no livro de Salmos 51:1-11; 53:1-3 e leia o evangelho de Mateus 9:12,13 para saber a solução de Deus.

**considere›**
É comum achar que um Deus amoroso não exige que os pecadores creem em Jesus. Como isto desrespeita Jesus e o que Ele fez por nós? Quem Jesus é para você?

Meryl Streep atuou como uma freira no filme *Dúvida*, e pediram a opinião dela sobre religião. Ela respondeu que os ensinos de várias religiões "formam algo como uma cerca que nos separa uns dos outros", e que como mãe ficava "indignada com a ideia de que se você não é membro de uma igreja, templo, *ashram*, sinagoga ou — o que mais existe por aí — você está negando o significado da vida. Sinto que sou uma pessoa profundamente moral. Mas a religião frequentemente é um clube do qual pessoas são excluídas."

Os comentários de Meryl ressoam em nossa geração. O maior valor de nossa cultura é a inclusão — queremos que todos sintam que pertencem. Ainda que este seja um objetivo nobre, pode tornar-se tolo quando todas as crianças recebem troféus por participarem, e pode se tornar perigoso quando pensamos que todas as religiões levam a Deus.

Jesus é o único caminho para a vida, porque somente Ele pode curar nossa doença do pecado. Esse era o ponto de Pedro em Atos 4 ao dirigir-se ao líderes religiosos. O homem aleijado foi curado "...em nome de Jesus Cristo...", logo, "não há no mundo inteiro nenhum outro [...] por meio do qual possamos ser salvos" (Atos 4:10,12).

A insistência de Pedro de que Jesus é o único caminho atinge as pessoas de uma entre duas maneiras. Se elas creem que as pessoas são basicamente boas, pensarão que é desamoroso insistir que todos devem crer em Jesus. Mas se concordarem com as Escrituras e com o fato de que todos são pecadores (Romanos 3:10-12), entenderão que todos precisam de um Salvador.

Não é qualquer caminho que servirá. Pois nós que somos aleijados pelo pecado não podemos dar um passo sequer para a justiça sem a ajuda de Deus. Precisamos de alguém que nos cure e só há um candidato para este trabalho. Seu nome é Jesus. — Mike Wittmer

# guia infantil

**leia›**
**Marcos 10:13-16**
Então Jesus abraçou as crianças e as abençoou, pondo as mãos sobre elas (v.16).

**examine›**
Leia a história da filha do chefe da sinagoga no livro de Marcos 5:35-43 e da cura do menino possesso por demônios (9:14-27). Veja como Jesus tratou ambas crianças com ternura.

**considere›**
Jesus discordava do maltrato para com as crianças. Com que frequência você se incomoda com isto? A que ponto você confia em Jesus?.

Quatro milhões de recém-nascidos morrem todos os anos no primeiro mês de vida e 8,8 milhões antes do primeiro aniversário. Outros 19 milhões de bebês nos países em desenvolvimento nascem abaixo do peso e 148 milhões com menos de 5 anos sofrem subnutrição. Há 101 milhões de crianças fora da escola e dois milhões são portadoras de HIV. Estes números gigantescos representam rostos e personalidades.

As crianças também sofriam nos dias de Jesus. No livro de Marcos, elas são retratadas como doentes ou oprimidas (5:35-43; 7:24-30; 9:14-27). Naquela época a criança era considerada menos importante que um adulto.

Os discípulos afastaram as crianças e seus pais de Jesus (10:13). *Um mestre tão importante não deveria ser incomodado por meras crianças!* Mas Jesus se indignou com o comportamento deles, observando que as crianças têm um lugar especial em Seu reino (v.14). Ele envolveu as crianças com Seus braços e as abençoou (v.16).

Esta demonstração de afeição e compaixão por crianças era controversa para um rabi, mas Jesus foi mais longe. Ele fez das crianças um modelo para os adultos. "Eu afirmo a vocês que isto é verdade: quem não receber o Reino de Deus como uma criança nunca entrará nele", afirmou (v.15). Isto era algo impensável de se dizer nos dias de Jesus. Crianças eram para ser guiadas e não seguidas.

O amor radical de Jesus pelas crianças significa duas coisas para aqueles que o seguem hoje. Primeiro, deveríamos trabalhar para ver estas estatísticas da UNICEF mudarem. Jesus resgatou crianças da doença e da opressão e as recebeu em Seus braços. Nós deveríamos fazer o mesmo.

Segundo, deveríamos imitar a fé das crianças. O reino de Jesus não é merecido ou alcançado, mas é um presente. Nisto, Jesus diz, as crianças podem ser nosso guia. —Sheridan Voysey

# obra nossa?

**leia›**
**Colossenses 2:6-19**
Estejam enraizados nele, construam a sua vida sobre ele e se tornem mais fortes na fé, como foi ensinado a vocês. E deem sempre graças a Deus (v.7).

**examine›**
Leia o livro de Marcos 7:1-15 para ver a diferença entre o comportamento externo e a condição interna do coração. Por que a religião customizada é tão perigosa para o bem-estar espiritual?

**considere›**
Qual é a diferença entre ações religiosas vazias e verdadeiras atitudes que vêm da fé íntima em Deus?

Como professora, acho a Idade Média fascinante e desconcertante. Um pilar fixo no cânone da literatura, *Os contos de Cantuária*, de Chaucer, mostram vividamente a confiança da humanidade nas práticas externas às custas do coração. Em minha mente do século 21 biblicamente alfabetizada, me questiono como as pessoas puderam se tornar tão dependentes de obter relíquias para seu bem-estar. Acho um pouco tediosa a ideia de orar por perdão de pecados já pagos com o sangue de Jesus. Mas então reflito em minha própria humanidade, minhas próprias práticas de afirmação.

Firme na obra que Cristo completou, Paulo nos adverte a nos familiarizarmos com o mesmo poder valoroso de Cristo que triunfou sobre os poderes das trevas (Colossenses 2:12-15) e para confiarmos não em nossos esforços mas em Sua obra transformadora (vv.9,10).

Se a salvação não acontece por meio de habilidade humana (v.11), então nossa santificação não vem por nossos esforços. Somos transformados por meio de Deus trabalhando em nós (1 Tessalonicenses 5:23,24). Nossas obras de fé revelam a condição de nosso coração e nos impulsionam a crescermos espiritualmente, mas elas não podem tornar limpo um coração imundo (Efésios 2:8; Tiago 2:17-26).

Em um mundo tão dependente do visível, precisamos determinar nossas motivações. Disciplinas espirituais e envolvimento ministerial são partes vitais da caminhada espiritual saudável. Mas se acreditarmos que qualquer uma destas práticas nos garante segurança, perdemos o foco principal. Jesus nos chamou para crescer "...como Deus quer que [cresçamos]" (Colossenses 2:19), e não para negócios espirituais. A diferença entre os dois é a diferença entre intimidade com Jesus e uma religião "defraudadora" e "concentrada em si mesma" (vv.18,23).

—Regina Franklin

# rede de segurança

**leia>**
**1 Tessalonicenses 4:1-8**
O que Deus quer de vocês é isto: que sejam completamente dedicados a ele e que fiquem livres da imoralidade (v.3).

**examine>**
Veja no livro de 1 Coríntios 6:18 porque o pecado sexual é tão destrutivo.

**considere>**
De que maneira você é instado a pisar fora dos limites de Deus? Somos poupados de sofrimento ao reservar o sexo para o casamento?

Um amigo meu comprou uma cama elástica para seus filhos. Após montá-la, as crianças começaram a implorar intensamente para que ele os deixasse experimentar. Ele relutou, mas deixou-os subir na cama elástica e disse a eles para serem cuidadosos porque ele não havia instalado a rede de segurança que vai ao redor. Então seus filhos cuidadosamente engatinharam até o meio da lona e começaram a pular timidamente para cima e para baixo.

Mais tarde, meu amigo instalou a rede de segurança. E novamente, seus filhos subiram na cama elástica. Nesta vez, entretanto, eles não se controlaram. Na verdade, pularam loucamente por todos os lados. A proteção da rede lhes deu confiança e liberdade para se soltarem e realmente aproveitar o brinquedo.

Isto me lembra do projeto de Deus para o sexo. Nossa cultura secular saturada de sexo, sugere de forma sutil e grita ostensivamente que a maneira de se satisfazer é simplesmente livrar-se de toda restrição sexual. Mas a única maneira de aproveitarmos por completo o presente do sexo é dentro dos limites do plano pretendido por Deus.

Deus não coloca limites arbitrariamente para a atividade sexual. Quando Sua Palavra nos alerta: "...fiquem livres da imoralidade" (1 Tessalonicenses 4:3) ou "...as paixões carnais que estão sempre em guerra contra a alma" (1 Pedro 2:11), estas não são regras legalistas para anular e escravizar o espírito (2 Coríntios 3:6; Gálatas 5:1). Ele coloca limites amorosos porque sabe que o sexo fora de Seu plano, no fim das contas, leva à imensa tristeza, ao sofrimento e à vergonha.

Ao invés de nos impedir, a "rede de segurança" de Deus nos leva à obediência apaixonada e alegre sobre a qual Davi escreveu no Salmo 119:32: "Eu me apresso em obedecer aos teus mandamentos porque assim tu me darás mais entendimento." —Jeff Olson

# predador e presa

**leia›**
**Provérbios 7:6-27**
Assim, ela o tentou com os seus encantos, e ele caiu na sua conversa (v.21).

**examine›**
Leia o livro de Gênesis 39:8-16 para ver como um homem resistiu às investidas sexuais de uma determinada mulher.

**considere›**
Como reduzir os riscos de encontrarmos predadores sexuais? Se você vê em si mesmo qualquer traço de comportamento sexual agressivo, como mudará isso?

Observei a uma joaninha devorar um pulgão. Ela perfurou a porção central de seu corpo e mastigou um pouco. Quando a presa estava gravemente ferida, ela mastigou o lado esquerdo do corpo dele e o devorou.

Salomão descreve a interação entre a predadora e sua presa. Apesar de ter escrito a passagem para advertir seu filho, podemos aprender a identificar o comportamento agressivo — ainda que sedutor — de pessoas promíscuas.

A história de Salomão no livro de Provérbios 7 apresenta uma mulher que era "...espalhafatosa e sem-vergonha e estava sempre andando pelas ruas (v.11). Ela constantemente procurava "divertimento", desprezando o comportamento decente. Embora possamos ser atraídos à pessoas rebeldes, no final, aqueles que desrespeitam a lei também não nos respeitarão.

Frequentemente, os predadores faltam com o respeito por meio de investidas inadequadas. A prostituta que Salomão descreveu "...chegou perto do rapaz, e o abraçou, e beijou..." (v.13). Pessoas que nos fazem sentir desconfortáveis ou com comportamento que privilegie o toque em excesso, devem ser evitadas.

Como se abraços e beijos não fossem suficientes para apanhar sua presa, a caçadora usou esta péssima cantada para seduzir o homem: "...saí procurando você. Eu queria encontrá-lo, e você está aqui!" (v.15).

Em seguida ela descreveu o que poderiam fazer em particular. Ela "...o tentou com os seus encantos, e ele caiu na sua conversa" (v.21).

O comportamento feroz dessa fêmea foi possível em parte porque sua presa era um jovem "...sem experiência..." (v.7). Ele estava cruzando a rua perto da casa da mulher na escuridão da noite.

A Palavra de Deus nos ordena a adquirir "sabedoria" e "entendimento" (Provérbios 4:5), porque ela pode nos proteger de pessoas cujo quarto é como "...o mundo dos mortos..." (7:27). —Jennifer Benson Schuldt

# até a morte

**leia›**
**Efésios 5:21-33**
Sejam obedientes uns aos outros, pelo respeito que têm por Cristo (v.21).

**examine›**
No livro de 1 Coríntios 13, leia a descrição do amor. Considere todas as maneiras por meio das quais esse tipo de amor encoraja você a morrer para si mesmo.

**considere›**
Em que área precisa "morrer" para si mesmo para demostrar amor? À quem você precisa demonstrar amor? Como encaixar essa atitude em seu modo de viver?

Parte da alegria de ser pastor é caminhar ao lado de casais que dão o passo para o casamento. Poucas experiências tocam mais a alma do que a maravilha e a alegria (e o medo) de incluir na sua vida outra pessoa. No meio da cerimônia de casamento está o momento em que os noivos voltam-se um para o outro e cada um declara os votos — uma promessa de devoção e fidelidade. Alguns casais escrevem votos próprios, outros recitam a versão tradicional, mas cada um contém uma promessa. E a intenção é que esta promessa dure, como diz a célebre frase: "Até que a morte nos separe."

Há uma ironia nestas palavras. Quando minha esposa e eu repetimos estas palavras em nosso casamento, nós juramos fidelidade um ao outro enquanto vivêssemos. O apóstolo Paulo sugere, no entanto, que permanecer fiel ao seu compromisso de casamento requer algo como uma "morte". Para amar bem (e por longo tempo), maridos e esposas precisam sujeitar-se "...uns aos outros..." (Efésios 5:21). Cada um precisa entregar seus direitos e compromissos. Precisamos *morrer* para nós mesmos para que possamos nos doar por completo um ao outro.

Isto é exatamente o que Jesus fez. Jesus é o modelo para o amor verdadeiro, seja em um casamento ou em uma amizade. E o que Ele fez? Ele morreu. Jesus entregou Sua vida como um ato de submissão a Deus e como um ato de amor sacrificial pela humanidade. Como Paulo diz, Jesus "...deu a sua vida..." pela igreja (v.25).

Maridos e esposas enfrentam desafios no aprendizado da submissão. Gostamos de estar no controle. Trabalhamos muito para proteger nossos interesses pessoais. Jesus nos convida a tomar outro caminho. Ele nos instrui a entregar nossas vidas e nossas reivindicações. Ele nos diz que para amar verdadeiramente é preciso "morrer". —Winn Collier

# no dedão do pé

**leia›**
**Marcos 6:1-6**
...Por isso ficaram desiludidos com ele (v.3).

**examine›**
Leia o livro de Mateus 8:8-13 para ver a fé de um homem a quem Jesus disse: "...Vá para casa, pois será feito como você crê...".

**considere›**
Por que Deus se recusa a revelar Seu poder àqueles que não creem nele? De que forma você harmoniza a soberania de Deus e sua necessidade de fé genuína?

Uma colega de trabalho teve uma conversa com seu filho sobre assuntos espirituais. Expressando sua atual falta de fé e comprometimento com Jesus, o jovem disse: "Deus não está em minha vida no momento; talvez, no máximo, esteja no dedão do pé."

Você já sentiu isso? A dúvida ou a falta de comprometimento o deixa carente de fé? Jesus certa vez encontrou algumas pessoas de Nazaré, Sua cidade natal, que escolheram não crer nele (Marcos 6:1). Enquanto alguns dos habitantes locais estavam "maravilhados" com o poderoso ensino de Jesus, todos na multidão descrente "...ficaram desiludidos com ele" (v.3). Ofenderam-se porque Jesus agia e ensinava de maneira que não correspondia à condição de carpinteiro. A situação era a seguinte: "...Um profeta é respeitado em toda parte, menos na sua terra, entre os seus parentes e na sua própria casa" (v.4).

O resultado da falta de crença do povo ("Por favor! Ele é só o filho daquele carpinteiro e de Maria") os levou experimentar pouco do poder de Jesus em suas vidas. Lemos que Ele curou os doentes "...pondo as mãos sobre eles" (v.5). Aqueles que foram curados provavelmente demonstraram fé verdadeira. Mas a massa de nazarenos não pôde testemunhar a plenitude de Seus milagres.

Nós, como o jovem com o problema de falta de fé, podemos também bloquear a obra de Deus e de Seu Espírito Santo por nossa fé inexistente. Como um comentarista colocou, "Os milagres de Jesus não eram performances, mas a realização parcial do reino de Deus; entrar neste reino e desfrutar de seus benefícios exige *arrependimento e fé*."

A fé verdadeira resultará em um relacionamento com Jesus que percorre todas as células de seu corpo (não só o dedão do pé) e pavimenta o caminho para que Ele trabalhe em e por meio de você. Simplesmente imergir seu dedo do pé na água não vai adiantar. —Tom Felten

25 AGOSTO

# administrando a decepção

**leia›**

**1 Timóteo 3:14-4:6**

O Espírito de Deus diz claramente que, nos últimos tempos, alguns abandonarão a fé. Eles darão atenção a espíritos enganadores e a ensinamentos que vêm de demônios (4:1).

**examine›**

Leia o livro de Colossenses 2:6-19 e veja outro exemplo de como corrigir o falso ensino. De que forma você pode aplicar ativamente a verdade de Deus em sua vida?

**considere›**

De que maneira você está usando a doutrina correta para corrigir pensamentos, valores e comportamentos incorretos?

Se você estiver num estudo bíblico com alguém e a pessoa disser: "Não acredito em Jesus", ou talvez você descobrir que um jovem a quem você tem discipulado mantém relações sexuais fora do casamento. E você se pergunta: *Será que fiz algo errado? Fracassei em meus esforços para ensinar a Palavra de Deus?*

Ministrar às pessoas pode levar ao sofrimento. Paulo, entretanto, exortou Timóteo (e nós) a não desistir, mas continuar a ensinar outros. Ele escreveu que não precisamos ser otimistas ou pessimistas, mas realistas. Falemos a verdade, a Bíblia e a experiência nos revelam que algumas pessoas se desviarão de sua fé em Jesus. Logo, a apostasia (renunciar a fé) não é uma evolução inesperada, nem deveria ser considerada prova de que falhamos. Jesus disse em Mateus 24:11 que "...muitos falsos profetas aparecerão e enganarão muita gente".

Nós também precisamos ver que a fé perdida se trata de guerra espiritual. Paulo descreveu os hereges em Éfeso (1 Timóteo 1:3) como aqueles que obedecem "...a espíritos enganadores e a ensinamentos que vêm de demônios" (4:1). A origem final de toda decepção é Satanás. No livro de 2 Coríntios 10:4, Paulo ensina, "As armas que usamos na nossa luta não são do mundo; são armas poderosas de Deus, capazes de destruir fortalezas. E assim destruímos ideias falsas." Quais são as poderosas armas de Deus? *Sua Palavra e a oração.*

Finalmente, precisamos continuar a ensinar a verdade (1 Timóteo 4:6). Ao lidar com o falso ensino em Éfeso, Paulo disse a Timóteo que redirecionasse os cristãos à doutrina correta — a verdade revelada nas Escrituras com relação a Deus, Seus caminhos e Seus propósitos.

Pode ser frustrante quando pessoas se afastam de Deus, mas Sua verdade nunca nos decepcionará. —Poh Fang Chia

# reconciliação

**leia›**
**Gênesis 32:1-5**
Felizes as pessoas que trabalham pela paz, pois Deus as tratará como seus filhos (Mateus 5:9).

**examine›**
O que estas passagens — Mateus 5:9,23,24; Romanos 12:18; 14:19 — dizem sobre buscar reconciliação?

**considere›**
De que forma a reconciliação reflete a postura de Deus com relação a nós? O que significará buscar paz e perdão em seus relacionamentos nesta semana?

Jacó trapaceou e conseguiu a primogenitura de seu irmão gêmeo Esaú (Gênesis 25:29-33). Depois ele o traiu de novo quando enganou seu pai conseguindo que ele lhe concedesse as bênçãos que pertenciam a Esaú — o primogênito (27:36). Enraivecido, o irmão mais velho jurou matar Jacó (27:41). Alertado pela mãe, Jacó escondeu-se na casa de seu tio (vv.43-45) por 20 anos. Após esta longa estada, Deus queria que Jacó retornasse e se reconciliasse com Esaú (31:3,13). Em obediência, Jacó fez duas coisas:

• *Iniciou a reconciliação* (32:3). Esaú estava em Edom. Para encontrá-lo, Jacó deliberadamente teve que viajar centenas de quilômetros ao sul de sua cidade. Foi necessário esforço significativo para viajar aquela grande distância. Era inconveniente, moroso e dispendioso. Mas ele ignorou essas desculpas válidas para não ver seu irmão.

• *Ele se humilhou* (vv.4,5); chamou seu irmão de "meu senhor Esaú," e se rotulou de "servo" de Esaú (v.4). De acordo com os costumes da época, Jacó era agora o chefe da família (já que havia roubado essa posição de Esaú há duas décadas). Mas ao honrar seu irmão mais velho, Jacó reconheceu a ordem natural de nascimento. Ele referiu-se a Esaú como seu mestre, o senhor da família.

Jacó disse a seu irmão: "...Estou mandando este recado ao senhor, esperando ser bem recebido" (Gênesis 32:5). Ele pediu reconciliação.

Há alguém com quem você precise se reconciliar, pedir ou receber perdão? Jacó nos mostrou três atitudes que deveriam caracterizar seus esforços para apaziguamento — *a disposição para a reconciliação, a atitude de humildade genuína e sinceridade verdadeira.*

Você precisa dar o primeiro passo para iniciar a reconciliação. Em seguida, humilde e sinceramente buscar o perdão verdadeiro. —K. T. Sim

# ouvindo Deus

**leia›**
**João 1:1-18**
A Palavra estava no mundo, e por meio dela Deus fez o mundo, mas o mundo não a conheceu (v.10).

**examine›**
Leia o livro de Salmos 19 e 104 para aprender as muitas maneiras especiais e comuns de ouvirmos Deus.

**considere›**
O que está impedindo você de ouvir a presença de Deus em sua vida? De que maneira você pode encorajar outros a ouvir o que você ouve?

Um dos melhores violinistas do mundo executou Bach e Schubert em uma estação de metrô onde mais de mil passageiros transitam. Alguns usavam fones ou conversavam em seus celulares, e outros estavam apressados demais para o presente inesperado de Joshua Bell. Muitas pessoas pararam para comprar bilhetes de loteria, mas enquanto esperavam na fila, ninguém se voltou para apreciar o violinista que três dias antes havia lotado um auditório com ingressos caríssimos.

Nós também podemos estar tão imersos na agitação banal da vida que não ouvimos a música de Deus. "O céu anuncia a glória de Deus...", Davi escreveu; "...e nos mostra aquilo que as suas mãos fizeram. Cada dia fala dessa glória ao dia seguinte, e cada noite repete isso à outra noite" (Salmo 19:1,2). Todo nascer do sol, todas as nuvens e flores são revelações de Deus. Você consegue ouvi-lo?

O Salmo 104 reconta as muitas formas de Deus sustentar nossas vidas. Seu trabalho, sua igreja e amigos fiéis são lembretes da graça de Deus com você. Consegue ouvi-los?

O mais importante, João declara que Jesus é a luz de Deus para o mundo — "...mas o mundo não a conheceu" (1:10). É fácil duvidar de nossas crenças quando estamos cercados por pessoas que não ouvem e veem Jesus como você.

Apenas sete pessoas pararam para ouvir durante os 43 minutos que Joshua Bell tocou. Uma delas sentou-se perto de um estande de engraxates, olhou ao redor, espantado com o restante das pessoas passando com tanta pressa. Mais tarde, este ao ser entrevistado, disse: "Outras pessoas não receberam. Simplesmente não perceberam. O que foi desconcertante para mim."

Poucas pessoas percebem que suas vidas estão sendo supridas com o amor de Deus. Coloque freios no seu dia — faça uma parada completa — e ouça. —Mike Wittmer

# doença compensadora

**leia›**
**Gálatas 4:13-15**
Lembram por que foi que lhes anunciei pela primeira vez o evangelho? Foi porque eu estava doente (v.13).

**examine›**
Leia o livro de Romanos 8:28 e considere como Deus pode usar até mesmo uma debilidade física para promover Seu reino.

**considere›**
De que forma você viu Deus mudar a doença em algo bom? Como o exemplo de ambos — apóstolo Paulo e a amiga de Virgínia — deve ser seguido?

Ao ler o livro de Gálatas é fácil perder a passagem curta do dia hoje. Nós acertadamente focamos no importante ensino de Paulo de que a salvação é um dom de Deus e nada além da fé (ao invés de guardar a lei judaica) é necessário para recebê-la. Estes poucos versículos no capítulo 4, no entanto, têm uma beleza própria.

Parece que Paulo não estava originalmente planejando visitar a província romana da Galácia durante suas jornadas missionárias iniciais. Uma doença o forçou a ir até lá (4:13), possivelmente a que ele menciona em 2 Coríntios 12:7, um problema nos olhos (Gálatas 4:15), ou algum outro problema de saúde. Seja lá o que fosse, Paulo procurou por um clima diferente e foi parar na Galácia; e apesar de doente começou a pregar. O Espírito Santo, ironicamente, operou milagres por meio dele (3:5) e a igreja dos gálatas nasceu. Talvez nunca teria acontecido sem a enfermidade de Paulo.

Deus tem um jeito de compensar a enfermidade. Perguntei a meus amigos de uma rede social se eles já tinham visto Deus transformar a doença em algo bom e alguém me enviou a história de Virgínia: Há muitos anos Virgínia lutava com um transtorno alimentar após o rompimento de um relacionamento difícil. Em seu pior momento, acabou no hospital pesando apenas 36 quilos. Lá, ela conheceu outra moça — a paciente mais doente da ala, com apenas 25 quilos — que rabiscou este versículo bíblico em um pedaço de papel e lhe entregou: "Com a força que Cristo me dá, posso enfrentar qualquer situação" (Filipenses 4:13). Virgínia se tornou cristã, recuperou-se, se casou e formou família. Ela reconhece a força do testemunho daquela menina doente, mas cheia de fé.

Um dia Deus livrará o mundo de toda a doença. Enquanto isso, Ele, com frequência a utiliza para o bem. Como Ele pode usar suas lutas com a saúde para ajudar outros? —Sheridan Voysey

# enxergando claramente

**leia>**
**1 Coríntios 13**
O que agora vemos é como uma imagem imperfeita num espelho embaçado, mas depois veremos face a face... (v.12).

**examine>**
Leia o livro de Tiago 3:13-4:2 para ver a conexão entre abnegação e a provisão de Deus para nossas decisões e necessidades futuras.

**considere>**
Em que situação você tenta enxergar as coisas da poltrona do motorista ao invés da perspectiva do passageiro? Como o amor de Deus mantém você em paz?

"Mãe, vire o espelho para eu poder enxergar melhor." Sentado atrás de mim no carro, meu filho pediu que arrumasse o espelho retrovisor para que ele pudesse se enxergar. Meus ajustes não permitiram que tivesse uma visão completa de si e ele me pediu que tentasse novamente. Após várias tentativas, expliquei a ele que o espelho foi projetado para que eu o usasse como motorista (e não para ele como passageiro). Satisfeito com as minhas tentativas, ele se sentou olhando contente pela janela. Ao voltar minha atenção para a estrada, refleti sobre o acontecido.

Na vida, queremos ser capazes de enxergar nossas situações da mesma maneira que Deus as vê. Ele permite que pensemos "...como Cristo pensa" (1 Coríntios 2:16) para ajustar a nossa visão a fim de enxergarmos a vida alicerçados em Seu coração. Mas não ficamos satisfeitos em simplesmente conhecer Sua atitude. Queremos ter Sua onisciência — saber todas as coisas como Ele sabe. Assim como o espelho retrovisor não é projetado para o uso do passageiro, nós não fomos feitos para saber tudo. Afinal de contas, *nós* não somos o *motorista.*

Enquanto vivermos na terra, nossa visão será sempre limitada. Faz parte de nossa natureza caída. O desejo de Eva por conhecimento levou-a — e toda humanidade — às trevas, não à luz da revelação (Gênesis 3:5-7). Então, por que o apóstolo Paulo coloca um lembrete sobre nossa visão limitada ao fim de sua exortação sobre a verdadeira natureza do amor em 1 Coríntios 13? (v.12). Ele nos lembra de que nas situações de limitações mais severas da fragilidade humana — uma humanidade à qual Deus concedeu dons preciosos (2 Coríntios 4:7) — o amor nos leva além de nossas reações básicas enraizadas em autoproteção.

O amor nos ajuda a ver claramente a verdadeira segurança que temos em Jesus. —Regina Franklin

# perseverando

**leia>**
**1 Samuel 17:17-51**
— Meu senhor, — disse Davi — [...]. O SENHOR Deus me salvou dos leões e dos ursos e me salvará também desse filisteu... (vv.34,37).

**examine>**
Leia o livro de Jó 17:9 para aprender o que as pessoas que verdadeiramente perseveram em Deus fazem.

**considere>**
Que oposição você está enfrentando na tentativa de se tornar a pessoa que deveria ser? De que maneira você está perseverando em Jesus?

O filme *O céu de outubro* nos conta a notável história de um adolescente que sonhava construir foguetes. Após ver o Sputnik, o primeiro satélite artificial de órbita terrestre, cruzar o céu noturno em 1957, um profundo desejo de construir foguetes e fazer parte do programa espacial da NASA inflamou-se em Homer Hickam.

O problema era que quase tudo ia contra o sonho de Hickam. Ele morava em uma pequena cidade de mineração de carvão que lhe oferecia poucas oportunidades. Seus amigos pensavam que ele era louco. E seu pai o pressionava para se tornar minerador. Ele fez o que pode para garantir que os desejos do filho se apagassem. Mas Hickam perseverou. Ele lutou contra a oposição e eventualmente realizou seu sonho.

A história de Homer Hickam me lembra a do pastor adolescente Davi. Jessé, o pai de Davi, o havia enviado para verificar o bem-estar de seus irmãos que estavam lutando nas linhas de frente contra os filisteus (1 Samuel 17:17-19). Enquanto Davi conversava com seus irmãos, o gigante filisteu chamado Golias desafiou qualquer israelita que tivesse coragem de ir até lá e lutar com ele (v.23).

Após saber que Golias vinha zombando de Israel por 40 dias, um desejo de lutar com o gigante irrompeu em Davi. Quando ele deixou claro que já ouvira palavras desafiadoras suficientes do filisteu (v.26), Davi foi confrontado por seu irmão Eliabe. Temeroso que seu irmão mais novo o expusesse, ele acusou Davi de ir até lá apenas para assistir ao combate (v.28). Mas Davi perseverou e fez frente à oposição (vv.29,30). Ele sabia que Deus o havia chamado e preparado para lutar esta batalha épica (vv.34-37).

Não permita que outros o forcem a comprometer a pessoa que você sabe Deus o chamou para ser. Como Davi e Homer Hickam, lute contra a oposição — e persevere! —Jeff Olson

# sem mancha

**leia›**
**Isaías 1:1-20**
Lavem-se e purifiquem-se!... (v.16).

**examine›**
Leia o livro de Romanos 13:11-14 para entender a urgência envolvida em acertar-se com Deus. Por que é tão importante substituir hábitos de pecado por atitudes que agradem a Deus?

**considere›**
De que maneira a confissão desonesta feita por cristãos afeta a maneira como incrédulos veem a fé cristã?

Derrubei meu celular, acidentalmente, na lata de lixo. Escorregou direto para o fundo, e quando tirei-o dali estava coberto com algum tipo de gosma nojenta. Horrorizada, comecei a borrifar, esfregar, desinfetar. Não parei até o telefone estar sem mancha.

Deus chamou o povo de Israel para se "higienizar". Eles haviam vivido como uma nação de desertores espirituais (Isaías 1:4) mesmo praticando suas cerimônias religiosas. Deus estava extremamente farto da situação. Ele disse: "...Estou farto de bodes e de animais gordos queimados no altar..." (v.11), e "Quando vocês levantarem as mãos para orar, eu não olharei para vocês..." (v.15). Deus não queria uma demonstração externa de confissão sem um comprometimento interno de agir diferentemente.

Deus, felizmente, traçou alguns passos para ajudar Israel a acertar-se com Ele. E começou dizendo: "...Parem de fazer o que é mau" (v.16). Como cristãos, temos a responsabilidade de acabar com o pecado que nos separa de Deus. Qualquer atitude diferente disso significa menosprezar a Sua graça. Paulo perguntou: "...Será que devemos continuar vivendo no pecado para que a graça de Deus aumente ainda mais? É claro que não!..." (Romanos 6:1,2).

Uma vez que interrompemos as ações pecaminosas específicas, é importante substituí-las por atividades que agradam a Deus. Purificar-nos envolve aprender "...a fazer o que é bom..." (Isaías 1:17). Especificamente, podemos ajudar ao pobre, defender os órfãos ou patrocinar os direitos das viúvas.

Como os israelitas, muitos de nós pecamos sem parar e supostamente purificamo-nos diante de Deus todos os domingos. Com a ajuda do Espírito Santo (Ezequiel 36:27), podemos interromper esse ciclo e alinhar nossas ações com nossos corações arrependidos. Podemos seguir a ordenança de Deus: "Lavem-se..." (Isaías 1:16), e Ele nos tornará verdadeiramente sem mancha. —Jennifer Benson Schuldt

# entre nós

**leia›**
**2 Coríntios 8:3-15**
...Cristo: ele era rico, mas, por amor a vocês, ele se tornou pobre a fim de que vocês se tornassem ricos por meio da pobreza dele (v.9).

**examine›**
O livro de 2 Timóteo 4:5 nos diz "suporte o sofrimento". O que Deus lhe pediu para fazer e você não começou por causa do medo?

**considere›**
De que maneira você imitará Jesus e o Seu amor pelas pessoas esta semana? O que especificamente, você fará por alguém necessitado hoje?

Por dois meses em Uganda, fiquei sem carro e tive de andar a pé ou usar o transporte público. Fui espremida em *matatus* (táxis minivans) e apressada no tráfego na garupa de *boda bodas* (moto-táxis). Muitas vezes, quando não tinha carona disponível, andei na chuva.

Mover-se daquela forma era humilhante, demorado e frustrante. *Mas acima de tudo, abriu meus olhos* para ver e experimentar o ambiente de uma forma que nunca havia feito antes.

Ao deixarmos de lado vários itens de conforto mudaremos nosso ponto de vista, por vezes vantajoso, e a nossa empatia melhorará. E quem melhor para ilustrar isso do que Jesus, que deixou Seu trono celeste para estar entre nós na terra (Filipenses 2:6-8).

Embora não fosse obrigado, Jesus se juntou a nós e desceu à terra. Ele dormiu em uma manjedoura (Lucas 2:6,7), sobreviveu no deserto (Marcos 1:12), sentiu as mãos o tocarem enquanto andava pelas ruas (Lucas 6:19; 8:43-48), lidou com os nossos argumentos (Marcos 8:14-21), tocou os nossos corpos enfermos com Suas próprias mãos e nos curou (vv.22-25). Lavou os nossos pés sujos (João 13:4,5), orou, chorou e implorou por ajuda (Hebreus 5:7). Experimentou a traição e sofreu agressões físicas (João 18:1-11,23). Carregou a nossa vergonha, morreu por nós e nos salvou (Isaías 53:3; Colossenses 1:19-21; Hebreus 12:2,3).

Jesus não precisava deixar o céu, mas Ele o fez por obediência ao Pai e por amor a você e a mim. Agora, Ele nos implora que deixemos a nossa zona de conforto para cuidar dos órfãos e das viúvas (Tiago 1:27) e que busquemos a justiça em nome dos oprimidos (Isaías 1:17).

Não feche os olhos para os feridos. Em vez disso, entre na realidade deles para ajudá-los a conhecer Jesus. —Roxanne Robbins

# enganando-nos

**leia**
**1 João 1:1-9**
Portanto, se dizemos que estamos unidos com Deus e ao mesmo tempo vivemos na escuridão, então estamos mentindo... (v.6).

**examine**
Leia o livro de João 8:12, considere o que parece verdadeiramente "seguir" Jesus.

**considere**
De que maneira você toma parte nas trevas deste mundo? O que você fará esta semana para começar a caminhar à luz de Jesus?

Um estranho programa de TV era exibido na França. Os participantes recebiam perguntas e tudo ia bem se fossem respondidas corretamente. Mas uma resposta errada poderia ser *fatal*: os que erravam tinham que apertar um botão que aparecia para forçar outro concorrente, amarrado numa "cadeira quente", a suportar letais 420 *volts* de eletricidade. Este "jogo da morte" foi feito para mostrar o poder manipulativo da autoridade. Para os concorrentes que pensavam que estavam eletrocutando alguém (na verdade um ator fingindo ser eletrocutado) era tudo muito real.

Definitivamente não seria divertido ser enganado neste programa tolo! Mas às vezes eu e você podemos realmente enganar "a nós mesmos" (1 João 1:8). O apóstolo João descreve dessa maneira: "Portanto, se dizemos que estamos unidos com Deus e ao mesmo tempo vivemos na escuridão, então estamos mentindo com palavras e ações" (v.6). O argumento é claro: seguir qualquer instrução religiosa ou viver de maneira contrária aos ensinamentos de Jesus revela que nos envolvemos com escuridão espiritual. Estamos enganando a nós mesmos e "mentindo" para Deus (v.6).

Aqui vão algumas formas comuns que, de modo pecaminoso, escolhemos as trevas em vez de escolhermos a luz de Deus:

• Escolher a comunhão com o mundo, mais do que com Deus como resultado do orgulho e egoísmo pecaminoso.

• Viver de modo legalista, que coloca tradições erradas acima da verdade divina.

• Tentar esconder nossos pecados em vez de confessá-los a Deus.

Estes pontos indicam um problema. Para nós, voltarmos à luz de Jesus exigirá verdadeiro arrependimento — exigirá que nos afastemos dos que amam o pecado e das coisas que nos enredam, que confessemos nossos pecados a Deus e andemos em Sua luz (v.9).

Estamos dispostos? É hora de pararmos de nos enganar. —Tom Felten

# *memento mori*

**leia›**
**Daniel 4:28-36**
Portanto, eu, o rei Nabucodonosor, agradeço ao Rei do céu e lhe dou louvor e glória. Tudo o que ele faz é certo e justo, e ele pode humilhar qualquer pessoa orgulhosa (v.37).

**examine›**
Leia o livro de Tiago 4:13-17 e veja outro exemplo de orgulho tolo e arrogante.

**considere›**
Quando Deus lembrou-lhe de que você é mortal e que Ele é o Soberano? Pense sobre Deus — quem Ele é e o que Ele faz. De que maneira você o louvará hoje?

*Memento mori* é uma frase latina que diz "Lembre-se que você é mortal". Os historiadores acreditam que a frase foi usada em Roma quando Júlio César retornou após muitos anos de luta no exterior. Enquanto César festejava a vitória desfilando pelas ruas, um escravo ia atrás dele repetindo as palavras *Memento mori*. Estas palavras eram um lembrete a César de que a sua majestade poderia ser rebaixada a qualquer momento.

Talvez o rei Nabucodonosor devesse ter alguém atrás dele gritando *Memento mori*. O rei havia se tornado grande e influente, mas falhou em reconhecer que todo o seu poder foi dado por Deus — que realmente possui todo o poder. Deus lembrou-o, no entanto, que ele era apenas humano. Deus permitiu que ele tivesse um sonho que lhe trouxe grande ansiedade e terror. Como o rei não conseguia entender o sonho, convocou todos os sábios da Babilônia para que pudessem interpretá-lo. Eles não conseguiram, e então Daniel, que servia ao Senhor, disse-lhe o significado. Deus humilharia o orgulhoso rei até que ele reconhecesse que só Deus era soberano sobre todos os reinos. Daniel o aconselhou a renunciar seu orgulho.

Um ano mais tarde, enquanto Nabucodonosor usufruía de sua própria majestade, Deus o humilhou com uma insanidade. Quando o rei reconheceu e louvou a Deus como o Soberano Senhor, a sua sanidade e condição humana foram restauradas.

Quando nos sentimos poderosos, que possamos ouvir o Espírito Santo sussurrar para nós *Memento mori*. Levantemos nossos olhos para o céu, louvando, honrando e glorificando o Altíssimo, aquele que vive para sempre.

Porque nós somos mais humanos quando exultamos no Deus soberano. —Marvin Williams

# estou bem

**leia›**
**Colossenses 4:7-18**
Eu o estou enviando para contar como todos nós vamos indo e assim animar vocês (v.8).

**examine›**
Leia o livro de 1 João 3:11-24 e aprenda as instruções do apóstolo João aos cristãos. Qual deve ser nossa principal característica? Quem é o nosso modelo de amor verdadeiro? (v.16).

**considere›**
Qual prática (hábito) surperficial você precisa modificar hoje? De que forma você vai fazer isso?

No meu país, é costume dizer: "Como você está?" ao cumprimentar alguém. E depois vem a resposta reflexiva inevitável: "Tudo bem, e você?", não importa como a pessoa realmente se sente. É simplesmente uma saudação.

Meu pastor é da República Democrática do Congo, e por isso ele tem uma visão diferente sobre esta parte superficial da minha cultura. O pastor Kizombo tem o hábito de saudar olhando diretamente nos olhos enquanto pergunta: "Como vai você?" Então ele pergunta novamente: "Na verdade, como você *realmente* está?" Ele está realmente interessado e terá tempo para ouvir. Cumprimentos para ele não são meras formalidades, mas uma oportunidade para se conectar. As pessoas nunca são uma interrupção.

O apóstolo Paulo também não recorria às formalidades. Suas cartas terminam com cordiais saudações aos amigos que ele desejava ver. Ele chamava as pessoas pelo nome. E quem levava a carta muitas vezes dava um relatório pessoal diretamente de Paulo.

No livro de Colossenses 4, Paulo disse que tinha enviado dois amigos (Onésimo e Tíquico) com cartas que escrevera. "...Eles vão lhes contar tudo o que está acontecendo aqui", escreveu ele (v.9). Preso em Roma, ele ainda se importava com as igrejas nas casas que se espalhavam pela Ásia Menor. Ele não queria enviar uma simples saudação usual, então mandou breves instruções e seu amor sincero. Para Arquipo, por exemplo, enviou as palavras motivadoras: "...procure cumprir bem a tarefa que você recebeu no serviço do Senhor" (v.17).

Dois dos maiores presentes que podemos dar uns aos outros é o nosso tempo e interesse. Hoje, sejamos conscientes das oportunidades de realmente nos conectarmos com alguém que talvez esteja sofrendo, mesmo que isso signifique cumprimentar as pessoas com verdadeiro interesse. —Tim Gustafson

# águas amargas

**leia›**
**Tiago 3:2-18**
Mas, se no coração de vocês existe inveja, amargura e egoísmo, então não mintam contra a verdade, gabando-se de serem sábios (v.14).

**examine›**
Leia o livro de 1 Coríntios 3:1-9 e veja como a inveja pode afetar o nosso crescimento espiritual e nossos relacionamentos dentro da igreja.

**considere›**
Quais são alguns sinais de que você sente inveja? De que maneira Deus e Sua Palavra podem ajudá-lo a tratar da inveja que você está vivendo?

A primeira vez que a conheci, algo em nossa interação realmente me incomodou. Um dia depois, eu estava orando a Deus e procurando em meu coração porque eu me sentia tão inquieta com minha nova amizade. Afinal, tinha sido um encontro social bastante típico, e geralmente gosto de conhecer pessoas. Ainda classificando-a, hoje eu pedi ao Espírito Santo para me mostrar se eu estava realmente sentindo algo negativo e verdadeiro ou se fui simplesmente pega no jogo de comparação mais uma vez.

Quando se trata de lidar com a inveja, por vezes tentamos enterrar os nossos sentimentos ou "melhorá-los" com algumas palavras que soem espirituais. Mas quando realmente encaramos a verdade, a inveja é simplesmente feia.

Tiago vai ainda mais longe ao dizer: "Essa espécie de sabedoria não vem do céu; ela é deste mundo, é da nossa natureza humana e é diabólica. Pois, onde há inveja e egoísmo, há também confusão e todo tipo de coisas más" (3:15,16). Você percebeu que a inveja é *diabólica*? Embora esta palavra pareça forte, quando se trata da armadilha de comparar-nos uns aos outros, sabemos que esta prática originou-se com o pai da mentira.

Você já experimentou um desejo egoísta de algo que pertence a outra pessoa? Você já sentiu a resposta emocional forte enquanto você avaliava os outros? Se diminuímos a nós mesmos ou os outros porque falhamos em estar à altura, o resultado é destrutivo (vv.9,10).

Empurrar os nossos sentimentos para dentro não os faz ir embora. Quando nossas palavras, faladas ou não, começam a mostrar uma mudança de doces para amargas (vv.11,12), precisamos revelar a escuridão em nossos corações para Deus e experimentar o poder de cura da Sua Palavra. Somente Ele pode nos ajudar a superar a inveja.

—Regina Franklin

# satisfação verdadeira

**leia>**
**Filipenses 4:10-13**
Não estou dizendo isso por me sentir abandonado, pois aprendi a estar satisfeito com o que tenho (v.11).

**examine>**
Leia a oração do apóstolo Paulo por poder no livro de Efésios 3:14-21. Leia-a devagar como sua própria oração, sabendo que a resposta de Deus a ela é "Sim".

**considere>**
Quando você experimentou tristeza ou inveja pelo o sucesso do outro? O que você vai pedir a Jesus enquanto procura preencher o seu vazio com Ele?

Gore Vidal disse certa vez: "Sempre que um amigo tem êxito, morre algo dentro de mim." As palavras são tristes, pois a vida envolta em inveja deixa pouco espaço para a alegria. Mas esta frase às vezes não reflete nossos próprios sentimentos?

Quem sonha em se casar conhece bem o sentimento quando outra pessoa fica noiva. Casais sem filhos sentem uma pontada de dor quando outra gravidez é anunciada. Cada pessoa doente que tem orado pela cura sente a confusão ao ouvir de outro testemunho milagroso de cura. Pensamos: *Por que eles e não eu, Deus?* Sussurramos enquanto vestimos nossos sorrisos e escondemos a nossa tristeza. O apóstolo Paulo nos diz para nos alegrarmos com os que se alegram (Romanos 12:15), mas quando outros têm o êxito que nos foi negado podemos sentir que algo em nós morreu.

"...aprendi a estar satisfeito com o que tenho", disse Paulo (Filipenses 4:11). Neste caso, ele falava sobre comida e finanças (v.12), mas podemos ler o que ele sentia de forma mais ampla. Paulo era solteiro (1 Coríntios 7:7), teve sua cura negada (2 Coríntios 12:7-9) e muitas vezes lhe faltava segurança, abrigo, e sono (11:23-29). No entanto, ele dizia que suas fraquezas eram a sua força (12:10). Como?

Paulo revelou o seu segredo aos filipenses: "Com a força que Cristo me dá, posso enfrentar qualquer situação" (4:13). Ele enfrentou a doença, a falta de uma companheira, solidão e falta de sono pedindo tudo que ele precisava a Jesus que habitava dentro dele.

As pessoas mais contentes que eu conheço descobriram este segredo sozinhas. Seu prazer em Deus ofusca qualquer perda que já conheceram. "Sempre que um amigo tem êxito," quero ser capaz de dizer, "um pouco de mim está vivo." Que os nossos vazios sejam preenchidos com Jesus hoje. —Sheridan Voysey

# cante

**leia›**
**Salmo 96:1-6**
...Cantem ao SENHOR, todos os povos da terra! (v.1).

**examine›**
Leia o livro de Efésios 5:15-20. Qual o papel da música nestas orientações? O que é o oposto de cantar para — e o que está em concordância com isto?

**considere›**
O que o ato de cantar provoca em você, e de que forma isto aumenta sua compreensão da oração? Em que áreas de sua vida você deveria cantar e orar?

Há 160 anos, a Igreja Livre da Escócia não permitiu hinos ou qualquer música instrumental ser tocada ou cantada em culto. Em 1843, a Igreja Livre separou-se da Igreja Presbiteriana da Escócia e, desde então, permitiu apenas salmos para serem cantados mas sem acompanhamento. No entanto, o voto em assembleia para toda a denominação permitiu hinos e instrumentação combinados na adoração.

Neste encontro histórico, a Igreja Livre da Escócia toma o Salmo 96:1 literalmente: "Cantem uma nova canção a Deus, o SENHOR..." Para o salmista (e para todo Israel para quem os salmos foram escritos), cantar era uma forma de oração. Estes salmos eram músicas voltadas para Deus. "Cantem ao SENHOR...", diz o salmista: "...e o louvem..." (v.2). Os Salmos são um conjunto de orações, principalmente destinados para o povo de Deus cantar junto. Enquanto a oração pessoal é necessária e boa, ter toda a comunidade levantando suas vozes em uníssono a Deus é igualmente necessário e bom.

Parte da beleza desta oração coletiva é que ela expressa a vibrante vida criativa de Deus que está ativamente nutrindo Seu povo. Este é um "cântico novo", uma "canção viva", uma canção florescente cheia de alegria (v.1). Deus não está distante. Deus está ativo presente agora, inspirando coisas novas. O canto das orações das comunidades anunciam as obras de Deus para o mundo inteiro.

Os Salmos nos permitem proclamar "...que ele nos salvou..." e anunciar "...sua glória às nações..." (vv.2,3).

Cantamos porque as nossas canções expressam a nossa mais profunda alegria, e queremos que os outros ouçam e em seguida cantem junto. Vamos ensinar o mundo a cantar verdadeiramente. —Winn Collier

8 SETEMBRO

# à parte ou uma parte

**leia›**
**1 Coríntios 12:12-31**
Cristo é como um corpo, o qual tem muitas partes. E todas as partes, mesmo sendo muitas, formam um só corpo (v.12).

**examine›**
Leia o livro de Neemias 3 para exemplificar a unidade na diversidade e veja como Deus usou isso para fazer o trabalho que precisava ser feito.

**considere›**
A compreensão do papel significativo que você tem para o corpo de Cristo afeta sua participação na igreja local? Que papel você desempenhará?

Em *The Present Future: Six Tough Questions for the Church* (O futuro do presente: seis perguntas difíceis para a igreja, inédito em português), Reggie McNeal diz: "Um número crescente de pessoas está deixando a igreja institucional por uma nova razão. Elas não estão partindo porque perderam a fé, e sim para preservar sua fé. Eles alegam que a igreja já não contribui para o seu desenvolvimento espiritual."

Pergunto-me como o apóstolo Paulo veria este fenômeno. Ele nos mostrou em 1 Coríntios 12 como a igreja deveria funcionar: "Cristo é como um corpo, o qual tem muitas partes. E todas as partes, mesmo sendo muitas, formam um só corpo" (v.12). Em muitas traduções da Bíblia, essas últimas palavras são "...assim também com respeito a Cristo." Talvez Paulo estivesse conduzindo seus leitores à ideia de que "Cristo" e "igreja" podem ser usados de forma intercambiável. Pois Cristo é o cabeça da igreja, e a igreja é a forma como Ele se faz conhecido no mundo de hoje.

O apóstolo expõe dois problemas comuns da igreja — o sentimento de insignificância e o espírito independente. "Pois o corpo não é feito de uma só parte, mas de muitas" (v.14). Essencialmente, todas as partes do corpo possuem uma função importante para executar, e nós somos mutuamente interdependentes.

Em seguida, Paulo acrescentou uma aplicação pessoal. Ele escreveu: "...vocês são o corpo de Cristo, e cada um é uma parte desse corpo" (v.27). Portanto, antes de tomar a decisão de sair da igreja local, é preciso se perguntar primeiro: Como a minha partida afetará o desenvolvimento espiritual dos meus irmãos e irmãs nesta igreja?

Consideremos o nosso papel antes da congregação se desfazer.
—Poh Fang Chia

# sem medo

**leia›**
**Mateus 10:29-31**
Vejam os corvos: não semeiam, não colhem, não têm despensas nem depósitos, mas Deus dá de comer a eles. Será que vocês não valem muito mais do que os pássaros? (Lucas 12:24).

**examine›**
O livro de Provérbios 29:25 descreve o que acontece quando tememos as pessoas e o que acontece quando confiamos em Deus. Preste a atenção!

**considere›**
Em que momento você inclina-se a temer mais o homem do que Deus? De que forma as palavras de Jesus sobre as aves o encorajam hoje?

Um dia parei num posto de gasolina para encher o tanque do meu carro. Quando fui pagar, notei um pequeno pardal saltitando no parapeito da janela ao lado do caixa. A atendente me disse que dias antes ele tinha batido na janela e ferido sua asa. Ela o levou para dentro para dar-lhe uma chance de sarar.

Era óbvio que o pássaro frágil estava assustado. Mas uma mulher caridosa o tinha abrigado sob suas asas, dando-lhe proteção e um lugar para se curar.

Pouco depois do meu encontro com o passarinho, pensei na conversa sobre as aves que Jesus teve com Seus 12 discípulos. Ele mencionou as pequenas aves quando estava enviando os homens para representá-lo oficialmente ao povo de Israel (Mateus 10). Era uma missão perigosa, que os colocaria em perigo. Ele sabia que os líderes judeus religiosos iriam difamar e persegui-los assim como lhe tinham feito. À luz desse fato, Ele lhes disse: "...Eu estou mandando vocês como ovelhas para o meio de lobos..." (v.16).

Entendendo que os discípulos, naturalmente, teriam medo, Jesus então lhes disse sobre os pardais: "Por acaso não é verdade que dois passarinhos são vendidos por algumas moedinhas? Porém nenhum deles cai no chão se o Pai de vocês não deixar que isso aconteça [...]. Portanto, não tenham medo, pois vocês valem mais do que muitos passarinhos" (vv.29,31).

Jesus foi simples nessa questão. Como Deus considera Sua a tarefa de cuidar do bem-estar dos passarinhos, Ele também cuidará daqueles que o seguem.

Deus está lhe enviando por um caminho difícil? Lembre-se dos pardais e ande sem medo. Seu Pai celeste cuidará de você. —Jeff Olson

# você é amado

**leia>**
**Efésios 3:14-21**
Sim, embora seja impossível conhecê-lo perfeitamente, peço que vocês venham a conhecê-lo, para que assim Deus encha completamente o ser de vocês com a sua natureza (v.19).

**examine>**
Leia o livro de Hebreus 12:1-13 para aprender de que modo nosso Pai deseja que respondamos quando Ele nos disciplina.

**considere>**
O que significa se você pecar repetidas vezes e não receber uma repreensão divina? Por que é tão importante receber a disciplina amorosa de Deus?

Um conselheiro estava conduzindo uma sessão de terapia familiar com os pais de uma adolescente que foi pega usando drogas. Os pais justificaram o uso de drogas de sua filha, dizendo que não era grande coisa, apenas uma fase que a maioria dos adolescentes passa. Depois de um tempo, o profissional disse aos pais para saírem da sala e, voltando-se para a filha, perguntou-lhe o que tinha ouvido. Ela respondeu: "Eu ouvi que não me amam".

O conselheiro percebeu que a filha envolveu-se com drogas para chamar a atenção dos pais. Se ela se sentisse realmente amada por eles, desejaria amá-los de volta optando por não desobedecer.

Como aquela filha, muitas vezes eu desobedeço ao meu Pai celestial. Meu pecado me aflige, e eu peço a Deus que me ajude a amá-lo mais. Embora não seja algo ruim de orar, Paulo diz que é ainda mais importante que entendamos o quanto Deus nos ama. Somente quando reconhecermos "...a largura, e o comprimento, e a altura, e a profundidade" do Seu amor estaremos ansiosos para amá-lo também (Efésios 3:18).

Considere as muitas maneiras de Deus continuamente amar você. Ele venceu as probabilidades incalculáveis apenas para trazê-lo à existência, e desde então Ele tem sustentado a sua vida com alimento, família e amizade. Jesus deu Sua vida por você, morrendo na cruz para que você possa viver com Ele para sempre.

Ele não teve todo este trabalho para deixá-lo se afastar, então Ele "...corrige quem ele ama e castiga quem ele aceita como filho" (Hebreus 12:6). Nenhuma criança gosta de limites e disciplina, mas imagine como você se sentiria se Deus não se importasse. Deus o ama muito para não ligar para seu pecado, então se alegre quando você sentir Sua mão firme de disciplina. Isso significa que você é amado. —Mike Wittmer

# mães e pais

**leia›**
**1 Tessalonicenses 2:7-12**
...Mas, quando estivemos com vocês, nós fomos como crianças, fomos como uma mãe ao cuidar dos seus filhos [...]. Vocês sabem que tratamos cada um como um pai trata os seus filhos (vv.7,11).

**examine›**
Use o livro de Colossenses 1:10 como uma oração por seus filhos biológicos ou espirituais. Ore para que eles cresçam e amadureçam, conhecendo a Deus cada vez melhor.

**considere›**
Qual dos seus pais teve maior influência e impacto sobre você? Por quê? Como pais, de que modo vocês contribuirão para o desenvolvimento de seus filhos?

Há pouco tempo, fui arrastado para uma discussão sobre as preocupações parentais de mães e pais. As mães tendem a se preocupar com a segurança de seus filhos, e os pais com o seu sucesso. A mãe se preocupa que o filho seja amado, enquanto os pais empurram os filhos ao mundo onde o fracasso é fácil e o sucesso é difícil.

Os cristãos de Tessalônica eram filhos e filhas espirituais de Paulo (Atos 17:1-4). Ele nutriu esses novos cristãos (1 Tessalonicenses 2:9) até que forte oposição o forçou a deixar a cidade repentinamente (Atos 17:5-10).

No breve tempo que passou com eles, que tipo de pai era Paulo? Ele revelou um lado sensível que suavizou sua imagem severa (Filipenses 3:2; 2 Coríntios 10:6-11; 13:2). "...fomos como crianças, fomos como uma mãe ao cuidar dos seus filhos" (1 Tessalonicenses 2:7). Com a terna afeição de uma mãe que amamenta, ele disse aos jovens cristãos de seu profundo amor: "Nós os amávamos tanto, que gostaríamos de ter dado a vocês não somente a boa notícia que vem de Deus, mas até mesmo a nossa própria vida" (v.8).

Mas Paulo permaneceu um disciplinador paternal (Deuteronômio 8:5). "Vocês sabem que tratamos cada um como um pai trata os seus filhos" (1 Tessalonicenses 2:11). Como um pai terno e compassivo (Salmo 103:13), Paulo usou o elogio, a razão, exortações, advertências e bons conselhos para trazer seus filhos à disciplina e instrução que vem do Senhor (Efésios 6:4). A Palavra de Deus deixa claro que a disciplina é fundamental para o crescimento espiritual (Hebreus 12:5-12; 1 Tessalonicenses 2:12).

Esta é a meta de todos os pais: Desejamos que nossos filhos vivam dignamente (v.12), vidas frutíferas que honrem e agradem ao Senhor em todos os sentidos (Colossenses 1:10). —K. T. Sim

# verdade dolorosa

**leia›**
**2 Samuel 12:1-25**
...—Eu pequei contra Deus, o SENHOR... (v.13).

**examine›**
Leia o livro de Salmo 141:5 para uma perspectiva segura sobre receber correção.

**considere›**
Como você reagiu quando alguém lhe disse uma verdade dolorosa? É difícil confrontar as pessoas próximas a nós sobre suas deficiências espirituais?

Meu filho mais novo e eu estávamos assistindo televisão quando vimos um comercial de creme para pele. O rosto de uma mulher apareceu e, em seguida, a câmera focou as rugas. Mas não parou por aí. A animação digital nos deu uma visão abaixo da superfície de sua pele, em seus próprios poros. Finalmente, eles mostraram o creme agindo. Meu filho olhou para mim e disse: "Mamãe, você deve pegar um pouco disso." Depois de considerar seu comentário, consultei o espelho e pensei: "Ele está *certo*."

Às vezes, Deus usa pessoas próximas a nós para apontar nossas falhas, pois "Quem fala a verdade convence..." (Jó 6:25). Davi teve que suportar um confronto desconfortável quando o profeta Natã disse: "...Você fez com que Urias, o heteu, fosse morto na batalha; deixou que os amonitas o matassem e então ficou com a esposa dele!" (2 Samuel 12:9). Quais as consequências do pecado? Uma família rebelde (v.11), desgraça pública (v.12), e perdas pessoais (v.14).

Durante o angustiante debate, Davi não falou muito. Natã falou muito mais. Davi ouviu mais do que falou, e nunca defendeu suas ações ou ficou zangado com Natã por falar palavras dolorosas, mas honestas. No final, o rei admitiu: "...—Eu pequei contra Deus, o SENHOR..." (v.13).

A Bíblia diz que "O amigo quer o nosso bem, mesmo quando nos fere..." (Provérbios 27:6). Se Deus colocou alguém em sua vida que está disposto a confrontá-lo sobre suas deficiências espirituais, aprenda a lição de Davi. Ouça com atenção sem ficar bravo com o mensageiro de Deus e admita seu erro. Em seguida, como Davi, você pode pedir a Deus para remover a mancha da sua culpa, e alegremente cantar do Seu perdão (Salmo 51:9,14). —Jennifer Benson Schuldt

# prensado

**leia>**
**Rute 4:1-17**
Porém aquele que não cuida dos seus parentes, especialmente dos da sua própria família, negou a fé... (1 Timóteo 5:8).

**examine>**
Observe o que agrada a Deus no livro de 1 Timóteo 5:3,4. Aplique estas verdades bíblicas em sua situação familiar hoje.

**considere>**
Se você cuida de crianças e pais, quais recursos espirituais ou materiais você não aproveita? Se não estiver pressionado, é possível ajudar quem está?

Se você já se sentiu como um sanduíche ambulante, pode haver uma boa razão. Mais e mais pessoas estão se tornando parte da "geração sanduíche." Elas estão sentindo o aperto na responsabilidade de cuidar dos filhos e ao mesmo tempo apoiar os pais ou sogros. Um relatório recente revela que um em cada cinco idosos ativos na Ásia, neste momento, estão oficialmente "prensados".

Boaz e Rute dão um exemplo de como era cuidar de crianças pequenas e idosos na antiguidade. Depois de escolher a viúva Rute como esposa (Rute 4:10), Boaz também aceitou a responsabilidade de cuidar da idosa e desamparada Noemi (v.16). Deus abençoou Boaz e Rute com uma criança que chamaram Obede (v.17). Com o tempo, a criança cresceu e se tornou o avô do rei Davi (v.17).

Deste relato, podemos ver dois princípios que nos instruem quando estamos sentindo o confronto das gerações:

• *Deus exige que cuidemos amorosamente de crianças e pais.* Repetindo o exemplo de Jesus de ter certeza que Sua mãe seria cuidada (João 19:25-27), o apóstolo Paulo escreveu: "Porém aquele que não cuida dos seus parentes [...] negou a fé..." (1 Timóteo 5:8). Na mesma passagem, ele afirma que devemos cuidar das viúvas, que são parte da nossa família (v.16).

• *Os jovens e os velhos precisam um do outro.* É interessante notar que Noemi, a viúva acabou cuidando de Obede (Rute 4:16). O que é um grande retrato de uma família saudável, com os mais velhos ensinando e modelando a fé para os mais jovens!

Estar pressionado pode ser difícil. Mas as bênçãos que vêm com o estender uma mão aos nossos filhos e a outra aos nossos pais idosos são abundantes. Basta perguntar a Noemi e Obede. —Tom Felten

# o verdadeiro Jesus

**leia>**
**1 João 5:6-13**
Aquele que crê no Filho de Deus tem esse testemunho no seu próprio coração. Mas quem não crê em Deus faz de Deus um mentiroso, porque não crê no testemunho que Deus deu a respeito do seu Filho (v.10).

**examine>**
Leia no livro de João 5:31-37 para descobrir outros testemunhos que confirmam Jesus como o Messias de Deus.

**considere>**
Você já duvidou do testemunho sobre Jesus? O que ajudou a tranquilizá-lo da realidade do Messias? As Escrituras o tranquilizam sobre quem Jesus é?

Em 2001, o repórter Jeremy Bowen apresentou uma investigação sobre o Jesus histórico. Ele disse: "O importante não é o que era ou não, o importante é o que as pessoas acreditam que Ele tenha sido." O apóstolo João discordaria. Ele esclareceu que o testemunho sobre quem Jesus *verdadeiramente* é, não o que as pessoas acreditavam que Ele tivesse sido. É confiável por causa de várias testemunhas fidedignas.

*O primeiro testemunho foi a vida de Jesus.* João disse que o Jesus humano era o Messias, o Filho de Deus preexistente (provavelmente refutando o falso ensinamento de que "o Cristo" desceu sobre Jesus em Seu batismo e deixou-o antes de Sua morte). Jesus marcou o início de Seu ministério com o Seu batismo (água) e marcou o fim com Sua morte sacrificial e verdadeira (sangue) (1 João 5:6).

*O segundo foi o testemunho dos homens* (v.9). João Batista, os irmãos de Jesus (Tiago 1:1; Judas 1:1), os mais de 500 que viram Jesus vivo depois da Sua ressurreição (1 Coríntios 15:6) e o apóstolo João (1 João 1:1-4). Todos deram testemunho confiável sobre Jesus como o Messias, o Filho de Deus.

*O terceiro foi o testemunho de Deus.* Em duas ocasiões específicas Deus confirmou verbalmente Jesus como o Messias Deus (Mateus 3:17; 17:5). O testemunho de Deus é a síntese dos anteriores.

O relato final que João deu foi o *testemunho de seus corações.* O Espírito Santo confirmou em seus corações que eles tinham o Filho e poderiam crer que tinham vida eterna por meio de Jesus Cristo (1 João 5:8).

Jesus Cristo foi uma pessoa real, que viveu uma vida real e que morreu uma morte real a fim de perdoar o pecado real para salvar as pessoas reais. Que o testemunho confiável sobre Ele mova alguns para iniciar sua jornada ao lado dele e nos conduza a aprofundarmos a nossa devoção! —Marvin Williams

# o poço

**leia›**
**Genesis 26:12-25**
De onde vêm as lutas e as brigas entre vocês? Elas vêm dos maus desejos que estão sempre lutando dentro de vocês (Tiago 4:1).

**examine›**
Leia no livro de Lucas 6:27-36 para ver o conselho de Jesus para lidar com e evitar conflitos. O que o livro de Tiago 4:1-6 acrescenta sobre as causas profundas da violência e discussões?

**considere›**
O que causa conflito em sua vida hoje? Vale a pena lutar por isso? Seus motivos são puros em relação a este assunto?

"Prefiro trabalhar com descrentes do que com cristãos!"

Essa declaração não seria particularmente surpreendente se viesse de um agnóstico ou ateu. Mas foi de um *pastor*. Por que os cristãos, por vezes, são difíceis e desagradáveis? Como isso exemplifica o que Jesus nos ensinou sobre a resolução dos conflitos?

Na antiguidade, Isaque, filho de Abraão mostrou a maneira piedosa para lidar com conflitos que antecipava as formas radicalmente pacíficas do futuro Messias. Embora Isaque fosse forasteiro na terra dos filisteus, ele se tornou rico. Por rancor, os habitantes locais entulharam os poços dele. Isso é um grande problema em um país árido! Para manter a paz, o rei Abimeleque ordenou que Isaque fosse embora (Gênesis 26:16).

Então Isaque se mudou e reabriu os poços que seu pai tinha cavado. Os moradores reclamaram sobre isso também. Mas ao invés de lutar, Isaque mudou-se novamente. E mais uma vez ele teve conflitos com os moradores pelos direitos da água. Só depois de uma terceira mudança ele encontrou água e paz. Eventualmente, prosperaria mais do que nunca.

Muitas vezes é difícil saber quando lutar e quando seguir em frente. Jesus era um homem de paz que voluntariamente sacrificou Sua vida por nós. Isaías profetizou como Ele seria condenado injustamente (Isaías 53:8). Ele "...Ficou calado como um cordeiro que vai ser morto..." (v.7). Mas o livro de Eclesiastes afirma que há também um "...tempo de guerra..." (3:8).

Por enquanto, o apóstolo Paulo nos dá um objetivo digno: "No que depender de vocês, façam todo o possível para viver em paz com todas as pessoas" (Romanos 12:18).

*Senhor, por favor, ajuda-nos a saber quando é hora de ficar firme por uma causa nobre e quando é hora de abandonar o que é nosso por direito, arrumar as malas e cavar outro poço.* —Tim Gustafson

# fé ativa

**leia›**
**Tiago 2:14-26**
Portanto, assim como o corpo sem o espírito está morto, assim também a fé sem ações está morta (v.26).

**examine›**
Leia o livro de Mateus 10:39-42; 25:34-40 para ver algumas das maneiras práticas que nossa fé pode tornar-se ativa.

**considere›**
Em qual parte de sua vida você lutou para ativar sua fé? Como você pode manter o foco em Deus enquanto vive a sua fé?

"Você sabia disso?" Quando meu aluno respondeu com incredulidade o que ele aprendera na pesquisa de seu projeto de justiça social, meu coração pulou de emoção. Ensinando numa escola particular, procuro maneiras de ajudar os meus alunos a verem além de seu mundo protegido. Minha alegria durou pouco, no entanto, quando ele continuou dizendo que, embora se sentisse mal por quem sofria, ele não mudaria seus hábitos de consumo. Uma das empresas exploradoras de mão de obra também pode fazer a roupa favorita dele.

Nós não ganhamos a salvação, nem ganhamos o nosso caminho para o favor e a bênção de Deus. Mas, em sua carta à igreja primitiva, Tiago é claro: a fé exige ação, ou não é fé completa.

Como isso se desenrola em nossas vidas diárias, porém, é outra questão. Enquanto os cristãos podem ser facilmente rotulados por seus protestos e boicotes, o conhecimento cria um dilema interessante em nossa compreensão da fé e obras. A partir das escolhas que fazemos sobre a mídia, a maneira como agimos em situações cotidianas e o nosso interesse no sofrimento das pessoas próximas e distantes, a nossa vida deve revelar um relacionamento íntimo com o Filho de Deus que voluntariamente deu a Sua vida para o nosso bem-estar (Filipenses 2:5-8).

A Bíblia diz: "Porque Deus amou ao mundo tanto, que deu o seu único Filho, para que todo aquele que nele crer não morra, mas tenha a vida eterna" (João 3:16). Da mesma forma o nosso trabalho, motivado pela nossa fé na bondade de Deus, deve emanar de um coração de amor (1 Coríntios 13:3).

O componente necessário de nosso relacionamento com Deus (Hebreus 11:6), fé se torna uma oportunidade para que o amor de Deus seja feito visível — por meio de nós. —Regina Franklin

# generosidade radical

**leia>**
**Marcos 12:41-44**
Aí Jesus chamou os discípulos e disse: —Eu afirmo a vocês que isto é verdade: esta viúva pobre deu mais do que todos (v.43).

**examine>**
Leia no livro de Atos 14:15-17 sobre a parábola dos trabalhadores da vinha, e em Mateus 20:1-16 obtenha uma visão da generosidade de Deus.

**considere>**
Você já deu dinheiro generosamente sacrificando seus desejos ou necessidades? Quais causas ou necessidades Deus lhe pede para doar nessa semana?

Nunca deixei de me surpreender com as pessoas que Jesus apresentava como modelos. Ele disse que as crianças eram modelos de confiança (Marcos 10:15), apresentou uma "mulher de má fama", como modelo para o amor (Lucas 7:47), e, sem dúvida, escandalizou seus amigos judeus quando sugeriu um soldado pagão como modelo de fé (vv.1-9). Assim, quando Jesus deu a Seus seguidores um modelo para a generosidade, Ele escolheu novamente o inesperado.

Depois de alguns debates intensos com a elite religiosa, Jesus estava descansando perto do Pátio das Mulheres no templo judaico. Lá existia uma caixa que o dinheiro era depositado para as necessidades do templo. Jesus viu os ricos deixando grandes doações, e observou uma pobre viúva deixando duas *leptas* (moeda grega). Nesse momento, Ele juntou Seus discípulos para uma lição.

E lhes disse: "...esta viúva pobre deu mais do que todos" (Marcos 12:43). Em termos literais isto não era correto. A lepta era a moeda mais desvalorizada, valendo 1/128 de um *denário* (salário de um dia). Jesus calculava claramente o valor em termos diferentes. Sua oferta foi grande, disse Ele, porque enquanto outros deram as sobras, ela "...deu tudo o que tinha para viver" (v.44).

Que modelo esta viúva! Quantos de nós realmente damos sacrificialmente os últimos centavos que possuímos? Na maioria das vezes quase perco o dinheiro que dar aos outros ou em oferta na igreja. Eu me assemelho às pessoas ricas que Jesus estava observando, e não à viúva generosa.

A verdadeira generosidade custa algo. Ela deixa-nos vulneráveis e com os braços estendidos a Deus, o único que pode satisfazer as nossas necessidades. Igual a pobre humilde viúva. —Sheridan Voysey

# tão perto e tão longe

**leia>**
**Jeremias 29:1-7**
Trabalhem para o bem da cidade... (v.7).

**examine>**
Releia o livro de Jeremias 29:1-7 e observe o uso da palavra exílio. O que ela significa para você? O que significa estar no exílio num lugar e também viver e trabalhar para o bem dele?

**considere>**
O que você identifica como sua cidade, seu bairro, sua casa? De que maneira Deus faz você buscar a paz e prosperidade dela?

O diretor dos filmes *Todo Poderoso, Ace ventura — um detetive diferente, O mentiroso* e *Patch Adams — o amor é contagioso*, Tom Shadyac, adquiriu uma antiga igreja em minha cidade natal e a transformou num abrigo para sem-teto. Quando lhe perguntei sobre o impulso para criar o abrigo, Shadyac contou-me que nos anos de faculdade ele não entendia como, naquela época mesmo, muitos trabalhadores da universidade lutavam para pagar suas contas. Mas quando ele voltou lá anos mais tarde para uma filmagem naquele local, disse: "Acordei para tudo isso", e se sentiu obrigado a trabalhar para o bem da cidade.

O profeta Jeremias viveu durante um dos períodos mais difíceis de Israel. O povo de Deus tinha sido capturado e estava sendo levado como escravos para a Babilônia. Jeremias deu-lhes as instruções de Deus para os dias difíceis que viriam. O que pensa que deveria ter sido a mensagem divina? O que o povo de Deus devia fazer numa terra pagã, sob o domínio de opressores cruéis? Entrar em greve? Iniciar uma guerrilha? Pelo contrário, o profeta disse-lhes: "Trabalhem para o bem da cidade..." (Jeremias 29:7). Eles estavam trabalhando para o bem da Babilônia.

Eles não estavam apenas trabalhando para Babilônia, mas também *orando* por ela. Ainda mais, eles estavam trabalhando e vivendo como se o seu próprio bem-estar estivesse junto com o de seus conquistadores, porque *estava mesmo*. Deus diz por meio de Jeremias: "...Orem a mim, pedindo em favor dela, pois, se ela estiver bem, vocês também estarão" (v.7).

Deus chama o Seu povo, onde quer que nos encontremos, a amar, abençoar e orar pela cidade onde Deus nos colocou. Ele está à procura de pessoas que busquem a paz de suas casas — suas *cidades*.
—Winn Collier

# palavras que edificam

**leia›**
**1 Coríntios 14:1-19**
Por isso, já que vocês estão com tanta vontade de ter os dons do Espírito, procurem acima de tudo ter os dons que fazem com que a igreja cresça… (v.12).

**examine›**
Leia o livro de Efésios 4:4-16 para observar o resumo do livro de Romanos 12–14.

**considere›**
Você edifica a vida de outros cristãos com suas palavras? Quais dons espirituais que Deus lhe deu e que você pode usar para ajudar Seus filhos?

Imagine se eu fosse continuar a escrever este artigo em chinês. Mesmo se eu escrevesse de modo excelente e compartilhasse verdades inspiradoras, não acrescentaria nada à sua vida se você não souber chinês simplificado. A razão é óbvia: Inteligibilidade precede o entendimento. Todo mundo pode entender isso!

Paulo escreveu no livro de 1 Coríntios: "…prefiro dizer cinco palavras que possam ser entendidas, para assim ensinar os outros, do que dizer milhares de palavras em línguas estranhas" (14:19). Paulo é claro: Que o amor seja o seu maior objetivo enquanto você usa seus dons para edificar a igreja.

A título de ilustração, Paulo comparou o dom de falar em línguas e profetizar para ensinar que o amor e a edificação dos outros devem sempre ser o modus operandi no exercício de nossos dons espirituais. Sem negar o dom de línguas, Paulo disse: "Eu gostaria que vocês todos falassem em línguas estranhas, mas gostaria ainda mais que tivessem o dom de anunciar a mensagem de Deus…" (v.5). Por quê? Porque a profecia tem um efeito triplo: Ela "…fala para as pessoas, ajudando-as e dando-lhes coragem e consolo" (v.3). Aquele que fala em línguas, por outro lado, só edifica a si mesmo.

Um professor de ensino bíblico parafraseou 1 Coríntios 4:12 desta forma: "na igreja em que vocês participam, procurai com zelo, como resultado da dádiva de Deus em suas vidas, serem capazes de trazer a verdade da Palavra de Deus no nível de ensino, instrução, correção e repreensão."

Portanto, agora que temos as palavras de Paulo no coração, o que eu estava dizendo na primeira frase deste devocional? As palavras têm o poder de construir ou destruir. —Poh Fang Chia

# amor e tristeza

**leia>**
**João 11:1-44**
Jesus chorou (v.35).

**examine>**
Confira a relação entre tristeza e amor vista na vida do rei Davi (2 Samuel 18:33).

**considere>**
Como o amor de Deus o ajudou na perda de alguém que você amava? Qual é a sua esperança no futuro, mesmo que você sinta as dores da tristeza?

Em *Harry Potter e as Relíquias da Morte* o personagem Dobby, um elfo doméstico, que Potter certa vez ajudou a libertar de seus mestres cruéis, morre no resgate feito por Harry Potter e seus companheiros. A morte de Dobby o deixa atordoado e sem palavras. Apenas a sua amiga Luna é capaz de colocar em palavras a profunda perda que Harry e os outros sentiram: "Muito obrigado, Dobby... É tão injusto que você tivesse que morrer, você que foi tão bom e corajoso."

Com o coração partido, Harry cava a sepultura de Dobby. A tristeza consome sua alma a tal ponto que ele mantém Voldemort, que era o vilão, longe de intrometer-se em seus pensamentos. Na versão do livro, o autor deixa claro que era o "amor" de Harry por Dobby que ocupava seu coração e mente.

Aqueles que assistiram Jesus chorar no túmulo de Seu querido amigo Lázaro também testemunharam uma conexão entre tristeza e amor. Após Jesus chegar ao lugar onde Lázaro foi enterrado, Ele "chorou" (João 11:35). Jesus estava profundamente triste mesmo sabendo que Ele levantaria o Seu bom amigo da morte minutos depois (vv.43,44). As pessoas vendo Jesus na agonia do luto disseram uns aos outros: "...—Vejam como ele amava Lázaro!" (v.36).

Em meio a nossa própria perda, o luto é uma expressão de amor que temos por outra pessoa. Para colocá-lo de outra forma, somente quem amou pode realmente sofrer o luto. Esta é uma verdade amarga que às vezes nos esquecemos.

Felizmente, como cristãos, não nos afligimos como pessoas que não têm esperança (1 Tessalonicenses 4:13). À luz da morte e ressurreição de Jesus sofremos, mas com a esperança de um dia reencontrar aqueles que amamos e "...que morreram crendo nele" (v.14). —Jeff Olson

# desistir

**leia›**
**Efésios 2:1-10**
Pois pela graça de Deus vocês são salvos por meio da fé. Isso não vem de vocês, mas é um presente [...] não é o resultado dos esforços de vocês; portanto, ninguém pode se orgulhar de tê-la (vv.8,9).

**examine›**
Leia o livro de Salmo 38 para aprender como Davi reagiu às flechas penetrantes de seu pecado.

**considere›**
É difícil depender somente de Cristo? O que você pode fazer para internalizar o evangelho, sentir em seu coração que sua salvação depende de Cristo?

Os responsáveis pela fauna em minha cidade tentaram em vão salvar uma ave que tinha uma flecha em seu peito. Ela voava para longe quando as redes chegavam perto. É difícil condená-la por isso. Assustada, não entendia que a mesma autossuficiência que a mantinha viva, agora lhe impedia de receber a ajuda que precisava.

Somos como aquela ave. Prejudicados pela ferida autoimposta do nosso pecado, teimosamente achamos que podemos sobreviver pelo esforço. Mas cada movimento de nossas asas puxam a flecha mais fundo e, se não recebermos a ajuda que precisamos, morreremos em nosso pecado.

Para ser cristão, o primeiro passo é admitir que não podemos corrigir a nós mesmos. Calvino disse: "A pessoa que foi completamente reduzida a nada e, desistiu [...] é adequadamente preparada para receber os frutos da misericórdia de Deus. Pois na proporção em que alguém confia em si mesmo, coloca obstáculos à graça de Deus."

A salvação é para "desistentes". Somente aqueles que desistem de sua capacidade de agradar a Deus estão prontos para aceitar as boas-novas. O evangelho não é sobre o que podemos fazer por Deus, mas sobre o que Deus tem feito por nós. É a boa notícia de que "...Cristo morreu pelos nossos pecados [...] ele foi sepultado e [...] foi ressuscitado..." (1 Coríntios 15:3,4). Mas não vamos confiar neste trabalho de Jesus, a menos que reconheçamos que estamos falidos espiritualmente, irremediavelmente "...mortos por causa da nossa desobediência..." (Efésios 2:5). Nós não vamos dar-nos a Cristo, até que primeiro desistamos de nós mesmos.

O evangelho contradiz a intuição. O que nos convém na maioria das áreas da vida pode ser um desastre em nossa caminhada com Jesus. O segredo do sucesso é nos esforçarmos mais. O segredo da salvação é parar de tentar por nós mesmos. —Mike Wittmer

# aqui em baixo

**leia>**
**Salmo 139**
Estás em volta de mim, por todos os lados, e me proteges com o teu poder (v.5).

**examine>**
O que o livro de Salmo 103 diz sobre o cuidado amoroso de Deus por você? Ore: "...ainda ali a tua mão me guia, ainda ali tu me ajudas" (Salmo 139:10).

**Conside>**
Você é cercado por provações e dificuldades da vida? Restaure-se com o conhecimento de quem Deus realmente é, pois Ele o conhece e se importa com você.

O mundo se alegrou com o povo do Chile enquanto comemoravam o resgate bem-sucedido dos 33 mineiros que estavam soterrados a 700 metros. Os mineiros, que permaneceram presos numa mina por 69 dias, foram retirados com segurança para fora das profundezas da terra. Em carta enviada à superfície antes do resgate, o mineiro Jimmy Sanchez, de 19 anos, escreveu: "Na verdade, existem 34 de nós, porque Deus em todo momento esteve conosco."

Cercado por dores e problemas da vida, Davi expressou um pensamento semelhante no Salmo 139. Convencido de que Deus é Onisciente (vv.1-4), Onipresente (vv.5-12), e Onipotente (vv.13-18), o espírito de Davi foi amparado pelo cuidado amoroso de Deus por ele — algo que começou antes mesmo dele nascer (vv.13-16).

Deus é Onisciente (vv.1-4). Davi declarou: "Ó SENHOR Deus, tu me examinas e me conheces" (v.1). Você sabe como eu me sinto (v.1), penso (v.2), o que faço (v.3), o que digo (v.4) e aonde vou (v.5). Deus o conhece completa e intimamente.

Deus está Onipresente (vv.5-12). Davi tinha certeza de que Deus nunca nos abandona nesta terra. Ele escreveu: "...Para onde posso fugir da tua presença? Se eu subir ao céu, tu lá estás; se descer ao mundo dos mortos, lá estás também" (vv.7,8).

Deus é Onipotente (vv.13-18). O corpo humano é a obra-prima do Deus Criador Todo-Poderoso (vv.13-15). A soberania e o poderoso cuidado de Deus está garantido: "...Os dias que me deste para viver foram todos escritos no teu livro quando ainda nenhum deles existia" (v.16).

Como você responderá a Deus e ao Seu cuidado amoroso por você? Davi reafirmou seu compromisso com Deus (vv.19-22), e pediu-lhe para examinar, e guiá-lo pelo caminho eterno (vv.23,24). —K. T. Sim

# um em dez

**leia>**
**Gênesis 30:1-24**
Quando Raquel percebeu que não podia ter filhos, ficou com inveja da sua irmã... (v.1).

**examine>**
Leia o livro de Tiago 3:14-16 e veja a ligação entre ciúme e egoísmo, e o livro de Atos 13:45 para ver como as pessoas invejosas se opõem à propagação do evangelho.

**considere>**
Como o ciúme pode arruinar relacionamentos? Como o conhecimento de que "o amor não é ciumento" muda o seu pensamento sobre as pessoas em sua vida?

Você conhece o sentimento — a surpresa do reconhecimento. Será? Você respira fundo. Uau! Meus amigos do Ensino Médio! *O cabelo dela cresceu e está loira!* A internet possibilita renovar contatos. Mas, será? Como a sua esposa se sentiria? Estudos recentes demostram que uma rede social pode estar "alimentando voos selvagens de ciumenta investigação, à medida que os usuários em seus relacionamentos... se esforçam para encontrar evidência de pensamentos ou comportamentos infiéis do parceiro".

A Bíblia diz que o ciúme é ainda mais perigoso do que a raiva e ira (Provérbios 27:4). É perigoso porque alimenta os nossos desejos para as coisas do mundo e pelos outros, ao invés de Deus. Se nada for feito, pode até nos levar para longe dele.

O ciúme levou Raquel a um estado de desespero. Depois que ela e sua irmã Lia se casaram com a mesma pessoa, Lia teve vários bebês. Quando Raquel percebeu que não podia ter filhos "...ficou com inveja da sua irmã..." (Gênesis 30:1). Desesperada por ter uma criança sua, ela deu este ultimato a Jacó: *Dá-me filhos ou eu morrerei!*

As coisas foram de mal a pior. Nessa corrida por bebês, Lia já tinha três bebês e Raquel nenhum. Então Rachel disse a Jacó: "...—Aqui está a minha escrava Bila; tenha relações com ela. Quando ela tiver um filho, será como se fosse meu. Desse modo eu serei mãe por meio dela" (v.3). Quando a serva teve dois filhos, Raquel comentou: "...lutei muito contra minha irmã e venci" (v.8), mostrando que o ciúme alimenta a competição.

Podemos nos proteger contra a inveja. Felizmente, não precisamos silenciar os nossos desejos fortes; apenas precisamos redirecioná-los para Deus. Quando podemos dizer a Ele, só tenho a ti e "...que mais poderia querer na terra?" (Salmo 73:25), o ciúme não governará nossos relacionamentos. —Jennifer Benson Schuldt

# escuridão

**leia>**
**Mateus 11:25-30**
—Venham a mim, todos vocês que estão cansados de carregar as suas pesadas cargas, e eu lhes darei descanso (v.28).

**examine>**
Davi passou muitas horas lidando com noites escuras. Apegue-se ao seu conselho encontrado no Salmo 55:22.

**considere>**
Se você está lidando com trevas, como você começará a seguir as instruções de Jesus? Como você pode carinhosamente incentivar alguém que está abatido?

Há algo sobre o início da maturidade que faz alguns de nós experimentarmos a escuridão na alma. Talvez seja lidando com coisas do nosso passado ou a incerteza do futuro. Oswald Chambers, autor do livro devocional *Tudo para Ele* (Publicações RBC, 2014), caiu em trevas profundas por volta de seus 20 anos.

E eu também. Por três anos, estava cheio de medo e depressão, na maior parte do tempo escondia-me daqueles que me cercavam. Implorei a Deus em oração e meditei sobre as verdades da Sua Palavra. No devido tempo, findou-se a minha noite escura e voltei para a luz da vida.

Se você está abatido hoje ou conhece alguém que esteja lidando com uma noite escura da alma, tome estas palavras no coração: Volte-se para Jesus, descanse nele, dê tempo ao tempo e um novo dia virá.

*Volte-se para Jesus.* No livro de Mateus 11, Jesus descreveu a fé "infantil" que perseguimos quando estamos deprimidos ou ansiosos (v.25). Esta é uma confiança simples que desafia nossas mentes perturbadas e espíritos inquietos.

*Descanse nele.* Jesus nos diz: "—Venham a mim [...] e eu lhes darei descanso" (v.28). A escuridão da depressão pode tornar-nos insensíveis a Seu amor e presença. Portanto, temos de escolher nos lançarmos em Seus braços e encontrar descanso lá.

*Dê tempo ao tempo.* Às vezes, a sua cura espiritual e emocional levará semanas, meses, até anos. Mas, enquanto você continuar confiando e descansando nele, eventualmente, o Seu amor iluminará o caminho para o verdadeiro "...descanso" (v.29).

*Um novo dia virá.* O fardo da alma com Deus não é apenas "leve" (v.30), mas Ele, uma vez mais, encherá o seu coração e alma com a Sua luz!

Não desista! Com o tempo, a escuridão se dissipará e a alegria virá pela manhã (Salmo 30:5). —Tom Felten

# aquele que hesita

**leia›**
**Números 13:1–14:2**
...Calebe os fez calar e disse: —Vamos atacar agora e conquistar a terra deles; nós somos fortes e vamos conseguir isso! (v.30).

**examine›**
Leia o livro de Juízes 6 e explore um outro exemplo do povo de Deus hesitar por causa do medo. O medo já lhe causou hesitação em obedecer a Deus?

**considere›**
Qual ordem você precisa obedecer "imediatamente"? De qual promessa de Deus você precisa apropriar-se hoje, em face do medo, cautela, ou incerteza?

Em meio às consequências do Katrina, devastador furacão, nos EUA, em 2005, um líder político resumiu a reação ao desastre com as seguintes palavras: "Um dos problemas que estamos enfrentando em nível federal, estadual e local é uma total falha de todo o sistema, porque as pessoas que tomam as decisões hesitaram."

Este foi um claro exemplo do provérbio: "Aquele que não chega a uma decisão sofrerá por isso." Um exemplo bíblico desta expressão é a declaração dos homens que foram explorar a terra de Canaã. Eles voltaram com um relatório negativo e influenciaram o povo de Israel a não entrar na Terra Prometida (Números 13:31,32).

Após o povo de Israel ter sido liberto da escravidão, Moisés começou a levá-los para Canaã, a terra que Deus lhes havia prometido. Ao se aproximarem dela, o Senhor disse a Moisés para enviar alguns homens para explorar Canaã (v.2). Os homens observaram a terra e — apesar de ela ser espaçosa e fértil, — eles trouxeram um relatório desfavorável sobre o local.

Este relatório negativo dizia que seus habitantes eram muito poderosos e gigantes. As cidades eram fortificadas, a terra devorava aqueles que viviam nela, e eles tinham parecido como gafanhotos aos habitantes de lá. Isso se espalhou por toda a congregação, causando grande angústia e hesitação entre as pessoas (14:1,2). Eles hesitaram diante de uma ordem e da promessa divina por causa do medo.

Apesar de Deus nos ter dado mandamentos e promessas, muitas vezes nos encontramos hesitantes devido ao medo. Quando enfrentamos decisões difíceis, peçamos a Deus para nos dar um espírito igual ao de Calebe, um espírito de obediência "imediata", de fé inabalável (13:30) e de coragem incomparável para ficar ao lado do poder de Deus. —Marvin Williams

# aí está você!

**leia>**
**Marcos 5:25-34**
—Venham ver o homem que disse tudo o que eu tenho feito... (João 4:29).

**examine>**
Leia a história da mulher samaritana (João 4:4-42). De quais maneiras ela parece surpresa? Jesus a criticou? Por quê?

**considere>**
Você anuncia a sua presença ou percebe a presença dos outros? Por quê? É possível demonstrar o seu interesse aos outros para a glória de Jesus?

"Existem dois tipos de pessoas", disse a colunista Abigail Van Buren. "Quem entra numa sala e diz:" 'Você está aqui!' E os que dizem: 'Estou aqui!'" A única pessoa que poderia declarar corretamente: "Estou aqui!" parecia estranhamente relutante em se promover. Jesus estava muito mais interessado nos outros. No Seu primeiro milagre Ele advertiu Sua mãe: "...Ainda não chegou a minha hora" (João 2:4). Muitas vezes, Ele disse ao povo que curou: "...Não conte isso para ninguém..." (Marcos 1:44).

Quando Jesus encontrava as pessoas, Ele as desarmava com o Seu olhar cativante, e sabia o que lhes ia no interior: "...—Quem foi que tocou na minha capa?" Ele perguntou quando uma mulher assustada que tinha tocado a Sua veste se encolhia nas proximidades (Marcos 5:30). Desesperada e sofrendo de uma condição física que se perpetuava por 12 anos, ela quis se manter no anonimato enquanto buscava o poder de Jesus. Ele, por outro lado, queria uma ligação pessoal com ela. "—Minha filha, você sarou porque teve fé", Ele disse suavemente. "Vá em paz..." (v.34).

Em outra ocasião, Jesus ignorou os tabus de Sua época quando Ele estava junto ao poço de Jacó em Samaria e estendeu a mão a uma mulher com um passado complicado (João 4:4-42). Não só Ele estava sozinho com a mulher (pasmem!), como iniciou uma conversa com ela. Agindo assim, Ele fez um pedido bastante sensato "...me dê um pouco de água" (v.7) para tocar a sensibilidade da mulher (vv.17-19). Foi como se sua guarda baixasse e Jesus pôde em seguida dizer: "Você está aqui!" Ao invés de evitar ser "descoberta", a mulher correu até a cidade para anunciar o que tinha acabado de acontecer (v.29).

À medida que aprendemos a trocar o "Eu estou aqui!" por "Você está aqui!" podemos descobrir que somos usados para despertar nos outros o desejo de encontrar-se com Deus — refletindo as maneiras do próprio Jesus agir. —Tim Gustafson

# ardendo forte

**leia>**
**Levítico 9:22–10:11**
De repente, saiu fogo da presença de Deus, o SENHOR, e devorou a oferta queimada [...] no altar. Ao verem isso, os israelitas deram gritos de alegria, ajoelharam-se e encostaram o rosto no chão (v.24).

**examine>**
Leia o livro de 1 Coríntios 3:11-15; 1 Pedro 1:6-9 e veja a conexão entre as provações em nossas vidas e o fogo purificador de Deus. De que forma as provações produzem santidade em nós?

**considere>**
Como reconhecer uma vida que arde forte para Deus? Esta é sua vida? Sim ou não?

Incentivei o meu marido a fazer uma pequena fogueira em nosso quintal. Como alguém que gosta de acampar, adoro sentar numa noite fria na frente de uma fogueira ardente com uma caneca de chocolate quente. Nessa noite que nos sentamos com a família perto da fogueira, lembramos aos nossos filhos que o poder inerente ao fogo exige respeito. Orando por um renovo espiritual, lembrando dos poderosos reavivamentos do passado e pedindo a Deus para mudar os corações das nações em que vivemos, muitas vezes usamos o termo "fogo do reavivamento" nos círculos cristãos. Às vezes, porém, me pergunto se realmente sabemos o que estamos pedindo quando oramos para que o fogo de Deus venha sobre as nossas vidas.

Para o sacerdote, o fogo significava *sacrifício*. Enquanto vivemos sob a apromessa do Novo Testamento de que Jesus é nosso sacerdote perfeito e completo sacrifício, devemos ter cuidado para não perder de vista o fato de que Deus foi e sempre será santo. Embora Ele tenha removido o véu, Ele não mudou a Sua natureza (Salmo 102:27; Marcos 15:37-39).

Ser sensível à santidade de Deus, no entanto, não o torna menos cuidadoso e compassivo. Se muda algo, o fato de saber que Ele é digno de reverência e respeito, torna o Seu amor por nós ainda mais evidente. Deus, que tem o poder de sustentar a vida e que tem o controle sobre a alma, e sobre o corpo (Mateus 10:28) se importou o suficiente para oferecer a Sua vida em nosso favor. E Ele não parou por aí. Apesar da nossa fragilidade e quebrantamento (Salmo 78:38,39; 2 Coríntios 12:9) e sabendo que somos falhos, Ele deseja proximidade conosco. Ele canta canções de livramento sobre as nossas vidas e ouve os gritos do nosso coração (Salmos 69:33; 116:1).

A santidade de Deus continua a resplandecer. —Regina Franklin

# Artista da terra

**leia›**
**Salmo 104**
Ó SENHOR, tu tens feito tantas coisas e foi com sabedoria que as fizeste. A terra está cheia das tuas criaturas (v.24).

**examine›**
Leia o livro de Salmo 148 e perceba o quanto o mundo é convocado a louvar o grande Artista. Nada ficou de fora, o que ressalta a Sua significância.

**considere›**
A visão bíblica de Deus é maior do que a panteísta que diz que o próprio mundo é divino? Se você é artista, o seu trabalho destaca o maior dos Artistas?

A historiadora de arte Janine Burke diz em seu livro *Source* (Manancial, inédito), que alguns artistas mais célebres do mundo desenvolveram suas obras ao se retirarem para a natureza. Monet pintou *Waterlily* após se mudar para sua casa-jardim. Picasso foi mais criativo quando estava em Cote d'Azur, França. As pinturas abstratas de Jackson Pollock são inspiradas nas paisagens de *Long Island.* O mar tornou-se tema para Ernest Hemingway, após ele mudar-se para a Flórida.

Janine também relata que muitos desses artistas eram animistas ou panteístas. Sobrecarregados pela beleza de suas localidades, eles acreditavam que a terra era sagrada e digna de adoração.

Os artistas não são os únicos a olhar para a criação e ver algo divino. "Desde que Deus criou o mundo, as suas qualidades invisíveis, isto é, o seu poder eterno e a sua natureza divina, têm sido vistas claramente. Os seres humanos podem ver tudo isso nas coisas que Deus tem feito e, portanto, eles não têm desculpa nenhuma" (Romanos 1:20). "O céu anuncia a glória de Deus..." (Salmo 19:1,2). A própria natureza fala dele (vv.3,4).

A visão cristã do mundo, no entanto, dá um passo significativo além do panteísmo. A criação não é Deus, mas revela um Criador, que é mais fantástico ainda.

Um antigo poeta hebreu capturou bem esta ideia. Após uma pesquisa de tirar o fôlego sobre as belezas da Terra, ele diz: "Ó SENHOR, tu tens feito tantas coisas e foi com sabedoria que as fizeste..." (Salmo 104:24). Outro poeta convocou estes mesmos vales, riachos, animais e árvores — a se curvarem e adorarem o Criador (Salmo 148).

A maior obra de arte pode revelar apenas uma fração do gênio de um artista. Isto também vale para o mundo. Por que curvar-se à arte da terra, quando o Artista por trás dela é muito maior? —Sheridan Voysey

# obediência & ação

**leia>**
**Tiago 1:19-27**
...não sejam apenas ouvintes dessa mensagem, mas a ponham em prática (v.22).

**examine>**
Analise o livro de Tiago 1:19-27. Quais verdades bíblicas ele nos mostra? Às quais atitudes concretas Tiago sugere que estas verdades devem levar?

**considere>**
Que verdades Deus revelou a você recentemente? O que você faz para responder e obedecê-las?

Francis Marion Tarwater, o personagem perturbado de Flannery O'Connor, no livro *O céu é violento* (Cavalo de Ferro, 1960) atingiu a maioridade longe da cidade e de outras pessoas. O tio que o criou, tinha visões de êxtase, era um homem bizarro e acreditava ser um profeta. Quando o tio morreu, Tarwater foi à cidade para encontrar seus familiares. Lá, viu que não estava preparado para as tentações citadinas. Descobriu que não poderia usar passivamente os valores aprendidos. Ele tinha que representar. "Você não pode simplesmente dizer não", disse Tarwater. "Você tem que fazer não... Deve demonstrar que não fará alguma coisa, demonstrando outra."

Tiago, preocupado em que nossa fé seja vivida e não apenas professada, disse algo semelhante. Palavras faladas ou ouvidas — nunca são suficientes. Temos que agir, e obedecer. Se apenas ouvirmos as instruções de Deus e nunca realmente fizermos alguma coisa com elas, então estaremos nos enganando a nós mesmos (Tiago 1:22).

Para Tiago, a tolice não era ignorância (não conhecer a verdade), mas uma falha em ação (conhecer a verdade, mas não agir sobre ela). "Porque aquele que ouve a mensagem e não a põe em prática é como uma pessoa que olha no espelho e vê como é. Dá uma boa olhada, depois vai embora e logo esquece a sua aparência", escreveu ele (vv.23,24). Olhar para um espelho é inútil, a não ser que ajamos com base no que descobrimos olhando para nós. Da mesma forma, ouvir a Palavra de Deus é inútil se não agirmos sobre as verdades que recebemos.

É fácil aprender sobre os fatos. Sabemos que comer muitos sanduíches é ruim para a nossa saúde, e sabemos que a nossa incapacidade em perdoar é tóxica para nossa alma. O problema não é termos conhecimento destes fatos, no entanto, é a necessidade de fazer, de agir. —Winn Collier

# não dizer nada

**leia>**
**Jó 2**
...não disseram nada, pois viam que Jó estava sofrendo muito (v.13).

**examine>**
Leia o livro de 2 Coríntios 1:3,4 e veja como podemos usar nossas próprias experiências de sofrimento para consolar os outros. Veja no livro de Isaías 61:1-3 o que Deus sente por aqueles que choram.

**considere>**
O que pode impedi-lo de alcançar pessoas feridas? Quais são as maneiras que você pode comunicar o amor de Deus a um amigo que ofre?

A carne cozinhava enquanto eu organizava as cenouras, cebolas e batatas. Em seguida, despejei o caldo sobre elas. Ajeitei o alimento numa cesta com pães, salada de frutas e biscoitos para sobremesa. Levaria para uma família que tinha sofrido uma perda profundamente dolorosa. Meu coração estava pesado ao colocar tudo em meu carro. Ensaiei o que poderia dizer aos membros da família, mas nada parecia apropriado.

É difícil saber como confortar. Quando os filhos de Jó morreram e a riqueza e a saúde desapareceram, três de seus amigos tentaram aliviar sua tristeza. Para ampará-lo, eles fizeram "...uma visita para falar de como estavam tristes [...] e para consolá-lo" (2:11). Às vezes, apenas estar presente demonstra carinho pelas pessoas com o coração abatido.

A Bíblia nos ensina a sentir a dor dos que sofrem, a chorar "com os que choram" (Romanos 12:15). Os amigos de Jó se aproximaram dele chorando alto, e "...rasgaram as suas roupas e jogaram pó para o ar e sobre a cabeça. Em seguida sentaram-se no chão ao lado dele e ficaram ali sete dias e sete noites" (Jó 2:12,13). Estavam dispostos a permanecer ao lado de Jó em sua tristeza e "sentir o que ele sentia".

Enquanto choravam juntos "...não disseram nada, pois viam que Jó estava sofrendo muito" (v.13). Permanecer calado reduz a chance de dizermos algo errado, e os amigos mais tarde fizeram exatamente isso. As palavras deles foram tão perturbadoras que Jó exclamou: "O melhor consolo que vocês podem me dar é escutar com atenção as minhas palavras" (21:2). Ouvir as pessoas mostra que nos importamos.

Se você conhece alguém que está sofrendo, faça-lhe uma visita, participe de sua dor, e ouça quando ele estiver pronto para conversar. Deus pode usá-lo para abençoar os que choram, de modo que sejam consolados (Mateus 5:4). —Jennifer Benson Schuldt

# não é justo!

**leia›**
**Mateus 20:1-16**
—Assim, aqueles que são os primeiros serão os últimos, e os últimos serão os primeiros (v.16).

**examine›**
Note a semelhança de temas sobre generosidade na parábola do filho pródigo (Lucas 15:28-32).

**considere›**
Como você estenderá aos outros a generosidade imerecida que recebeu de Deus? Você experimentou esta generosidade por meio de sua família e amigos?

Vá em frente. Diga bem alto: "Isso não é justo!". Seja como irmão, cônjuge, empregado, ou fã de esportes, todos já dissemos essas palavras. Em algum momento já nos comparamos com outra pessoa ou a sua situação, e concluímos que fomos injustiçados.

O clamor por causa da injustiça aparece na parábola que Jesus contou no livro de Mateus 20. É a história de um fazendeiro que pagou o mesmo salário a seus trabalhadores, mesmo que alguns tivessem trabalhado o dia inteiro e outros somente a última hora (vv.1-10). Aqueles que dedicaram o dia completo se sentiram enganados, e protestaram (vv.11,12). Eles frisaram que tinham trabalhado mais tempo e mais arduamente. Tinham suportado o peso do trabalho. E trabalharam durante o calor do dia, enquanto os que só atuaram por uma hora, mal e mal suaram. E mesmo assim o fazendeiro pagou o mesmo a todos.

Tenho que admitir que uma parte de mim luta com esta história. Identifico-me com os que trabalharam o dia todo. As horas e o montante de trabalho foram desiguais. E mesmo assim o pagamento foi igual. Isso obviamente não é justo! Ao mesmo tempo, o fazendeiro pagou a eles exatamente o valor pelo qual eles tinham concordado em trabalhar, o que era totalmente justo (vv.13,14).

Como em todas as parábolas de Jesus, há um significado mais profundo. É verdade que os trabalhadores que atuaram por apenas uma hora não mereciam o mesmo salário que aqueles que trabalharam o dia inteiro. Mas uma das maiores razões porque foram igualmente recompensados era para ilustrar que Deus é generoso para com aqueles que não merecem generosidade, o que nos inclui.

Ainda bem que no reino de Jesus "...os primeiros serão os últimos, e os últimos serão os primeiros" (Mateus 20:16). —Jeff Olson

# livre

**leia›**
**1 Pedro 1:13-25**
...vocês sabem o preço que foi pago para livrá-los da vida inútil [...] não foi uma coisa que perde o seu valor como o ouro ou a prata. Vocês foram libertados pelo precioso sangue de Cristo... (vv.18,19).

**examine›**
Veja no livro de Efésios 1:3-14 todos os valiosos presentes que são seus gratuitamente.

**considere›**
Que presentes preciosos você tem menosprezado? Como você pode aprender a apreciá-los como eles merecem?

Há tipos diferentes de "de graça". Algumas coisas são de graça porque são baratas, como os brinquedos de plástico do combo do lanche infantil. Outras, porque são parte da promoção "pague um, leve dois". E ainda outras porque são "sem preço" — você literalmente não consegue por um preço nelas sem barateá-las.

Imagine se ao pedir uma mulher em casamento, ela lhe responder: "Tudo bem, mas vou precisar de R$ 20 mil de adiantamento e pagamentos mensais de R$ 1.500". Ou o seu filho adolescente dizendo: "Mãe, pai, agora sou adulto e quero lhes pagar. Quanto devo por terem me criado?". Ou como se sentiria se, depois de cantar uma música romântica para alguém que ama, ele lhe desse um abraço e dissesse: "Isso foi muito importante para mim. Qual é o preço justo por seu esforço?"

Você não se sentiria mal em cada caso? Até a sugestão de que seu amor pode ser comprado, desvalorizaria você e o próprio amor. Seu amor é o melhor tipo de exemplo da graça.

Grande parte do sofrimento em nosso mundo vem da confusão entre o "barato quase de graça" e o "de graça" porque não tem preço. Filhos mimados acham que sua riqueza veio facilmente e zombam de seus pais que fazem hora extra para conquistá-la. Cônjuges menosprezam seus parceiros. Acostumam-se de tal forma com a dedicação deles que não têm certeza se ainda a querem.

E Jesus? Com relação a 1 Pedro 1:21,22, João Calvino escreveu que nossa salvação vem "em tão alto preço que não pode ser compensada [...] e portanto não poderíamos obtê-la se não fosse de graça. Agora, dizemos que ela foi de graça para nós, mas não para Cristo, a quem ela custou muito."

Nossa salvação é de graça, mas não barata (vv.22,23). É de graça, porque não é barata. Custou muito a Jesus para ser considerada como qualquer coisa. —Mike Wittmer

# todos em família

**leia>**
**Gálatas 4:1-7**
Assim vocês não são mais escravos; vocês são filhos. E, já que são filhos, Deus lhes dará tudo o que ele tem...(v.7).

**examine>**
Como você pode pôr em prática o Salmo 82:3 — uma exortação para "fazer justiça ao fraco e ao órfão"?

**considere>**
Como cristão, de que modo o fato de saber que você foi adotado por Deus influencia seu ponto de vista sobre Ele e sobre você mesmo?

Em seu perspicaz artigo, *Aba muda tudo: Por que todo cristão é chamado para resgatar os órfãos*, o autor e pai adotivo Russel D. Moore escreve: "Inicialmente fiquei relutante em adotar, porque achei que um filho adotado seria sempre mais distante do que um 'filho natural'. Estava errado e deveria saber. Afinal, não há 'filho adotivo' para Deus, como uma categoria permanente. A adoção nos fala como viemos a ser parte da família de Deus. E uma vez que estamos nela, não há distinções entre os que participam da mesa."

A compreensão de Moore sobre o modelo de adoção divina amadureceu à medida que ele estudava as Escrituras e atravessava com sua esposa a estrada da adoção internacional.

Pelo fato de vivermos dias em que há 163 milhões de órfãos no mundo, é importante que aperfeiçoemos nosso conhecimento do que a Palavra diz sobre os órfãos e nossa responsabilidade em assisti-los. Afinal, Tiago não exclui ninguém quando exorta os cristãos a cuidar dos órfãos e das viúvas. "Para Deus, o Pai, a religião pura e verdadeira é esta: ajudar os órfãos e as viúvas nas suas aflições e não se manchar com as coisas más deste mundo" (Tiago 1:27).

Como *filhos adotivos de Deus*, também é bom que nos apropriemos das riquezas que Deus espera nos conceder ansiosamente. "...o Espírito torna vocês filhos de Deus; e pelo poder do Espírito dizemos com fervor a Deus: 'Pai, meu Pai!' O Espírito de Deus se une com o nosso espírito para afirmar que somos filhos de Deus. [...] e também receberemos com Cristo aquilo que Deus tem guardado para ele..." (Romanos 8:15-17).

Peça a Deus que lhe mostre o papel que deve desempenhar no cuidado com os órfãos do mundo. Ore também para que Ele o ajude a compreender o que significa genuinamente ser Seu filho adotivo para que você possa chamá-lo "Aba, Pai" com mais confiança. —Roxanne Robbins

# um coração reto

**leia>**
**2 Crônicas 30:1-21**
...Ó Deus bondoso, perdoa todos os que com todo o coração te adoram a ti, o SENHOR, o Deus dos nossos antepassados. Perdoa-os [...] ainda que eles não se tenham purificado de acordo com a lei do Templo (vv.18,19).

**examine>**
Leia o livro de 1 Coríntios 11:27-32 e pondere sobre o que Paulo nos ensina a respeito de examinarmos os nossos corações antes de adorar a Deus.

**considere>**
Você se esforçará para mostrar a Deus um coração de adorador hoje? Por que nossa atitude na adoração é mais importante do que a nossa ação?

Como cresci em um lar de músicos, comecei a escrever músicas muito cedo. Algumas levaram meses — até anos — para serem compostas. Outras se formaram em minutos, com a letra saltando da página. Um dia, depois de contemplar o que Deus realmente quer de nós na adoração, tive a experiência de ter um desses momentos "música instantânea" (só precisava acrescentar a melodia) à medida que essa letra fluía da minha caneta: *É no coração, não na voz. É por amor, e não por escolha.*

Esse trecho da música capta o que o rei de Judá, Ezequias, vivia no livro de 2 Crônicas 30. O rei anterior, Acaz, cometia grandes transgressões (28:22), mas Ezequias reabriu o templo, assim como o povo que reabria seus corações a Deus (29:3).

Depois de estabelecer o "ministério" (v.35), o bom rei preparou seu povo para comemorar a Páscoa. Na verdade, ele convidou o povo de Israel (ao norte) para se unir a eles nas festividades (30:1). Mas surgiu uma questão que ameaçava esse festival sagrado de adoração a Deus: se Ezequias e todo o povo deviam celebrar a Páscoa nas datas estabelecidas, os sacerdotes não estariam preparados a tempo e nem todas as pessoas conseguiriam chegar a Jerusalém (v.3).

O que fazer, então? O monarca adiou a Páscoa em um mês. Mesmo com essa alteração inédita, algumas pessoas chegaram tarde e não estavam adequadamente purificadas para a cerimônia (v.18). De qualquer forma, foi-lhes permitido participar ao se perceber que tinham vindo com corações que indicavam seu desejo de adorar o Senhor (v.19).

Ezequias revelou um aspecto importante da adoração a Deus: é mais importante ter um coração e atitude corretos do que simplesmente seguir os movimentos em uma determinada direção ou tempo. Adoremos a Deus com corações realmente dedicados hoje. —Tom Felten

# na arena

**leia›**
**Esdras 4:1-5**
Os líderes israelitas progrediram na construção do Templo, animados pelas mensagens do profeta Ageu e do profeta Zacarias... (6:14).

**examine›**
Confira no livro de Esdras 6 como foi reiniciada a reconstrução do templo. Como Neemias respondeu às críticas e aos ataques? Veja a resposta no livro de Neemias 4:1-6.

**considere›**
Você tende a ser crítico ou incentivador? De que maneira você reage quando é criticado? Como Deus pode ajudá-lo com essa maledicência?

O presidente Theodore Roosevelt era um executivo. Ele era a força que movia por trás da conclusão do ambicioso projeto do Canal do Panamá; ganhou o prêmio Nobel da Paz, serviu como Secretário-assistente da Marinha americana. Também foi o 2º presidente dos Estados Unidos (iniciando o movimento conservador em seu país).

Como todos os que realizam feitos grandiosos, Roosevelt tinha seus críticos. Dizia sobre eles: "Não é a crítica que importa; nem o homem que mostra como o homem forte fracassa ou onde o realizador de obras deveria ter feito melhor. O crédito pertence ao homem que está realmente na arena, cuja face está desfigurada pela poeira, suor e sangue." Acrescentou: "Não há esforços sem erros ou defeitos."

No ano de 539 a.C. o rei persa Ciro conquistou a Babilônia e deixou que os exilados judeus retornassem à sua terra. Também lhes deu instruções para reconstruir o templo em Jerusalém. Mas quando o trabalho começou, os judeus encontraram uma oposição sarcástica. "Então a gente daquela região fez tudo para desanimar os israelitas e para pôr medo neles a fim de parar a construção", diz o antigo registro (Esdras 4:4). A construção foi parada (4:24) e o templo só foi completado 23 anos mais tarde em 516 a.C.

As pessoas críticas são movidas por uma variedade de motivações — orgulho, insegurança, inveja, medo, ódio. Mas o que elas conseguem realizar?

Pode ser sábio questionar um plano e considerar pontos de vista divergentes. Mas o criticismo não é um dom espiritual; é um defeito de caráter. Se você tem a tendência de criticar, peça ao Espírito Santo para acalmar seu coração. Se você é alvo de críticas, não se preocupe com os que o criticam. Seja aquele que está na arena, e não parte da importuna multidão. —Tim Gustafson

# Íntegro e reto

**leia›**
**Jó 1**
...Ele era bom e honesto, temia a Deus e procurava não fazer nada que fosse errado (v.1).

**examine›**
Veja no livro de Deuteronômio 18:13 o que Deus manda que busquemos.

**considere›**
De que forma os outros veem o seu caráter? O que é preciso para que você viva sem culpa em casa, no trabalho, na igreja e na sua comunidade?

A palavra inculpável se tornou tão distorcida que raramente a usamos, pelo menos nos negócios, esporte ou política. Ouvem-se palavras como astuto e habilidoso, mas não íntegro e reto. Quando estas palavras surgiram recentemente numa conversa casual, despertou meu interesse. Duas perguntas vieram à minha mente: O que isso quer dizer? Íntegro e reto segundo quais padrões?

Jó é um homem que Deus disse ser inculpável (Jó 1:1). Isso quer dizer que ele não tinha pecado? Isso significa que as pessoas não encontravam falhas nele?

Um professor de estudo bíblico o descreve desta forma: "Exteriormente, [Jó] era perfeito e justo, uma descrição que indica inculpabilidade moral ao invés de perfeição impecável." Ele pode não ter feito tudo corretamente, mas quando se tratava de tentar fazer o correto e ser bem visto aos olhos de Deus, era inculpável.

Esse ponto de vista positivo de seu caráter era baseado em seu relacionamento com Deus, pois "...temia a Deus e procurava não fazer nada que fosse errado" (v.1). Isso era o fundamento em que sua moralidade forte e consistente foi desenvolvida.

Mesmo na adversidade, Jó ficava firme em sua posição. Em um único dia enfrentou uma onda de tragédias — uma notícia ruim após a outra. Primeiro, perdeu toda sua fortuna. Depois, todos os filhos. A extensão da perda? Total! Mesmo assim continuou a temer ao Senhor e evitar o mal. Recusou-se a pecar e não "...pôs a culpa em Deus" (v.22).

Jó respondeu à adversidade com adoração e ao infortúnio com louvor. Ao contrário de como muitos de nós reagiríamos, ele não cedeu à mágoa. Recusou-se a culpar Deus por fazer algo errado. Como resultado, Jó entrou para a história com um dos mais inculpáveis homens de Deus que já viveram, e mostra que é possível viver de modo inculpável.
—Poh Fang Chia

# nunca esquecidos

**leia>**
**Salmo 13**
...Ó SENHOR Deus, até quando esquecerás de mim? Será para sempre?... (v.1).

**examine>**
Veja no livro de Habacuque 1 qual é a fonte da queixa do profeta "Até quando...?" Qual é a resposta do Senhor? Por que você acha que o profeta levou sua preocupação a Deus?

**considere>**
Em que momento da sua vida você teme que Deus tenha se esquecido de você? O que o caráter e o amor de Deus expressam a respeito desse medo?

Certa vez, um táxi deixou no Península Hotel, em Nova Iorque, o violoncelista Yo-Yo Ma, renomado mundialmente. Mas assim que o carro partiu, Yo-Yo percebeu que havia deixado seu violoncelo no assento traseiro. Ele valia 2,5 milhões de dólares! Os funcionários do hotel entraram em ação. Como disse um repórter: "Colocaram em prática sua melhor performance, ligando para oficiais por toda a cidade a fim de localizar o instrumento." Depois da devolução do instrumento sem avarias, acho que Yo-Yo decidiu nunca mais esquecê-lo.

O salmista fez uma oração de lamento, perguntando se Deus o havia esquecido. "...até quando...?", questionou (13:1). Vemos, em suas palavras, a dor de um longo tempo de decepção acompanhado por dúvidas de que talvez — desta vez — Deus não agiria. Sua vida está em desordem e o Senhor, parecia-lhe, estava meramente oculto (v.1). Ele pensa, *talvez dessa vez Deus se esqueceu de mim total e completamente.*

Uma questão simples, pungente ressoa para muitos de nós: "Até quando devo relutar?" (v.2). Até quando nossas finanças estarão em batalha constante? Até quando nossos filhos farão más escolhas? Até quando nossa família vai estar à beira da separação? Até quando estarei sozinho? Até quando lutarei contra esse vício? Até quando estarei com medo, ou doente ou desesperado? Até quando?

*Estamos total e completamente esquecidos?* Essa é uma pergunta assustadora, e estamos certos em lutar contra ela. Mas o olhar do salmista se volta para Deus, numa postura de esperança e dependência (v.3). E enquanto se lembrava do Senhor (e de Seu caráter, e ações passadas) seu coração se renovou. "Eu confio no teu amor...", disse (v.5).

Deus não se esqueceu de nós. Seu amor não lhe permite. —Winn Collier

# horas noturnas

**leia›**
**Neemias 2:11-18**
...não contei a ninguém o que pensava fazer pela cidade de acordo com o que Deus havia posto no meu coração. Eu me levantei no meio da noite e saí, junto com alguns dos meus companheiros... (v.12).

**examine›**
Leia os livros de Lucas 22:41-44 e João 16:31,32 para ver como Jesus passou por um tempo de serviço solitário. Ele entende nossa solidão e deu-nos a promessa de Sua paz.

**considere›**
Por quais lugares você teve que andar sozinho? Por que o inimigo adora nos tentar por meio de amargura quando estamos (ou nos sentimos) sozinhos?

Quando nosso primeiro filho nasceu, meu marido se propôs a ajudar no cuidado do bebê. Mesmo com estilos diferentes como pais, cumprimos as responsabilidades juntos, com uma exceção. Mesmo que a natureza não permitiu que ele alimentasse o bebê fisicamente, ele decidiu que iria, pelo menos, ajudar nas amamentações noturnas levantando-se para fazer companhia a mim e ao bebê. Embora seus esforços tenham sido corajosos, uma semana mais tarde ele voltou a cochilar durante a maior parte do tempo. Fazendo um retrospecto, aprendi que nem tudo pode ser feito junto; temos que ir a alguns lugares sozinhos.

Neemias enfrentava uma tarefa formidável quando retornou do exílio para restaurar a muralha em torno da cidade santa. Seus inimigos estavam esperando para atrapalhar sua missão. Ele então escolheu analisar a cidade à noite, com poucas pessoas confiáveis ao seu lado. Não podia arriscar uma interrupção; nem poderia arriscar ter as pessoas erradas envolvidas no planejamento da reconstrução do muro.

Quanto mais nos relacionamos, mais buscamos envolver outras pessoas naquilo que empreendemos na vida. Por mais que sejamos chamados a levar as cargas uns dos outros (Gálatas 6:2) — e a Bíblia fale da necessidade de encorajamento no corpo de Cristo (Hebreus 10:24,25) — há alguns lugares onde temos que ir sozinhos a fim de reconhecermos que só Deus é nossa fortaleza.

Considere o que o Salmo 134:1 diz: "Venham e louvem a Deus, o Senhor [...] todos os que de noite servem no seu Templo!". Separado dos demais, um vigia noturno trabalha enquanto todo mundo descansa. Este versículo, porém, nos ensina que o turno da noite é uma bênção, não um sacrifício, à medida que aprendemos a confiar em Deus para nos afirmar e para carregar nossos fardos. —Regina Franklin

# morrendo por paz

**leia>**

**Filipenses 4:4-9**

Não se preocupem com nada, mas em todas as orações peçam a Deus o que vocês precisam [...]. E a paz de Deus, que ninguém consegue entender, guardará o coração e a mente de vocês... (vv.6,7).

**examine>**

Enquanto lê o livro de Isaías 26:3, perceba o que o profeta diz ser necessário para nos mantermos na perfeita paz de Deus.

**considere>**

O que o fez sentir-se ansioso ou preocupado recentemente? Como você aplicará as palavra de Paulo no livro de Filipenses 4 enquanto busca paz em Jesus?

Eu não o encontrava havia anos. Ele chamou meu nome e andou em minha direção num mercadinho. Depois de uma conversa curta, perguntei como ele estava passando. Disse: "Eu estava morrendo ano passado", e continuou explicando como o estresse quase o matou. Seu corpo e coração entraram em colapso por causa do excesso de trabalho e de sua mente ansiosa. Mas então alguém o convidou para um estudo bíblico. Esse homem encontrou paz em Jesus em tempo, e atualmente está saudável.

Pouco antes de nos despedirmos, como pessoas circulavam ao nosso redor, compartilhei estas palavras inspiradas do livro de Filipenses com meu amigo: "Não se preocupem com nada, mas em todas as orações peçam a Deus o que vocês precisam [...]. E a paz de Deus, que ninguém consegue entender, guardará o coração e a mente de vocês..." (4:6,7)

Essas palavras de Paulo já trouxeram paz ao meu coração muitas vezes. Nelas, encontramos duas razões importantes para não cedermos ao efeito debilitante da preocupação e da ansiedade:

• *Podemos orar a Deus, que nos ama e cuida de nós* (v.6). Quando tiramos o foco de nós mesmos, nosso trabalho, nossas lutas, nossa dor e nos aproximamos dele em oração, Ele traz alegria aos nossos corações e nos renova em Sua presença.

• *Descobrimos que confiar em Deus traz paz verdadeira* (v.7). Sua paz "guardará nosso coração e mente", mas só se deixarmos para traz o fundamento instável que tentamos construir e descansarmos somente no poder e provisão de Jesus.

Depois que eu compartilhei aqueles versículos com meu amigo, ele me agradeceu e foi embora com um sorriso no rosto. Deixe suas preocupações com Jesus. "...E o Deus que nos dá a paz estará com vocês" (v.9). —Tom Felten

# meus três filhos

**leia›**
**1 Reis 2:1-4**
...seja corajoso e seja homem! E faça aquilo que o Senhor, seu Deus, manda. Obedeça a todas as suas leis e mandamentos [...]. Assim você será bem sucedido aonde quer que for e em tudo o que fizer (vv.2,3).

**examine›**
Como o mundo define uma vida bem-sucedida e próspera? E como a Bíblia define essa maneira de viver? (Deuteronômio 5:28-33; 10:12,13; Josué 1:7-9; 1 Crônicas 22:11-13).

**considere›**
O que você escolheria como os últimos conselhos para seus filhos? Por que é importante que sejamos exemplo do que ensinamos?

Tudo bem, admito que o título desse devocional é um equívoco. Eu não tenho filhos. Sou um pai orgulhoso de três meninas adoráveis! E pela graça de Deus, luto para ser o tipo de pai que Deus quer que eu seja.

Então, já que educo somente filhas, disseram-me que meu conhecimento paternal é restrito à criação de meninas. A insinuação é que eu poderia ser menos "bem-sucedido" se tivesse filhos para educar. Fico imaginando qual seria a diferença se eu tivesse filhos meninos. Imagino que conselho masculino daria aos meus três filhos.

Davi tinha mais filhos homens que mulheres (1 Crônicas 3:1-9). Muito doente e sabendo que sua morte era iminente, deu o último conselho a seu filho Salomão: "...seja corajoso e seja homem!" (1 Reis 2:2). Como é típico de todos os pais, Davi queria que seu filho fosse corajoso e bem-sucedido (v.3).

A vida pode ser dura e traumática, difícil e cheia de pesar; pode induzir ao medo e ao pavor, ser desestimulante, decepcionante e devastadora. Para que Salomão fosse corajoso e vitorioso nos embates e tragédias da vida, ele teria que ser forte em Deus (1 Crônicas 22:13; 28:20; 1 Coríntios 16:13; Efésios 6:10). Para ser próspero, tinha que guardar as "leis e mandamentos" do Senhor e assim andar nos Seus caminhos (1 Reis 2:3). As palavras de Davi pretendiam ensinar seu filho como ser um homem de Deus. Isso porque uma pessoa de sucesso é uma pessoa próxima do Senhor, que conhece e obedece a Palavra de Deus (Deuteronômio 5:32; 10:12; Josué 1:7,8; 1 Crônicas 22:11-13).

O fato de criar filhos homens ou mulheres não deveria importar, pois preciso dar a todos os meus filhos a mesma receita eterna para o sucesso: "Seja forte no Senhor. Seja uma pessoa de Deus. Conheça e obedeça a Palavra do Senhor." Esse é o verdadeiro sucesso! —K. T. Sim

# a imagem completa

**leia>**
**Lucas 19:45-47**
...Nas Escrituras Sagradas está escrito que Deus disse o seguinte: "A minha casa será uma 'Casa de oração'." Mas vocês a transformaram num esconderijo de ladrões (v.46).

**examine>**
Observe a ousadia de Jesus enquanto Ele denunciava a hipocrisia dos fariseus (Mateus 23:1-31).

**considere>**
Como você vê Jesus? O que precisa acrescentar à essa visão para que tenha a imagem completa dele?

Na igreja onde cresci havia uma pintura de Jesus pendurada na parede da sala de escola dominical. Retratava-o com cabelos compridos soltos e com uma ovelha sobre Seus ombros. Essa obra de arte retratava precisamente somente um lado de Jesus.

Veja, Jesus é realmente gentil e compassivo. Por exemplo, quando olhava para Jerusalém, sabendo que os israelitas se desviaram dele, disse: "Jerusalém, Jerusalém, que mata os profetas e apedreja os mensageiros que Deus lhe manda! Quantas vezes eu quis abraçar todo o seu povo, assim como a galinha ajunta os seus pintinhos debaixo das suas asas, mas vocês não quiseram!" (Lucas 13:34). Em uma época em que as crianças eram muitas vezes ignoradas, Jesus reservou um tempo para elas (18:15,16).

É verdade. Jesus é terno e protetor. Mas isso não é tudo o que Ele é. Pois, o mesmo Jesus que tirou tempo para as crianças também diria diretamente para as pessoas: "Quanto a estes pequeninos que creem em mim, se alguém for culpado de um deles me abandonar, seria melhor para essa pessoa que ela fosse jogada no lugar mais fundo do mar, com uma pedra grande amarrada no pescoço" (Mateus 18:6).

O mesmo Jesus que chorou sobre Jerusalém fez um chicote e tirou os agiotas do templo. Os agiotas nada virtuosos estavam roubando dos pobres ao vender artigos que eram usados no culto (pombos, pão etc.) com preços inflacionados. Jesus os acusou de transformar a casa do Seu Pai — uma casa de oração — "...num esconderijo de ladrões" (Lucas 19:46).

Sim, ainda bem que Jesus é gentil e manso. Mas essa é só parte da imagem. E apresentar a imagem pela metade, como se fosse inteira, é uma imagem errada.

Jesus é também forte e justo. Seu poder divino pode ser visto em Seu cuidado conosco. —Jeff Olson

# perdoe-me, por favor

**leia›**
**Jeremias 1:1-10**
...mas vá e fale com as pessoas a quem eu o enviar e diga tudo o que eu mandar (v.7).

**examine›**
Leia o livro de Eclesiastes 12:6,7 para ver porque é importante servir a Deus na juventude. Veja no livro de Êxodo 4:10-17 a conversa de Deus com Moisés sobre as desculpas dele.

**considere›**
Você vê o culto cristão como um dever ou como um privilégio? O que ainda o detém de servir a Deus?

Vi uma senhora arrastando-se pelos corredores com um andador na seção de livros com letras grandes da biblioteca. Ela parava frequentemente para colocar um livro em sua sacola. Apesar de ser limitada em movimentos e de sua falta de força, ela levaria para casa uma porção de livros! Qualquer pessoa com tal limitação teria uma grande desculpa para ficar em casa.

Jeremias tinha o que parecia ser uma sólida desculpa quando Deus o chamou para ser profeta. Tentou se a"...sou muito jovem" ...não passo de uma criança" (Jeremias 1:6). Mas o Senhor respondeu: "... —Não diga que é muito jovem, mas vá e fale com as pessoas a quem eu o enviar e diga tudo o que eu mandar" (v.7). Assim como o profeta, alguns de nós tentamos nos justificar a respeito do serviço cristão por causa da nossa relativa inexperiência. Deus se importa mais com nossa obediência, porém, do que com nosso nível de experiência.

Deus antecipou a provável próxima desculpa ao aconselhá-lo: "Não tenha medo de ninguém, pois eu estarei com você para protegê-lo..." (v.8). A presença e proteção divina são mais importantes do que os problemas que possamos encontrar em Seu serviço. Paulo expressou assim: "...Se Deus está do nosso lado, quem poderá nos vencer?..." (Romanos 8:31). Embora seja verdade que nossas justificativas sejam inaceitáveis diante de nosso Pai celestial, Ele não exige só obediência, promete proteção e deixa por isso mesmo. No caso de Jeremias, o Senhor estendeu a mão e tocou sua boca dizendo: "...Eu estou lhe dando a mensagem que você deve anunciar" (Jeremias 1:9). E mais tarde disse: "...hoje eu estou lhe dando forças..." (v.18).

Quando rendemos nossos corações irresolutos, Deus nos dá um vislumbre de Seu poder capacitador. Seu apoio sobrenatural nos ajuda a ir adiante e servi-lo... sem desculpas! —Jennifer Benson Schuldt

# perto

**leia›**
**Efésios 2:11-22**
...vocês, que estavam longe de Deus, foram trazidos para perto dele pela morte de Cristo na cruz (v.13).

**examine›**
Leia o livro de Efésios 2 inteiro e escreva como era a vida sem Deus em contraste com a vida com Deus.

**considere›**
De quem você se distanciou? Servir a Deus o aproxima dessa pessoa? Ao se sentir longe de Deus, Ele o procura apesar da distância?

Invictus, filme estrelado por Morgan Freeman e Matt Damon foi encenado na África do Sul, no final do apartheid (segregação racial). É a história dos primeiros anos de Nelson Mandela como primeiro presidente negro do país. As cenas iniciais mostram negros jogando futebol num pequeno campo poeirento, e os brancos, vestidos em uniformes claros e limpos, jogando rúgbi num campo luxuoso do outro lado da rua. Ao passar o comboio de Mandela (possivelmente indo para seu novo escritório na capital), o treinador branco de rúgbi diz: "Lembrem-se deste dia, rapazes. É o dia em que nosso país foi lançado aos cães."

A história humana é repleta de pessoas que se opõem. Uma raça contra outra, um país contra outro. Para os efésios, a divisão era entre judeus e gentios. Ódio, medo e orgulho (bem como a má aplicação das instruções divinas) fizeram desses vizinhos, inimigos hostis.

No entanto, ainda mais terrível é o triste conto de como nós nos voltamos contra Deus e fugimos do Seu amor, por causa do nosso jeito arrogante. Como consequência, as Escrituras dizem que somos "os de fora" (1 Coríntios 5:12). Ser um "de fora" é estar separado, distanciado — longe do próximo e longe de Deus. Paulo mostra o resultado em termos horrendos. Deixados a nosso próprio cuidado, ficamos sem esperança e sem Deus (Efésios 2:12). Você pode imaginar descrição mais solitária e desesperadora do que *os de fora*?

Pela graça divina não somos deixados nessa situação difícil, pois Ele veio a nós em Jesus. Deus, a quem nós abandonamos e nos afastamos, aproximou-se e nos trouxe "...a paz..." (v.14) — paz com Ele e, por sua vez, paz oferecida a toda humanidade. Onde quer que haja pessoas enfrentando separação, hostilidade ou solidão, Deus se apresenta. A paz está próxima, pois Deus está próximo. —Winn Collier

# atenção *on-line*

**leia>**
**Mateus 6:19-34**
Os olhos são como uma luz para o corpo: quando os olhos de vocês são bons, todo o seu corpo fica cheio de luz. Porém, se os seus olhos forem maus, o seu corpo ficará cheio de escuridão... (vv.22,23).

**examine>**
Que lições extraídas do livro de Provérbios 7 podem ser aplicadas ao uso da internet?

**considere>**
Há algum site que você deveria parar de visitar? No geral, passar tempo na internet ajuda ou atrapalha sua vida cristã? Por quê?

Se você estiver lendo um devocional *on-line*, em poucos minutos você pode ir para outros sites. Quando o fizer, preste atenção ao que prende a sua atenção. Que imagens e palavras o fazem parar por um segundo. Em que links você clica e por quê?

Quando Jesus disse que o olho é a lâmpada do corpo (Mateus 6:22), Ele se referia à antiga crença de que o olho tinha uma chama interna. A luz procede dos olhos, interage com a luz emitida do objeto em foco e então volta através do olho e penetra no coração.

Você se torna parecido com aquilo que atrai sua atenção. Se seu olho for "bom", literalmente "único" ou "simples", seu compromisso com a pureza e verdade irão fluir por todo seu corpo com luz (vv.22,23). Mas se você jogar nos dois times — se deixar envolver por fotos provocativas, rumores ou sarcasmo, então todo seu corpo será envolvido em trevas. O mundo virtual pode causar dano a sua alma. O que na internet faz seu olho brilhar?

Os anunciantes usam o sexo, fofocas e a ambição para criar sites "grudentos" dos quais é difícil sair. Um olho mal irá racionalizar permanecendo ali. Você sabe que não vale a pena clicar naquela história picante, mas diz a si mesmo que não vai fazer mal desta vez. E assim desperta o apetite da luxúria, e daí para frente cada vez que se conectar vai esperar olhar furtivamente algo novo, e logo sua alma enfraquecida estará abrigando segredos obscuros e vergonhosos.

Muitos sites enriquecem atraindo pessoas à sua destruição, então a coisa mais perigosa que você pode fazer é navegar na internet negligentemente. Leve Jesus consigo para o mundo virtual. Quando for possível, use a *web* na frente dos outros. E lembre-se de que aquilo que faz seu olho brilhar também pode mudar você. —Mike Wittmer

# quero viver

**leia>**
**1 Samuel 2:6-10**
O Senhor Deus é quem tira a vida e quem a dá... (v.6).

**examine>**
Liste cada prova que o livro de Romanos 8:34-37 afirma que não podem separá-lo do amor de Deus.

**considere>**
Que promessas na Palavra de Deus lhe dão confiança de que Jesus lhe deu vitória sobre a morte? Por que você quer viver?

Meu filho mais novo, estava fora de casa, andando de bicicleta. Eu estava na cozinha quando ele entrou correndo em minha direção com um corte debaixo do olho esquerdo. À medida que o sangue fluía, ele gritava assustado: "Eu quero viver! Eu quero viver! Eu quero viver!"

Ele não estava só assustado pelo sangue, estava apavorado, pensando que poderia morrer. E por mais que sua reação parecesse extrema, examinar seu passado explicaria seu medo.

Antes de vir morar comigo, ele já tinha sentido o "aguilhão" da morte várias vezes. Quando tinha só 18 meses, seu irmão gêmeo morreu. Aos 4 anos, perdeu a mãe e o pai por causa da AIDS. Sete dos seus nove tios e tias, que moravam na mesma vila, também morreram durante os primeiros 5 anos de sua vida. Na comunidade carente onde vivia, mais pessoas morriam de doenças do que sobreviviam a elas. Então, é compreensível que meu filho tenha pensado que a morte estava se aproximando dele também.

Ninguém quer morrer jovem. Quando a morte aproximava-se do rei Davi, ele clamou a Deus para que o poupasse. "...Deus me tirou as forças e encurtou a minha vida" recordava, "Ó meu Deus, tu que vives para sempre, não me leves agora... (Salmo 102: 23,24). Em resposta, Deus continuou a proteger e preservar a sua vida. Como declarou Samuel, Ele é soberano sobre a vida e a morte.

Por causa do pecado todo "...o Universo se tornou inútil..." (Romanos 8:20). A boa notícia é que Jesus Cristo nos dá vitória sobre a morte. Por meio dele podemos ter a coragem porque nada "...nem a morte, nem a vida [...] nem o presente, nem o futuro — Em todo o Universo não há nada que possa nos separar do amor de Deus..." (Romanos 8:38,39). Podemos descansar em Suas mãos soberanas. —Roxanne Robbins

# generosidade radical

**leia>**
**Lucas 3:7-14**
...Quem tiver duas túnicas dê uma a quem não tem nenhuma, e quem tiver comida reparta com quem não tem (v.11).

**examine>**
O que o livro de 2 Coríntios 8:1-5 nos diz sobre a generosidade da igreja pobre na Macedônia?

**considere>**
O que você não tem usado e que pode ser doado para um necessitado? Escolha três pessoas para você ajudar inesperadamente nesta semana.

Provavelmente você já ouviu a frase: "Ele daria a roupa do corpo." Isso descreve um tipo de generosidade mostrada por alguém que pensa nas necessidades dos outros antes das suas próprias.

Um pastor amigo meu trouxe vida àquela frase quando deu seu surpreendente desafio à sua congregação: "O que aconteceria se tirássemos os casacos que estamos usando e os déssemos aos necessitados?". Então, tirou seu próprio casaco e o colocou na frente da igreja. Dezenas de outras pessoas seguiram seu exemplo de generosidade radical. Isso foi no inverno do hemisfério norte. A viagem de volta para casa foi verdadeiramente desconfortável, mas o inverno se tornou de repente mais tolerável para as muitas pessoas que receberam aqueles casacos.

Quando João Batista estava vagando pelo deserto da Judeia, tinha um aviso austero para a multidão que vinha ouvi-lo. "Ninhada de cobras venenosas!", censurava-os. "...Façam coisas que mostrem que vocês se arrependeram..." (Lucas 3:7,8). Então lhe perguntavam: "...O que devemos fazer?" (v.10). Ele lhes respondia com conselhos práticos: "...Quem tiver duas túnicas dê uma a quem não tem nenhuma, e quem tiver comida reparta com quem não tem" (v.11).

Perceba que o conselho de João não era literalmente de dar a roupa do corpo. Mais exatamente, exortava-lhes a doar da abundância. "*Quem* tiver...". Em outras palavras, cuide das suas próprias necessidades, porém não acumule. Seja generoso.

Nossa doação não deveria ser baseada na culpa, pois "...Deus ama quem dá com alegria" (2 Coríntios 9:7). Mas, quando damos liberalmente, descobrimos que é realmente verdade que "...É mais feliz quem dá do que quem recebe" (Atos 20:35). Nenhum de nós é tão pobre que não possa doar *algo*. —Tim Gustafson

# uma grande família

**leia›**
**1 Timóteo 5:1-16**
Não repreenda um homem mais velho, mas o aconselhe como se ele fosse o seu pai. Trate os homens mais jovens como irmãos (v.1).

**examine›**
Leia o livro de Gálatas 6:6-10 para obter mais instruções sobre como tratar os outros na família da fé.

**considere›**
Você poderia ajudar e incentivar alguém da sua igreja na próxima semana? É preciso ver os outros mais como família e menos como membros da igreja?

Mateus é um menino de 9 anos que vive com sua mãe solteira. João tem 80 anos e recentemente ficou viúvo. E tem a Íris. Há pouco tempo, ela deu à luz a quadrigêmeos e agora é mãe de cinco meninas! Sim, minha igreja é formada por muitas pessoas com experiências e necessidades diferentes. Ministrar efetivamente a cada uma exige cuidado e sensibilidade.

As instruções de Paulo a Timóteo são muito esclarecedoras nesse assunto. Primeiro, disse que a forma como você trata as pessoas é resultado de como as *vê* (1 Timóteo 5:1,2). Se Timóteo começasse vendo cada homem mais velho da congregação como um pai, ele os trataria com honra e respeito naturalmente. Paulo enfatizou os relacionamentos em seu ministério, e foi firme no incentivo ao que é certo.

A seguir, ele ensina que a igreja não deveria ajudar a todos indiscriminadamente. Só a necessidade não é suficiente para que se receba assistência financeira da congregação (v.16). Há muito mais coisas envolvidas na compaixão cristã do que simplesmente distribuir dinheiro. O padrão apresentado nesta passagem é um ministério *cuidadosamente estruturado em torno do ser total*. Isso encoraja e facilita a vida santa e produtiva, e também preserva do mau uso e abuso que pode ameaçar o testemunho da igreja.

Após aprender a "visão de família", eu a apliquei. Comecei a ver os jovens como meus irmãos e as mulheres mais velhas como minhas mães. Esse pequeno ajuste mental tem tido um impacto na forma como eu me relaciono com os seguidores de Jesus. Eles não são só problemas a serem resolvidos, mas pessoas a quem amar.

Vamos continuar a buscar sabedoria em Deus no modo como amamos uns aos outros, de uma forma que nos encoraje a viver de maneira santa e produtiva. Afinal, somos uma grande família. —Poh Fang Chia

# não o vi

**leia>**
**Atos 12:6-19**
Quando reconheceu a voz de Pedro, ficou tão contente, que, em vez de abrir a porta, voltou correndo para contar que Pedro estava lá fora (v.14).

**examine>**
O que os livros de Salmo 3:4 e de 1 Pedro 3:12 nos falam sobre Deus e Sua resposta às nossas orações?

**considere>**
O que o impede de ver respostas às suas orações? Como você reage quando Deus o responde de forma que o decepciona?

Quando uma pessoa da nossa família perdeu o *iPod Touch* novo do irmão — em nossa *casa* — uma onda de decepção e perplexidade permaneceu por vários dias. (*Como se perde um iPod em casa?*). Oramos muito e surgiram muitas teorias à medida que lutávamos para encontrar o caro equipamento. E então, debaixo das almofadas onde as pessoas havia sentado e orado dias antes, foi achado o aparelho... bem no fundo do nosso sofá-cama!

Este episódio de minha vida familiar me lembra de uma história engraçada que está no livro de Atos 12. Começa, no entanto, de uma forma não muito bem engraçada. O apóstolo Pedro estava preso em Jerusalém pelo rei Herodes (v.3). Esse rei também mandou matar Tiago (irmão de João) como um favor aos líderes judeus. Parecia que Pedro seria o próximo da lista.

Enquanto o apóstolo era mantido em cadeias, "...a igreja continuava a orar com fervor por ele" (v.5). Então, na noite anterior ao julgamento de Pedro, ele foi milagrosamente libertado por um anjo (v.7). Assim que ganhou a liberdade se dirigiu para um lugar seguro — a casa de Maria, mãe de João Marcos (vv.10-12) (Aqui está a graça). Quando bateu na porta, gentilmente, e chamou bem baixinho, uma menina chamada Rode o ouviu e ficou cheia de alegria. Mas, ao invés de abrir-lhe a porta, ela correu para o fundo e *contou aos outros*! Inicialmente, nenhum daqueles que haviam orado diligentemente pela libertação de Pedro acreditou nela. Então, o apóstolo continuou batendo na porta e *finalmente* o deixaram entrar (vv.13-16).

O registro divertido levanta uma questão: há algo pelo qual tenha orado fervorosamente e que Deus já tenha respondido? Pode ser a hora de você entender a realidade de que a resposta de Deus já é clara. —Tom Felten

# duradouro

**leia›**
**1 Coríntios 3:12-23**
O Dia de Cristo vai mostrar claramente a qualidade do trabalho de cada um. Pois o fogo daquele dia mostrará o trabalho de cada pessoa: o fogo vai mostrar e provar a verdadeira qualidade do trabalho (v.13).

**examine›**
Leia o livro de Mateus 6:19-21 para ver a ligação entre os investimentos que fazemos na vida e a condição de nossos corações.

**considere›**
Coisas simples podem se tornar investimentos eternos? Devemos basear o valor de nossos investimentos na atenção que eles recebem? (Mateus 6:4).

Quando eu estava na escola primária, as crianças da vizinhança fizeram um forte de sobras de madeira. Precariamente equilibrado no chão, com três níveis e com espaço suficiente para dois corpos pequenos em cada um. Meu pai, ao ver a criação, logo proibiu que eu subisse nele, já que estava convencido de que um acidente era iminente. Intimidada, obedeci. Meu pai sabia que eu ignorava os salientes pregos enferrujados e as tábuas separadas que se inclinavam para trás, porque só via o que parecia ser divertido. Mas o forte não havia sido construído para durar.

Em um dia qualquer, temos muitas coisas clamando por nossa atenção. Desde o trivial até o monumental, a vida é uma série de escolhas. É fácil responder a qualquer coisa que convenientemente cruze nosso caminho, controle nossa atenção ou pareça mais prazeroso, mas as Escrituras nos lembram que devemos exceder em bondade. O livro de Filipenses 1:10 diz: "...Assim, no dia da vinda de Cristo, vocês estarão livres de toda impureza e de qualquer culpa"

Ao escrever à igreja de Corinto, Paulo ensina que não há outro fundamento além de Jesus, porque a salvação vem somente ao aceitar Sua vida em troca da nossa. Mas, o apóstolo continua a fim de esclarecer que a salvação é a base (ponto inicial) de nossas vidas — e que o que construímos a partir dali depende das escolhas que fizermos cada dia.

Podemos ser salvos, mas escolher investir nossa vida em atividades infrutíferas (1 Coríntios 3:15). Por outro lado, podemos entender nossa salvação tão profundamente a ponto de cada momento se transformar em uma oferta a Deus. Nossas obras não serão testadas pela aparência, nosso nível de alegria, ou pela opinião dos outros. É o fogo de Deus que irá revelar se vivemos com este mundo ou o próximo em vista.

—Regina Franklin

# mil palavras

**leia>**
**Tiago 1:18-25**
Não se enganem; não sejam apenas ouvintes dessa mensagem, mas a ponham em prática (v.22).

**examine>**
O que as comparações: lâmpada/luz (Salmo 119:105); martelo e fogo (Jeremias 23:29); espada (Hebreus 4:12); prata e ouro (Salmo 119:72); alimento (Jó 23:12); e leite (1 Pedro 2:2) falam sobre a Bíblia?

**considere>**
O que a Palavra de Deus está falando a você hoje?

Em uma tirinha, um digitador pergunta a um artista: "Por que uma imagem vale mil palavras?". Ele responde: "Você digita rápido?" "Cerca de 25 palavras por minuto," respondeu o digitador. "É isso! Quando eu terminar meu desenho depois de 40 minutos... você terá digitado mil palavras". É engraçado, mas (obviamente) não explica o adágio. O que ele quer dizer mesmo é que a ideia de um conceito complicado pode ser transmitida por uma única imagem inanimada.

A Bíblia se utiliza de várias representações para ilustrar essa sabedoria: lâmpada/luz (Salmo 119:105); martelo e fogo (Jeremias 23:29); espada (Hebreus 4:12); prata e ouro (Salmo 119:72); alimento (Jó 23:12); e leite (1 Pedro 2:2).

Tiago usou três metáforas para descrever o que a Palavra de Deus é e faz. Primeiro, é a "...palavra da verdade..." (Tiago 1:18), repetindo o que Jesus ensinara anteriormente: "...a tua mensagem é a verdade" (João 17:17). Provavelmente refletindo sobre a parábola do semeador (Lucas 8:5-15), ele falou sobre a "...mensagem que Deus planta no coração..." (v.21; Lucas 8:11). E por último, comparou-a a um "espelho" (Tiago 1:23).

Também usou três metáforas para descrever o papel da Bíblia em nossa salvação. Usando uma imagem da natureza, disse que a Palavra de Deus "nos gerou" (v.18). Nossa vida nova é eterna "...pela viva e eterna palavra de Deus..." (1 Pedro 1:23). Do mundo da agricultura, a palavra implantada "...a qual pode salvá-los" (Tiago 1:21). Deus cumpriu Sua promessa de gravá-la em nossos corações (Jeremias 31:33). E relacionado à estética, é um espelho que nos mostra quem somos, capacitando-nos a corrigir os erros que revela (Tiago 1:23-25).

A Palavra de Deus nos dá vida nova e nos ajuda a vivê-la. Mas teremos que praticar o que ela diz (vv.22,25). —K. T. Sim

# a história de dois ricos

**leia›**
**Lucas 18:18-30; 19:1-9**
...aquele que, por causa do Reino de Deus, deixar casa, esposa, irmãos, parentes ou filhos receberá ainda nesta vida muito mais e, no futuro, receberá a vida eterna (vv.29,30).

**examine›**
Reveja as passagens bíblicas. Que outros contrastes você vê? Que dicas percebe com relação às diferentes posturas em relação a Jesus?

**considere›**
Você é como o jovem rico (independente) ou como Zaqueu (rápido para receber misericórdia)? Deus lhe pediria para doar tudo, ou para convidá-lo a jantar?

Muitos de nós conhecemos a história de Zaqueu, o homem "de pequena estatura" que subiu num sicômoro para ver Jesus passando. No entanto, Lucas coloca sua história em contexto próximo a de outro homem rico — o jovem que visitou Jesus. A proximidade das duas narrativas realçam contrastes nítidos:

• O jovem rico cria que era justo, mostrando como obedecera todos os Dez Mandamentos-desde pequeno (18:21). Zaqueu, porém, disse: "...se roubei alguém, vou devolver quatro vezes mais" (19:8).

• As pessoas criam que o jovem rico era justo e tinham certeza de que se ele não estivesse próximo de Deus, ninguém mais estaria (18:26), ao passo que ninguém acreditava na justiça de Zaqueu, chamando-o de "homem pecador" (19:7).

• O jovem queria sua riqueza mais do que queria a Deus. Quando Jesus o convidou a doar seu dinheiro e a segui-lo, ele "...ficou muito triste, pois era riquíssimo" (18:23). Quando Zaqueu encontrou Jesus, porém, "...desceu depressa e o recebeu [...] com muita alegria" (19:6).

A única semelhança entre os dois parece ser o fato de que eram ricos. A partir daí tudo difere. E fica claro que o assunto principal não era seu dinheiro, mas seu coração. Jesus pediu ao jovem que doasse tudo (um pedido extremo para um homem orgulhoso que precisava ver que não era tão justo quanto se considerava). Mas não pediu a Zaqueu para desistir de nada. Sua única requisição foi por um convite para comer em sua casa.

Depois de encontrar o verdadeiro amor e justiça, Zaqueu se arrependeu voluntariamente. —Winn Collier

# a riqueza da sabedoria

**Leia›**
**Jó 28**
...Para ser sábio, é preciso temer o Senhor... (v.28).

**examine›**
Leia o livro de Tiago 3:17,18 para ver como a sabedoria divina difere da sabedoria mundana. Observe no livro de Provérbios 2:6-19 quais são as possíveis consequências da sabedoria.

**considere›**
Como o temor a Deus nos ajuda a obedecer Suas ordenanças e como isso pode afetar nossas decisões?

Um trabalhador voluntário australiano, Paul Hol, encontrou um tesouro enquanto classificava centenas de livros doados. Descobrira uma cópia da primeira edição do romance *1984*, escrito por George Orwell, em 1948. O livro ainda ostentava sua capa vermelha coberta de poeira — a cor mais rara para aquela impressão. Sua descoberta acabou sendo vendida em um leilão privado por aproximadamente cinco mil reais.

O livro de Jó descreve um tipo de tesouro diferente, muito bem avaliado. Diz: "Ela vale mais do que o ouro ou o vidro; [...] a sabedoria é mais valiosa do que as pérolas" (Jó 28:17,18). Ela é tão preciosa porque a vida é cheia de decisões. *Deveria casar-me com este homem? O que deveria dizer a um amigo que me traiu? Posso pagar este financiamento?* Precisamos da sabedoria em todas as situações.

Felizmente, para nós "Só Deus conhece o caminho; só ele sabe onde está a sabedoria" (v.23). E o Senhor não pede que nós participemos de uma compra privada — doando-a somente ao que fizer o maior lance. "Ela não pode ser comprada com ouro, nem trocada por prata" (v.15). A Bíblia diz: "...se alguém tem falta de sabedoria, peça a Deus, e ele a dará porque é generoso..." (Tiago 1:5).

Além de pedir a Deus por bom entendimento, a Bíblia também diz que "Para ser sábio, é preciso primeiro temer a Deus, o SENHOR..." (Provérbios 9:10). Temer a Deus envolve viver em reverência a Ele. Esta contínua reverência deve impelir-nos a renunciar o mal para nos alinharmos com os caminhos e pontos de vista de Deus (Oseias 14:9).

Você precisa tomar uma decisão difícil hoje? Não negligencie a riqueza que há na sabedoria divina. Peça a Deus para torná-lo sensível. Deixe que seu respeito pelo Senhor determine sua decisão e confie que "...a sua sabedoria..." o protegerá (Provérbios 2:11). —Jennifer Benson Schuldt

# a Bíblia e a sexualidade

**leia>**
**Gênesis 1:26-28**
Deus os criou homem e mulher, e os abençoou... (5:2).

**examine>**
Peça respeitosamente àqueles que rejeitam a importância do gênero que considerem essas palavras de Jesus: "...Vocês abandonam o mandamento de Deus e obedecem a ensinamentos humanos" (Marcos 7:8).

**considere>**
O que significa para você ser um homem ou uma mulher? Por que é importante que as pessoas entendam verdadeiramente a instrução bíblica sobre sexualidade?

Em seu livreto *What the Bible Says — and Doesn't Say — about Homosexuality* (O que a Bíblia diz e não diz sobre homossexualidade), Mel White declara: "A Bíblia é um livro sobre Deus, sobre o Seu amor pelo mundo e pelas pessoas. É a história do amor de Deus em ação resgatando, renovando, dando poder à humanidade. Este livro nunca pretendeu ser sobre sexualidade humana. Você, com certeza, concorda."

Com todo respeito, eu discordo com parte dessa afirmação de White. Felizmente a Bíblia é um livro sobre Deus e Seu plano para resgatar e restaurar o mundo por intermédio de Jesus Cristo. Mas desde o Gênesis em diante, ela também é um livro sobre a sexualidade humana. O primeiro capítulo já fala que Deus criou os seres humanos à Sua imagem como "homem e mulher" (Gênesis 1:27).

A sexualidade humana começa com o gênero. Jesus destacou o aspecto mais importante da nossa sexualidade: "...Por acaso vocês não leram o trecho das Escrituras que diz: 'No começo o Criador os fez homem e mulher'?" (Mateus 19:4).

Os gêneros masculino e feminino não são uma nota de rodapé casual da humanidade. A Bíblia não está dizendo: "A propósito, o Deus Criador fez as pessoas à Sua imagem como homem e mulher". O Antigo e o Novo Testamentos atraem a atenção ao gênero porque é basilar à mensagem da Palavra de Deus.

Ao contrário do que nossa cultura proclama, o gênero não é uma idealização feita pelo homem. A masculinidade e a feminilidade não são resultado de engenharia social. É um dos aspectos mais básicos e duradouros do desígnio divino para nossas vidas. A atração sexual natural pelo sexo oposto é resultado da identidade sexual dada por Deus. E quanto mais conhecermos quem somos como homens e mulheres, mais podemos conhecer a alegria e propósito de refletir a força e compaixão de nosso Criador (Salmo 62:11,12). —Jeff Olson

# amor silencioso

**leia›**
**Levítico 25:1-22**
Que ninguém explore os outros; que todos temam a Deus, pois ele é o SENHOR, nosso Deus (v.17).

**examine›**
Leia o livro de Romanos 13:1-10 e reflita porque Paulo discute o pagamento de impostos com o mandamento de amar ao próximo.

**considere›**
Houve alguém que já o amou de forma tão discreta e confiável que você não reconheceu? Permita-lhe saber que você reconhece!

Meu vizinho rico decidiu que não queria mais pagar seu financiamento, e por isso saiu de nosso bairro para uma casa maior. Sua casa antiga foi levada a leilão, o que reduziu o valor da minha, pois casas leiloadas normalmente são vendidas muito abaixo do que dita o mercado. Ele também parou de pagar suas taxas de associação para a manutenção da vizinhança — o que obrigou que eu e outros vizinhos arcássemos com os custos. Meu vizinho negaria estar fazendo algo errado, mas seu ato egoísta tirou dinheiro das pessoas da minha comunidade.

Amar o próximo significa oferecer um aceno simpático quando você passa pela rua ou dar uma mão quando necessário. Mas isso valerá pouco se você quebrar a promessa básica de pagar seu financiamento e proteger o valor imobiliário de sua vizinhança, somente por conveniência pessoal.

O Antigo Testamento mandava que Israel não "oprimisse o próximo" (Levítico 19:13) e Paulo acrescentou: "O amor não pratica o mal contra o próximo; de sorte que o cumprimento da lei é o amor" (Romanos 13:10).

Posso ver claramente como meu vizinho me oprimiu (Levítico 25:17), mas reflito sobre como *tenho sido* indiferente com os outros. Esforço-me para cumprir minhas tarefas caseiras, participo ativamente de eventos da comunidade, faço minha parte em trabalhos de equipe?

Agora aprecio o amor comum e constante dos que me cercam. Talvez você tenha tido um pai que não escrevia bilhetes eloquentes de amor, mas trabalhava pesado para lhe dar um teto e colocar comida em seu prato. Essa era a sua forma de amá-lo, com um amor mais sólido do que palavras bonitas.

Nada demostra mais o amor do que praticá-lo diariamente. Ame seu próximo e, se necessário, use palavras. —Mike Wittmer

# palavras sábias

**leia>**
**Provérbios 16:20-24**
Saber dar uma resposta é uma alegria; como é boa a palavra certa na hora certa! (15:23)

**examine>**
O livro de Provérbios 16:24 diz: "As palavras bondosas são como o mel..." Você experimentou o benefício das palavras suaves recentemente? Escreva uma carta a alguém agradecendo por sua amizade.

**considere>**
Encoraje alguém a seguir em frente ou expresse uma qualidade que admira nele. De que maneira Jesus usou palavras sábias para inspirar pessoas?

Para continuar o trabalho em Uganda por meio da organização sem fins lucrativos *Tukutana* que inaugurei em 2009, tive que levantar uma quantia considerável de fundos em pouco tempo. Apesar da economia deficitária, a necessidade foi compartilhada por *email*, choveram doações, e meu alvo para o trimestre foi atingido em menos de 48 horas!

Experimentar a provisão divina de forma tão forte me lembrou da verdade que está no livro de 2 Coríntios 9:8: "E Deus pode dar muito mais do que vocês precisam [...] e ainda mais do que o necessário para fazerem todo tipo de boas obras".

Não foi só o feliz resultado final, porém, que me fez refletir na Palavra de Deus. Durante o processo de arrecadação, recebi muitos "nãos" que também me levaram às Escrituras.

Uma pessoa escreveu: "Estamos frustrados por não podermos contribuir para essa parte da obra de Deus no momento." Outra acrescentou: "De novo, amamos o que você está fazendo e não podemos evitar o desejo de cooperar para apoiá-la. Mesmo assim sabemos que o Senhor nos levou a nos doarmos para esses outros ministérios e assim podemos deixá-los com alegria e saber que Deus levantará outros para cumprir Seus propósitos."

De fato, como expressaram esses amigos, qualquer ministério que façamos parte é só uma simples fatia da vasta obra de Deus ao redor do mundo. Estou agradecida por essa lembrança e por amigos que, mesmo não podendo participar financeiramente em meu trabalho, investiram tempo para me enviar palavras de encorajamento repletas de honestidade e compromisso.

Da parte deles, o valor de "palavras sábias" (Provérbios 18:4; 31:26) soaram verdadeiras em minha alma e me desafiaram — como espero que o desafie — a envolver seus "Nãos" em gentileza e incentivo.

—Roxanne Robbins

# ousado como um leão

**leia>**
**Josué 1:1-9**
...Seja forte e corajoso! Não fique desanimado, nem tenha medo, porque eu, o SENHOR, seu Deus, estarei com você em qualquer lugar para onde você for! (v.9).

**examine>**
Assim como fez com Josué, Deus deu palavras de encorajamento ao rei Josafá. Leia o livro de 2 Crônicas 20:15-19.

**considere>**
Deus é sua fonte de coragem e obediência? Quais riscos ou perigos Ele o chama a correr em obediência a Ele e a Sua Palavra?

Diz-se que William Seeker, um clérigo do século 17, afirmou que outra "ação singular de um cristão santificado é preferir a tarefa que fará para Deus ao perigo que teme dos homens. Os cristãos de todas as eras preferem servir acima de sua segurança. 'O perverso foge quando ninguém [o persegue]; mas o justo é ousado como um leão'".

Depois da morte de Moisés, Deus preparou Josué para ser ousado como um leão para que pudesse liderar os israelitas a atravessar o rio Jordão e entrar na terra prometida de Canaã (Josué 1:1-9). Deus conhecia os muitos riscos, dificuldades e oposição (dentro e fora) que estavam à frente do Seu líder e Seu povo. Assim, Josué precisaria agir com bravura durante os dias difíceis e fazer coisas perigosas em obediência a Deus.

Em vários versículos, Deus usou palavras poderosas para trazer coragem ao coração daquele homem: "...eu lhes darei toda a terra que pisarem" (v.3); "Você nunca será derrotado..." (v.5); "...Eu estarei com você [...]. Nunca o abandonarei" (v.5); "Seja forte e corajoso..." (v.6); "...o SENHOR, seu Deus, estarei com você em qualquer lugar para onde você for!" (v.9).

Qual foi a resposta deste líder à promessa divina de Sua presença constante e bênção? Ele escolheu seguir diligentemente as palavras de Deus e crer que Ele o fortaleceria, guardaria e protegeria (vv.10,11).

Como cristãos, somos chamados a fazer coisas que podem ser difíceis (falar aos vizinhos sobre Cristo), arriscadas (ministrar aos marginalizados) e até potencialmente perigosas (comunicar o evangelho a povos não alcançados) em obediência a Deus. Assim como Ele prometeu a Josué, também prometeu estar conosco (Hebreus 13:5). Vamos obedecer Sua Palavra com ousadia e declarar Sua verdade. —Marvin Williams

# regras e ordem

**leia›**
**1 Coríntios 14:26-40**
...Quando vocês se reúnem na igreja, um irmão tem um hino para cantar; outro, alguma coisa para ensinar; outro, uma revelação de Deus [...]. Que tudo seja feito para o crescimento espiritual da igreja (v.26).

**examine›**
No livro de Filipenses 2:1-4 você pode observar mais ensinos de Paulo sobre a atitude gentil que os cristãos devem ter quando se reúnem.

**considere›**
Que regras ajudam a sua família da fé a funcionar bem? De que forma você pode participar do fortalecimento mútuo?

Quando você entra na sala, é recebido por sons confusos. Todos estão falando, mas ninguém ouve. Por um momento, você acha que entrou na Bolsa de Valores de Nova Iorque — mas não é um lugar onde se fala tão alto e tão vivaz. É uma reunião na igreja de Corinto.

Obviamente a igreja nesta cidade era tudo, menos monótona. Era repleta de atividades para fazer. Mas, para manter a ordem, Paulo precisou estabelecer algumas regras. Instruiu-os de que o princípio mais importante de todas as atividades na igreja deveria ser a edificação mútua. Pois, "...Quando vocês se reúnem na igreja, um irmão tem um hino para cantar; outro, alguma coisa para ensinar; outro [...]. Que tudo seja feito para o crescimento espiritual da igreja" (1 Coríntios 14:26). E deve ser feito de forma ordenada porque "...Deus não é de confusão, e sim de paz. Como em todas as igrejas dos santos" (v.33).

O professor de estudo bíblico Ray Stedman resumiu desta forma: "Quando a igreja se reúne, pode se edificar de forma maravilhosa. Pode ser fortalecedor se reunir, encorajar um ao outro na fé, compartilhar o exercício dos dons espirituais, ser ensinado pela mente de Deus, pelo Espírito de Deus, por meio de Sua Palavra e ser consolado em tempos de dificuldade, provação e pressão. Este é o propósito para esse ajuntamento. Mas tudo o que fizer, não deixe que se torne um ministério confuso e sem propósito, que representa mal o caráter do Senhor, que é um Deus de ordem e decência."

É estimulante frequentar uma igreja que está em conformidade com as instruções divinas. Portanto, irmãos em Cristo, façamos nossa parte.

—Poh Fang Chia

# anjos guerreiros

**leia›**
**Gênesis 32:22-32**
...mas ele ficou para trás, sozinho. Aí veio um homem que lutou com ele até o dia amanhecer (v.24).

**examine›**
Reflita sobre a passagem novamente. Por que você acha que Jacó ficou perguntando o nome do anjo? Por que ele se recusou a falar? Que ligação isso tem com o novo nome que Jacó recebeu?

**considere›**
Em que situações você se sente mais autossuficiente, e em quais acha mais difícil crer que Deus seja suficiente?

Meus filhos adoram lutar comigo. Eles criam nomes como Capitão Trovão e Ninja Tigre. Em grande adrenalina, eles me atacam com gritos, um alvoroço de energia de meninos com esperança de que *desta* vez eles irão me derrubar. Eu jogo por um tempo, fingindo até desespero para não frustrar seu sonho prematuramente. Porém, no final eu os prendo com uma gravata até que clamem por misericórdia.

Jacó, que estava voltando para casa depois de anos escondido de seu irmão Esaú, sempre fora capaz de esquematizar sua saída ou entrada em qualquer situação. Seu nome significava "aquele que suplanta" e ganhara a reputação por seu jeito enganador. Ele tirou de seu irmão o direito de primogenitura e enganou seu pai já cego, Isaque, para dar-lhe a bênção do primogênito (Gênesis 25; 27). Ele inclusive manipulou para ganhar o controle do gado e da riqueza de seu sogro (31:1). Conseguia tudo o que queria.

Mas finalmente Jacó se viu em uma situação da qual não podia escapar. Seus servos lhe trouxeram a assustadora notícia de que Esaú estava vindo ao seu encontro com 400 guerreiros. E Jacó "...teve muito medo..." (32:7). Depois de anos de esquemas, suas habilidades de manipulação não iriam ajudá-lo. Querendo ficar sozinho, vagou pela noite. E "um homem" (que mais tarde se descobriu ser uma manifestação de Deus — talvez o próprio Jesus) surgiu na escuridão, enfrentando-o (v.24).

E os dois lutaram durante a noite. Perto do fim, o ser tocou-lhe "...na junta da coxa..." e a deslocou (v.25). Tudo o que Jacó podia fazer era esperar. Ele era um homem desesperado e necessitava de misericórdia. E Deus lhe deu. Antes de voltar para casa e para a vida extraordinária a qual o Senhor o chamara, ele precisava primeiro ser "quebrado". Então, vazio de si mesmo, pôde ser forte em Deus. —Winn Collier

# corações abertos

**leia›**
**1 Reis 12:1-16**
Mas Roboão não seguiu o conselho dos homens mais velhos e foi falar com os jovens que haviam crescido junto com ele e que agora eram os seus conselheiros (v.8).

**examine›**
Leia o livro de Provérbios 11:14; 15:22; 24:6 para ver o valor de se buscar conselhos de fontes sábias.

**considere›**
A quem você normalmente busca por conselhos? Essa pessoa lhe dá conselhos santos? O que torna um conselho verdadeiramente sábio?

Algumas vezes eu não quero conselhos. Em várias ocasiões abri meu coração para meu marido e ele respondeu com bons conselhos. Mas o que ele nem sempre entende é que eu só queria compartilhar meus pensamentos. Não quero respostas. Ajo como se fosse "toda ouvidos", e ouço só para ver se ele dirá o que eu quero ouvir. Embora queira conselhos santos, por ser necessário e frutífero, *não quero* sempre ouvir a verdade. Nesses momentos não há nada de errado com meus ouvidos — mas, meu coração é outro assunto...

Roboão, recém-coroado rei, queria satisfazer a necessidade de seu povo. Porém não compreendia o propósito de um conselho sábio. Alimentando sua necessidade de poder, seus amigos o aconselharam a agir de modo que custou a ele o apoio do povo e a maioria do seu reino (1 Reis 12:8). Tendo aprendido tarde demais que a popularidade com os amigos não era igual à sabedoria, Roboão escolheu seguir os motivos orgulhosos de seu próprio coração e o mau conselho dos amigos. Infelizmente, o desejo por um julgamento honesto de seu pai Salomão não fora transferido a ele (3:7-9).

Procurar outros para validar-nos com nossas "cabeças duras" não fará nada além de nos levar à ruína. O livro de Provérbios 13:20 diz: "Quem anda com os sábios será sábio, mas quem anda com os tolos acabará mal", enquanto 15:31 nos lembra: "Aquele que aceita a repreensão justa andará na companhia dos sábios."

Quando se trata de buscar conselhos, deveríamos refletir em oração: *onde o buscamos* (Salmo 101:6; 119:24), *como* o buscamos (Tiago 1:5,6); e por que o buscamos (Isaías 55:6-11).

Deus está pronto para revelar Sua sabedoria a nós. É nossa parte assegurar que nossos corações estejam prontos para ouvir. —Regina Franklin

# criatividade!"

**leia>**
**Êxodo 35:4-35**
Pois foi Deus quem nos fez o que somos agora; em nossa união com Cristo Jesus, ele nos criou para que fizéssemos as boas obras que ele já havia preparado para nós (Efésios 2:10).

**examine>**
O que o livro de Gênesis 1:27 revela sobre o que podemos criar refletindo o nosso Criador?

**considere>**
Você pode se responsabilizar criativamente por algum desafio hoje? Como sua criatividade pode trazer glória a Deus?

*Estevão Saint precisava um carro que pudesse voar.* Como não havia este carro mágico no mercado, ele começou a construí-lo, com oração e criatividade. Seu trabalho reflete o amor que tinha pela tribo Waodani no Equador. Seu pai, Natã Saint, fora piloto-missionário e morreu nas mãos dessa tribo, em 1956. Saint ministrou fielmente ao longo de anos a este povo. Seu engenhoso Maverick, que usava um paraquedas para voar, permitia melhor acesso às vilas Waodani no Amazonas, e em outras partes remotas do mundo.

Moisés precisava de pessoas habilidosas e criativas para produzir algo novo — o tabernáculo (Êxodo 35). A estrutura semelhante a uma barraca, onde Deus encontraria com Seu povo Israel, era o sonho de um artista — com materiais como ouro, prata, bronze, linho, madeira e pedras preciosas (vv.5-9). Moisés reuniu os homens hábeis (v.10) para criar o que Deus tinha planejado (v.5).

O povo de Deus estava entusiasmado com o projeto. Seu "coração se moveu" e seus espíritos foram impelidos enquanto doavam generosamente para vê-lo se transformar em realidade (v.21). Um homem chamado Bezalel, que tinha "...inteligência, competência e habilidade para fazer todo tipo de trabalho artístico" liderou a equipe de projeto (v.31). O tabernáculo ficou pronto a tempo, e Deus — em toda Sua glória — encontrava-se lá com Seu povo.

Você pode dizer: "Tudo bem, Estevão Saint e Bezalel usaram a criatividade e nos levaram a coisas maravilhosas, mas eu não sou criativo". Não é verdade! Cada um de nós é "feitura" de Deus e Ele tem "boas obras" em mente para criarmos e completarmos (Efésios 2:10).

Reflita sobre que assuntos e projetos você está enfrentando hoje. Em vez de ficar espantado ou se sentindo incapaz, utilize a criatividade de Deus e use suas habilidades para glorificá-lo! —Tom Felten

# "estamos seguros!"

**leia>**
**Jeremias 7:1-11**
Vocês roubam, matam, cometem adultério, juram para encobrir mentiras [...] depois vêm e ficam na minha presença, no meu próprio Templo, e dizem: "Nós estamos seguros!" (vv.9,10).

**examine>**
O que os livros de João 14:6; 1 Timóteo 2:5,6; Hebreus 7:23-28 nos ensinam sobre Jesus, o Salvador?

**considere>**
O que lhe dá um falso senso de segurança? O que vai fazer para se voltar a Deus e experimentar a verdadeira segurança?

O Relatório do Fórum *Pew*, de 2010, 53% dos cristãos nos EUA não sabiam que Martinho Lutero foi a pessoa que inspirou a Reforma Protestante. Assim, não sabiam que em 31 de outubro de 1517, na pequena cidade alemã de Wittenberg, Lutero fixou suas *95 teses* na porta da igreja — convidando especialistas ao debate sobre o uso das indulgências; uma prática que ele cria dar aos cristãos uma falsa certeza de salvação. Lutero explicou o que é a verdadeira salvação em suas quatro primeiras teses: "1. Quando Jesus disse 'arrependam-se', Ele queria dizer que os cristãos deveriam ter uma vida inteira de arrependimento. 2. Só Deus pode dar salvação — não um sacerdote. 3. A penitência interior deve vir acompanhada de uma mudança adequada de estilo de vida. 4. O pecado sempre irá permanecer até que entremos no céu."

O povo de Judá tinha um falso senso de segurança. Criam que seu templo lhes garantia proteção (Jeremias 7:4). Viviam desonestamente e rejeitavam as leis de Deus (vv.8-11). O profeta Jeremias os avisou de sua tolice e falsidade, afirmando: "...estão confiando em palavras mentirosas..." (v.8). Também deixou claro que o templo do Senhor não pode salvar (vv.4,8) — somente o *Senhor* do templo salva (v.5).

As pessoas precisavam emendar seus caminhos (v.3), mudar e se arrepender (vv.5-10). Não podiam furtar, matar, cometer adultério e jurar falsamente e depois vir ao templo e se por na presença de Deus e dizer: "...'Nós estamos seguros!'" — para continuar a praticar estas abominações (vv.9,10). Sua "penitência interior deveria vir acompanhada de uma adequada mudança de estilo de vida" (Tese 3 de Lutero). Só assim Deus seria misericordioso (v.5). Só assim estariam salvos e seguros (v.7).

Como cristãos, devemos ser capazes de produzir frutos "...que mostrem..." arrependimento (Mateus 3:8). —K. T. Sim

# polícia da moda

**leia›**
**1 Timóteo 2:8-10**
...que as mulheres sejam sensatas e usem roupas decentes e simples... (v.9).

**examine›**
Leia o livro de Provérbios 31:25 para ver como "força e respeito" adéquam-se bem com o caráter de uma mulher nobre.

**considere›**
Por que é tão importante que as pessoas se vistam modestamente? Como você pode promover a modéstia em seus relacionamentos?

A cidade italiana de Castellammare criou sua própria versão da "polícia da moda." Esta polícia está autorizada a multar mulheres que usam roupas provocantes como minissaias, jeans justos e decotes. Um policial da cidade alegou que a proibição fez de Castellammare uma "cidade civilizada".

Embora eu não tenha certeza se essas leis elevam a moral da cidade, gosto do seu objetivo de melhorar a ordem pública. Paulo tinha um objetivo semelhante quando escreveu algumas orientações sobre a modéstia dentro da igreja.

Nos locais de adoração, Paulo convocou as mulheres a terem pudor em sua aparência. Especificamente, ele disse: "...as mulheres sejam sensatas e usem roupas decentes e simples..." (1 Timóteo 2:9). Senhoras, não creio que isso signifique limitar seus guarda-roupas para a moda sem qualquer expressão. No entanto, também não podemos confiar nos padrões do mundo para determinar o que é digno e apropriado. Folheie uma revista de moda atual e você verá o que eu digo!

Como cristãos, revestimos nossos corpos com "mais honra" (1 Coríntios 12:23). Não podemos nos dar ao luxo de acreditar na mentira de que ser atraente significa atrair a atenção aos nossos corpos. Ao contrário: "Que se enfeitem com boas ações, como devem fazer as mulheres que dizem que são dedicadas a Deus!" (1 Timóteo 2:10).

Espiritualmente falando, a questão da modéstia nos pede uma resposta à pergunta: Será que nos preocupamos mais em chamar a atenção para nós ou para Deus? A resposta parece óbvia, especialmente se estivermos falando de um contexto de igreja. Dar glória a Deus deve ser sempre uma prioridade na vida de um cristão. É possível honrá-lo, com o que vestimos, e com o que deixamos de comprar nos cabides das lojas. —Jennifer Benson Schuldt

# momentos decisivos

**leia›**
**Eclesiastes 7:1-4**
...quem é sábio pensa também na morte (v.4).

**examine›**
O que Jesus disse sobre a morte e a vida no livro de João 12:24-26?

**considere›**
Em que direção vão os seus pensamentos ao pensar ou falar sobre a morte? Como isso define ou redefine a vida para você?

Alinhem-se em ordem alfabética pela altura. *Como?* "Vamos girar esta equipe em 360 graus." *O quê?*

Estas são duas das muitas outras citações estranhas que me deparei recentemente. Salomão disse algumas coisas muito estranhas também. Por exemplo, ele escreveu: "...e o dia da morte é melhor do que o dia do nascimento" (Eclesiastes 7:1). "É melhor ir a uma casa onde há luto do que ir a uma casa onde há festa..." (v.2). "A tristeza é melhor do que o riso..." (v.3). "...quem é sábio pensa também na morte..." (v.4). *Uau! Salomão foi aquele tipo de homem sombrio, negativo, suicida e pessimista com desejos de morte?*

Como chinês, fui ensinado que é totalmente desfavorável falar ou mesmo pensar sobre a morte quando você ainda está vivendo. Mas "todo mundo morre". A morte não é um se, mas um quando. "...E os vivos nunca devem esquecer isso" (v.2). Salomão nos aconselhou a encarar a morte e em seguida viver com o nosso fim em mente.

Toda vez que eu visito uma casa funerária para confortar os enlutados, me lembro mais uma vez como a vida humana é curta. Não importa se o falecido tinha 20 ou 80 anos. A vida expirou. E Salomão incentiva a reflexão sobre a brevidade da vida, em vez de buscar festas ou leviandade "...pois a tristeza faz o rosto ficar abatido, mas torna o coração compreensivo" (Eclesiastes 7:3). É por isso que é melhor "...ir a uma casa onde há luto do que ir a uma casa onde há festa..." (v.2).

É em face da morte que fazemos uma avaliação séria e verdadeira da forma como temos vivido e de que mudanças queremos fazer na maneira que vivemos hoje. Sim, uma pessoa sábia pensa muito sobre a morte (v.4). São os sábios que aprendem com a brevidade da vida — à luz da realidade e inevitabilidade da morte. Elevemos nossos olhos do físico para o espiritual e do temporal para o eterno. —K. T. Sim

# chato?

**leia›**
**Mateus 1:1-16**
...Maria, e ela foi a mãe de Jesus, chamado Messias (v.16).

**examine›**
Leia a história cativante de Tamar no livro de Gênesis 38. Quais foram as limitações culturais e os obstáculos que você acha que ela enfrentou?

**considere›**
O que o envergonha mais? O que você vai fazer para buscar o perdão restaurador de Deus?

O evangelho de Mateus traz a notícia mais importante que o mundo já viu. Por que, então, o seu começo é tão... *chato*? O livro de Gênesis começa com a grandiosidade épica: "No começo Deus criou os céus e a terra." Em contraste, Mateus escreve tão morno: "Esta é a lista dos antepassados de Jesus Cristo..." (1:1).

A lista de Mateus é fascinante por mencionar mulheres gentias, pois *elas* estão numa antiga genealogia judaica (antes reservada apenas para os homens). Elas são uma parte importante da história redentora de Deus.

*Tamar* (Mateus 1:3) usou subterfúgios para conceber um herdeiro para Judá (Gênesis 38). Judá estava pronto para executá-la pelo crime de prostituição, até perceber que as ações dela eram justas. Ele havia sido o verdadeiro problema. Sem Tamar, a linha ancestral que conduz ao nascimento de Jesus terminaria.

*Raabe* (Mateus 1:5) era lembrada principalmente por sua profissão (Josué 2). Mas ela reconheceu a obra de Deus e corajosamente escondeu dois espiões israelitas. Raabe se tornou a mãe de Boaz, que se casou...

*Rute*, de Moabe cujo povo sem Deus existia por causa de incesto de seus ancestrais. Moabe significa, literalmente, "do pai". Você percebe, Ló tinha concebido crianças com suas próprias filhas (Gênesis 19:30-38). Mas Rute, sua descendente, escolheu adorar e seguir o único e verdadeiro Deus. Ela se tornou a bisavó de Davi, que se casou...

*Bate-Seba*, que é conhecida por ser *aquela* mulher — vítima ou não (2 Samuel 11). Ela também é uma ancestral honrada de Jesus.

A última de todas é obviamente *Maria*, a mais abençoada de todas as mulheres, que achou "graça diante de Deus" (Lucas 1:30 ARA).

Por que Mateus começa com uma lista aparentemente banal? Porque registra a surpreendente história de Deus, a história da redenção.
—Tim Gustafson

# criando raízes

**leia›**
**Lucas 8:5-15**
Outra parte caiu no meio de espinhos, que cresceram junto com as plantas e as sufocaram (v.7).

**examine›**
Ore sobre o que está no livro de Efésios 3:17; pelas crianças vindas de ambientes abusivos: "...Cristo viva no coração de vocês. E oro para que vocês tenham raízes e alicerces no amor".

**considere›**
Como você pode ajudar crianças em situação de risco esta semana? Por que é importante que evitemos o amor ao dinheiro?

Muitos anos atrás, escrevi sobre três meninos de rua: Sandro, Moisés e Carlos. Na época, eu tinha ajudado a levá-los a um lar cristão para crianças desabrigadas. Pensei que os meninos estariam felizes por deixar a sua vida de extremo sofrimento para trás. Mas, depois de apenas um mês em seu novo ambiente, Sandro me ligou para dizer que Carlos, de 11 anos, havia fugido.

Para me ajudar a entender por que Carlos preferiu as ruas, Sandro explicou que dois anos antes o menino, órfão, havia sido coagido por uma rede de prostituição infantil, em que poderia ganhar o equivalente a R$ 0,50 cada vez que permitisse que alguém o abusasse sexualmente. Recusando-se a desistir de Carlos, solicitei a ajuda da polícia local e de uma organização que ajuda a resgatar crianças da exploração sexual comercial. Infelizmente, nossos esforços foram em vão, pois Carlos preferiu continuar no seu familiar, mas traiçoeiro caminho.

Mesmo sendo apenas uma criança, Carlos exemplifica o livro de 1 Timóteo 6:10, que diz: "Pois o amor ao dinheiro é uma fonte de todos os tipos de males. E algumas pessoas, por quererem tanto ter dinheiro, se desviaram da fé e encheram a sua vida de sofrimentos."

Apesar de ter sido homens maus que atraíram o vulnerável Carlos no negócio, foi Carlos que deixou o equivalente a R$ 0,50 tentá-lo a desviar-se da fé e da segurança. Ele optou por voltar a um lugar que acabará por trazer-lhe muita tristeza.

Muitas vezes, tirar uma criança de situação de extremo risco é a parte mais simples — o maior desafio é ajudá-la a se curar e seguir em frente.

Ore hoje por crianças ao redor do mundo que estão lutando para superar uma dificuldade do passado. Talvez eles sejam como sementes que caem em solo fértil — crescendo em Deus (Lucas 8:8,15). —Roxanne Robbins

# sem condenação

**leia›**
**João 21:1-23**
Então Jesus veio, pegou o pão e deu a eles. E fez a mesma coisa com os peixes (v.13).

**examine›**
Observe como Paulo enfatiza que é a bondade de Deus (não a condenação) que coloca as pessoas na direção certa (Romanos 2:1-4).

**considere›**
Você se dispõe a ter amizades não convencionais? Como o exemplo de Jesus o desafia a ser mais gentil e menos censurador?

Como pescador, acho as histórias de Jesus sobre pescaria atraentes. Numa ocasião, no mar da Galileia, Jesus apareceu aos discípulos pela terceira vez após a ressurreição (João 21:1-23). Semelhante a quando conheceram o Mestre (Lucas 5:1-11), eles não haviam pescado nada depois de uma noite frustrante. Então, Jesus apareceu e lhes disse para lançarem as redes do outro lado do barco, e a "carga" foi grande (João 21:6).

Que grande história. Os homens foram simplesmente pescar, talvez para esfriar a cabeça depois dos acontecimentos recentes. O dia tinha sido difícil. O homem a quem tinham desistido de tudo para seguir — fora preso, torturado e executado. Então, antes que eles percebessem, Ele estava vivo. E agora?

Amo o jeito que Jesus os encontra onde eles estão, *sem condenação*. Jesus não os questionou sobre eles estarem desperdiçando tempo pescando, embora houvesse passado três anos treinando-os para "pescar" as pessoas (Lucas 5:10). Em vez disso, Ele perguntou o que os observadores mais curiosos perguntam aos pescadores: "...pescaram alguma coisa?" (João 21:5). Ele, então, imediatamente ofereceu uma dica que os levou à sua melhor pesca. Jesus até cozinhou um peixe e pão para o almoço (v.9).

Jesus tinha algumas questões importantes e desafiadoras para discutir com seus seguidores naquela manhã. Ele precisava falar especialmente com Pedro, pois ele havia negado conhecê-lo por três vezes na noite anterior a crucificação. Jesus reafirmou sua amizade. Apesar de tudo o que havia acontecido, Jesus queria que soubessem que Ele os amava e se preocupava com eles.

Amizades não condenatórias: essa é a marca mais duradoura de Jesus. É como Ele se relaciona com qualquer um de nós que sai do curso. E, sempre que possível, é como Ele nos chama para nos relacionarmos com os outros. —Jeff Olson

# autocorreção?

**leia›**
**Apocalipse 3:14-22**
Vocês dizem: 'Somos ricos, estamos bem de vida e temos tudo o que precisamos' (v.17).

**examine›**
Leia o livro de Lucas 18:9-14 e identifique as semelhanças e diferenças entre os dois homens na história e os de Laodiceia.

**considere›**
Você procura se autocorrigir? Quais são as áreas em sua vida em que você precisa submeter-se a correção de Jesus?

Ben Zimmer, linguista, lexicógrafo e colunista de renomado jornal, escreveu uma reportagem sobre como a função de autocorreção de nossos *smartphones* pode ser equivocada. Ele contou sobre uma garota que tinha recebido uma mensagem de seu pai que dizia: "Divórcio, sua mãe e eu vamos no próximo mês". Logo em seguida, após essa notícia trágica, o pai rapidamente mandou outra mensagem: Escrevi 'Disney', mas este telefone mudou a palavra para *divórcio.* Estamos indo para a Disney mesmo." Eu ri e pensei como *isto muitas vezes acontece conosco quando tentamos autocorrigir nossa própria vida. Falhamos e obtemos resultados cômicos e às vezes trágicos.*

Isso é o que aconteceu com a igreja de Laodiceia. Eles eram ricos, e isso os levou à "autocorreção", autossuficiência e complacência (Apocalipse 3:17). Eram tão ricos que, quando um terremoto devastador abalou sua cidade, eles a reconstruíram sem qualquer ajuda de Roma. Porque esta igreja não sentia necessidade da ajuda dos romanos, ela não percebia que precisava da ajuda de Deus. Jesus avaliou esta igreja e disse que ainda que tivessem os melhores serviços bancários, comércio industrial, eles eram pobres; e ainda que fossem famosos pela sua lã brilhante, andavam nus; e apesar de conhecidos por seus colírios e centros médicos, eram cegos. Ao tentarem se autocorrigir, Laodiceia acabou se complicando — sucumbindo ao próprio orgulho, materialismo, riqueza e autossatisfação. Infelizmente nem eles percebiam isso.

Em vez de tentar autocorrigir a nossa vida, devemos permitir que *Jesus* o faça (v.20). Ele nos convida a nos arrependermos, a ter comunhão com Ele e a encontrar a nossa suficiência nele. E nos convida também a esquecer do nosso materialismo, nos revestirmos de Sua justiça e a recebermos Sua cura espiritual. —Marvin Williams

# lidere

**leia›**
**Juízes 4:1-14,22,23**
...pois o SENHOR os guiará. O Deus de Israel os protegerá por todos os lados (Isaías 52:12).

**examine›**
Leia o livro de Mateus 5:14-16 para ver por que ser um líder é inerente a ser um seguidor de Jesus.

**considere›**
As pessoas acham você confiável? Sim ou não? As Escrituras falam do valor da sabedoria encontrada em muitos conselheiros (Provérbios 11:14; 24:6).

Ao passar boa parte da minha infância no norte frio dos EUA, sempre pensei em palmeiras como algo exótico. Então, quando nós viajávamos ao Sul para visitar a família de tempos em tempos, eu me sentia como se estivesse em algum lugar perto do Havaí, embora soubesse que águas profundas e muitos quilômetros separavam os dois estados. Agora que vivo no estado da Geórgia (ao Sul) a imagem de uma palmeira perdeu um pouco de seu encanto.

Mais do que um marcador geográfico, a palmeira de Débora era símbolo de esperança (Juízes 4:5). Depois de terem caído em pecado novamente, o povo era assediado por Jabim, rei cananeu vizinho. Em Sua fidelidade e compaixão, Deus respondeu ao clamor dos israelitas levantando a profetisa Débora, que se tornou uma defensora do povo. A história dela revela características importantes para uma liderança bem-sucedida:

*Confiança*. A disposição das pessoas para chegar a ela pela justiça mostra seu caráter. Não só Deus confiou nela o bem-estar do povo, mas o povo viu nela algo que os fazia dispostos a segui-la.

*Fé*. Débora sabia que a glória decorrente do sucesso no campo de batalha não era dela. Como líder, ela sabia que seu povo precisava confiar em Deus. Assim como eles não precisavam de carros de ferro para igualar-se à força de Jabim (Deuteronômio 20:1; Salmo 20:7; 68:17), ela não era o elemento-chave para garantir a vitória de Baraque (Juízes 4:8,9).

*Foco*. Inabalável em sua tarefa, Débora permaneceu focada no chamado que Deus colocara em sua vida. Nem as opiniões dos homens, nem as circunstâncias à sua frente mudaram a sua postura.

De que maneira os líderes que temos demonstram isso? Como nós os revelamos às pessoas que lideramos? —Regina Franklin

# do outro lado

**leia›**
**Êxodo 3:1-6**
Ali o Anjo do SENHOR apareceu a ele numa chama... (v.2).

**examine›**
Considere o livro em que lemos esta história: Êxodo. Como o contexto de Israel (longe de casa, preso no Egito) é paralela à viagem de Moisés?

**considere›**
De que maneira você se sente num deserto agora? Qual seria a sua reação se Deus falasse com você neste lugar?

Uma das vantagens de viajar pelo mundo é sair da sua zona de conforto, conhecer coisas e pessoas que você nunca esperaria encontrar. Fiz uma viagem pela Amazônia venezuelana e descobri que piranhas são reais e que cozido de macaco não é uma lenda.

Moisés estava vivendo em Midiã, muito longe de sua casa no Egito. Ele tinha matado um egípcio que batia num escravo hebreu. Temendo por sua vida, Moisés fugiu. E fugiu muito. Agora, 40 anos depois, Moisés era um homem diferente, e vivia num lugar que ainda não era a sua casa. No livro de Êxodo 3, lemos que Moisés levou seu rebanho para "...o outro lado do deserto..." (v.1). Esta foi uma metáfora apropriada para Moisés. Sua vida foi muito diferente do que ele havia imaginado. Durante 40 anos, ele estava fugindo. Moisés tinha esquecido quem ele era.

Mas Deus não tinha esquecido. Moisés percebeu uma sarça em chamas, mas que não era consumida pelo fogo. "Que coisa esquisita!" Moisés disse: "Vou chegar mais perto para ver" (v.3). *O que você faria se estivesse sozinho no deserto e se deparasse com tal visão?* Quando Moisés aproximou-se da sarça ardente, Deus, das chamas o advertiu: "—Pare ai e tire as sandálias, pois o lugar onde você está é um lugar sagrado" (v.5).

Moisés não estava à procura de Deus e não esperava encontrá-lo. Na verdade, a Bíblia revela que, quando Deus falou, Moisés não gostou do que Ele tinha a dizer. Moisés tinha desaparecido... por 40 anos.

Nenhuma distância ou espaço de tempo é grande demais para Deus. Quando Deus tem a intenção de encontrá-lo, Ele irá encontrá-lo. A pergunta para nós é a seguinte: O que faremos quando formos encontrados?

—Winn Collier

# olhe para cima

**leia>**
**Salmo 25:1-10**
Ó SENHOR, ensina-me os teus caminhos! Faze com que eu os conheça bem (v.4).

**examine>**
Leia o livro de Provérbios 4:20-27 e descubra mais maneiras de manter-se nos caminhos do Senhor. Quais mudanças você precisa fazer para seguir o caminho "reto" de Deus?

**considere>**
Por que é significativo que os discípulos de Jesus tenham sido chamados de seguidores "do Caminho"? (Atos 9:2).

Coloque uma venda nos olhos de um amigo e diga para ele andar em linha reta. Ninguém consegue fazer isso por muito tempo. Um cientista explica: "Os seres humanos, aparentemente, andam em círculos quando não podem ver um ponto focal externo, como uma montanha, o sol ou a lua. Sem essa correção, o nosso corpo assume que há algo em nós que não vai ficar em linha reta."

O que é verdade *para o nosso corpo* também se transforma em verdade *para a nossa alma*. As Escrituras, muitas vezes, referem-se à importância de caminhos retos; trilhas que são feitas pelo uso constante até formarem sulcos profundos em nosso coração.

Caminhos retos são mais curtos do que aqueles repletos de curvas, por isso "...o sábio faz o que é certo" (Provérbios 15:21). Esses caminhos também tendem a ser mais seguros do que perambular entre os arbustos, pois só os tolos "...abandonaram uma vida direita para viver na escuridão do pecado" (2:13). As viagens ficam mais fáceis quando você anda pelo caminho "...da sabedoria [...] nada atrapalhará o seu caminho, e você não tropeçará quando correr" (4:11,12).

O caminho reto é o lugar certo para estar. Mas, como qualquer pessoa de olhos vendados pode lhe dizer, é impossível se achar. "Há caminhos que parecem certos, mas podem acabar levando para a morte", escreveu Salomão (14:12). Precisamos de "um ponto focal externo" e não de alguma montanha ou estrela para nos guiar. Nós precisamos de *Deus*. "Ó SENHOR, ensina-me os teus caminhos! Faze com que eu os conheça bem. Ensina-me a viver de acordo com a tua verdade, pois tu és o meu Deus, o meu Salvador. Eu sempre confio em ti" (Salmo 25:4,5).

Vamos olhar para cima e pedir a Deus que abra os nossos olhos hoje para o caminho reto. —Mike Wittmer

# um pouco fora?

**leia>**
**1 Samuel 13**
Mas agora você não continuará a governar. Você desobedeceu ao SENHOR, e por isso ele vai encontrar um homem do tipo que ele quer e o fará chefe deste povo (v.14).

**examine>**
Leia o livro de Salmo 119:9-16 e veja como desenvolver uma visão perfeita para agradar a Deus.

**considere>**
Que áreas da sua vida precisam ser alinhadas ao padrão perfeito de Deus? De que maneira você pode manter uma clara visão dele?

"Não sou mais *perfeita...*", resmunguei. Essa percepção me atingiu quando substituímos nossa TV por uma de 42 polegadas. A cor era boa, o som perfeito, mas e as legendas, que estavam tão embaçadas? Tinha perdido a minha visão perfeita! O médico me informou que minha visão do olho esquerdo estava fora de foco em alguns graus.

Quando algo está errado um pouquinho só, normalmente deixamos passar. É mais conveniente simplesmente esquecermos em vez de lidar com o problema. Esta atitude, no entanto, pode ser fatal quando trata-se da maneira como lidamos com o pecado. Saul é um exemplo perfeito.

Se formos verdadeiramente honestos, vamos admitir que as ações de Saul não pareciam tão ruins assim (1 Samuel 10:8; 13:9). Olhando a situação de fora, parecia que Samuel estava atrasado e que a sobrevivência de Saul e da nação era duvidosa, a menos que alguém agisse rapidamente (v.8). Saul certamente parecia ser o homem certo para isso.

Por que era tão errado que ele sacrificasse o holocausto? (vv.10,11). Saul tinha assumido um papel que não era dele. Ele ofereceu o sacrifício em desobediência direta a Deus (v.13). Em vez de esperar o tempo do Senhor, ele, na verdade, infringiu a função de um sacerdote (Levítico 6:8-13).

Esta situação revela uma falha na perspectiva de Saul. Sua visão não estava totalmente focada em obedecer a Deus. Ele fez algo sobre isso? Não. No livro de 1 Samuel 15, lemos sobre outra batalha e outra desobediência. Mais uma vez, ele usou a piedade divina como cobertura (v.20). Mas Samuel, porta-voz de Deus, disse: "...Você rejeitou as ordens de Deus, o SENHOR, e por isso ele também o rejeitou como rei de Israel" (v.26).

Não é possível ser um pouco imperfeito em seguir os mandamentos de Deus. Busquemos a Sua santidade hoje. —Poh Fang Chia

# sem medo

**leia>**
**Salmo 34:1-11**
Eu pedi a ajuda do SENHOR, e ele me respondeu; ele me livrou de todos os meus medos (v.4).

**examine>**
O que o livro de Deuteronômio 31:6 revela sobre não precisarmos ter medo de outras pessoas? Observe no livro de Salmo 56:3,4 o que Davi decidiu fazer quando o medo apareceu.

**considere>**
Do que você tem tido medo ultimamente? À luz do exemplo de Davi, o que você fará para se ver livre dele?

Imagine a possibilidade de andar pela vida sem medo! Uma certa mulher conhece qual é a sensação de ser livre do medo. Pesquisadores a expuseram a cobras e aranhas, levaram-na por uma casa mal-assombrada, e mostraram filmes assustadores. *Sem medo.* Ameaças de morte como ser assaltada à mão armada a deixaram (felizmente) sem medo algum. Por quê? Esta mulher tem uma condição genética que afeta a parte do cérebro relacionada com a reação de medo. Ela literalmente não consegue ter medo.

Davi, assim como nós de vez em quando, já foi muito medroso. Ele tinha fugido do rei Saul, que queria matá-lo, e acabou abrigado nas terras do rei de Gate, a cidade natal de Golias, morto por Davi (1 Samuel 17:48-50). Pense em algo como sair *da frigideira para o fogo!* Davi estava tão petrificado (21:12) pelo rei Aquis que decidiu fingir estar louco (v.13). Seu desempenho (incluindo o "espumar pela boca") devia ganhar um Oscar, pois o rei acreditou que ele estava realmente louco e permitiu que ele fugisse em vez de lutar (v.15).

Por volta desta época de grande temor em que fingia ser louco, Davi escreveu o Salmo 34. Descobrimos que ele lidou com o seu medo orando a Deus (v.4). Davi confiava na proteção do Senhor (vv.6,7). Ele descansou em Sua bondade e cuidado (v.8), e relatou: Deus "...me livrou de todos os meus medos" (v.4). Exceto *um*...

Veja que Davi tinha medos, pois ele *temia a Deus* (vv.7,9,11). Em outras palavras, o temor reverente a Deus fez desaparecer o medo que ele tinha do homem. Que grande exemplo para seguirmos quando começarmos a temer as coisas deste mundo. Vamos escolher buscar a Deus em oração e temer reverentemente somente a Ele! —Tom Felten

# corra por sua vida

**leia›**
**1 Coríntios 6:12-20**
Fujam da imoralidade sexual!... (v.18).

**examine›**
No livro de Gênesis 39:10,12, há um exemplo de fuga da pressão sexual. Leia o livro de Mateus 5:29,30 para entender como Deus leva a sério a questão da imoralidade.

**considere›**
Por que os cristãos adotam os padrões morais do mundo e não os divinos? O que acontece em nosso relacionamento com Deus quando a imoralidade nos influencia?

Talvez nunca correrei uma maratona. Sei porque participei de uma corrida de 5 quilômetros anos atrás, e quase desmaiei. Enquanto os competidores à minha frente pareciam nem perceber a aproximação da linha de chegada, eu me aproximei dela bufando e com os pulmões ardendo!

Quando Paulo nos ordena a fugir da imoralidade (1 Coríntios 6:18), ele nos convoca a empregar o esforço, como eu fiz na minha pequena corrida. Ele quer que corramos mesmo, porque o tempo em que ficarmos parados poderá nos fazer pensar se o que sabemos é errado. Podemos pensar:

• *Isso não prejudica ninguém.* Outras pessoas roubam e mentem, então podemos racionalizar que dormir com alguém é inofensivo se fizermos comparações. Mas, a Bíblia diz: "Fujam da imoralidade sexual! Qualquer outro pecado que alguém comete não afeta o corpo, mas a pessoa que comete imoralidade sexual peca contra o seu próprio corpo" (v.18). Não se engane: a atividade imoral o fere.

• *O corpo é meu e faço o que quiser com ele.* Muitas pessoas vão lhe dizer, dando de ombros: "É o seu corpo, durma com alguém e divirta-se." Mas, Deus diz que os nossos corpos foram feitos "...para servir o Senhor..." e Ele se preocupa conosco (v.13). Uma vez que Deus é nosso dono, dos pés à cabeça, não somos livres para usar os nossos corpos como quisermos.

• *Tudo bem fazer isso se você está apaixonado.* A Bíblia diz claramente que a imoralidade é pecado (Efésios 5:3). Nossas emoções e hormônios não têm o poder de mudar os padrões de Deus para a pureza. É uma coisa muito boa, porque muitos de nós confundem "amor mútuo" com o que realmente é apenas um simples *desejo*.

Se esses pensamentos soam familiares, compare-os com a verdade da Palavra de Deus. Lembre-se: "...usem o seu corpo para a glória dele" (1 Coríntios 6:20), e corram para longe da tentação. Corra por sua vida! —Jennifer Benson Schuldt

# riscos

**leia›**
**Lucas 10:25-37**
Então chegou perto dele, limpou os seus ferimentos com azeite e vinho e em seguida os enfaixou [...] e o levou para uma pensão, onde cuidou dele (v.34).

**examine›**
Leia o livro de 2 Coríntios 7:2-16; 11:1-15; 12:11-21 para ver o que Paulo arriscou para amar os cristãos de Corinto.

**considere›**
Alguém assumiu o risco de amar e cuidar de você? Que risco você precisa correr para amar um amigo ou outra pessoa que está sofrendo?

Meus pais me telefonaram anos atrás com novidades horríveis. Minha prima e seu marido tinham sido assassinados e os corpos deles tinham sido esquartejados na casa em que moravam. As mortes foram particularmente horríveis porque foram assassinados por seu filho adotivo. O filho, obviamente, sofria de traumas psicológicos profundos, mas ainda é incompreensível como uma criança que era amada profundamente poderia matar os que lhe eram próximos e a amavam. Seus sacrifícios foram recompensados com a morte.

Este fim trágico me lembra da história de Jesus sobre o Bom Samaritano e do risco que Ele correu para ajudar um homem ferido. A estrada que ia das montanhas de Jerusalém para o vale de Jericó era de 27 quilômetros de ventos e poeira. Não havia outro caminho, e entendo porque o sacerdote e o levita passaram pelo outro lado da vítima (Lucas 10:30-32). O corpo espancado ao lado da estrada dizia que os ladrões estavam por perto, e parecia uma ideia brilhante sair de lá.

O samaritano, não se importando com sua própria segurança, ajoelhou-se ao lado da vítima (v.34). E se os "bandidos" estivessem escondidos atrás de pedras, esperando para agredir e roubá-lo? Os ladrões judeus poderiam respeitar um sacerdote ou levita, mas não teriam nenhum problema em matar um samaritano desprezado. O samaritano decidiu arriscar sua vida por amor e compaixão (vv.33,34).

Devemos ter cuidado na maneira como aplicamos esta parábola (por exemplo, uma mulher solteira deve pensar duas vezes antes de parar para ajudar um homem assim). E, no entanto, como o sacerdote e o levita, parece que podemos sempre encontrar boas razões para não ajudar. Amar é supostamente perigoso, pois, quando nos abrimos aos outros, inevitavelmente nos tornamos vulneráveis a sermos feridos. Às vezes termina mal, mas o risco sempre vale a pena. —Mike Wittmer

# o que é um cristão?

**leia>**
**Romanos 8:1-17**
Pois aqueles que são guiados pelo Espírito de Deus são filhos de Deus (v.14).

**examine>**
Os cristãos são libertos do pecado, mas qual o ensino do livro de Romanos 7:14-25 sobre a nossa luta contínua?

**considere>**
O que significa para você ser cristão? Como seus amigos e conhecidos não salvos responderiam a essa pergunta?

No ícone "religião" no perfil do *Facebook*, minha esposa escreveu: "seguidora de Jesus." Ela usa esse termo para evitar conotações políticas e culturais associadas à palavra *cristã*. Em algumas culturas, as pessoas são consideradas cristãs "por nascimento". Mas isso é um mal-entendido sobre o que realmente significa seguir Jesus. Ironicamente, meu amigo no Reino Unido, pediu-me para não usar o termo "seguidor de Jesus" para descrever os cristãos. Parece que, em sua cultura, o problema se inverte.

Ele disse que, "a expressão 'seguidor de Jesus' gera confusão entre os que são salvos por Cristo e os que tem fé diferente". Ele observou que alguns consideram Jesus como um grande homem, porém menos do que Ele afirmava ser. Menos do que o Único, o Messias nascido de uma virgem. Menos do que o puro Cordeiro de Deus crucificado por nossos pecados. Menos do que o Jesus ressurreto.

O que é ser cristão? Paulo o definiu solidamente no livro de Romanos 8. *O cristão é aquele que foi liberto da escravidão do pecado e de sua sentença de morte.* "Agora já não existe nenhuma condenação para as pessoas que estão unidas com Cristo Jesus," escreveu Paulo. "Pois a lei do Espírito de Deus, que nos trouxe vida [...] livrou você da lei do pecado e da morte" (vv.1,2). *O verdadeiro cristianismo também deve ter provas que o corroborem.*" Vocês, porém, não vivem como manda a natureza humana, mas como o Espírito de Deus quer, se é que o Espírito de Deus vive realmente em vocês...", acrescentou. "...Quem não tem o Espírito de Cristo não pertence a ele" (v.9).

"Pois aqueles que são guiados pelo Espírito de Deus são filhos de Deus", concluiu Paulo (v.14). "O Espírito de Deus se une com o nosso espírito para afirmar que somos filhos de Deus" (v.16). Isso não é algo político ou cultural. É relacional! —Tim Gustafson

# a escolha é sua

**leia>**
**Eclesiastes 10:1-3**
Para quem é sábio, é muito natural fazer o que é certo, mas para o tolo o natural é fazer o que é errado (v.2).

**examine>**
Leia o livro de Provérbios 22:1. Dedique uns minutos para ponderar se você está buscando coisas materiais mais do que uma vida que honre a Deus.

**considere>**
Quem ou o que influencia suas escolhas diárias? Qual escolha você precisa levar a Deus hoje?

Um amigo missionário que viveu em Uganda por quase 20 anos me disse que sua esposa não gosta da viagem anual de sua família para os Estados Unidos. O motivo? "Há muitas opções lá!", diz ela.

É verdade que, com menos produtos de consumo ao nosso dispor — viver em Uganda pode parecer menos complicado do que no mundo Ocidental. Descobri, porém, que eu ainda faço tantas escolhas aqui como nos EUA, mas elas são diferentes.

Em Uganda, onde a extrema pobreza está sempre presente, constantemente escolho como devo reagir às crianças de rua que batem na janela do meu carro. Devo dar comida aos vizinhos com fome no meu portão? O que devo fazer pelas crianças que conheço das proximidades e que estão sofrendo desumanamente em hospitais pobremente equipados?

Após três anos vivendo neste país ainda me questiono: *Onde uma pessoa começa a ajudar os ugandenses?*

Bucando respostas nas Escrituras, vejo que Deus nos dá a mesma orientação, se vivemos em um país rico ou pobre. Em última análise, independentemente do nosso ambiente, como Josué, devemos primeiro escolher a cada dia "a quem servir". O Senhor, ou outros deuses? (Josué 24:14-16).

Para aqueles que escolhem servir e temer ao Senhor "...aprenderão com ele o caminho que devem seguir" (Salmo 25:12). Ao seguirmos somos capacitados pelo Seu Espírito Santo, Deus nos orientará em questões de serviço e até mesmo em compras que precisamos fazer.

É verdade, nos tornamos escravos do que ou de quem escolhemos obedecer. "...Assim sendo, vocês podem obedecer ao pecado, que produz a morte, ou podem obedecer a Deus e ser aceitos por ele" (Romanos 6:16). Vamos escolher seguir a Deus hoje e alcançar os outros pelo Seu poder. —Roxanne Robbins

# vila do martírio

**leia›**
**Mateus 7:1-5**
Por que é que você vê o cisco que está no olho do seu irmão e não repara na trave de madeira que está no seu próprio olho? (v.3).

**examine›**
Considere o que é exigido daqueles que dizem amar a Deus (1 João 4:19-21).

**considere›**
Você se faz de mártir num relacionamento? É importante reconhecer que a sua dor não é a mais importante no universo?

Uma pessoa recentemente lamentou-se: "Não entendo. Por que todos os meus relacionamentos acabam? Quero conviver melhor com a minha família e ter amizades mais íntimas, mas me encontro, seguidamente, em circunstâncias quase impossíveis."

Esta pessoa parecia tão indefesa. Meu desejo de consolá-la era forte, mas não era o que ela precisava naquele momento. Ela não percebia, até eu mencionar, que estava *bancando o mártir.* Ela não percebia que agia como vítima. Para seu próprio bem, precisava de uma dose de verdades ditas em amor (Efésios 4:15).

Todos nós já passamos por isso. Vemo-nos como se fôssemos os únicos feridos sofrendo com um relacionamento (ou pelo menos a nossa dor é o que mais importa). A verdade é que aumentamos o problema mais do que admitimos. É uma atitude que apenas gera mais sentimentos de desamparo e que precisa ser desafiada e abandonada.

Se acampamos na "Vila do Martírio" não estamos tão presos quanto pensamos. Há outra atitude para se adotar que pode bater de frente com os nossos sentimentos de abandono. Jesus nos ensinou a nos preocuparmos em primeiro lugar com o "nosso próprio" problema antes de nos preocuparmos com o problema do nosso amigo. Ele disse: "...Tire primeiro a trave que está no seu olho e então poderá ver bem para tirar o cisco que está no olho do seu irmão" (Mateus 7:5).

É uma questão de perspectiva que pode não mudar imediatamente as nossas circunstâncias, mas pode nos libertar de uma forma impotente de pensar. Pode fornecer também as bases para que possamos avançar em nossos relacionamentos.

Você se sente indefeso? Não se faça de mártir. Considere suas próprias palavras e ações enquanto, em oração, você procura por relacionamentos mais saudáveis. —Jeff Olson

# nação do ensino

**leia›**
**Deuteronômio 11:18-25**
Lembrem desses mandamentos e os guardem no seu coração. Amarrem essas leis nos braços e na testa, para que não as esqueçam e não deixem de ensiná-las aos seus filhos... (vv.18,19).

**examine›**
Leia o livro de Provérbios 4 para ver as sábias instruções de um pai para o seu filho.

**considere›**
Você investe na formação moral das crianças de sua família? Quais outras crianças você pode instruir na sabedoria da Palavra de Deus?

A pesquisa de um jornal de Singapura afirma que 97 dos 100 alunos entrevistados têm professores particulares ou formação complementar em centros acadêmicos. A prática é tão comum que Singapura é chamada "a nação do ensino".

Questiono-me se a formação acadêmica *não é igual, ou maior que a atenção dada para instruir os nossos filhos a se tornarem pessoas de elevado caráter moral, e imbuídas de propósito claro e missão na vida?*

No livro de Deuteronômio 11, Deus está interessado na educação dos nossos filhos (vv.18,19). Ele quer que lhes ensinemos a Sua Palavra, caminhos e valores. No livro de Salmo 78:7,8 nos é dito o propósito desta instrução: "Assim eles também porão a sua confiança em Deus; não esquecerão o que ele fez e obedecerão sempre aos seus mandamentos. Eles não serão como os seus antepassados [...] que nunca foi firme na sua confiança em Deus...".

E Deus é o melhor professor com o melhor plano de aula para seguirmos. Primeiro, ensinamos pelo exemplo. Os pais devem guardar em "...seu coração..." as palavras de Deus (Deuteronômio 11:18). Ele afirma: "...não deixem de ensiná-las aos seus filhos. Repitam essas leis em casa e fora de casa..." Sim, a Palavra de Deus deve moldar pessoalmente o nosso coração, mente e vontade. Em seguida, o lugar da educação não é na sala de aula, mas nas situações da vida (vv.19,20). Por isso é bom perguntarmos: *Será que estamos aproveitando as oportunidades para transformar as experiências de vida em momentos de ensino? Estamos liberando o tempo de qualidade que é necessário?*

Se você é responsável por algumas crianças preciosas, leve a educação delas a sério. Devemos instruí-las para que façam o que é direito, que amem uns aos outros com dedicação e que vivam "...em humilde obediência ao nosso Deus" (Miqueias 6:8). —Poh Fang Chia

# esquecer o diabo?

**leia>**
**1 Pedro 5:8,9**
Vistam-se com toda a armadura que Deus dá a vocês, para ficarem firmes contra as armadilhas do Diabo (Efésios 6:11).

**examine>**
Leia o livro de Gênesis 3:1-6; Mateus 4:1-11; Atos 5:1-11 e identifique em cada passagem uma ou mais das cinco descrições de Satanás.

**considere>**
Satanás tentou influenciá-lo ultimamente? Quais áreas de sua vida espiritual você precisa reforçar para que você possa ser mais forte contra ele?

Martyn Lloyd-Jones disse certa vez: "Estou certo de que uma das principais causas do mau estado da igreja hoje é o fato de que o diabo está sendo esquecido. Nós psicologizamos as nossas atitudes e pensamentos. Somos ignorantes deste grande fato da existência do diabo, o adversário, o acusador."

Não devemos ser excessivamente interessados em Satanás, mas precisamos estar conscientes da maneira como ele age sendo um inimigo de Deus. A Bíblia revela quem ele é e o que ele faz. Quem é Satanás?

- *O obstáculo.* Um das tarefas de Satanás é impedir os incrédulos de crer em Jesus. Ele faz isso cegando seus olhos para que não entendam tudo o que Deus fez por eles em Jesus (2 Coríntios 4:4).
- *O instigador.* Atrás de cada coração assassino e língua mentirosa está a má influência do inimigo. Pois ele é um assassino desde o início e em tudo ele não tem a verdade (João 8:44).
- *O destruidor.* Ele procura arruinar completamente a vida e a influência dos seguidores de Jesus (1 Pedro 5:8,9).
- *O acusador.* Quando os cristãos pecam, ele os faz sentirem-se culpados, acusando-os diante de Deus (Apocalipse 12:10).
- *O enganador.* Ele provoca para que as pessoas sejam enganadas a respeito de Deus e caminhem pela vida sem rumo (v.9).

Podemos resistir e derrotar as tenebrosas forças de Satanás... estando firmes naquele que esmagou sua a cabeça no Calvário; estando cientes de suas estratégias (Efésios 6:10,11; 1 Pedro 5:8), usando a Palavra de Deus (Mateus 4:1-11), colocando toda a armadura de Deus (Efésios 6:10-17), chegando perto de Deus (Tiago 4:7) e orando no poder do Espírito Santo (Efésios 6:18). —Marvin Williams

# Seus padrões, não nossos

**leia›**
**Gálatas 1:1-12**
Estou muito admirado com vocês, pois estão [...] aceitando outro evangelho. [...] porque há algumas pessoas que estão perturbando vocês, querendo mudar o evangelho de Cristo (vv.6,7).

**examine›**
Leia o livro de 2 Timóteo 4:1-4 para ver por que devemos estar dispostos a permitir que os outros deem satisfação, mesmo quando dizem coisas que necessariamente não queremos ouvir.

**considere›**
Você sentiu-se propenso a distorcer a Palavra de Deus? Por que Deus é tão firme quando se trata da verdade do Seu evangelho?

Quando eu era criança, um dos meus jogos de tabuleiro favorito era chamado *Agravamento*. Eu até mesmo criava adversários (todos jogados por mim, é claro) se os outros não estavam disponíveis para jogarem comigo. Jogá-lo na casa dos meus tios era especial. Quando voltava para casa, no entanto, meus pais tinham que me esclarecer sobre as regras oficiais, enquanto meus tios jogavam pelas "regras da casa" deles.

O livro de Judas 3 nos lembra que os esforços para desfazer os absolutos das Escrituras ocorreram ao longo da história. Quando Satanás tentou o homem a desobedecer a Deus, o maligno mudou a verdade para atender seus próprios propósitos (Gênesis 2:16,17; 3:1). Mesmo Jesus não estava isento de ataques perversos do diabo contra a verdade (Mateus 4:6). Portanto, não devemos nos surpreender se também formos chamados a "defender a fé" (Judas 3).

Colocamo-nos em perigo quando acreditamos que somos muito sábios para cairmos nas mentiras de Satanás (2 Coríntios 11:3). A decepção não vem com luzes e sirenes ofuscantes. Ela se infiltra sorrateira e camufladamente. Surge quando nos preocupamos com as opiniões do homem mais do que com as de Deus.

Para alguns, a porta para a decepção se abre quando eles racionalizam sobre o que as Escrituras dizem com clareza. A onda da opinião pública — e sua necessidade de aceitação — os levam ao comprometimento. Para outros, a decepção tem um convite permanente quando —obstinadamente — escolhem entronizar sua opinião acima do que é divino. Quaisquer que sejam as nossas justificativas para permitir que a verdade seja modificada, a graça e a verdade são inseparáveis.

*Deus estabelece os padrões, não nós.* Qualquer coisa menor não é uma boa notícia, e garante nos levar a um jogo perdido de agravamento espiritual. —Regina Franklin

# salve-o primeiro

**leia›**
**2 Coríntios 5:11-21**
Em Cristo não havia pecado. Mas Deus colocou sobre Cristo a culpa dos nossos pecados para que nós, em união com ele, vivamos de acordo com a vontade de Deus (v.21).

**examine›**
Leia o livro de Filipenses 2:1-11. O que Jesus renunciou ou deixou de lado ao escolher resgatar a humanidade? Como este ato altruísta aparece na história da vida de Jesus?

**considere›**
Como o amor altruísta de Jesus o influencia a ver a postura de Deus com você? Qual é a sua atitude em relação ao Seu imenso amor?

Há alguns anos, as enchentes castigaram a Austrália. Muitas pessoas perderam a vida. Uma delas era um menino de 13 anos chamado Jordan Rice. Jordan, sua mãe e seu irmão Breno, de 10 anos, ficaram presos num carro quando a água subiu. O pai de Jordan contou que "as pessoas ao redor ficaram paradas, até que um homem idoso e magro enrolou-se numa corda e pulou na água".

Ele alcançou o carro e agarrou Jordan, mas ele, que não sabia nadar, insistiu: "salve meu irmão primeiro". O homem tirou Breno, mas o carro virou antes que ele pudesse retornar. Jordan e sua mãe se afogaram.

Somos profundamente comovidos por atos altruístas como uma pessoa doando-se para o bem do outro. Essa abnegação é precisamente o que Jesus fez, a fim de resgatar a humanidade dos estragos do pecado e das garras da morte.

O problema humano mais profundo não é a incapacidade de conviver uns com os outros ou a nossa propensão para destruir tudo o que tocamos (nossa sociedade, nosso ambiente e tudo o mais). Nosso maior dilema é que *fugimos de Deus.* Por causa do amor, no entanto, Deus veio até nós. Ele veio para nos trazer reconciliação "...por meio de Cristo..." (2 Coríntios 5:18). Deus veio até nós em Jesus e começou uma longa tarefa de reconciliar o mundo consigo mesmo (v.19).

Mas esta reconciliação custou tudo a Jesus. Ele entregou a si mesmo, abandonou Seu próprio bem-estar, e entrou na luta de nossa pecaminosidade. Em Jesus, Deus assumiu as nossas cadeias para que pudéssemos ser libertos. Jesus voluntariamente foi morto "...para que nós, em união com ele, vivamos de acordo com a vontade de Deus" (v.21).

O amor de Deus não saiu barato. O custo do Seu amor por nós é altíssimo. Em vez de salvar a si mesmo, o propósito de Jesus era nos salvar. E quando Jesus morreu, Ele fez exatamente isso. —Winn Collier

# enganadores

**leia>**
**Malaquias 3:6-12**
..."Será que alguém pode roubar a Deus?" Mas vocês têm roubado e ainda me perguntam: "Como é que estamos te roubando?" Vocês me roubam nos dízimos e nas ofertas (v.8,9).

**examine>**
Leia o livro de Gálatas 6:7. O que você está plantando em seu relacionamento com Deus e como será a próxima safra?

**considere>**
Você engana o Senhor Deus? O que você fará para "voltar" a Ele?

O professor Richard Quinn revoltou-se. Ele descobrira que seus alunos tinham trapaceado nas provas. Ele fez o que os professores fazem de melhor: deu-lhes uma palestra... sobre *ética*. O assunto? *Confesse que trapaceou, e o restante do seu trabalho irá determinar a sua nota. Você também precisará fazer um curso de quatro horas sobre ética. Não haverá registro permanente do seu erro.* Mais de 200 estudantes admitiram terem trapaceado.

Deus convocou o povo de Judá para tornarem-se limpos. Condenou-os por roubá-lo (Malaquias 3:8,9). O povo, retornando do exílio na Babilônia, era apático em sua adoração a Deus e infiel no relacionamento com Ele. Assim, o Senhor deixou claro que o pecado do povo resultaria em purificação (v.2).

As ofertas e os dízimos insignificantes que eram dados a Deus refletiam seus corações endurecidos (vv.8,9). Eles sabiam que um décimo de suas colheitas deveria ser apresentado a Deus (Deuteronômio 12:6,11,17). Mas nem a *quantidade* nem a *qualidade* de seus dízimos e ofertas como coisas materiais (roupas, materiais de construção, ouro, prata, pedras preciosas) eram decentes. Em vez de dar o melhor da safra, eles estavam dando os restos dos barris.

Você quase pode ouvir o povo de Judá respondendo com autopiedade, *Deus, nós passamos por momentos difíceis recentemente. Pega leve, hein?* Talvez você e eu também agimos da mesma maneira, permitindo que tempos difíceis nos levem a oferecer a Deus um culto e ofertas de segunda classe.

Deus, em Sua graça, disse ao Seu povo que Ele iria "abrir as janelas do céu" e ricamente abençoá-los se eles "voltassem" (se arrependessem e renovassem a sua verdadeira adoração) a Ele (Malaquias 3:7,10). E Ele fará o mesmo por você e por mim. Nenhuma aula de ética é necessária. —Tom Felten

# carregamento de esposas

**leia>**
**Colossenses 1:3-14**
...que vocês se tornem fortes com toda a força que vem do glorioso poder dele... (v.11).

**examine>**
Leia o livro de 2 Coríntios 1:9-11 para mais ideias sobre como interceder pelos irmãos na fé, e Romanos 15:30-33 para ver o que a oração intercessória pode significar para nós e para os outros.

**considere>**
Como você se sente quando alguém próximo lhe diz que está orando por você? Você irá orar mais intensamente por outros cristãos?

Os concorrentes no Campeonato Mundial de Carregamento de Esposas se encontram na cidade finlandesa de Sonkajärvi. Na disputa, os homens carregam suas esposas por 253 metros, por cascalhos, grama, areia, dois obstáculos e água. Soltar a esposa significa uma penalidade de 15 segundos — sem mencionar a irritação da mulher.

No casamento, estou convencida de que os homens precisam *carregar* suas esposas, e as esposas precisam *carregar* seus maridos, por assim dizer. Uma forma importante de "carregar" seu cônjuge é por meio da oração.

Se o seu amado não é mais prioridade em sua lista de oração, tente alguns ângulos novos. Uma ideia é pedir a Deus para dar ao seu cônjuge "...conhecimento da sua vontade..." (Colossenses 1:9). Não seria ótimo ter a sabedoria de Deus em todas as nossas decisões relacionadas à família? Poderia ser a forma como disciplinar nossos filhos, melhor ajudarmos os nossos pais e decidirmos em qual igreja local participar.

Além de conhecer a sabedoria de Deus, a maioria de nós precisa de forças para enfrentar os desafios da vida. Paulo orou para que os primeiros cristãos "...se tornem fortes com toda força que vem do glorioso poder dele para que possam suportar tudo com paciência" (v.11). Se o seu cônjuge precisa de ajuda em alguma área, peça a Deus que lhe dê fôlego para lidar com o problema.

E também não se esqueça de pedir a Deus que abençoe o seu cônjuge com alegria e espírito de gratidão (v.11). Muitas vezes, uma melhora das perspectivas pode diminuir as questões do tamanho de montanhas para suas verdadeiras dimensões.

Quando meu marido diz: "Estou orando por você", isso me conforta. Sei que ele não vai me deixar cair nesta corrida da vida. Eu também sei que a Bíblia diz: "...A oração de uma pessoa obediente a Deus tem muito poder" (Tiago 5:16). —Jennifer Benson Schuldt

# o privilégio das crianças

**leia>**
**Salmo 103**
Como um pai trata com bondade os seus filhos, assim o SENHOR é bondoso para aqueles que o temem (v.13).

**examine>**
Leia o livro de João 15:9-17 para descobrir outras maneiras que nos diferem de escravos. Confira no livro de Romanos 6:12-23 uma forma importante de como podemos ser "escravos de Deus".

**considere>**
Que tarefa ou fracasso está pesando fortemente em seu coração? Isso pode ajudá-lo a lembrar-se de que é filho de Deus?

Erik Hatzinger confessou ter roubado dinheiro de várias empresas ao longo de muitos meses. Ele parecia arrependido, pois quando o juiz ordenou que ele pagasse aproximadamente 30 mil reais em restituição, Hatzinger informou ao juiz que ele havia roubado mais e gostaria de restituir tudo.

"Esse é o filho que criei", sua mãe disse a um repórter. "Não me surpreende que ele queira assumir a responsabilidade por aquilo que fez. Ele realmente quer acertar." É uma tarefa dos pais encontrar o lado bom em seu filho, mesmo se condenado. Outros podem ter apontado os crimes dele, mas ela se concentrou no comentário do juiz de que seu filho é o criminoso mais arrependido que ele tinha visto.

Davi, que cometeu alguns crimes, disse que o nosso Deus é um Pai misericordioso que "O SENHOR não nos castiga como merecemos nem nos paga de acordo com os nossos pecados e maldades [...]. Pois ele sabe como somos feitos; lembra que somos pó" (Salmo 103:10,14).

Calvino explicou que a aceitação infinita é o privilégio especial de crianças. Escravos trabalham duro para satisfazer seus mestres, sabendo que podem ser punidos por fazer um mal trabalho. "Mas as crianças, que são tratadas com mais liberalidade por seus pais, não temem apresentar-lhes as suas obras irregulares e mal feitas, e mesmo aqueles que têm algumas falhas, confiam que sua obediência e boa vontade são aceitáveis para seus pais, mesmo que não tenham feito o que queriam."

Queremos agradar nosso Pai, mas como é reconfortante saber que o nosso melhor é suficiente, mesmo quando *não* o é. Se você sofre do fardo do perfeccionismo, se você adia tarefas por medo de que elas nunca serão boas o suficiente, lembre-se de que você é filho de Deus. Ele pode exigir a perfeição de um servo, mas tudo o que Ele quer de você é o amor. —Mike Wittmer

# fé em meio a fome

**leia›**
**1 Reis 17:2-16**
Elias obedeceu à ordem do SENHOR... (v.5).

**examine›**
Leia o livro de Salmo 25:10 para ver como Deus conduz fielmente aqueles a quem ama.

**considere›**
Como você descansa nas promessas de Deus em vez de procurar outras fontes de ajuda? A quais promessas divinas você se apega hoje?

No período dos reis, Israel não abandonou a Deus, mas misturou a fé nele com a dos deuses da fertilidade e da chuva. Talvez pensassem: *Não faz mal pedir a mais alguns deuses por uma colheita abundante, certo?*

Nessa paisagem obscura, alguém se destacou por sua abordagem diferente. O profeta Elias estava forte na fé, como Tiago nos lembra, "...era um ser humano como nós" (Tiago 5:17).

No livro de 1 Reis 17, Elias confiou em Deus para a sua próxima refeição, vivendo o que diz no livro de Mateus 6:31-33: "Portanto, não fiquem preocupados, perguntando: "Onde é que vamos arranjar comida?" ou "Onde é que vamos arranjar bebida?" ou "Onde é que vamos arranjar roupas?" Pois os pagãos é que estão sempre procurando essas coisas. O Pai de vocês, que está no céu, sabe que vocês precisam de tudo isso. Portanto, ponham em primeiro lugar na sua vida o Reino de Deus e aquilo que Deus quer, e ele lhes dará todas essas coisas."

A fome estava presente. Como Elias encontraria alimento? Mas ele não precisava se preocupar. Pois o Senhor disse: "...esconda-se perto do riacho de Querite, a leste do rio Jordão. Você terá água do riacho para beber; e eu mandei que os corvos levem comida para você ali" (1 Reis 17:3,4).

A torrente de Querite era um córrego sazonal, e fornecia água apenas no inverno. Certamente, o abastecimento de água não duraria até a seca nos dias de Elias. E os corvos? Eles eram considerados criaturas imundas! (Levítico 11:13-15). No entanto, apesar disso, nós lemos: "Elias obedeceu à ordem do SENHOR..." (1 Reis 17:5).

Elias demonstrou que podemos viver pela fé, pois Deus é fiel. Todos os dias os corvos lhe trouxeram comida, e todos os dias os grãos e o óleo foram reabastecidos, exatamente como Deus havia prometido. Tal qual Elias, sigamos a Deus com fé. —Poh Fang Chia

# cães, gatos, baleias

**leia>**
**Jonas 2:1-10**
...na minha aflição clamei por socorro, e tu me respondeste... (v.2).

**examine>**
Leia no livro de Salmo 28 a canção desesperada, mas esperançosa do rei Davi a Deus, que o salvou.

**considere>**
O livro de Jonas 2:8 fala sobre falsos deuses. Você adora um falso deus? Você está agarrado em algo que o impede de ser completamente honesto com Deus?

Thor, o cachorro do Frank, atormentava gatos. Então, quando Thor se soltou e fugiu, Frank teve um mau pressentimento. Com certeza, o cão agarrou um pobre gato com as mandíbulas. Então, das sombras veio um raio furioso cinza: outro gato! Lançando-se nas costas de Thor, ele cruelmente arranhou os olhos e o nariz do cão. O canino infeliz soltou a vítima prontamente, mas o ataque continuou.

"Frank, faça algo!", exclamou sua mulher. "Ó, não", ele respondeu. "Ele merecia isso faz tempo." Por fim, o cão caiu no chão derrotado. O gato triunfante foi embora, deixando o cachorro castigado em seu rastro. "Meu cachorro viu o erro de suas ações," Frank riu. Ele conta que seu vira-lata mutilado nunca mais voltou a atacar um gato.

Se Thor não tivesse sido humilhado, ele teria continuado a ser cruel com os gatos. Sua lição tem relação com a história de Jonas? Não! Ele não era cruel com os animais, mas teve que chegar ao fundo, literalmente, antes de se render a Deus.

Você conhece a história. Jonas foi lançado ao mar e naquele momento residia dentro de um grande peixe. Esse foi o momento em que ele buscou a Deus. "Desci até a raiz das montanhas...", disse Jonas. "...Tu, porém, me salvaste da morte, ó SENHOR, meu Deus! Quando senti que estava morrendo, eu lembrei de ti..." (Jonas 2:6,7).

Foi preciso uma sepultura literalmente em águas para Jonas voltar-se para Deus em total honestidade. "... e a minha oração chegou a ti...", disse Jonas (v.7). O resultado foi seu resgate e libertação (v.10).

Com frequência, parece que mudamos apenas quando não temos opções. Mas é exatamente aí que Deus nos encontra! Em nossas situações sem saída estão as oportunidades de nos derramarmos em honestidade perante Ele. —Tim Gustafson

# ataques verbais

**leia›**
**Jeremias 12:1-13**
Ó SENHOR Deus, se eu discutisse esse meu caso contigo... (v.1).

**examine›**
Leia o livro de Provérbios 17:27 e reflita sobre a sabedoria necessária ao lidar com pessoas difíceis.

**considere›**
Como você costuma lidar com os ataques verbais de outras pessoas? Quais reações honrariam Deus e seriam melhor para os que lhe lançam palavras duras?

Meu avô era verbalmente abusivo. Anos após a sua morte, ainda luto com as consequências do que ele me disse e como reagi.

Em minha adolescência, não levei em conta as críticas intermináveis e severas do meu avô e fiz todos os esforços para reagir gentilmente e com testemunho cristão. Mas enquanto ele me irava implacavelmente e provocava minha ira (Efésios 6:4; Colossenses 3:21), minhas defesas se desgastaram e comecei a atacá-lo verbalmente também, exigindo que ele parasse de me culpar e de me envergonhar.

O que começa no lar muitas vezes reflete-se por toda a vida. Minhas reações emocionais que começaram como uma forma de me defender contra o meu avô logo se tornaram a maneira como eu reagia a quase todos que me ameaçavam ou ofendiam.

Esses hábitos são difíceis de eliminar, e sei que tenho uma vida inteira de trabalho pela frente para lidar com esta questão. Mas também tenho esperança, graças a amigos que me apoiaram e me ajudaram a experimentar mudanças e cura.

Quando o profeta Jeremias queixou-se a Deus a respeito da maneira como as pessoas o tratavam e lhe pediu que fizesse algo sobre isso, o Senhor respondeu: "...se você se cansa apostando corrida com os homens, como é que vai correr mais do que os cavalos?..." (Jeremias 12:5).

Estou aprendendo que Deus nos permite trazer nossas lutas e reclamações sobre os outros a Ele (Jeremias 12:1; Salmo 86:1-7). Ele também deseja que conheçamos a vitória por meio de Jesus Cristo, e não por revidar com palavras ou atos agressivos.

Deus tem um propósito para cada um de nós, Ele não quer o nosso trabalho, ministério e relacionamentos prejudicados pelas palavras e ações de "simples mortais." Junte-se a mim para pedir a ajuda de Deus sobre como reagir adequadamente às pessoas e situações difíceis.

—Roxanne Robbins

# tudo bem ser grande?

**leia›**
**Gênesis 12:1-3**
Os seus descendentes vão formar uma grande nação. Eu o abençoarei, o seu nome será famoso, e você será uma bênção para os outros (v.2).

**examine›**
Observe por que Deus prometeu tornar Abraão alguém grande (Gênesis 12:2).

**considere›**
Você procura fazer grandes coisas para Deus? Qual é o equilíbrio entre a busca por excelência e grandeza, e entre deixar o resultado em Suas mãos?

É pecado ser grande? Ao longo dos anos, já ouvi declarações que implicam que é. Alguns disseram: "Não é sobre mim, é sobre Deus," ou "As pessoas precisam ver a Deus, não a mim." Sim, devemos evitar a autopromoção, mas questiono-me se os cristãos podem levar isso longe demais.

Aqueles que pensam que é pecado perseguir a grandeza já consideraram que Deus prometeu grandeza a homens como Abraão e Davi? Para Abraão, Ele disse: "...seus descendentes vão formar uma grande nação..." (Gênesis 12:2). E para Davi: "...Eu farei com que você seja famoso, tão famoso quanto os maiores líderes do mundo" (2 Samuel 7:9). Existe algo maior do que *isso*?

Ao ler estas passagens, não parece que Deus considera o alcance da grandeza em si como algo errado. Ele não se preocupava que a grandeza *deles* tirasse *Sua* grandeza final. Na verdade, é exatamente o oposto. Tudo o que somos vem de Deus. E quando buscamos fazer grandes coisas para glorificá-lo, estamos, finalmente, refletindo a Fonte da nossa grandeza.

Para aqueles que diriam: "Não é sobre nós. É sobre Deus", eu perguntaria: "Por que não é sobre nós e Deus?" Afinal de contas, Deus nos criou como portadores de Sua imagem (Gênesis 1:27). Como seres humanos, somos feitos para revelar e refletir a Sua grandeza e glória a um mundo que precisa desesperadamente ver mais dele.

Não devemos querer homenagens como os hipócritas, que ansiavam por serem notados (Mateus 6:1), mas também não precisamos pedir desculpas quando a grandeza é percebida em nós. Não se trata de nos vangloriarmos em nossos egos e nos tornarmos arrogantes, mas de reconhecer a parceria compartilhada e o propósito. É sobre celebrar o privilégio de Deus usar a nossa vida para promover o Seu reino. —Jeff Olson

# justiça

**leia›**
**Êxodo 23:1-9**
Não maltratem os estrangeiros que moram no meio de vocês. Vocês sabem como eles sofrem por serem estrangeiros, pois vocês foram estrangeiros no Egito (v.9).

**examine›**
Leia o livro de Isaías 58:1-8 e liste algumas formas como Deus ordenou a Seu povo que praticassem a justiça.

**considere›**
Sobre qual ato de injustiça em nosso mundo Deus quer que você ore, se revolte contra e tome uma atitude? A justiça de Deus o encoraja e inspira, hoje?

O filósofo Stephane Hessel, sobrevivente do campo de concentração e ex-membro da Resistência Francesa, escreveu o livreto *Indignai-vos* (Objectiva, 2011). Desde a publicação e suas 11 reimpressões, ele inspirou a nação a lutar por justiça social. Hessel disse aos franceses: "Não sejam complacentes. Não basta aceitar o abismo cada vez maior entre ricos e pobres, a degradação do nosso planeta, o sofrimento dos povos oprimidos. Enfureçam-se e ajam."

Antes de Hessel inspirar os franceses a lutarem pelos oprimidos, Deus ordenou o Seu povo a seguir Sua orientação e viver com justiça. Ao libertar Israel da opressão do Egito, Deus quis estabelecer uma comunidade que seria regida pelas leis do amor, verdade e justiça. Deus esperava que Seu povo tratasse de maneira justa uns aos outros. Eles não deveriam perverter a justiça por causa da pressão da multidão (Êxodo 23:2), do ganho financeiro (vv.3,6,8) ou favoritismo com os pobres (vv.4,5). A motivação para a prática da justiça em relação aos outros é que Deus havia demonstrado um dos maiores atos de justiça em favor deles, libertando-os da opressão egípcia (v.9).

Nós também somos o alvo de um grande ato de justiça — Jesus morreu na cruz para nos libertar da opressão do pecado. Com a morte e ressurreição de Jesus, nosso Messias, Deus já começou a fazer as coisas certas num mundo longe de ser certo. Por causa de nosso relacionamento com Jesus, somos Seus agentes da justiça e mudança no mundo, soltando as correntes da injustiça, libertando os oprimidos, compartilhando o nosso alimento com os famintos, fornecendo abrigo aos desabrigados e estrangeiros e vestindo os despidos.

Indignemo-nos contra as injustiças e levemos o amor e a misericórdia de Deus a todos os lugares onde o pecado vandalizou Sua paz/*shalom*.

—Marvin Williams

# próximo

**leia›**
**Salmos 78:1-8**
O SENHOR deu leis ao povo [...] aos descendentes de Jacó. Ordenou aos nossos antepassados que ensinassem essas leis aos seus filhos para que os seus descendentes as aprendessem... (vv.5,6).

**examine›**
Qual dos pais é mais passível de ser responsabilizado por Deus para ensinar as crianças sobre Ele? Por quê? (Gênesis 18:19; Deuteronômio 4:9-10; 11:19-21; Provérbios 6:20-22; Efésios 6:4).

**considere›**
O que devemos ensinar aos nossos filhos a respeito de Deus? Como vamos ajudá-los a 'renovar suas esperanças em Deus'?

Meu pai superou a expectativa bíblica de 80 anos mencionada no livro de Salmo 90:10. Seus 84 anos eram quase 9% da média de vida das primeiras dez gerações de seres humanos. Adão viveu 930 anos. Sete, 912. Enos, 905. Cainã, 910. Maalaleel, 895. Jerede, 962. Enoque, 365. Matusalém, 969. Lameque, 777, e Noé, 950 anos (Gênesis 5). Estes dez patriarcas (excluindo Enoque que não morreu) viveram uma média de 912 anos. Sempre me perguntei por que eles viviam por tanto tempo.

No livro de Salmo 78:9-72, Asafe contou a história de Israel de modo que os israelitas não se esquecessem de Deus e do que Ele havia feito. Asafe disse: "...explicarei os segredos do passado [...] coisas que os nossos antepassados nos contaram" (vv.2,3).

Deus falou aos pais "...que ensinassem essas leis aos seus filhos para que os seus descendentes as aprendessem, e eles, por sua vez, as ensinassem aos seus filhos" (vv.5,6), para eles não serem "...como os seus antepassados, um povo rebelde e desobediente, que nunca foi firme na sua confiança em Deus e não permaneceu fiel a ele" (v.8).

Talvez seja por isso que nos primeiros 1.600 anos da história humana, as pessoas tenham tido vida longa: para que ensinassem seus filhos e netos sobre o Deus Criador e os encorajassem a colocar "...a sua confiança em Deus" (v.7). Sobrepondo nove gerações, eles eram os contemporâneos de Adão, ou pessoalmente conheciam alguém que fora! Imagine isto: Adão dizendo a Lameque, seu descendente da 9.ª geração e o pai de Noé sobre o que aconteceu no Jardim do Éden! (Gênesis 3).

Hoje, nossa expectativa de vida foi reduzida significativamente (Gênesis 6:3). Mas o dever de ensinar a próxima geração para dar seus corações a Deus não mudou (Salmo 78:8). É o presente mais importante que podemos dar para a próxima geração (Mateus 28:20). —K. T. Sim

# opa!

**leia›**
**Mateus 7:24-27**
Quem ouve esses meus ensinamentos e não vive de acordo com eles é como um homem sem juízo que construiu a sua casa na areia (v.26).

**examine›**
Leia o livro de Provérbios 1:7; 10:23; 18:2; 29:11. Observe a maneira como um tolo age e reage.

**considere›**
O que o impedirá de agir estupidamente? É essencial que o cristão obedeça a Jesus?

Certa vez, o copiloto de um avião comercial passou por apuros. Enquanto o comandante estava fora da cabine, o ajudante bateu o manche para frente para tentar ajustar o assento. O jato, que voava a 11 quilômetros de altura, despencou imediatamente mais de 700 metros. O comandante conseguiu retornar para a cabine, mas enfrentou uma luta com o copiloto em pânico, que não soltava os controles. O cabo de guerra resultou na queda do avião em mais 1.500 metros. Finalmente, o comandante colocou a aeronave no modo de voo normal, para o alívio de 113 passageiros aterrorizados!

Como aquele copiloto tolo, também podemos nos comportar de maneira que nós e os outros fiquemos em perigo. Jesus descreveu um construtor "tolo" no livro de Mateus 7. Em vez de construir sua casa em "terra firme" (v.25), ele escolheu um solo arenoso. Não foi uma boa ideia, pois quando o vento e as chuvas de uma violenta tempestade atingiram a casa "...Ela caiu e ficou totalmente destruída" (v.27).

No final do Sermão do Monte, Jesus convocou as pessoas a deixarem seus caminhos tolos e segui-lo. Ele sabia que a "tempestade", uma imagem do futuro julgamento de Deus (Jeremias 23:19; Ezequiel 1:4), exporia a situação espiritual de cada pessoa. Revelaria se eles tinham ou não escolhido seguir a Deus (Mateus 6:33), submeter-se à Sua vontade (7:21), e caminhar com Ele em obediência e justiça (7:22,23).

Podemos até afirmar que cremos em Jesus — que nossas vidas estão construídas sobre a Rocha. Mas se as nossas palavras e ações negam o que Ele ensina à medida que avançamos de modo tolo em pecado e em uma vida imprudente, estamos a caminho de uma grande queda espiritual.

Abra mão das maneiras tolas e entregue o controle de sua vida a Jesus. Comece a voar alto com Ele! —Tom Felten

# Um cristão pode sentir-se estressado?

*por Dan Vander Lugt*

Todo mundo experimenta estresse. É uma parte normal da vida, resultado de viver num mundo caído sob o efeito da maldição do pecado. Todos, cristãos ou não — enfrentam problemas e dificuldades que simplesmente ocorrem na vida. Doenças, pressões no trabalho, fofocas, motoristas rudes e muitas outras circunstâncias, por vezes, tornam difícil manter a calma e o autocontrole.

Mesmo assim alguns procuram uma fé que ignora o estresse, na verdade este é um acessório inevitável de crescimento e retrocesso espiritual. Embora a fé nos permita lidar com as pressões do estresse, ela não as elimina.

Quando somos responsáveis por cumprir os padrões de Deus, às vezes sentimos um peso maior do estresse do que se não fôssemos filhos de Deus. Como membros da família de Deus, somos movidos pelo Espírito Santo a reconhecer os pecados e fracassos do passado, e também a admitir que ferimos um ao outro e desonramos a Deus. Os pecados dos incrédulos têm consequências, é claro, mas esses pecados poucas vezes são a causa de remorso ou tristeza. A curto prazo, a vida é mais simples para as pessoas que não estão cientes da profundidade de sua depravação, e por sua vez são capazes de racionalizar os seus pecados.

Considere, por exemplo, uma figura de linguagem, que à primeira vista não parece ter nada a ver com estresse, até que olhamos para ela mais de perto. No livro de Efésios 5:14, o apóstolo Paulo se refere ao que pode ter sido um hino cristão da época:

"...Você que está dormindo, acorde! Levante-se da morte, e Cristo o iluminará."

Esta citação usa duas imagens impressionantes para descrever as mudanças espirituais que ocorrem na transição da incredulidade à fé em Jesus. Os incrédulos são como os que dormem ("Você que está dormindo, acorde!") ou mortos ("Levante-se da morte").

Ao acordar, sonhos e fantasias são rapidamente substituídos pela consciência de uma realidade que é muito mais exigente. E ressuscitar dentre os mortos? É perturbador até mesmo considerar o tipo de percepção que pode acompanhar o retorno da vida a um cadáver e sua carne em decomposição.

**Assim como o calor não pode dissipar a dormência das mãos congeladas sem dor, os cristãos não podem esperar crescimento espiritual sem estresse.**

Assim como o calor não pode dissipar a dormência das mãos congeladas sem dor, os cristãos não podem esperar crescimento espiritual sem estresse. O crescimento espiritual ocorre apenas quando estamos prontos a seguir um Mestre que ordena que reexaminemos radicalmente as pretensões de nossa vida anterior. Jesus disse que Seus discípulos devem estar dispostos a tomar a Sua cruz e segui-lo (Mateus 10:38), e o apóstolo Paulo descreveu intensamente o estresse vivido no decorrer do serviço cristão:

"Irmãos, queremos que saibam das aflições pelas quais passamos na província da Ásia. Os sofrimentos que suportamos foram tão grandes e tão duros, que já não tínhamos mais esperança de escapar de lá com vida. Nós nos sentíamos como condenados à morte. Mas isso aconteceu para que aprendêssemos a confiar não em nós mesmos e sim em Deus, que ressuscita os mortos" (2 Coríntios 1:8,9).

"Tudo o que eu quero é conhecer a Cristo e sentir em mim o poder da sua ressurreição. Quero também tomar parte nos seus sofrimentos e me tornar como ele na sua morte" (Filipenses 3:10).

"Agora eu me sinto feliz pelo que tenho sofrido por vocês. Pois o que eu sofro no meu corpo pela Igreja, que é o corpo de Cristo, está ajudando a completar os sofrimentos de Cristo em favor dela" (Colossenses 1:24).

Portanto, não é anormal um cristão se sentir estressado. Longe disso. Mas o estresse para os cristãos é acompanhado de propósito e da esperança que reforça e fortalece a fé, como os seguintes versos mostram.

"Agora que fomos aceitos por Deus pela nossa fé nele, temos paz com ele por meio do nosso Senhor Jesus Cristo. Foi Cristo quem nos deu, por meio da nossa fé, esta vida na graça de Deus. E agora continuamos firmes nessa graça e nos alegramos na esperança de participar da glória de Deus. E também nos alegramos nos sofrimentos, pois sabemos que os sofrimentos produzem a paciência, a paciência traz a aprovação de Deus, e essa aprovação cria a esperança. Essa esperança não nos deixa decepcionados, pois Deus derramou o seu amor no nosso coração, por meio do Espírito Santo, que ele nos deu" (Romanos 5:1-5).

"Porque, assim como tomamos parte nos muitos sofrimentos de Cristo, assim também, por meio dele, participamos da sua grande ajuda. Se sofremos, é para que vocês recebam ajuda e salvação. Se somos ajudados, então vocês também são e recebem forças para suportar com paciência os mesmos sofrimentos que nós suportamos. Desse modo a esperança que temos em vocês está firme. Pois sabemos que, assim como vocês tomam parte nos nossos sofrimentos, assim também recebem a ajuda que Deus dá" (2 Coríntios. 1:5-7).

# o Bom Pastor

**leia›**
**Salmo 23**
O SENHOR é o meu pastor... (v.1).

**examine›**
Leia o livro de João 10:1-21. Como é utilizada aqui a imagem do pastor? Quais são as palavras repetidas por João que enfatizam como devemos encontrar e seguir o Pastor?

**considere›**
De que maneira você tem sido desafiado a passar à frente do Pastor? Aonde o Pastor o convida a seguir?

Quando eu estava no Ensino Médio, meus pais levaram nossa família para Israel. O embate de histórias, paisagens, línguas e crenças ampliaram minha visão de mundo.

O pastoreio ainda é um importante meio de vida em Israel. É comum ver um pastor levando seu rebanho de um lugar para outro. Porém, ao contrário do pastoreio de ovelhas que eu tinha visto em minha terra (onde um fazendeiro montado em um cavalo normalmente conduzia as ovelhas à frente), em Israel o pastor anda à frente das ovelhas — indicando o caminho. Se algo perigoso está à frente, o pastor o enfrenta por primeiro. As ovelhas não precisam se preocupar para onde estão indo. Simplesmente seguem em segurança.

Proveniente da mesma cultura e práticas, o salmista usou esta imagem do pastor para nos lembrar de como Deus é. O Salmo 23 (uma das passagens mais conhecidas das Escrituras) nos lembra que nossas inquietações e nosso bem-estar estão nas mãos do Pastor. Porque o Senhor é nosso Pastor, "...nada [nos] faltará" (v.1).

Este Bom Pastor nos conduz, renova e guia (vv.2,3). Quase todas as iniciativas no Salmo 23 são do Pastor, não nossas. A maior parte da responsabilidade recai sobre o Pastor, não em nós. O Pastor mostra o caminho e nós seguimos.

Garanto que isto não significa que evitaremos todos os problemas ou perigos na vida. Ao contrário, significa que, mesmo nessas ocasiões, quando devemos andar "por um vale escuro como a morte", não temos razão para temer porque o Bom Pastor está conosco (v.4).

Penso que um bocado de minha ansiedade vem da convicção de que eu devo ser o pastor, mas eu não devo. Deus é o único Pastor que necessitamos. —Winn Collier

# a acusação do Natal

**leia›**
**Mateus 2:13-18**
...Raquel chorando pelos seus filhos... (v.18).

**examine›**
Quais semelhanças você encontra entre o relato do nascimento de Moisés no livro de Êxodo e o nascimento de Jesus? (Êxodo 1:15-2:10).

**considere›**
Quais sentimentos as injustiças e as atrocidades despertam em você? Você as ignora ou evita? Fica furioso? Como Deus quer que você reaja?

Poucas coisas parecem tão fora de lugar quanto o apavorante relato da matança de inocentes por Herodes (Mateus 2:16). Por que um Deus amoroso permitiu que o massacre de crianças por um tirano maculasse a beleza e pungência da história do Natal?

Mateus a reconta de forma firme e singela: "...[Herodes] mandou matar, em Belém e nas suas vizinhanças, todos os meninos de menos de dois anos..." (Mateus 2:16). A "explicação" posterior ajuda pouco a satisfazer nosso anseio por justiça: "Assim se cumpriu o que o profeta Jeremias havia dito..." (v.17). O lamento da antiga e angustiada poesia ecoa de forma sinistra em nossas almas: "...era Raquel chorando pelos seus filhos; ela não quis ser consolada, pois todos estavam mortos" (v.18).

Esse lamento evoca uma questão maior. A humanidade é violada por tais atos e algo em nós anseia por dizer: *Ó Deus, o Senhor é Deus, por todos os céus! Por que o Senhor permitiu que isto acontecesse? Não foi justo permitir que um tirano do mal apanhasse os meninos das mães de Belém, enquanto o Teu Filho escapava para o Egito.*

Mas o Filho de Deus *não* escapou. Ele veio para morrer. Décadas após Seu nascimento, este inocente "...Cordeiro de Deus, que tira o pecado do mundo" (João 1:29) foi abatido. O apóstolo Paulo declara que Deus "...nem mesmo deixou de entregar o próprio Filho, mas o ofereceu por todos nós..." (Romanos 8:32).

Não há explicação satisfatória para as atrocidades, porém, nossa plena satisfação é saber que "...Deus mandou o seu Filho para salvar o mundo e não para julgá-lo" (João 3:17).

Encontramos consolo no fato de Jesus amar Seus filhos infinitamente mais do que o inimigo os odeia. Os inocentes aguardam justiça. Podemos confiar no único Justo para conferir isso. —Tim Gustafson

# defendido

**leia›**
**1 Samuel 23:1-14**
Então perguntou a Deus, o SENHOR: —Devo ir e atacar os filisteus? —Sim! —respondeu o SENHOR. —Ataque-os e salve a cidade de Queila (v.2).

**examine›**
Leia os livros de 1 Pedro 2:19-25 e Romanos 12:18-21 para entender como devemos responder àqueles que nos fazem sentir indefesos.

**considere›**
Você já se lamentou por ajudar alguém que mais tarde o tratou mal? A soberania de Deus desempenha um papel crucial na maneira que encaramos as circunstâncias?

Os últimos anos foram um importante campo para treinar a *entrega*. Confrontados pela verdade da Palavra de Deus, meu marido e eu percebemos que muito do modo como antes realizávamos o ministério não refletia o chamado para o discipulado que ecoa em toda a Escritura. Nossos corações encheram-se com zelo e paixão e colocamos nossos arados no solo em obediência. Hoje, com os olhos cheios da poeira de arar a terra seca, vivemos por essa mesma convicção para o que Deus nos chamou. Porém, nossa experiência não ocorreu sem questionamentos e lágrimas.

Fugindo de um homem com profundas inseguranças, Davi não conhecia nenhum lugar seguro. Em um tempo perigoso, um aparente espectador inocente se tornou uma ameaça à vida de Davi e ao bem-estar daqueles que o ajudavam (1 Samuel 22:21-23). Mas ele não se importava com o que os outros pensavam dele. O coração de Davi batia com amor pelo povo de Deus. Quando soube da aflição de Queila, Ele agiu em obediência à Deus (23:5).

À medida que consideramos a vitória de Davi, é irônico que as mesmas pessoas que ele salvou estariam dispostas a entregá-lo a Saul (v.12). Por que eles concordariam em traí-lo? Elas sabiam das coisas horríveis que Saul havia feito para o povo de outra cidade — Nobe — quando ajudaram Davi (22:9-23) e temeram. Davi manteve sua crença de que Deus tinha sido e sempre seria sua segurança — o único que guardaria e defenderia sua vida (23:16,18).

Davi sabia que as escolhas dos homens não poderiam deter a vontade suprema de Deus. Ele colocou sua vida sob o conhecimento seguro de que "Quando as pessoas honestas chamam o SENHOR, ele as ouve e as livra de todas as suas aflições" (Salmo 34:17). Davi seguiu em frente com sua fé firmemente ancorada na Rocha da salvação. O mesmo nós devemos fazer. —Regina Franklin

# prova da existência

**leia›**
**1 João 4:7-21**
Nunca ninguém viu Deus. Se nos amamos uns aos outros, Deus vive unido conosco, e o seu amor enche completamente o nosso coração (v.12).

**examine›**
Leia o livro de Jeremias 29:12-14 e perceba que o encontrar Deus está relacionado a ter comunhão com Ele. Como Jesus revela plenamente o Deus digno de adoração?

**considere›**
Outras religiões incluem crenças em deuses de misericórdia e amor. De que maneira esses deuses diferem do Deus da Bíblia?

Em seu livro *The Evidence for God* (A evidência de Deus, tradução livre), o filósofo Paul Moser propõe uma hipótese fascinante para a existência de Deus. Seu argumento básico é: se existe um Deus, Ele precisaria ser digno de adoração. Assim, este Deus precisaria ser amoroso — até o ponto de amar Seus inimigos; Ele gostaria que Suas criaturas amassem um ao outro também, pois o amor, por sua natureza, é feito para ser compartilhado.

A seguir, Moser faz uma série de perguntas: há evidência de tal Deus na experiência humana? Como os humanos têm claramente uma tendência egoísta, de que servem os atos amorosos com os outros? Por que nossa consciência é "alfinetada" quando somos egoístas? De que maneiras as pessoas podem amar os seus inimigos? Moser sugere que estas experiências são evidências do Deus da Bíblia, e que, ao respondermos ao Seu convite para nos relacionarmos com Ele, somos transformados ao nos comprometermos com Seu caráter amoroso, provando Sua existência ainda mais.

O apóstolo João concordaria. A natureza de Deus é amor, e todo o amor humano se origina dele (1 João 4:7,8). O amor de Deus é tão intenso que Ele enviou Seu Filho para morrer por Seus inimigos — por aqueles que nunca o amaram em retorno (vv.9,10). Deus quer que nos rendamos a Ele (v.15) e amemos uns aos outros como Ele nos ama (v.11). Dessa forma, Seu amor habitará em nós, nos moldando em Seu caráter amoroso (v.17), resultando em conhecimento de (e provando) Sua existência ainda mais (vv.12,17).

Podemos ter uma breve visão de Deus em nossa consciência e através de experiências de amor, mas Deus somente pode ser "testado" por meio do relacionamento com Ele. Provemos a existência de Deus ao conhecer-lhe e refleti-lo hoje. —Sheridan Voysey

# enterrados vivos

**leia>**
**Romanos 6:1-4**
Portanto, não deixem que o pecado domine o corpo mortal de vocês e faça com que vocês obedeçam os desejos pecaminosos da natureza humana (v.12).

**examine>**
Confira o que o apóstolo Paulo escreveu no livro de Gálatas 2:20 e pondere sobre o que significa para os cristãos ser crucificado com Cristo.

**considere>**
Para quais pecados específicos você precisa morrer diariamente? Como você pode ter nova vida em Jesus e deixar para trás os velhos padrões do pecado?

Alguns estudantes de medicina em Taiwan são *enterrados* vivos por dez minutos. O que poderia levar à escassez de médicos taiwaneses em poucos anos, de fato não leva à morte. Eles são colocados em um caixão lacrado para possibilitar a percepção sobre a morte e promover a valorização da vida.

O apóstolo Paulo nos ensinou que também fomos enterrados vivos. Permanecemos fisicamente vivos, mas morremos espiritualmente para o pecado. No livro de Romanos 6, Paulo declara que "fomos sepultados com ele por termos morrido junto com [Cristo]" (v.4). Isto significa que quando recebemos Jesus como nosso Salvador, morremos para o pecado. Assim, um cristão verdadeiro não pode simplesmente continuar a viver em pecado constante. Se isso acontecer, é provável que, na verdade, nunca tenha nascido de novo, pois "Quem é filho de Deus não continua pecando, porque a vida que Deus dá permanece nessa pessoa. E ela não pode continuar pecando, porque Deus é o seu pai" (1 João 3:9).

Assim, "...sabemos que a nossa velha natureza pecadora foi morta com Cristo na cruz a fim de que o nosso eu pecador fosse morto, e assim não sejamos mais escravos do pecado" (Romanos 6:6). Então, alcançaremos a perfeição sem pecado nesta vida? Não. Mas os novos padrões de santidade devem cada vez mais substituir velhos padrões pecaminosos.

Paulo disse que temos uma escolha: "Portanto, não deixem que o pecado domine o corpo mortal de vocês e faça com que vocês obedeçam os desejos pecaminosos..." (v.12). Em vez disso, devemos, em oração, ativamente morrer para o pecado a cada dia — escolhendo nos entregar "completamente a Deus" (v.13) e reivindicar o poder de Deus sobre o pecado. Porque "...o pecado não dominará vocês..." (v.14).

Hoje, escolhamos morrer para o pecado ao lembrar que já fomos enterrados com Jesus. —Tom Felten

# a frugalista

**leia>**
**2 Reis 4:1-7**
...um homem a quem ele devia dinheiro veio para levar os meus dois filhos... (v.1).

**examine>**
Leia no livro de Provérbios 22:26,27 o que a Bíblia diz sobre ser fiador de dívidas. Em Deuteronômio 15:7-11 como devemos tratar os menos favorecidos que nos pedem empréstimos.

**considere>**
De que maneira a dívida pode influenciar a nossa capacidade de servir a Deus? Como devemos evitar contrair dívidas?

O que poderia fazer uma mulher dispensar uma pedicure, recusar um horário no cabeleireiro e escolher comer em casa ao invés de jantar fora? Para Natalie P. McNeal, a resposta foi cerca de R$ 45 mil em dívidas. Ela se transformou em "a frugalista" quando decretou "um mês sem compras" e economizou centenas de reais, com os quais reduziu seu saldo devedor. Seguindo esse hábito, ela logo pagou todo o valor que devia.

Sair de uma dívida é mais fácil de falar do que fazer. Uma mulher da Bíblia foi tão longe no vermelho que os credores a ameaçaram confiscar seus dois filhos como pagamento (2 Reis 4:1). Sem marido nem renda, ela buscou socorro no profeta Eliseu.

Ele primeiro perguntou à viúva, "...O que é que você tem em casa?..." (v.2). Essa foi uma boa pergunta, porque é razoável vender algo que tenhamos para pagar a dívida. Embora possamos ter apego aos itens que compramos (Mateus 19:21,22), a Bíblia nos ensina a pagar "...o que é devido..." (Romanos 13:7).

Infelizmente a viúva tinha apenas um único frasco de óleo de oliva. Mesmo assim, Eliseu a instruiu: "...Vá pedir que os seus vizinhos lhe emprestem muitas vasilhas vazias" (2 Reis 4:3). Quando ela obedeceu, um jarro após outro foi cheio com o azeite de oliva (v.5).

Eliseu em seguida a instruiu a vender o azeite, pagar a dívida e viver do dinheiro que sobrou (v.7). Seu conselho nos mostra que quando temos abundância, precisamos gerenciá-la com cuidado — quitar dívidas deve ser uma prioridade.

Viver como escravo de um credor pode ser frustrante e desanimador (Provérbios 22:7). Mas ao mudarmos hábitos de consumo, vendermos pertences e obedecermos o conselho divino sobre nossa situação específica, poderemos prosperar em direção a uma vida livre de dívidas.
—Jennifer Benson Schuldt

# assinatura

**leia›**
**Efésios 1:1-14**
Que a graça e a paz de Deus, nosso Pai, e do Senhor Jesus Cristo estejam com vocês (v.2).

**examine›**
Leia o livro de Salmo 68 e reflita sobre como cada elemento da saudação de Paulo tem raízes no Antigo Testamento.

**considere›**
Reflita sobre a ligação entre a paternidade de Deus, o senhorio de Cristo, e graça e paz. Como um depende do outro? De qual você precisa lembrar hoje?

Algumas pessoas formulam "frases de efeito" que consolidam o que importa para elas. Um âncora de jornal finaliza cada transmissão com "e foi assim" para relembrar os espectadores que ele transmite os fatos importantes de cada dia. Um conselheiro financeiro no rádio responde à pergunta de um ouvinte de "como vai você?" com, "melhor do que mereço" — focando a atenção na graça imerecida de Deus.

O apóstolo Paulo tinha sua própria frase de efeito. Verifique as frases de abertura de qualquer de suas cartas e leia: "Que a graça e a paz de Deus, nosso Pai, e do Senhor Jesus Cristo estejam com vocês" (Efésios 1:2). Há variações ocasionais — ele acrescenta "misericórdia" à "graça e paz," quando utiliza uma saudação especial para Timóteo (1 Timóteo 1:2; 2 Timóteo 1:2) — mas esta saudação padrão é um indicador confiável de que você está lendo uma carta de Paulo.

O apóstolo a repetiu com frequência porque queria que saboreássemos cada parte dela. Deus, nosso Pai: o Deus do Universo é nosso papai. Ele nos adotou como filhos, e embora nosso pecado possa nos levar a nos desviarmos, Ele corre avidamente para nos encontrar sempre que voltamos para casa. Ele nunca está tão feliz do que quando engatinhamos para o Seu colo e nos aconchegamos em Seus fortes braços de amor.

E do Senhor Jesus Cristo: nosso Salvador crucificado ascendeu como Rei do mundo. Com alegria, nos curvamos e o adoramos, submetendo cada área de nossas vidas ao Seu reino enquanto aguardamos por Seu glorioso retorno.

Graça a vós outros e paz: nosso mundo classifica cada pessoa e seu desempenho, mas Deus nos ama e aceita exatamente como somos. Quando transmitimos Sua paz para os outros, perdoando como fomos perdoados, desfrutamos de prosperidade íntegra e nos deleitamos em sermos filhos de Deus. —Mike Wittmer

# nós, muito honrados?

**leia›**
**Mateus 2:1-12**
Entraram na casa e encontraram o menino com Maria, a sua mãe. Então se ajoelharam diante dele e o adoraram... (v.11).

**examine›**
Adoração era uma reação comum daqueles que compreendiam quem Jesus realmente era. Confira nos livros de Mateus 14:33; 28:9 e João 9:38.

**considere›**
Quais presentes de adoração você pode oferecer a Jesus hoje? Como suas tradições familiares celebram a verdade do nascimento de Jesus?

Uma dentre as muitas canções tradicionais de Natal que frequentemente é ouvida e cantada nesta época do ano é *Os três reis do Oriente*. Foi escrita por John Henry Hopkins em 1857. Vá em frente — cante alguns versos!

Detesto estragar uma tradição tão apreciada, mas provavelmente havia *mais* do que três reis que viajaram longas distâncias para visitar Jesus (Mateus 2:1-12). A Bíblia não diz exatamente quantos havia, mas é provável que fosse um grupo bem grande de homens. O que suscita outro ponto — eles também não eram reis. Eram estrangeiros honrados, membros da classe sacerdotal da Pérsia, sábios assessores do rei.

Não extraímos isto de canções de Natal, mas muitas cenas da manjedoura também retratam homens sábios visitando José, Maria e o menino Jesus na noite em que Ele nasceu em Belém. Mas isso também é incorreto. Os únicos que o visitaram aquela noite no estábulo foram um grupo de pastores da região (Lucas 2:8-16). Embora os sábios ainda estivessem em Belém, foi de fato algum tempo depois em uma "casa" que eles "se prostraram e adoraram" Jesus (Mateus 2:11).

Apesar de a tradição ter lutado para manter os detalhes, isso não muda o fato de que certo número de sábios do Oriente seguiu algum tipo de sinal dos astros que os guiou na busca de um rei de verdade — o prometido rei dos judeus (vv.1,2). E quando eles finalmente conseguiram encontrá-lo, sua primeira reação foi adorá-lo (v.11). Por quê? Embora Jesus fosse uma pequena criança, entenderam que Ele era o Filho de Deus. Estavam na presença do Salvador do mundo.

Quaisquer que sejam as nossas tradições, que possamos fazer o mesmo ao compreendermos a verdade do Emanuel — Deus conosco (1:23). —Jeff Olson

# consciência limpa

**leia>**
**1 Timóteo 1:1-7,18-20**
Conserve a sua fé e mantenha a sua consciência limpa. Algumas pessoas não têm escutado a sua própria consciência, e isso tem causado a destruição da sua fé (v.19).

**examine>**
Leia o livro de 1 Samuel 24:5 para entender como a sua consciência pode impedi-lo de fazer o que é errado. E 2 Samuel 11 revela a devastação que pode se instalar quando sua consciência é fraca.

**considere>**
De que maneiras você luta para manter sua consciência limpa? O que você precisa trazer a Deus hoje em arrependimento?

Certo homem consultou o médico: "Andei me comportando mal, doutor, e minha consciência está me incomodando", ele se queixou. "E você quer algo para fortalecer a sua força de vontade?", perguntou o doutor. "Bem, não", disse o rapaz. "Estava pensando em algo para enfraquecer minha consciência."

Às vezes pensamos que nossa consciência é mais um estorvo do que um guia muito necessário. Quando sabemos o que é certo e errado, ela insiste que façamos o certo e evitemos o errado. E isso pode não ser sempre o mais conveniente ou o que mereça o aplauso do mundo.

No livro de 1 Timóteo, o apóstolo Paulo instruiu seu aprendiz — que servia na grande cidade de Éfeso — para viver sua fé em obediência. Uma das ordens que deu a Timóteo foi que mantivesse uma consciência limpa (1:19).

Por que isso era tão importante para ele? *Para que mantivesse a fé em Jesus e não naufragasse na fé*, Paulo explicou.

Uma definição de fé é: renunciando a tudo, confio nele. Quando perdemos nossa fé em Jesus, em vez de apegarmo-nos a Deus, procuramos compreender os assuntos do mundo. A vida é meramente reduzida ao mundo físico. Então perdemos oportunidades de experimentar a vitalidade de um relacionamento vivo com Deus, que somente acontece pela fé (Hebreus 11:6).

Quando naufragamos na fé, como Himeneu e Alexandre, nos tornamos instrumentos do mal em vez da justiça. Minamos os ensinamentos de Deus e — neste processo — o difamamos.

Quando ouvimos Deus falar, devemos obedecer — não importa o que nossa carne ou sentimentos digam. É a maneira de manter a consciência limpa. Se você falhar, é tempo de confessar, arrepender-se, endireitar o caminho e continuar a se apegar a Deus em fé. —Poh Fang Chia

# calma, calma!

**leia›**
**Números 20:1-13**
...cada um esteja pronto para ouvir, mas demore para falar e ficar com raiva
(Tiago 1:19).

**examine›**
O que o livro de Salmos 4:4; 37:8 e o livro de Efésios 4:26,27 dizem sobre lidar com a ira?

**considere›**
A ira de Moisés se justifica com as queixas e rebelião do povo? Não devemos ter raiva do pecado? Por que sim ou não? Quando a raiva se torna pecado?

Era o primeiro mês dos 40 anos de peregrinação no deserto. Ainda aflito pela morte de sua amada irmã Míriam (Números 20:1), Moisés teve que lidar com a rebelião de seu povo. A segunda geração de israelitas que havia sido liberta do cativeiro estava prestes a entrar na Terra Prometida. Mas eles cometiam os mesmos erros das gerações anteriores — reclamavam e pensavam em voltar ao Egito (vv.2-5; 14:1-4; Êxodo 17:1-4). Se rejeitassem a Deus uma segunda vez, poderiam terminar vagando no deserto por mais 40 anos! Um sentimento de medo e perturbação inquietou e oprimiu Moisés.

Ano após ano, ele tinha, de alguma forma, conseguido submeter os teimosos ingratos à sua liderança, numa crise após outra. Mas tudo o que Moisés recebeu por seus esforços foram mais reclamações e críticas. Então, em profunda tristeza e raiva, ele gritou: "...—Agora escute, gente rebelde! Será que vamos ter de fazer sair água desta rocha para vocês?" (Números 20:10). Ao chamar a atenção para si mesmo, Moisés desobedeceu a Deus e bateu na rocha duas vezes (v.11). Sua desobediência orgulhosa e postura negativa desonraram a Deus. Como resultado, Moisés não teve permissão para entrar na Terra Prometida (v.12).

O salmista comentou: "Eles fizeram com que Moisés ficasse tão irritado, que ele disse coisas que não devia" (Salmo 106:33). Quando estamos com raiva, tendemos a proferir palavras cortantes — ásperas e precipitadas — das quais certamente nos arrependeremos mais tarde. É por isso que devemos aprender a controlar nossa raiva (Eclesiastes 7:9; Provérbios 14:29; 16:32).

O apóstolo Tiago nos dá este conselho atemporal: "...cada um esteja pronto para ouvir, mas demore para falar e ficar com raiva. Porque a raiva humana não produz o que Deus aprova" (1:19,20). Controle o seu temperamento! —K. T. Sim

# absorvendo a queda

**leia›**
**1 João 3:11-20**
Sabemos o que é o amor por causa disto: Cristo deu a sua vida por nós. Por isso nós também devemos dar a nossa vida pelos nossos irmãos (v.16).

**examine›**
Leia os livros de Atos 2:42-45; Romanos 16:3,4 e Filipenses 2:25-30 para entender como os cristãos do primeiro século davam suas vidas uns pelos outros.

**considere›**
O quanto você está disposto a ter suas finanças e planejamento alterados por pessoas em necessidade. Como lhes demonstrar amor?

Shirley Dygert queria comemorar seu aniversário de 54 anos com estilo. Por isso, se inscreveu para saltar de paraquedas de uma altura de aproximadamente quatro quilômetros. Ela e seu instrutor, Dave Hartsock, saltaram do avião. Puxaram a corda de abertura, mas o paraquedas virou um emaranhado e abriu apenas parcialmente. O instrutor tentou abrir o paraquedas reserva, mas também estava emaranhado. Enquanto caíam a cerca de 60 quilômetros por hora em espiral, Hartsock percebeu que corriam contra o tempo. Então, ele girou em volta do corpo de Shirley e absorveu o impacto da queda, e assim ela saiu relativamente ilesa. Mas Hartsock está paralisado do pescoço para baixo. Que exemplo de sacrifício!

Assim como Hartsock entregou seu corpo para proteger o de sua aluna, o apóstolo João lembrou seus leitores que foi isto o que Jesus fez pela salvação do mundo. Em resposta, eles deveriam sacrificar-se para ajudar a satisfazer as necessidades físicas uns dos outros.

Este chamado para o amor sacrificial não era um novo mandamento, mas a mensagem que João tinha ouvido de Jesus (João 13:34,35). Ele destacou o poderoso modelo de Jesus, que foi traído, condenado à morte, zombado, açoitado e suportou a agonia da cruz para perdoar os pecados deles (1 João 3:16). Por ter dado Sua vida sacrificialmente por nossos pecados, devemos estar preparados e dispostos a entregar nossas vidas uns pelos outros ao ajudá-los nas necessidades.

Mais de dois milênios atrás, Jesus demonstrou Seu amor ao entregar a vida por nós. Motivados por este amor, devemos pedir a Deus para ajudar-nos a amar uns aos outros da mesma maneira. Comecemos por lutar para reduzir o impacto dos fardos financeiro, físico, emocional e espiritual de nossos irmãos e irmãs em Jesus. —Marvin Williams

# o que fazer?

**leia›**
**Provérbios 3:1-9**
Que Deus satisfaça todos os seus desejos, ó rei, e permita que todos os seus planos deem certo (Salmo 20:4).

**examine›**
O que o livro de 2 Coríntios 1:17,18 revela sobre os planos sem convicção?

**considere›**
Como a sabedoria da Palavra de Deus o ajudou a tomar boas decisões? Como a oração e as Escrituras deveriam se cruzar ao buscarmos fazer o que é certo?

Eu costumava lutar para tomar decisões. Quando confrontada com diferentes opções, raramente estava convicta de que tomaria a decisão certa. Em um inverno, viajei para visitar amigos queridos que tinham uma estação de esqui. Em vez de aproveitar o esporte gratuito, optei por passar meus dias ao lado da lareira da casa aconchegante, lutando com meu problema de tomada de decisão.

Com a Bíblia em mãos, procurei por cada versículo que pudesse encontrar que se referisse às escolhas sábias. Meu estudo me levou a aplicar os versículos de uma nova maneira. Em vez de somente ler as Escrituras, comecei a fazer perguntas que revelariam se eu estava ou não realmente aplicando a Palavra de Deus àquela situação específica e qual passo deveria tomar. Por exemplo, em vez de só concordar com o livro de Provérbios 3:5,6 — "Confie no SENHOR de todo o coração e não se apoie na sua própria inteligência. Lembre de Deus em tudo o que fizer, e ele lhe mostrará o caminho certo" — anotei os versículos e perguntas relacionadas a ele:

*Versículo*: "Confie no SENHOR de todo o coração..." *Pergunta:* Estou confiando no Senhor de todo o meu coração neste assunto? Por que sim ou não?

*Versículo:* "...não se apoie na sua própria inteligência." *Pergunta:* Qual é meu entendimento desta situação? Estou confiando em minha percepção ou na direção de Deus?

Responder a perguntas como estas me ajudaram a identificar a fonte dos desejos do meu coração (Salmo 20:4) e da minha confiança. Levaram-me a andar em resposta à Palavra de Deus em vez de por meus instáveis caminhos.

Hoje, reflita em alguns de seus versículos favoritos e anote perguntas que poderiam lhe ajudar a vivê-los para a glória de Deus. Sua Palavra nos dá a sabedoria que precisamos para saber o que fazer. —Roxanne Robbins.

# o morto

**leia›**
**João 11:1-44**
Então Jesus disse claramente: —Lázaro morreu (v.14).

**examine›**
Leia o livro de Colossenses 2:10-15 para saber o que é dito a respeito do poder de Deus sobre a morte e nossa nova vida em Jesus.

**considere›**
Onde você vê morte em seu coração, na família e no mundo? Como seria se a vida de Jesus fizesse parte destas situações?

Thomas Lynch é um aclamado poeta e escritor, ganhador de prêmios literários nos EUA. Também é um agente funerário. No livro *The Undertaking: Life Studies From the Dismal Trade* (Serviço funerário: Estudos da vida do comércio sombrio), Lynch conta histórias das décadas em que ajudou famílias a dizer adeus a seus amados. A linha de abertura do livro definitivamente atrai a atenção: "Todo ano enterro centenas de cidadãos da minha cidade."

A morte é uma realidade cruel, mas fascinante. Não é estranho que algo tão comum possa ser tão misterioso? Não sabemos exatamente como é estar do outro lado. Não houve muitos relatos de testemunhas oculares sobre como se parece a vida após a morte. Todos sabem que quando você morre, normalmente permanece morto... a não ser, é claro, se Jesus estiver por perto.

João narra a história da morte de Lázaro e a dor de suas irmãs. Depois de receber notícias sobre a doença do amigo, Jesus retarda seu retorno a Betânia; e quando chega lá, descobre que "...já fazia quatro dias que Lázaro havia sido sepultado" (11:17). João enfatiza que Lázaro está em todos os sentidos morto e sem esperança.

Alguns rabinos da época ensinavam que a alma pairava próximo ao corpo por até três dias após a morte. Este, João diz, era o quarto dia (v.17). Além disso, Marta protestou contra Jesus ir ao túmulo porque já cheirava mal (11:39). E duas vezes, para enfatizar, João se refere a Lázaro simplesmente como o "morto" (vv.39,44).

Lázaro estava morto, completamente morto. Isto torna o que aconteceu em seguida ainda mais incrível. Jesus caminhou até o túmulo, instruiu-lhes que tirassem a pedra e gritou "—Lázaro, venha para fora!" (v.43).

Lázaro saiu. E, naquele momento, todos que o viram souberam exatamente quem detém o poder sobre a morte. —Winn Collier

# amor e magia

**leia›**
**Salmo 14**
Deus ofereceu Cristo como sacrifício para que, pela sua morte na cruz, Cristo se tornasse o meio de as pessoas receberem perdão dos seus pecados, pela fé nele (Romanos 3:25).

**examine›**
O que o livro de Romanos 1:18-32; 2:1-11 diz sobre os "pecadores"? De acordo com o livro de Efésios 1:3-8, os seguidores de Cristo têm algum direito de se vangloriar?

**considere›**
Como você reage a pessoas que odeiam a Deus? Qual atitude você imagina que Jesus tomaria em relação a eles?

Quando um leitor ateu do *Pão Diário online* postou um comentário em que chamou a religião de "anticiência" e o cristianismo de "magia", iniciou-se um fascinante diálogo virtual. Pensei nos livros escritos por mentes brilhantes — articulando um processo fundamentado e lógico para a crença em Deus. Ponderei a complexidade do olho humano, o complexo projeto do pescoço da girafa e a singularidade do ornitorrinco. Considerei como as leis da natureza induzem, de modo irresistível, a um Criador de leis. E pensei sobre várias maneiras mordazes e inúteis que eu poderia ter respondido ao "negador de Deus". Felizmente, me contive.

A troca de comentários trouxe à minha mente dois Salmos quase idênticos: 14 e 53. Salmo 14:1: "Os tolos pensam assim: 'Para mim, Deus não tem importância.' Todos são corruptos e as coisas que eles fazem são nojentas; não há uma só pessoa que faça o bem."

Mas estes Salmos não se referem somente àqueles que negam a Deus. "Lá do céu o SENHOR olha para a humanidade..." (14:2). A conclusão: "Mas todos se desviaram do caminho certo e são igualmente corruptos. Não há mais ninguém que faça o bem, não há nem mesmo uma só pessoa" (v.3).

Trata-se de linguagem enfaticamente inclusiva! "Não há mais ninguém" inclui você e eu!

"Todos pecaram...", Paulo afirma, "e estão afastados da presença gloriosa de Deus" (Romanos 3:23). Felizmente há algo mais. "...pela sua graça e sem exigir nada, Deus aceita todos por meio de Cristo Jesus, que os salva" (v.24).

Não temos direito de desprezar os que escolhem não crer em Deus. Antes, em amor, podemos agradecer a Deus, que "...nos havia escolhido para sermos dele por meio da nossa união com Cristo..." (Efésios 1:4).

Não é magia acreditar naquele que estabeleceu as leis da ciência. É amor por nosso Pai Celestial. —Tim Gustafson

# Natal tranquilo

**leia>**
**Lucas 2:8-20**
Então os pastores voltaram para os campos, cantando hinos de louvor a Deus pelo que tinham ouvido e visto (v.20).

**examine>**
Leia o livro de Salmo 130:7,8. O que o salmista revela sobre Deus e a redenção que Ele providenciou por meio de Jesus?

**considere>**
O que acontece quando vemos nossa fé como uma realização mais do que uma revelação da mão de Deus? De que formas Deus redimiu sua história?

Ao ler uma história do Natal na escola, minha filha decidiu reencenar o nascimento de Jesus. Elencando a si mesma como um anjo — completo, com asas, vestido e com sapatos brilhantes — ela fez de seu irmão; seu único aprendiz, um pastor. Primogênito do núcleo, ela deu as instruções a Michel, 4 anos, e começou a recitar suas falas com paixão. O menino, porém, estava um pouco distraído. Mais ovelha que pastor, ele se abaixou e começou a brincar com as luzes do sapato dela. Chutando seus pequenos dedinhos, ela severamente sussurrou: "Michel! Pare!", e então, retomando sua expressão angelical, terminou suas falas.

A pressa, o alvoroço e azáfama que cercam o Natal podem facilmente nos distrair do real significado da celebração. Podemos esquecer de nos concentrarmos em Jesus ao nos desviarmos com as distrações deste mundo. Nossa atenção se fixa em tudo, menos na essência da história (Mateus 1:23).

Gosto de imaginar como teria sido observar os pastores pouco antes da chegada dos anjos. Que sons ecoavam naquela noite? Os pastores pensavam em silêncio, contavam histórias do passado ou havia uma repousante calmaria? O ar estava pesado, ou fresco com uma brisa suave?

A esperança da humanidade mudou naquela noite e o céu se regozijou com a realidade. A redenção havia chegado! (Gálatas 4:4,5).

Como uma atuação impecável, queremos que todos digam suas falas e sigam nossas orientações — até Deus. Erroneamente, equiparamos a redenção a tudo que parece correto (Isaías 53:3). A beleza do nascimento de Jesus, no entanto, brilha com mais força devido à grandeza ainda maior de Sua morte (Efésios 1:7).

Não há uma cena que seja única em nossa vida; ao invés disso, todas elas se complementam na maior história da obra redentora de Deus. —Regina Franklin

# o sagrado

**leia>**
**Daniel 5:1-30**
...Como é que a luz e a escuridão podem viver juntas? (2 Coríntios 6:14).

**examine>**
Leia o livro de 2 Coríntios 7:1 e pondere cuidadosamente sobre o que Paulo está dizendo para você sobre o viver "...uma vida completamente dedicada a ele".

**considere>**
Quanto você leva a sério a santidade de Deus? Por que é importante que reconheçamos o que Deus considera sagrado?

Um madeireiro canadense esforçou-se para remover algumas toras que pretendia usar como lenha. Elas estavam empilhadas no campus de uma universidade. Havia recebido permissão para apanhar as toras encontradas no chão. Mas esta pilha em particular que ele removeu era na verdade uma escultura chamada de *Deadwood Sleep* (Gigante adormecido, tradução livre). Felizmente o esforçado trabalhador foi detido antes que fizesse muito estrago. "Para mim era só uma pilha de madeira", ele disse. "Se isto é arte, então estou por fora."

O rei Belsazar da Babilônia estava definitivamente errado quando decidiu usar objetos sagrados para propósitos profanos (Daniel 5:2). Ele ordenou que copos de ouro e de prata fossem utilizados em sua festa mundana. O problema era que as taças haviam sido tomadas do Templo de Jerusalém ("a casa de Deus"), quando o rei anterior, Nabucodonosor, havia conquistado a cidade (v.3). Belsazar ofendeu a Deus com seu sacrilégio (v.23).

Sua sentença? Deus falou através do profeta Daniel e disse que a vida e o reino de Belsazar estava próximo do fim (v.26). Naquela mesma noite, as luzes se apagariam para ele (v.30).

Deus é Santo e Ele nos chamou para sermos santos. Infelizmente, às vezes profanamos o que é sagrado. Reflita sobre estas palavras do apóstolo Paulo: "Será que vocês não sabem que o corpo de vocês é templo do Espírito Santo, que está em vocês e lhes foi dado por Deus? [...] usem o seu corpo para a glória dele" (1 Coríntios 6:19,20).

O que é *sagrado* em sua vida? O que você nunca deveria fazer ou dizer por que são profanos e ofensivos a Deus? Faça uma lista do que evitar e comprometa-se com o Senhor hoje. —Tom Felten

# bloqueio de escritor

**leia›**
**2 Coríntios 1:1-7**
Ele nos auxilia em todas as nossas aflições... (v.4).

**examine›**
Leia o livro de Isaías 43:1,2 para ouvir a reconfortante mensagem de Deus a Seu povo.
E 2 Coríntios 12:9,10 para ver como o poder de Jesus consola os que creem nele.

**considere›**
Como você pode reciclar a ajuda e apoio de Deus em sua vida? Por que Deus quer que você transmita a outros o Seu conforto?

O bloqueio criativo que um escritor pode sofrer é desgastante. Em ataque recente, o que eu escrevia era jogado no lixo eletrônico. Qualquer ideia acabava antes de terminar o primeiro parágrafo. Meu cérebro andava em círculos ao tocar as teclas do computador.

Enquanto eu lutava, o tique-taque de um relógio imaginário ecoava em minha mente. Seu ritmo firme parecia dizer: *prazo de entrega... prazo de entrega...* Finalmente comecei a pensar sobre a situação de uma perspectiva espiritual por meio das palavras de Paulo: "Ele nos auxilia em todas as nossas aflições..." (2 Coríntios 1:4).

Um caso persistente de pane criativa não é o pior problema possível. É tranquilizador saber que a cobertura de Deus envolve todo tipo de assunto que possamos encontrar — grande ou pequeno, contínuo ou temporário, físico ou espiritual (v.3).

Ao mesmo tempo em que é ótimo lembrar que o amor tranquilizante de Deus pode nos alcançar em qualquer lugar ou situação (Romanos 8:38,39), Seu conforto tem um propósito além de nosso bem-estar. Deus quer que reciclemos Seu amor reconfortante e o distribuamos a outras pessoas! "...para podermos ajudar os que têm as mesmas aflições que nós temos [...] damos aos outros a mesma ajuda que recebemos de Deus" (2 Coríntios 1:4). Este versículo me encoraja a olhar para outros cristãos que caíram nas mesmas ciladas que eu. Ele implora que eu fale abertamente sobre minhas lutas em vez de fingir, orgulhosamente, que sou a mulher maravilha. Isso traz novo sentido para dias difíceis.

Agora, aqui estou, escrevendo esta mensagem para você — provando que Deus ajuda Seus filhos quando estão frustrados, confusos ou desgastados. "O SENHOR é bom. Em tempos difíceis, ele salva seu povo e cuida dos que procuram a sua proteção" (Naum 1:7). —Jennifer Benson Schuldt

# sejamos críticos

**leia>**
**Provérbios 27:1-17**
É melhor a crítica franca do que o amor sem franqueza. O amigo quer o nosso bem, mesmo quando nos fere; mas, quando um inimigo abraça você, tome cuidado (vv.5,6).

**examine>**
Leia o livro de Hebreus 12:1-12 para aprender por que a confrontação é um sinal do amor de Deus.

**considere>**
Qual crítica você precisa reconsiderar? Como determinar quais aspectos são verdade? O que é a boa e o que é a *má* crítica?

No livro *A lição final* (Agir, 2008), o professor Randy Pausch descreveu um dia particularmente ruim, em que seu treinador de futebol gritou com ele e exigiu que pagasse flexões por ter estragado algumas jogadas. Mais tarde, um técnico-assistente ajudou a esclarecer o assunto. "O seu técnico trabalhou muito bem, você não acha?", disse. "Quando você faz algo errado e ninguém diz nada, significa que desistiram de você."

Ser repreendido por um chefe é uma das experiências mais difíceis da vida, por isso Pausch as relembrou quando escreveu sua biografia. Instintivamente evitamos o adversário, focando na raiva em vez de analisar se há alguma verdade no que nos dizem. *Como ousam me tratar desse jeito?*, reclamamos. E assim perdemos a oportunidade de considerar a crítica e crescer como pessoa.

Ninguém gosta que lhe digam que está errado, mas essa é a única forma de crescermos. A despeito de motivações ou condutas, nossos críticos podem ser nossos amigos. Então, em vez de nos defendermos destacando os defeitos de quem nos critica, devemos considerar a possibilidade de que parte dela pode ser verdadeira. Se concluirmos que fomos preguiçosos, descuidados ou rudes, devemos nos arrepender. Podemos orar assim: "Senhor, me perdoe por meu pecado. Eu estava errado e desajustado. Mas hoje, com Sua ajuda, escolho ser diligente, disciplinado e valorizar os sentimentos dos outros mais do que os meus."

Deus nos aceita exatamente como somos, mas Ele nos ama demais para permitir que fiquemos da mesma maneira. O Senhor nos desafia em áreas que precisam de melhoria, e, às vezes, usa nossos críticos para mostrar Seu ponto de vista. Leve em consideração as críticas valiosas, pois, se você perceber que fez algo errado, também significa que Deus ainda acredita em você. —Mike Wittmer

# plano B

**leia›**
**Romanos 1:8-17**
...muitas vezes resolvi ir visitá-los, mas fui impedido até agora de fazer isso... (v.13).

**examine›**
Foi uma verdadeira aventura, mas o livro de Atos 27–28 registra como Paulo finalmente chegou a Roma.

**considere›**
Qual plano B você sabe que Deus verdadeiramente transformou em bênção? Por que é importante que procuremos a vontade de Deus em vez de forçar a nossa?

Como pescador num dos maiores lagos do mundo, tive que mudar meus planos muitas vezes. Tempestades ou grandes ondas me forçaram a lançar mão do plano B: ou cancelando uma viagem ou limitando minha pesca a águas seguras de um porto ou pequenos lagos. Não é o fim do mundo, mas não é o ideal.

Em sua carta aos cristãos de Roma, Paulo mencionou que tinha planejado visitá-los muitas vezes (Romanos 1:13). Por muitos anos, o plano A era viajar para Roma e relembrar aos cristãos que lá viviam de tudo o que envolve as boas-novas de Jesus. Repetidamente, porém, outras circunstâncias e objetivos do ministério o impediram de fazer a viagem (15:22). Então Paulo finalmente usou o plano B, escreveu uma carta e expôs ali o que de início queria apresentar pessoalmente. Aquela carta é o que conhecemos hoje como o livro de Romanos do Novo Testamento.

Quando Paulo finalmente sentou-se para escrever esta carta, ele pode ter se sentido propenso a pensar que estava recorrendo ao plano B. Provavelmente, ele não estava ciente de que escreveria uma carta que mudaria o mundo.

Uma das tramas mais fascinantes do livro de Romanos é que, se Paulo tivesse seguido o plano A, não teríamos um dos mais ricos livros do Novo Testamento.

Às vezes, nossos planos falham e temos que seguir com o plano B. E, sim, pode ser inconveniente e frustrante. Mas lembre-se de que Deus conhece o todo. Como Paulo e o livro de Romanos, o que pode parecer o plano B para nós, na verdade, pode ser o plano A de Deus. —Jeff Olson

# duplicidade

**leia›**
**Provérbios 6:12-14**
Há fraude no coração dos que maquinam mal, mas alegria têm os que aconselham a paz (12:20).

**examine›**
O que aconteceria se você vivesse 1 Pedro 2:1 e removesse de sua vida "toda maldade" e se despojasse de "hipocrisias, invejas e de toda sorte de maledicências"?

**considere›**
Como você deveria reagir quando um irmão cristão é pego vivendo de forma falsa? O que lhe impedirá de viver uma vida dupla?

Levou mais de um ano para uma grande organização cristã de direitos humanos dos EUA confirmar a vida dupla de seus líderes. Embora o homem conduzisse a oração diária com seu pessoal, citasse orgulhosamente as Escrituras e parecesse ter ficha limpa, dirigia uma organização criminosa nos bastidores.

Ele foi tão astuto que conseguiu utilizar três conjuntos de falsas impressões digitais para pesquisa de antecedentes, antes dos investigadores descobrirem que ele tinha uma longa ficha criminal, incluindo apropriação indébita. Ele não foi o primeiro a esconder sua culpa por trás do manto do cristianismo. Por toda a história, muitos homens e mulheres enganaram outros intencionalmente para obter vantagens pessoais. O livro de Provérbios 6:12-14 descreve tais pessoas como "...homens maus e sem valor [que] vivem dizendo mentiras... [cujas] mentes perversas estão sempre planejando o mal...".

Pessoalmente, fico abalada e desmotivada cada vez que escuto que alguém com reputação cristã reconhecida vive um testemunho paralelo cruel. O apóstolo Paulo, porém, alerta que o comportamento dúbio de alguns não deveria ser motivo de espanto.

"Aqueles homens são apóstolos falsos," exclama Paulo. "Eles mentem a respeito e isso não é de admirar, porque até Satanás pode se disfarçar e ficar parecendo um anjo de luz (2 Coríntios 11:13,14).

Independentemente do comportamento inapropriado de alguns, Paulo insistiu que continuaria a fazer o que sempre fez. "O que estou fazendo agora vou continuar a fazer a fim de evitar que aqueles tais "apóstolos" tenham motivo para se gabar e dizer que fazem um trabalho igual ao nosso" (v.12).

Junte-se a mim e busque ser como Paulo, que a despeito do que acontecia ao seu redor, estava comprometido a viver sinceramente na fé em Jesus (1 Tessalonicenses 2:2-4). —Roxanne Robbins

# berço, cruz e coroa

**leia›**
**Lucas 1:26-35**
Você ficará grávida, dará à luz um filho e porá nele o nome de Jesus [...]. Deus, o Senhor, vai fazê-lo rei, como foi o antepassado dele, o rei Davi (vv.31,32).

**examine›**
O que os livros de Isaías 9:6,7 e Filipenses 2:5-11 dizem sobre o berço, a cruz e a coroa?

**considere›**
Das três cenas descritas, qual é a mais significativa para você neste Natal? Como você pode usar a época de Natal para falar aos outros sobre Jesus?

O que você considera ser uma boa representação do Natal? O Papai Noel? A cena do nascimento de Cristo com o bebê, a manjedoura e os jumentos? A árvore de Natal? Para Lucas, o Natal era mais bem representado por um berço, uma cruz e uma coroa.

Berço. O anjo Gabriel disse a uma jovem virgem confusa: "Você ficará grávida, dará à luz um filho" (Lucas 1:31). Este bebê concebido de forma sobrenatural (vv.34,35) seria da própria carne e sangue de Maria. Imagine o Todo-Poderoso Criador em um berço como uma criança indefesa, um bebê de verdade com umbigo! O menino de Maria é o filho humano (embora sem pecado) dela (v.31) e o Divino Filho de Deus! (vv.32,35). Este cenário é profundamente místico.

*Cruz.* "...e porá nele o nome de Jesus..." (v.31). *Jesus*, o equivalente em grego a Josué, significa "o Senhor salva" ou "Salvador." O anjo reiterou o nome de Jesus em uma aparição ao noivo de Maria, José, e falou de Sua missão: "...e você porá nele o nome de Jesus, pois ele salvará o seu povo dos pecados deles" (Mateus 1:21). Jesus se tornou nosso Salvador por ter sido "...pendurado numa cruz" (Gálatas 3:13).

*Coroa.* "...Deus, o Senhor, vai fazê-lo rei, como foi o antepassado dele, o rei Davi" (Lucas 1:32). Cerca de mil anos antes Deus prometeu que colocaria um de seus "...filhos como rei e tornarei forte o reino dele...." (2 Samuel 7:11-13; Atos 2:30). Este bebê nasceria como o Rei dos judeus (Mateus 2:2). "Ele será para sempre rei dos descendentes de Jacó, e o Reino dele nunca se acabará" (Lucas 1:33).

O Papai Noel, as árvores de Natal e os presépios natalinos serão cenas comuns este mês. Mas Jesus é o único que devemos procurar e celebrar. Curvemo-nos diante do Filho de Deus no berço, do Salvador na cruz e do Rei no trono (Filipenses 2:10,11). —K. T. Sim

# raça humana

**leia›**
**Isaías 56:1-8**
E aos estrangeiros que adoram o SENHOR, que o amam e o servem fielmente [...] forem fiéis à minha aliança eu os levarei ao meu monte santo...(v.6).

**examine›**
Leia o livro de Isaías 58:13 para entender sobre como alegrar-se com seu tempo sabático pessoal.

**considere›**
Quando é seu tempo de descanso? Como o verdadeiro descanso nos ajuda a termos vidas mais úteis para Deus?

O despertador dispara cedo demais, é assim que sentimos. Mas um longo dia o espera. Primeiro, deixar as crianças na escola. Depois, reunião no café da manhã, seguida de uma série de assuntos urgentes a serem resolvidos.

Este é um dia típico para muitas pessoas. Como alguém já disse: "Por isso somos chamados de raça humana."

O descanso é algo que desejamos tanto, mas que somos tão fracos em usá-lo bem. No Antigo Testamento, o dia de descanso era frequentemente profanado. E no Novo Testamento, era grosseiramente mal-entendido.

No livro de Isaías 56, o sábado é mencionado três vezes (vv.2,4,6). Sabemos que descansar no sábado não se aplicava apenas aos judeus, mas a qualquer um que desejasse andar com Deus.

Um professor de estudo bíblico explica: "sábado é o tempo separado para fazer nada, de forma que possamos receber tudo. Tempo para deixarmos de lado nossas tentativas ansiosas de sermos úteis, nossas inquietações e nosso aborrecimento com as muitas informações da mídia. Sábado é tempo de receber o silêncio e deixá-lo transformar-se em gratidão; de receber a tranquilidade de rostos e vozes esquecidas que discretamente se fazem presentes; de receber os dias da semana que está terminando e absorver a maravilha e o milagre ainda reverberando em cada um; de receber a surpreendente graça de nosso Deus."

Ao estabelecermos um tempo de descanso, aprendemos que, ao diminuir certas distrações de nossa agenda, podemos acrescentar significado à nossa vida. Ao diminuir, estamos na verdade ganhando. Ao aliviar nossa agenda, Deus pode nos preencher mais uma vez.

No livro de Êxodo 16:29 lemos que o Senhor deu ao povo de Israel "...um dia de descanso..." O sábado não é simplesmente uma disciplina a ser imposta; é um presente a ser desfrutado. —Poh Fang Chia

# "cláusula marrom"

**leia>**
**Lucas 16:1-13**
Quem é fiel nas coisas pequenas também será nas grandes; e quem é desonesto nas coisas pequenas também será nas grandes (v.10).

**examine>**
Leia o livro de 1 Timóteo 6:17-19 e identifique quais são nossas responsabilidades como administradores de Deus.

**considere>**
Que nota você daria a si mesmo como administrador do que Deus lhe emprestou? O que fazer para ser mais fiel nas pequenas e nas grandes coisas?

Quando a banda de rock *Van Halen* estava no auge, exigia que uma tigela com confeitos coloridos fosse providenciada para cada local de show. Porém, os de cor marrom tinham que ser removidos. Se a banda encontrasse um único confeito marrom, cancelaria o show, mas receberia o pagamento integral.

Como a produção da banda envolvia nove caminhões cheios da mais avançada tecnologia, muitos erros poderiam ocorrer tanto na instalação como na apresentação. Se os promotores do show não tivessem tempo de ler a cláusula da exclusão confeito marrom, certamente não haviam verificado toda a produção e eles poderiam correr riscos fatais.

A exigência ridícula do contrato de *Van Halen ilustra* o princípio da mordomia que Jesus ensinou no livro de Lucas 16. Ele encorajou Seus discípulos a serem fiéis com suas riquezas terrenas porque não eram deles, mas de Deus (v.10). Sua capacidade de gerenciar estes bens adequadamente e serem fiéis nas "pequenas coisas" (riqueza e bens terrenos) que lhes foram emprestadas seria um termômetro da capacidade de lidar com as "grandes coisas" (as verdadeiras riquezas da vida eterna). Se valorizassem erroneamente os bens terrenos, certamente desdenhariam o significado do Reino de Deus.

Jesus ainda está chamando os Seus seguidores para prestarem atenção à "cláusula marrom," isto é, que usem com cuidado, controle e que administrem os bens de Deus, pois esta é uma medida de nossa capacidade para lidar com as riquezas verdadeiras. Começa com o reconhecimento de que tudo o que temos pertence a Deus. Ele nos dá a capacidade de produzir riquezas (Deuteronômio 8:17,18), e nos ordena a não sermos mesquinhos com nossos recursos (Mateus 6:19-21). Deus espera que liberemos nossos bens para o Seu serviço ao abençoarmos outros (Mateus 19:21). —Marvin Williams

# valorizado

**leia›**
**João 4:1-29**
Venham ver o homem que disse tudo o que eu tenho feito. Será que ele é o Messias? (v.29).

**examine›**
Veja no livro de Isaías 54:1-6,11-17 a vívida promessa de Deus de trazer Sua força, provisão e beleza para nossas vidas.

**considere›**
Em que momentos você tem se contentado com menos do que o melhor de Deus, por medo de perder algo? Como se aprofundar no manancial da provisão de Deus?

Quando eu era criança, meus pais não me autorizavam a ligar para os meninos. A regra parece antiquada de acordo com as normas sociais atuais. Como não sou inexperiente na cultura jovem, estou perplexa e preocupada com a agressividade vista nas jovens de hoje. Elas estão desesperadas por pertencer a alguém, são pouco reservadas ao estarem próximas ou fazerem amizade com rapazes que pouco conhecem. Mas a solidão pode, às vezes, ser sentida mesmo nos relacionamentos.

A conhecida história do encontro de Jesus com a mulher no poço nos lembra que Sua onisciência não diminui Seu amor por nós — ela o aprofunda. Ao mesmo tempo em que não sabemos de seu histórico, entendemos que a mulher vivia numa sociedade em que sua identidade, valor e provisão eram resultado da ligação com um homem (por meio do casamento ou da maternidade). Infelizmente, esta mulher havia se casado não apenas uma, mas cinco vezes e tinha ficado tão desesperada a ponto de simplesmente coabitar com um homem (João 4:17,18). Cinco casamentos e um relacionamento de coabitação a tinham deixado ainda mais sozinha.

Conhecendo-nos mais completamente do que nós mesmos, Jesus foi às raízes da vida dela. Ele entendeu que aquela mulher precisava saber que poderia ter todas as suas falhas reveladas e ainda assim ser amada (Romanos 5:8). Mas Ele também se referiu às suas tentativas humanas de encontrar satisfação. Para encontrar restauração, ela tinha que enxergar a verdade sobre onde suas decisões a haviam levado — mudando de um homem para outro, desesperada por pertencer a alguém.

Ela poderia ter dado muitas desculpas por adiar a decisão; poderia ter tentado justificar o que tinha feito. Mas, ao encontrar Jesus, ela tinha uma escolha — a água do poço ou a água viva de Jesus. —Regina Franklin

# próximo

**leia›**
**Mateus 1:18-25**
...Emanuel (Emanuel quer dizer "Deus está conosco) (v.23).

**examine›**
Leia o livro de Isaías 7:14 e veja o que o profeta revela sobre o nascimento de Jesus e Seu nome.

**considere›**
Por que algumas vezes há distanciamento entre você e Deus e entre você e outros? O que significa para Deus estar com você, estar próximo?

Um músico amigo meu tem um primo chamado Emanuel. Meu amigo compôs uma música sobre o casamento de conto de fadas do primo. A cerimônia foi ao ar livre, em um local pitoresco, com tempo bom e cercado de árvores.

Próximo ao horário da cerimônia, muitos ficaram nervosos porque ninguém havia visto o noivo durante todo o dia. No entanto, pouco depois, uma figura distante apareceu no campo. Era o noivo em um cavalo branco, vestido com armadura de prata, com uma pena cor púrpura balançando no topo da cabeça. Emanuel queria fazer uma aparição dramática, porque queria que todos soubessem que amava sua noiva — e estava vindo para ela.

O nome do noivo-cavaleiro não poderia ser mais apropriado. O Antigo Testamento nos conta que toda a história esperava pela vinda de outro Emanuel, que viria por *nós*. Mateus (ecoando o profeta Isaías) enfatiza que ouçamos o nome deste que veio por nós: Emanuel. Há todo um mundo de esperança neste nome. *Emanuel*, "...Deus está conosco" (1:23).

Em Emanuel (Jesus), Deus está próximo. Deus andou em nossas ruas. Deus respirou nosso ar. Deus sentiu nossa dor. Deus riu. Deus chorou. Deus — em Jesus — estava no meio de nós, próximo de nós, bem ao nosso lado.

Nossas perdas, vergonhas e tristezas construíram paredes ao redor de nosso coração. Poucos conseguem ver quem realmente somos. Poucos sabem o que nos faz cantar ou dançar. Poucos sabem o que nos faz querer fugir ou nos enche de pavor. Podemos temer que outros se afastem de desgosto se vissem tudo o que há em nós. Distância, desconexão, solidão — infelizmente estas são formas comuns de descrever nossa experiência relacional.

Como é poderoso, portanto, saber que os propósitos de Deus estão centrados neste desejo — de estar próximo a nós. Deus conosco. —Winn Collier

# jogada certa

**leia›**
**Marcos 12:28-34**
...Ame os outros como você ama a você mesmo (v.31).

**examine›**
Tiago, irmão de Jesus, pregou a importância de não apenas sentir quando alguém necessita de algo, mas também de agir a respeito disso. Confira no livro de Tiago 2:15,16.

**considere›**
O que Deus está pedindo que você sacrifique por alguém hoje sem sentir apego? Por que demostrar amor aos outros é tão importante para Deus?

No início de 2011, um técnico de beisebol americano fez a melhor jogada de sua carreira. Ele escolheu ceder um de seus rins para que um dos jogadores pudesse viver. O jogador novato foi acometido por uma doença que atacou os rins, que funcionavam com apenas 8% da capacidade. Nenhum de seus familiares era doador compatível para um transplante de rim, mas o técnico era! "Quando recrutamos nossos jovens, falamos de família e de fazer sacrifícios uns pelos outros. É algo que levamos muito a sério..." disse o técnico. *Boa jogada!*

Doação altruísta é algo que deveria marcar a vida dos verdadeiros cristãos. Ao preparar o caminho para o Salvador, João Batista pregava: "...Quem tiver duas túnicas, reparta com quem não tem; e quem tiver comida, faça o mesmo" (Lucas 3:11). O profeta ensinou que a doação altruísta é parte do plano de Deus para Seu povo. *Se você tiver dois rins saudáveis, dê um a alguém que não tem nenhum.*

Mais tarde, Jesus ensinaria sobre o que significa verdadeiramente amar e sacrificar-se pelo próximo. Ele disse: "...Ame os outros como você ama a você mesmo" (Marcos 12:31-34). E, pouco antes, Ele revelou o mais importante mandamento: "Ame o Senhor, seu Deus, com todo o coração, com toda a alma, com toda a mente e com todas as forças" (vv.29,30). No entanto, a Bíblia também diz que amar o nosso próximo é igualmente importante (v.31).

O modo como amamos os outros é reflexo direto de nosso amor por Deus. Quando escolhemos doar aos outros com desapego, refletimos o gesto mais altruísta de todos os tempos — a morte de Jesus para que fôssemos salvos e pudéssemos viver (João 15:13).

Quando outros precisam de você, faça a jogada certa. —Tom Felten

# não seja cruel

**leia>**
**Jeremias 27:1–28:17**
...Não deem atenção aos profetas que dizem que logo os tesouros do templo serão logo trazidos para a Babilônia [...]. É mentira! Não os escutem (27:16,17).

**examine>**
Leia o livro de Mateus 23 e considere como as duras palavras de Jesus para os líderes religiosos eram um sinal de Seu amor.

**considere>**
Há situações difíceis de confrontar? Que passos você deve tomar para enfrentar seus problemas e começar uma nova jornada com a força de Deus?

Você já notou como é difícil para os governantes anunciar más notícias aos cidadãos? Muitos países estão afundados em dívidas, no entanto, seus líderes se recusam a elevar taxas ou cortar benefícios. Calculando que a falência será problema do próximo governo, chutam a crise para frente com alegria.

Estes líderes agem como os falsos profetas em Jerusalém. Deus puniu a idolatria de Israel ao enviar Nabucodonosor para saquear a cidade e levar os melhores ao cativeiro. Jeremias disse ao povo de Deus que o Senhor desejava que se submetessem à Babilônia por um período de tempo, e que mais tarde, Ele os traria de volta à Jerusalém (Jeremias 27:22).

Isto provocou um pessimismo exagerado em alguns cidadãos, e falsos profetas, como Hananias, declararam que Deus interviria e destruiria a Babilônia dentro de dois anos (28:10,11). Então, foi a vez de Deus se exasperar. Ele disse a Jeremias para informar Hananias que este morreria, pois suas mentiras tinham enchido os israelitas com falsa esperança (vv.15,16).

Não é suficiente apenas concordar com a situação quando sabemos que o melhor a fazer é o pior tipo de maldade. Não devemos encorajar amigos que estão lutando contra o pecado a simplesmente ranger os dentes e tentar com mais força, pois podem se superar. Se confiarem em si mesmos mais do que em Deus, eles terminarão onde começaram — afogando suas tristezas nos vícios.

Tampouco devemos assegurar às pessoas de que, não importa em quem confiem ou como vivam, um Deus amoroso levará a todos para o céu. Parece duro alertar as pessoas sobre o inferno, mas se você acredita que o inferno existe, seria indescritivelmente cruel não dizer isso aos outros. Nós damos humildemente más notícias, não por prazer, mas porque é o primeiro passo em direção à esperança. —Mike Wittmer

# desejo de vingança

**leia>**
**Romanos 12:14-21**
Não deixem que o mal vença vocês, mas vençam o mal com o bem (v.21).

**examine>**
Fazer o bem àqueles que nos machucaram é deixá-los experimentar uma amostra da misericórdia e justiça de Deus.

**considere>**
É possível fazer o bem a quem lhe machucou profundamente, sem fingir que nada aconteceu? Isso pode ser uma amostra da misericórdia e justiça de Deus?

Uma vez conversei com um pai cujo filho foi brutalmente assassinado por um amigo da família. Nos anos seguintes, ele falava do seu ardente desejo de vingança. Ele sabia que a amargura havia tomado seu coração e tinha preterido o bem. Embora quisesse entregar essa carga pesada a Jesus, ele lutava em conseguir libertar-se dela.

Uma das coisas que Deus colocou em meu coração para dividir com este homem inicialmente o chocou, mas também o libertou para ver que havia alternativas. Eu lhe disse que seu desejo de vingança não era totalmente desalinhado e anticristão. E o lembrei destas palavras que o apóstolo Paulo escreveu aos companheiros cristãos: "E Deus, a nossa fonte de paz, logo esmagará Satanás debaixo dos pés de vocês..." (Romanos 16:20).

A afirmação de Paulo é uma surpreendente promessa de vingança. Em outras palavras, o apóstolo estava encorajando seus leitores a serem pacientes porque eles teriam seu grande dia, quando a vingança seria de Deus... e deles. O tempo está chegando quando todos os cristãos terão a oportunidade de esmagar Satanás (que é indiretamente o único e em última análise o responsável por todo o mal do mundo) debaixo de nossos pés.

Parte do desejo de vingança é divino, contanto que seja baseado na justiça de Deus e em Seu tempo. Enquanto isso, Ele nos diz para deixar a vingança para Ele (12:19) e trabalhar para dominar o mal ao fazer o bem àqueles que nos prejudicaram muito (v.21). Isto pode incluir abençoá-los com o presente de não condená-los ou de demonstrar um amor constante que os forcem a assumir o dano de suas escolhas pecaminosas. Nosso objetivo? Ajudar outros a superar o mal em suas vidas e evitar que o mal da amargura nos envolva totalmente. —Jeff Olson

# perdão esgotado?

**leia›**
**Lucas 22:7-38**
E lhes disse: Como tenho desejado comer deste jantar da Páscoa com vocês, antes do meu sofrimento (v.15).

**examine›**
Leia o livro de Romanos 8:38,39 para se lembrar da profundidade do amor de Deus, e 1 João 1:9 para receber orientação de como lidar com o pecado.

**considere›**
Você já se sentiu como alguém preocupado em não receber o perdão de Deus? Por quê? Algum pecado pode estar além do perdão de Jesus?

Uma ouvinte de um dos meus programas de rádio, relatou: "Sou cristã há cinco anos, mas nunca vivi como tal. Quero saber, haverá um tempo em que Deus não nos perdoará mais?" Eu contei a seguinte história a ela: Jesus arrumou um local secreto para o jantar da Páscoa com Seus discípulos — algo que Ele desejava "ansiosamente" dividir com eles (Lucas 22:7-38). Ansiosamente? Apenas pense sobre com quem Ele jantou e o que aconteceria em breve.

Alguns momentos depois, Jesus anunciou que alguém sentado naquela mesa o trairia (vv.21,22). Ele já sabia que Judas era o traidor (vv.3-6). Você desejaria *"ansiosamente" jantar com o seu assassino?*

Ao ouvir essa notícia, os discípulos não ficaram preocupados com a segurança de seu Amigo; não, eles começaram a discutir sobre quem poderia ser o traidor (v.23). A conversa se dispersou mais ainda quando discutiram sobre qual deles seria o "maior" (vv.24-27). Antes do jantar terminar, estes mesmos amigos frustraram e não entenderam Jesus — com resultados desastrosos (vv.49,50). Jesus ainda anunciou a traição de Pedro (vv.33,34).

Imediatamente após o jantar, Judas trairia Jesus (vv.47,48), Pedro o negaria (vv.54-62), os outros o abandonariam (Marcos 14:50) e Jesus seria crucificado. Ele sabia o mal que aconteceria naquela noite, mas ainda desejava "ansiosamente" dividi-la com Seus discípulos. Foi com estes amigos falhos que Ele dividiu Seu reino (Lucas 22:28-30).

*Você pode esgotar o perdão de Deus?,* minha ouvinte perguntou. Sem chance, respondi. Deixe sua vida de pecado, mas não duvide da graça de Jesus. Se Ele acolhe amigos falhos como os Seus discípulos para Seu reino, Ele tem um lugar para nós também. —Sheridan Voysey

# homem de Deus

**leia>**
**1 Timóteo 6:11-16,20-21**
Mas você, homem de Deus... (v.11).

**examine>**
Leia o livro de 2 Timóteo 3:16,17 para entender por que é essencial que um homem de Deus use as Escrituras para guiar suas ações.

**considere>**
Como sua vida revela que você é uma pessoa de Deus? O que precisa mudar?

Recentemente um colega me perguntou: "O que você gostaria de ser?" "Bem, em termos de plano de carreira, não sei. Mas quero ser alguém sábio, compassivo e humilde", respondi.

Na carta ao seu aprendiz, Paulo não instruiu Timóteo a se tornar um pastor nota 10; mas o relembrou de que ele era um "homem de Deus" (1 Timóteo 6:11).

Curiosamente, há somente uma pessoa no Novo Testamento chamada de "um homem de Deus," e este é Timóteo. Mas este termo é frequentemente usado no Antigo Testamento. Na verdade, é usado 70 vezes e sempre em referência a um porta-voz de Deus — alguém cujo dever e responsabilidade é falar as palavras de Deus.

Paulo destaca quatro características que marcam um homem de Deus:

*Ele foge.* "Fuja" (v.11). Este é o verbo grego *fuagay*, do qual deriva a palavra *fugitivo*. Em outras palavras, o homem de Deus é um homem em fuga. Está constantemente fugindo do amor ao dinheiro (6:10), comportamento ímpio (6:20), luxúria e pecado (2 Timóteo 2:22).

*Ele persegue.* O homem de Deus persegue "...uma vida correta, de dedicação a Deus, de fé, de amor, de perseverança e de respeito pelos outros" (1 Timóteo 6:11).

*Ele luta.* Usando a verdade, o homem de Deus está envolvido na guerra diária contra o reino das trevas. Não está descansando sobre os seus louros.

*Ele é fiel.* O homem de Deus "...Toma posse da vida eterna" (v.12 ARA). Ele vê a vida cristã de fé e serviço como sua necessária responsabilidade com Deus.

Se alguém perguntasse: "O que você gostaria de ser?" Você responderia: "Quero ser um homem de Deus"? Esse homem pertence pessoalmente a Deus, proclama Sua Palavra cuidadosamente e vive de modo exemplar. —Poh Fang Chia

# por meio do Filho

**leia›**
**Efésios 2:11-21**
É por meio de Cristo que todos nós, judeus e não-judeus, podemos ir, pelo poder de um só Espírito, até a presença do Pai (v.18).

**examine›**
Leia o livro de Efésios 1:3-14 e identifique as bênçãos que recebemos em Jesus Cristo e por meio dele.

**considere›**
Quais são as implicações práticas de ter acesso a Deus e à salvação por meio de Jesus? Como expressar diariamente o valor que você dá às Suas bênçãos?

Um homem embarcava em um avião quando viu o ex-presidente dos EUA, Gerald Ford, escoltado por dois seguranças vestindo ternos escuros. Ele queria falar com o presidente, mas imaginou: "Por que o presidente gostaria de me atender?" Então, relembrou que havia encontrado o filho de Ford, Mike, quando estava no seminário. Com isso, audaciosamente, se aproximou do ex-líder mundial, quando foi detido pelo segurança, e disse: "Presidente Ford, só gostaria de encontrá-lo. Conheço seu filho, Mike." O presidente e o homem, em seguida, tiveram então uma breve e agradável conversa.

Semelhante ao caso descrito acima, Paulo, o apóstolo, relembrou aos efésios que pelo nome de Jesus, Filho de Deus, tinham acesso ao Pai Celestial e às bênçãos da salvação.

Paulo encorajou os cristãos gentios a recordarem como foram excluídos e separados de Jesus. Eram considerados estrangeiros de tudo o que Deus tinha prometido ao Seu povo Israel — sem esperança e sem Deus no mundo. Eram irremediavelmente alienados de seu Criador e de Seu Reino. Mas em Jesus e por meio dele, eles tinham plena cidadania no céu e eram membros da casa de Deus. Estes ex-forasteiros agora tinham acesso ao Pai e às bênçãos da salvação pela morte sacrificial de Seu Filho.

Quer possamos exprimir ou não, uma das mais profundas ânsias da alma humana é pertencer e ter acesso a nosso Criador e Salvador. Isto é possível somente por intermédio de Jesus. Por meio dele temos acesso à salvação (João 10:9), paz com Deus e de Deus (Romanos 5:1,2), verdadeira realização na vida (João 10:10) e confiança para nos aproximarmos de nosso Pai Celestial, recebermos misericórdia e encontrarmos graça para nos ajudar em tempos de necessidade (Hebreus 4:16). —Marvin Williams

# Minha fé é forte?

*por Dan Vander Lugt*

Quando você duvidar de que a sua fé seja forte o bastante para se considerar filho de Deus, será o indício de que não compreende a natureza da fé. A fé em Deus não envolve a certeza, e não implica em ausência de dúvidas. O evangelho de Marcos esclarece isso no relato em que Jesus libertou um menino possuído por espíritos malignos (Marcos 9:14-27). O pai chegou pedindo ajuda em meio a uma multidão, em que os líderes religiosos estavam presentes. Ele disse a Jesus que tinha pedido ajuda aos Seus discípulos para que expulsassem os demônios da criança, mas eles não tinham sido capazes de fazê-lo. E, falou: "...Mas, se o senhor pode, então nos ajude. Tenha pena de nós!" (v.22). Jesus provou a sinceridade do pai ao dizer: "—Se eu posso? Tudo é possível para quem tem fé" (v.23).

**Se cremos que a nossa fé deve ser perfeita, estabelecemos uma meta inalcançável e nos escravizamos a uma nova forma de salvação, por meio das obras. Em vez de fundamentarmos a nossa fé na bondade de Deus e na obra de amor consumada em nosso favor por Jesus, a fundamentaremos em nossas próprias conquistas ou perfeição.**

O pai do menino não disse que sua fé era perfeita e ele nem se afastou desesperado. Reconheceu suas dúvidas (incredulidade) ao mesmo tempo em que expressou veementemente sua vontade de crer: "...—Eu tenho fé! Ajude-me a ter mais fé ainda!" (v.24).

A fé desse homem passou pela prova de Jesus. O Senhor não o condenou por suas dúvidas, em vez disso, sarou o seu filho.

Que tormento, que peso tão difícil é crer que a fé precisa ser perfeita antes de Deus responder a nossa necessidade! Se cremos que a nossa fé deve ser perfeita, estabelecemos uma meta inalcançável e nos escravizamos a uma nova forma de salvação, por meio das obras. Em vez de fundamentarmos a nossa fé na bondade de Deus e na obra de amor consumada em nosso favor por Jesus, a fundamentaremos em nossas próprias conquistas ou perfeição.

As pessoas que acreditam que devem ter uma fé perfeita, antes que ela seja aceitável a Deus, ignoram diversos exemplos da Bíblia, de pessoas cuja confiança em Deus foi imperfeita e, ainda sim, Ele aceitou sua fé. Veja alguns exemplos:

- Moisés (Êxodo 3:11; 4:1)
- Abraão (Gênesis 12:10-13; 15:1-5)
- Elias (1 Reis 19:4)
- Pedro (Mateus 14:28-31; 26:69-75)
- Tomé (João 20:24,25)
- Jacó (Gênesis 25:29-34; 27:1-46)
- Os discípulos (Mateus 26:56)

Estes exemplos demonstram que não é a perfeição da nossa confiança que importa, mas a perfeição do amor e perdão de Deus. A fé perfeita será nossa somente quando o Espírito Santo tiver concluído a Sua obra de santificação em nossa vida.

---

# a Bíblia em um ano

## janeiro

- ❒ 1 Gênesis 1–3; Mateus 1
- ❒ 2 Gênesis 4–6; Mateus 2
- ❒ 3 Gênesis 7–9; Mateus 3
- ❒ 4 Gênesis 10–12; Mateus 4
- ❒ 5 Gênesis 13–15; Mateus 5:1-26
- ❒ 6 Gênesis 16–17; Mateus 5:27-48
- ❒ 7 Gênesis 18–19; Mateus 6:1-18
- ❒ 8 Gênesis 20–22; Mateus 6:19-34
- ❒ 9 Gênesis 23–24; Mateus 7
- ❒ 10 Gênesis 25–26; Mateus 8:1-17
- ❒ 11 Gênesis 27–28; Mateus 8:18-34
- ❒ 12 Gênesis 29–30; Mateus 9:1-17
- ❒ 13 Gênesis 31–32; Mateus 9:18-38
- ❒ 14 Gênesis 33–35; Mateus 10:1-20
- ❒ 15 Gênesis 36–38; Mateus 10:21-42
- ❒ 16 Gênesis 39–40; Mateus 11
- ❒ 17 Gênesis 41–42; Mateus 12:1-23
- ❒ 18 Gênesis 43–45; Mateus 12:24-50
- ❒ 19 Gênesis 46–48; Mateus 13:1-30
- ❒ 20 Gênesis 49–50; Mateus 13:31-58
- ❒ 21 Êxodo 1–3; Mateus 14:1-21
- ❒ 22 Êxodo 4–6; Mateus 14:22-36
- ❒ 23 Êxodo 7–8; Mateus 15:1-20
- ❒ 24 Êxodo 9–11; Mateus 15:21-39
- ❒ 25 Êxodo 12–13; Mateus 16
- ❒ 26 Êxodo 14–15; Mateus 17
- ❒ 27 Êxodo 16–18; Mateus 18:1-20
- ❒ 28 Êxodo 19–20; Mateus 18:21-35
- ❒ 29 Êxodo 21–22; Mateus 19
- ❒ 30 Êxodo 23–24; Mateus 20:1-16
- ❒ 31 Êxodo 25–26; Mateus 20:17-34

## fevereiro

- ❒ 1 Êxodo 27–28; Mateus 21:1-22
- ❒ 2 Êxodo 29–30; Mateus 21:23-46
- ❒ 3 Êxodo 31–33; Mateus 22:1-22
- ❒ 4 Êxodo 34–35; Mateus 22:23-46
- ❒ 5 Êxodo 36–38; Mateus 23:1-22
- ❒ 6 Êxodo 39–40; Mateus 23:23-39
- ❒ 7 Levítico 1–3; Mateus 24:1-28
- ❒ 8 Levítico 4–5; Mateus 24:29-51
- ❒ 9 Levítico 6–7; Mateus 25:1-30
- ❒ 10 Levítico 8–10; Mateus 25:31-46
- ❒ 11 Levítico 11–12; Mateus 26:1-25
- ❒ 12 Levítico 13; Mateus 26:26-50
- ❒ 13 Levítico 14; Mateus 26:51-75
- ❒ 14 Levítico 15–16; Mateus 27:1-26
- ❒ 15 Levítico 17–18; Mateus 27:27-50
- ❒ 16 Levítico 19–20; Mateus 27:51-66
- ❒ 17 Levítico 21–22; Mateus 28
- ❒ 18 Levítico 23–24; Marcos 1:1-22
- ❒ 19 Levítico 25; Marcos 1:23-45
- ❒ 20 Levítico 26–27; Marcos 2
- ❒ 21 Números 1–3; Marcos 3
- ❒ 22 Números 4–6; Marcos 4:1-20
- ❒ 23 Números 7–8; Marcos 4:21-41
- ❒ 24 Números 9–11; Marcos 5:1-20
- ❒ 25 Números 12–14; Marcos 5:21-43
- ❒ 26 Números 15–16; Marcos 6:1-29
- ❒ 27 Números 17–19; Marcos 6:30-56
- ❒ 28 Números 20–22; Marcos 7:1-13

## março

- ❒ 1 Números 23–25; Marcos 7:14-37
- ❒ 2 Números 26–27; Marcos 8:1-21
- ❒ 3 Números 28–30; Marcos 8:22-38
- ❒ 4 Números 31–33; Marcos 9:1-29
- ❒ 5 Números 34–36; Marcos 9:30-50
- ❒ 6 Deuteronômio 1–2; Marcos 10:1-31
- ❒ 7 Deuteronômio 3–4; Marcos 10:32-52
- ❒ 8 Deuteronômio 5–7; Marcos 11:1-18
- ❒ 9 Deuteronômio 8–10; Marcos 11:19-33
- ❒ 10 Deuteronômio 11–13; Marcos 12:1-27
- ❒ 11 Deuteronômio 14–16; Marcos 12:28-44
- ❒ 12 Deuteronômio 17–19; Marcos 13:1-20
- ❒ 13 Deuteronômio 20–22; Marcos 13:21-37
- ❒ 14 Deuteronômio 23–25; Marcos 14:1-26
- ❒ 15 Deuteronômio 26–27; Marcos 14:27-53
- ❒ 16 Deuteronômio 28–29; Marcos 14:54-72
- ❒ 17 Deuteronômio 30–31; Marcos 15:1-25
- ❒ 18 Deuteronômio 32–34; Marcos 15:26-47
- ❒ 19 Josué 1–3; Marcos 16
- ❒ 20 Josué 4–6; Lucas 1:1-20
- ❒ 21 Josué 7–9; Lucas 1:21-38
- ❒ 22 Josué 10–12; Lucas 1:39-56
- ❒ 23 Josué 13–15; Lucas 1:57-80
- ❒ 24 Josué 16–18; Lucas 2:1-24
- ❒ 25 Josué 19–21; Lucas 2:25-52
- ❒ 26 Josué 22–24; Lucas 3
- ❒ 27 Juízes 1–3; Lucas 4:1-30
- ❒ 28 Juízes 4–6; Lucas 4:31-44
- ❒ 29 Juízes 7–8; Lucas 5:1-16
- ❒ 30 Juízes 9–10; Lucas 5:17-39
- ❒ 31 Juízes 11–12; Lucas 6:1-26

## abril

- ❒ 1 Juízes 13–15; Lucas 6:27-49
- ❒ 2 Juízes 16–18; Lucas 7:1-30
- ❒ 3 Juízes 19–21; Lucas 7:31-50
- ❒ 4 Rute 1–4; Lucas 8:1-25
- ❒ 5 1 Samuel 1–3; Lucas 8:26-56
- ❒ 6 1 Samuel 4–6; Lucas 9:1-17
- ❒ 7 1 Samuel 7–9; Lucas 9:18-36
- ❒ 8 1 Samuel 10–12; Lucas 9:37-62
- ❒ 9 1 Samuel 13–14; Lucas 10:1-24
- ❒ 10 1 Samuel 15–16; Lucas 10:25-42
- ❒ 11 1 Samuel 17–18; Lucas 11:1-28
- ❒ 12 1 Samuel 19–21; Lucas 11:29-54
- ❒ 13 1 Samuel 22–24; Lucas 12:1-31
- ❒ 14 1 Samuel 25–26; Lucas 12:32–59
- ❒ 15 1 Samuel 27–29; Lucas 13:1-22
- ❒ 16 1 Samuel 30–31; Lucas 13:23-35
- ❒ 17 2 Samuel 1–2; Lucas 14:1-24
- ❒ 18 2 Samuel 3–5; Lucas 14:25-35
- ❒ 19 2 Samuel 6–8; Lucas 15:1-10
- ❒ 20 2 Samuel 9–11; Lucas 15:11-32
- ❒ 21 2 Samuel 12–13; Lucas 16
- ❒ 22 2 Samuel 14–15; Lucas 17:1-19
- ❒ 23 2 Samuel 16–18; Lucas 17:20-37
- ❒ 24 2 Samuel 19–20; Lucas 18:1-23
- ❒ 25 2 Samuel 21–22; Lucas 18:24-43
- ❒ 26 2 Samuel 23–24; Lucas 19:1-27
- ❒ 27 1 Reis 1–2; Lucas 19:28-48
- ❒ 28 1 Reis 3–5; Lucas 20:1-26

- ❐ 29 1 Reis 6–7; Lucas 20:27-47
- ❐ 30 1 Reis 8–9; Lucas 21:1-19

## maio

- ❐ 1 1 Reis 10–11; Lucas 21:20-38
- ❐ 2 1 Reis 12–13; Lucas 22:1-20
- ❐ 3 1 Reis 14–15; Lucas 22:21-46
- ❐ 4 1 Reis 16–18; Lucas 22:47-71
- ❐ 5 1 Reis 19–20; Lucas 23:1-25
- ❐ 6 1 Reis 21–22; Lucas 23:26-56
- ❐ 7 2 Reis 1–3; Lucas 24:1-35
- ❐ 8 2 Reis 4–6; Lucas 24:36-53
- ❐ 9 2 Reis 7–9; João 1:1-28
- ❐ 10 2 Reis 10–12; João 1:29-51
- ❐ 11 2 Reis 13–14; João 2
- ❐ 12 2 Reis 15–16; João 3:1-18
- ❐ 13 2 Reis 17–18; João 3:19-36
- ❐ 14 2 Reis 19–21; João 4:1-30
- ❐ 15 2 Reis 22–23; João 4:31-54
- ❐ 16 2 Reis 24–25; João 5:1-24
- ❐ 17 1 Crônicas 1–3; João 5:25-47
- ❐ 18 1 Crônicas 4–6; João 6:1-21
- ❐ 19 1 Crônicas 7–9; João 6:22-44
- ❐ 20 1 Crônicas 10–12; João 6:45-71
- ❐ 21 1 Crônicas 13–15; João 7:1-27
- ❐ 22 1 Crônicas 16–18; João 7:28-53
- ❐ 23 1 Crônicas 19–21; João 8:1-27
- ❐ 24 1 Crônicas 22–24; João 8:28-59
- ❐ 25 1 Crônicas 25–27; João 9:1-23
- ❐ 26 1 Crônicas 28–29; João 9:24-41
- ❐ 27 2 Crônicas 1–3; João 10:1-23
- ❐ 28 2 Crônicas 4–6; João 10:24-42
- ❐ 29 2 Crônicas 7–9; João 11:1-29
- ❐ 30 2 Crônicas 10–12; João 11:30-57
- ❐ 31 2 Crônicas 13–14; João 12:1-26

## junho

- ❐ 1 2 Crônicas 15–16; João 12:27-50
- ❐ 2 2 Crônicas 17–18; João 13:1-20
- ❐ 3 2 Crônicas 19–20; João 13:21-38
- ❐ 4 2 Crônicas 21–22; João 14
- ❐ 5 2 Crônicas 23–24; João 15
- ❐ 6 2 Crônicas 25–27; João 16
- ❐ 7 2 Crônicas 28–29; João 17
- ❐ 8 2 Crônicas 30–31; João 18:1-18
- ❐ 9 2 Crônicas 32–33; João 18:19-40
- ❐ 10 2 Crônicas 34–36; João 19:1-22
- ❐ 11 Esdras 1–2; João 19:23-42
- ❐ 12 Esdras 3–5; João 20
- ❐ 13 Esdras 6–8; João 21
- ❐ 14 Esdras 9–10; Atos 1
- ❐ 15 Neemias 1–3; Atos 2:1-21
- ❐ 16 Neemias 4–6; Atos 2:22-47
- ❐ 17 Neemias 7–9; Atos 3
- ❐ 18 Neemias 10–11; Atos 4:1-22
- ❐ 19 Neemias 12–13; Atos 4:23-37
- ❐ 20 Ester 1–2; Atos 5:1-21
- ❐ 21 Ester 3–5; Atos 5:22-42
- ❐ 22 Ester 6–8; Atos 6
- ❐ 23 Ester 9–10; Atos 7:1-21
- ❐ 24 Jó 1–2; Atos 7:22-43
- ❐ 25 Jó 3–4; Atos 7:44-60
- ❐ 26 Jó 5–7; Atos 8:1-25
- ❐ 27 Jó 8–10; Atos 8:26-40
- ❐ 28 Jó 11–13; Atos 9:1-21
- ❐ 29 Jó 14–16; Atos 9:22-43
- ❐ 30 Jó 17–19; Atos 10:1-23

## julho

- ❐ 1 Jó 20–21; Atos 10:24-48
- ❐ 2 Jó 22–24; Atos 11
- ❐ 3 Jó 25–27; Atos 12
- ❐ 4 Jó 28–29; Atos 13:1-25
- ❐ 5 Jó 30–31; Atos 13:26-52
- ❐ 6 Jó 32–33; Atos 14
- ❐ 7 Jó 34–35; Atos 15:1-21
- ❐ 8 Jó 36–37; Atos 15:22-41
- ❐ 9 Jó 38–40; Atos 16:1-21
- ❐ 10 Jó 41–42; Atos 16:22-40
- ❐ 11 Salmos 1–3; Atos 17:1-15
- ❐ 12 Salmos 4–6; Atos 17:16-34
- ❐ 13 Salmos 7–9; Atos 18
- ❐ 14 Salmos 10–12; Atos 19:1-20
- ❐ 15 Salmos 13–15; Atos 19:21-41
- ❐ 16 Salmos 16–17; Atos 20:1-16
- ❐ 17 Salmos 18–19; Atos 20:17-38
- ❐ 18 Salmos 20–22; Atos 21:1-17
- ❐ 19 Salmos 23–25; Atos 21:18-40
- ❐ 20 Salmos 26–28; Atos 22
- ❐ 21 Salmos 29–30; Atos 23:1-15
- ❐ 22 Salmos 31–32; Atos 23:16-35
- ❐ 23 Salmos 33–34; Atos 24
- ❐ 24 Salmos 35–36; Atos 25
- ❐ 25 Salmos 37–39; Atos 26
- ❐ 26 Salmos 40–42; Atos 27:1-26
- ❐ 27 Salmos 43–45; Atos 27:27-44
- ❐ 28 Salmos 46–48; Atos 28
- ❐ 29 Salmos 49–50; Romanos 1
- ❐ 30 Salmos 51–53; Romanos 2
- ❐ 31 Salmos 54–56; Romanos 3

## agosto

- ❐ 1 Salmos 57–59; Romanos 4
- ❐ 2 Salmos 60–62; Romanos 5
- ❐ 3 Salmos 63–65; Romanos 6
- ❐ 4 Salmos 66–67; Romanos 7
- ❐ 5 Salmos 68–69; Romanos 8:1-21
- ❐ 6 Salmos 70–71; Romanos 8:22-39
- ❐ 7 Salmos 72–73; Romanos 9:1-15
- ❐ 8 Salmos 74–76; Romanos 9:16-33
- ❐ 9 Salmos 77–78; Romanos 10
- ❐ 10 Salmos 79–80; Romanos 11:1-18
- ❐ 11 Salmos 81–83; Romanos 11:19-36
- ❐ 12 Salmos 84–86; Romanos 12
- ❐ 13 Salmos 87–88; Romanos 13
- ❐ 14 Salmos 89–90; Romanos 14
- ❐ 15 Salmos 91–93; Romanos 15:1-13
- ❐ 16 Salmos 94–96; Romanos 15:14-33
- ❐ 17 Salmos 97–99; Romanos 16
- ❐ 18 Salmos 100–102; 1 Coríntios 1
- ❐ 19 Salmos 103–104; 1 Coríntios 2
- ❐ 20 Salmos 105–106; 1 Coríntios 3
- ❐ 21 Salmos 107–109; 1 Coríntios 4
- ❐ 22 Salmos 110–112; 1 Coríntios 5
- ❐ 23 Salmos 113–115; 1 Coríntios 6
- ❐ 24 Salmos 116–118; 1 Coríntios 7:1-19
- ❐ 25 Salmos 119:1-88; 1 Coríntios 7:20-40
- ❐ 26 Salmos 119:89-176; 1 Coríntios 8
- ❐ 27 Salmos 120–122; 1 Coríntios 9
- ❐ 28 Salmos 123–125; 1 Coríntios 10:1-18
- ❐ 29 Salmos 126–128; 1 Coríntios 10:19-33
- ❐ 30 Salmos 129–131; 1 Coríntios 11:1-16
- ❐ 31 Salmos 132–134; 1 Coríntios 11:17-34

## setembro

- ❒ 1 Salmos 135–136; 1 Coríntios 12
- ❒ 2 Salmos 137–139; 1 Coríntios 13
- ❒ 3 Salmos 140–142; 1 Coríntios 14:1-20
- ❒ 4 Salmos 143–145; 1 Coríntios 14:21-40
- ❒ 5 Salmos 146–147; 1 Coríntios 15:1-28
- ❒ 6 Salmos 148–150; 1 Coríntios 15:29-58
- ❒ 7 Provérbios 1–2; 1 Coríntios 16
- ❒ 8 Provérbios 3–5; 2 Coríntios 1
- ❒ 9 Provérbios 6–7; 2 Coríntios 2
- ❒ 10 Provérbios 8–9; 2 Coríntios 3
- ❒ 11 Provérbios 10–12; 2 Coríntios 4
- ❒ 12 Provérbios 13–15; 2 Coríntios 5
- ❒ 13 Provérbios 16–18; 2 Coríntios 6
- ❒ 14 Provérbios 19–21; 2 Coríntios 7
- ❒ 15 Provérbios 22–24; 2 Coríntios 8
- ❒ 16 Provérbios 25–26; 2 Coríntios 9
- ❒ 17 Provérbios 27–29; 2 Coríntios 10
- ❒ 18 Provérbios 30–31; 2 Coríntios 11:1-15
- ❒ 19 Eclesiastes 1–3; 2 Coríntios 11:16-33
- ❒ 20 Eclesiastes 4–6; 2 Coríntios 12
- ❒ 21 Eclesiastes 7–9; 2 Coríntios 13
- ❒ 22 Eclesiastes 10–12; Gálatas 1
- ❒ 23 Cânticos 1–3; Gálatas 2
- ❒ 24 Cânticos 4–5; Gálatas 3
- ❒ 25 Cânticos 6–8; Gálatas 4
- ❒ 26 Isaías 1–2; Gálatas 5
- ❒ 27 Isaías 3–4; Gálatas 6
- ❒ 28 Isaías 5–6; Efésios 1
- ❒ 29 Isaías 7–8; Efésios 2
- ❒ 30 Isaías 9–10; Efésios 3

## outubro

- ❒ 1 Isaías 11–13; Efésios 4
- ❒ 2 Isaías 14–16; Efésios 5:1-16
- ❒ 3 Isaías 17–19; Efésios 5:17-33
- ❒ 4 Isaías 20–22; Efésios 6
- ❒ 5 Isaías 23–25; Filipenses 1
- ❒ 6 Isaías 26–27; Filipenses 2
- ❒ 7 Isaías 28–29; Filipenses 3
- ❒ 8 Isaías 30–31; Filipenses 4
- ❒ 9 Isaías 32–33; Colossenses 1
- ❒ 10 Isaías 34–36; Colossenses 2
- ❒ 11 Isaías 37–38; Colossenses 3
- ❒ 12 Isaías 39–40; Colossenses 4
- ❒ 13 Isaías 41–42; 1 Tessalonicenses 1
- ❒ 14 Isaías 43–44; 1 Tessalonicenses 2
- ❒ 15 Isaías 45–46; 1 Tessalonicenses 3
- ❒ 16 Isaías 47–49; 1 Tessalonicenses 4
- ❒ 17 Isaías 50–52; 1 Tessalonicenses 5
- ❒ 18 Isaías 53–55; 2 Tessalonicenses 1
- ❒ 19 Isaías 56–58; 2 Tessalonicenses 2
- ❒ 20 Isaías 59–61; 2 Tessalonicenses 3
- ❒ 21 Isaías 62–64; 1 Timóteo 1
- ❒ 22 Isaías 65–66; 1 Timóteo 2
- ❒ 23 Jeremias 1–2; 1 Timóteo 3
- ❒ 24 Jeremias 3–5; 1 Timóteo 4
- ❒ 25 Jeremias 6–8; 1 Timóteo 5
- ❒ 26 Jeremias 9–11; 1 Timóteo 6
- ❒ 27 Jeremias 12–14; 2 Timóteo 1
- ❒ 28 Jeremias 15–17; 2 Timóteo 2
- ❒ 29 Jeremias 18–19; 2 Timóteo 3
- ❒ 30 Jeremias 20–21; 2 Timóteo 4
- ❒ 31 Jeremias 22–23; Tito 1

## novembro

- ❒ 1 Jeremias 24–26; Tito 2
- ❒ 2 Jeremias 27–29; Tito 3
- ❒ 3 Jeremias 30–31; Filemon
- ❒ 4 Jeremias 32–33; Hebreus 1
- ❒ 5 Jeremias 34–36; Hebreus 2
- ❒ 6 Jeremias 37–39; Hebreus 3
- ❒ 7 Jeremias 40–42; Hebreus 4
- ❒ 8 Jeremias 43–45; Hebreus 5
- ❒ 9 Jeremias 46–47; Hebreus 6
- ❒ 10 Jeremias 48–49; Hebreus 7
- ❒ 11 Jeremias 50; Hebreus 8
- ❒ 12 Jeremias 51–52; Hebreus 9
- ❒ 13 Lamentações 1–2; Hebreus 10:1-18
- ❒ 14 Lamentações 3–5; Hebreus 10:19-39
- ❒ 15 Ezequiel 1–2; Hebreus 11:1-19
- ❒ 16 Ezequiel 3–4; Hebreus 11:20-40
- ❒ 17 Ezequiel 5–7; Hebreus 12
- ❒ 18 Ezequiel 8–10; Hebreus 13
- ❒ 19 Ezequiel 11–13; Tiago 1
- ❒ 20 Ezequiel 14–15; Tiago 2
- ❒ 21 Ezequiel 16–17; Tiago 3
- ❒ 22 Ezequiel 18–19; Tiago 4
- ❒ 23 Ezequiel 20–21; Tiago 5
- ❒ 24 Ezequiel 22–23; 1 Pedro 1
- ❒ 25 Ezequiel 24–26; 1 Pedro 2
- ❒ 26 Ezequiel 27–29; 1 Pedro 3
- ❒ 27 Ezequiel 30–32; 1 Pedro 4
- ❒ 28 Ezequiel 33–34; 1 Pedro 5
- ❒ 29 Ezequiel 35–36; 2 Pedro 1
- ❒ 30 Ezequiel 37–39; 2 Pedro 2

## dezembro

- ❒ 1 Ezequiel 40–41; 2 Pedro 3
- ❒ 2 Ezequiel 42–44; 1 João 1
- ❒ 3 Ezequiel 45–46; 1 João 2
- ❒ 4 Ezequiel 47–48; 1 João 3
- ❒ 5 Daniel 1–2; 1 João 4
- ❒ 6 Daniel 3–4; 1 João 5
- ❒ 7 Daniel 5–7; 2 João
- ❒ 8 Daniel 8–10; 3 João
- ❒ 9 Daniel 11–12; Judas
- ❒ 10 Oseias 1–4; Apocalipse 1
- ❒ 11 Oseias 5–8; Apocalipse 2
- ❒ 12 Oseias 9–11; Apocalipse 3
- ❒ 13 Oseias 12–14; Apocalipse 4
- ❒ 14 Joel 1–3; Apocalipse 5
- ❒ 15 Amós 1–3; Apocalipse 6
- ❒ 16 Amós 4–6; Apocalipse 7
- ❒ 17 Amós 7–9; Apocalipse 8
- ❒ 18 Obadias 1; Apocalipse 9
- ❒ 19 Jonas 1–4; Apocalipse 10
- ❒ 20 Miqueias 1–3; Apocalipse 11
- ❒ 21 Miqueias 4–5; Apocalipse 12
- ❒ 22 Miqueias 6–7; Apocalipse 13
- ❒ 23 Naum 1–3; Apocalipse 14
- ❒ 24 Habacuque 1–3; Apocalipse 15
- ❒ 25 Sofonias 1–3; Apocalipse 16
- ❒ 26 Ageu1–2; Apocalipse 17
- ❒ 27 Zacarias 1–4; Apocalipse 18
- ❒ 28 Zacarias 5–8; Apocalipse 19
- ❒ 29 Zacarias 9–12; Apocalipse 20
- ❒ 30 Zacarias 13–14; Apocalipse 21
- ❒ 31 Malaquias 1–4; Apocalipse 22

NOTAS

NOTAS